VICTOR MIRSHAWKA

CIDADES PAULISTAS INSPIRADORAS

O DESENVOLVIMENTO ESTIMULADO PELA ECONOMIA CRIATIVA

VOLUME I

www.dvseditora.com.br

CIDADES PAULISTAS INSPIRADORAS
O DESENVOLVIMENTO ESTIMULADO PELA ECONOMIA CRIATIVA
Volume 1

DVS Editora 2018 - Todos os direitos para a território brasileiro reservados pela editora.

Nenhuma parte deste livro poderá ser reproduzida, armazenada em sistema de recuperação, ou transmitida por qualquer meio, seja na forma eletrônica, mecânica, fotocopiada, gravada ou qualquer outra, sem a autorização por escrito do autor.

Capa e Diagramação: Spazio Publicidade e Propaganda

Dados Internacionais de Catalogação na Publicação (CIP)
(Câmara Brasileira do Livro, SP, Brasil)

Mirshawka, Victor
    Cidades paulistas inspiradoras : o desenvolvimento
estimulado pela economia criativa, volume 1 / Victor
Mirshawka. -- São Paulo : DVS Editora, 2018.

    ISBN 978-85-8289-169-8

    1. Brasil - Condições econômicas 2. Cidades -
Administração 3. Cidades criativas 4. Cultura -
Aspectos econômicos 5. Economia - Brasil
6. Desenvolvimento econômico I. Título.

18-13821   CDD-338.47981611

Índices para catálogo sistemático:

    1. Cidades paulistas : São Paulo : Estado : Economia
        338.47981611

Índice

Prefácio v

Apresentação ix

Introdução xiii

Águas de Lindoia e Lindoia 1

Amparo 11

Aparecida 19

Araçatuba 29

Araraquara 45

Barretos 59

Bauru 75

Bertioga 103

Botucatu 117

Brotas 125

Campinas 135

Campos do Jordão 159

Caraguatatuba 183

Catanduva 197

Embu das Artes 209

Franca 219

Guaratinguetá 245

Guarulhos 261

Holambra 279

Ibirá 293

Ibiúna 299

Cidades Paulistas Inspiradoras

Indaiatuba 319

Itu 349

Jaguariúna 369

Jundiaí... 383

Limeira... 411

25 ideias interessantes para aumentar a visitabilidade
de uma cidade, e que já deram certo em outros lugares...447

Algumas das siglas utilizadas nesse livro 455

Prefácio

Na história da humanidade nota-se claramente que as cidades foram preferencialmente se constituindo próximas ao mar, ou então ao lado de um rio, pois isso facilitava o acesso a elas.

Com o passar do tempo, foram também surgindo cidades às quais as pessoas chegavam valendo-se de cavalos, que sem dúvida foram vitais para o transporte de carga e de seres humanos, que utilizaram por muito tempo as carruagens e as charretes. Com isso foram aparecendo ruas, estradas e avenidas pavimentadas.

O ser humano, extremamente criativo, conseguiu, porém, inventar o trem, e aí a expansão das cidades no interior dos países, afastadas inclusive de rios, começou a ocorrer junto às estradas de ferro. É verdade que isso aconteceu alguns séculos atrás.

Ao chegar o século XX, a nova invenção do homem - o **automóvel** - iria mudar o mundo, pois trouxe para os seres humanos a liberdade de ir e vir com conforto de um lugar para o outro e caso alguém não quisesse dirigir poderia valer-se dos ônibus. E os caminhões solucionaram o problema do transporte de cargas.

Finalmente, após o término da 1ª Guerra Mundial em 1918, começou a evolução do transporte aéreo, tanto de pessoas como de cargas. Agora, 100 anos depois, quando vivemos a era da velocidade e da comunicação instantânea, nenhuma grande cidade pode prescindir de um aeroporto para que até ela cheguem visitantes, usando aviões a jato que alcançam velocidades próximas de 900 km/h.

Aliás, muitas cidades se desenvolveram recentemente, localizadas em pontos estratégicos do planeta, como Dubai, Abu Dhabi e Doha, especialmente por terem excelentes aeroportos, servidos por dezenas de companhias aéreas. São inclusive denominadas de **aerotrópoles**, pois vivem principalmente em função das atividades desenvolvidas nos seus aeroportos.

Atualmente o Estado de São Paulo tem as melhores rodovias do Brasil e milhares de estradas vicinais. Isso permite a uma pessoa chegar não só às cidades como também deslocar-se razoavelmente bem entre os municípios.

As cidades atraem as pessoas pois nelas há muitos empregos, os quais entretanto não têm sido suficientes pelo afluxo cada vez mais intenso de pessoas que se dirigem a elas.

No Brasil estima-se que em 2018 cerca de 85% da sua população esteja vivendo nas cidades.

E aqui, quando uma cidade se torna **atraente**, especialmente pela sua capacidade de grande **empregabilidade**, ela imediatamente é "invadida" por migrantes de outras cidades próximas e principalmente de outros Estados mais pobres. Isso rapidamente gera um problema com a **habitabilidade** e em seguida surge o problema do desemprego, pois há muito mais gente do que postos de trabalho nesse lugar.

Dessa maneira certamente a maior preocupação do prefeito de uma cidade é a de criar continuamente uma alta taxa de empregabilidade.

E isso acontece quando uma cidade é atraente, como são as **51 cidades paulistas inspiradoras** descritas nesse livro do professor Victor Mirshawka, que destaca que isso acontece quando elas impulsionam uma grande **visitabilidade**.

A visitabilidade das pessoas a uma cidade ocorre por vários motivos, como: **compras** (existência de um comércio pujante, com grandes *shopping centers*), **tratamento de saúde** (presença de bons profissionais da área médica e hospitais com várias especialidades), **educação** (uma ampla gama de instituições de ensino superior – IESs –, para as profissões mais promissoras), **entretenimento** (com opções variadas para se divertir e ter momentos de lazer) e **qualidade de vida** (lugar seguro, clima agradável, boa mobilidade, etc.).

Essa visitabilidade, ou seja, a vinda de muitas pessoas por períodos curtos ou mais longos, movimenta a economia em diversos setores (hotéis, restaurantes, lojas, escolas, hospitais, centros de convenção, estádios, etc.) com o que muita gente acaba tendo emprego especialmente no **setor de serviços**.

Aliás, nota-se que em praticamente todas as cidades paulistas inspiradoras cerca de 70% do seu produto interno bruto (PIB) é proveniente do setor terciário (comércio e vários outros serviços).

PREFÁCIO

No livro **Cidades Paulistas Inspiradoras** o professor Victor Mirshawka exemplifica como a economia de cidades pequenas como Ibirá, ou de cidades médias como São Carlos ou ainda de grandes cidades como Campinas, está intrinsicamente ligada com a visitabilidade, que incrementa nelas a empregabilidade e com isso surgem as condições para que haja uma melhor mobilidade, habitabilidade e sustentabilidade.

O governo estadual inclusive está apoiando o projeto Município de Interesse Turístico (MIT) qualificando municípios nessa categoria, com o que eles recebem uma ajuda econômica para desenvolver programas turísticos, além de já existirem 70 estâncias turísticas, que também recebem anualmente uma ajuda para incrementar a sua visitabilidade.

Sem dúvida, esse livro serve de inspiração para que os governos municipais desenvolvam políticas públicas que incrementem a visitabilidade às suas cidades e com isso, além do crescimento da sua economia, muitas pessoas nelas terão empregos, mesmo que alguns deles sejam temporários.

Geraldo Alckmin
Governador do Estado de São Paulo

Apresentação

Sem dúvida a UniFAJ (Centro Universitário de Jaguariúna) se sente muito orgulhosa por ter podido durante tantos anos formar tantos **jovens talentosos** que com a sua capacidade profissional vão ser as novas forças propulsoras da economia tanto das cidades onde estão instaladas as nossas instituições de ensino superior (IESs) como Jaguariúna, Holambra e Indaiatuba, bem como em todas as outras cidades de onde é proveniente um grande percentual deles.

E eles vieram não só dos arredores, mas muitos desses universitários são procedentes de cidades bem distantes.

Aí é que entra muito bem o conceito de **visitabilidade** desenvolvido pelo prof. Victor Mirshawka nesse livro, mostrando como isso é importante para a criação de novos empregos tanto diretos como indiretos.

A UniFAJ já contribui bastante na criação de empregos, tendo cerca de 400 professores e ao menos uns 350 funcionários administrativos, bem como do *staff* de técnicos que auxiliam os docentes, especialmente nas aulas práticas.

Além disso, não se pode esquecer das pessoas que fazem os diversos serviços terceirizados.

Diversos cursos da UniFAJ (gastronomia, arquitetura e urbanismo, ciência da computação etc.) formam profissionais ligados diretamente aos setores da **economia criativa (EC)** que o prof. Victor Mirshawka indica corretamente como sendo a grande fonte de novos empregos especialmente a partir da 2ª década do século XXI, na qual já se vive cada vez mais intensamente a Revolução 4.0, apoiada tremendamente sobre a inteligência artificial (IA), na Internet das Coisas (*IoT* na sigla em inglês), no uso de algoritmos espetaculares que permitem às pessoas (e às máquinas...) tomarem decisões a partir de grandes conjuntos de dados (*big data*).

Cidades Paulistas Inspiradoras

Vive-se em tempos em que há um intenso desaparecimento de empregos para os seres humanos, substituídos em muitas empresas por robôs, mas ao mesmo tempo surgem várias outras oportunidades de **empregabilidade** de milhões de pessoas, especialmente nas atividades ligadas ao turismo, ao entretenimento e aos eventos culturais envolvendo artes cênicas, visuais e musicais.

Sem dúvida o pior problema que pode enfrentar uma cidade é se nela há um grande contingente de **desempregados** pois isso inclusive leva a sérias desordens, como por exemplo a ocorrência de pequenos e frequentes assaltos, com o intuito básico de conseguir algo para poder comer!?!?

Isso implica que as nossas cidades tenham gestões cada vez mais eficientes, e isso se nota principalmente quando a cidade se torna **atraente** pois nela é alta a taxa de empregabilidade.

Ter **elevada empregabilidade** numa cidade é algo com o que a prefeitura deve estar visceralmente envolvida, quer estimulando a vinda de novas empresas para a cidade bem como facilitando (desburocratizando) o processo de abertura (instalação) de muitas micro e pequenas empresas.

Justamente aí está um dos motivos porque resolvemos apoiar a publicação desse livro, uma vez que ele apresenta as diferentes maneiras que as cidades paulistas encontraram para incrementar a **visitação a elas**, o que obviamente cria, ao menos de forma temporária, muitos empregos para se atender esses visitantes.

Finalmente a nova lei trabalhista, recentemente aprovada, facilita para os produtores de eventos ter o trabalho intermitente das pessoas.

A UniFAJ vai providenciar a entrega desse livro aos líderes ou gestores municipais das cidades próximas como as que fazem parte da Região Metropolitana de Campinas (RMC) bem como aos seus docentes para que aceitem e divulguem essa ideia (já de conhecimento de muitas pessoas...) de que nas próximas décadas a maioria dos **novos empregos** será criada no **setor terciário**, nos setores de EC e também nos serviços prestados pela prefeitura, que vão crescer ano a ano, com as pessoas indo viver cada vez mais nas cidades.

Com esse crescimento haverá necessidade de serviços municipais cada vez mais eficientes especialmente nos campos da educação e saúde pública.

A colaboração da UniFAJ nesse sentido será a abertura em 2018 de um curso denominado *Master of Public Administration (MPA)*, ou seja, a formação de bons gestores para a administração pública, especialmente a municipal.

Esse livro inclusive faz parte da bibliografia básica sugerida aos participantes do *MPA*, que entre os seus conhecimentos essenciais devem assimilar o quanto colabora com a economia de uma cidade a recepção de muitos visitantes.

Estamos cientes que onde estão instaladas as nossas IESs – em Jaguariúna, Holambra e Indaiatuba – muitos deles só vem para assistir as aulas e de ônibus ou com veículos próprios retornam depois que elas terminam para as suas moradias.

É significativo salientar, o comportamento daqueles estudantes que ao longo dos seus cursos estabelecem amizades não só com os seu colegas mas com pessoas que vivem nessas cidades e aí resolvem, após a conclusão dos seus cursos viverem nelas, abrindo seus próprios negócios e assim gerando novos empregos.

É evidente entretanto que é vital aumentar a visitabilidade a uma cidade através do entretenimento, do turismo de negócios, do divertimento etc.

Isso já acontece em Jaguariúna durante a realização anual de um rodeio, quando durante esse evento a cidade recebe mais de 120 mil visitantes.

Holambra também se destaca com a sua Expoflora que ao longo de quase um mês recebe mais de 300 mil visitantes todos os anos e também na sua Hortitec que em apenas três dias recepciona algo próximo de 35 mil visitantes, algumas centenas deles vindos do exterior, pois esse é o mais importante evento do setor de horticultura da América Latina.

Indaiatuba por sua vez, por possuir no município mais de uma dezena de excelentes campos de polo, concentra praticamente todas as importantes competições desse esporte, quando os seus moradores têm a oportunidade de observar a chegada de algumas dezenas de helicópteros trazendo para esses eventos personalidades e atletas famosos.

Não só eu, como dirigente da UniFAJ, mas toda a nossa comunidade acadêmica, acredito que para se ter um País melhor, nas suas cidades e nas suas zonas rurais devemos ter pessoas que consigam o seu sustento a partir do seu trabalho.

Naturalmente, alguns milhões de brasileiros sobrevivem (e até bem...) atuando no setor primário, mais especificamente voltados para a agricultura e os agronegócios – aliás aí está a grande vocação do Brasil, ou seja, de ser a **fábrica de alimentos do mundo** – porém a automação está diminuindo cada vez mais o número de empregos nesse setor.

Basta notar que a tecnologia criou máquinas que sozinhas fazem mais que 100 trabalhadores ao mesmo tempo e muitas delas são autônomas!!!

Outros milhões de brasileiros – talvez algumas dezenas – continuam obtendo o seu sustento, empregados no **setor secundário**, ou seja, na **indústria**.

Porém esta também está passando por um forte enxugamento no recrutamento de seres humanos, conforme se nota no tremendo declínio do número de pessoas que trabalham nas montadoras de veículos, bastando para isso comparar com a quantidade delas que trabalhavam nessas empresas algumas décadas atrás.

Os seres humanos para poderem sobreviver, especialmente os jovens, nas futuras décadas devem pensar em trabalhar no **setor terciário**, isto é, envolvidos com os vários novos serviços promissores.

E aí chega-se àqueles que devem ser executados para atender os visitantes ou turistas.

Também são muito importantes os setores da EC, que de forma direta ou indireta estão ligados à atração dos visitantes (música, *videogames*, esportes, artesanato, brinquedos, gastronomia etc.), nos quais se terá cada vez mais a oportunidade de ter um bom emprego.

Parabéns assim ao prof. Victor Mirshawka por ter explicado nesse livro como se pode incrementar a empregabilidade numa cidade e destacado as diversas profissões (ou capacitações) que as pessoas devem ter para conseguir um bom trabalho.

E ele fez isso de forma bem clara, apresentando nesse sentido os vários exemplos de sucesso alcançados nas nossas cidades paulistas inspiradoras!!!

Ricardo Tannus, reitor de UniFAJ

Introdução

Inicialmente devo recordar que em 2016 lancei o livro *Economia Criativa: Fonte de Novos Empregos* (em dois volumes) no qual procurei conceituar o que vem a ser uma economia girando em torno de setores criativos (18 são os setores destacados no livro) e como a ela está ligada a denominação **cidade criativa**.

Em 2017 publiquei o livro *Cidades Criativas* (2 volumes) no qual estão descritas as grandes cidades criativas do mundo – cerca de 45 – e como elas criaram condições para **atrair** para si, todos os anos, milhões de **turistas**.

Eles vão até elas pois as admiram por seus **tesouros** (arquitetônicos ou formados pela natureza), sua **tecnologia** (como o seu avanço no mundo digital), sua **tolerância** (aceitação de credos, raças e culturas) e seus **talentos** (presença de artistas, *designers*, esportistas renomados, arquitetos etc.).

Agora nesse novo livro *Cidades Paulistas Inspiradoras* – no qual estão analisadas 51 cidades paulistas, desde aquelas bem pequenas como Ibirá ou Holambra, com populações que não ultrapassam 20 mil habitantes, bem como as que têm de 100 a 200 mil habitantes como Itu ou Caraguatatuba, e inclusive as que se tornaram bem grandes, casos específicos de Guarulhos e Campinas.

Algumas dessas cidades realmente têm como seu grande atrativo a existência de boas escolas, colégios técnicos e especialmente excelentes instituições de ensino superior (IESs).

Esse é o caso típico de Campinas que só entre duas de suas universidades tem cerca de 35 mil universitários vindos de outras cidades, inclusive de outros Estados brasileiros e do exterior.

Eles são "**visitantes**" muito especiais visto que permanecem aí enquanto estudam e muitos inclusive acabam arranjando emprego nelas, passando a viver aí.

Outros retornam para os seus locais de origem, quando concluem os seus cursos, mas logo são substituídos por novos estudantes que ingressam nas IESs.

Aliás a economia de toda cidade que possui um significativo contingente de universitários sente um importante abalo quando muitos deles saem temporariamente dela, na época de férias.

Cidades Paulistas Inspiradoras

A queda na sua economia chega a ser superior a 5% ao mês.

Algumas cidades paulistas têm **excelentes hospitais**, funcionando frequentemente graças aos competentes profissionais que se formam nas faculdades de Medicina instaladas nelas.

Um exemplo típico é o de Barretos, que tem seguramente um dos melhores hospitais do Brasil na sua especialidade, ou seja, o Hospital do Câncer, que atende pacientes de todo o País.

É evidente que esses pacientes geralmente vêm com os seus acompanhantes que permanecem alguns dias (outras vezes semanas e até meses...) na cidade, devendo ser considerados como "**turistas da saúde**".

Note-se que esse hospital barretense atende alguns milhares de pessoas, todos os dias!!!

Todos gostam de **fazer compras** principalmente se os artigos oferecidos são de qualidade e os preços são vantajosos [basta observar a enorme quantidade de brasileiros que vai ao exterior com essa finalidade específica, particularmente para os Estados Unidos da América (EUA)].

As cidades que têm grandes *shoppings centers* como é o caso de Ribeirão Preto, eles além de empregarem muita gente, recebem diariamente dezenas de milhares de consumidores.

Isso também se nota claramente nos centros de compras que têm sido criados junto às rodovias de grande movimento como é o caso do *Outlet Premium* que recebe diariamente, em média, aproximadamente 30 mil visitantes.

Mas seguramente o que cria uma grande visitação às cidades são os **eventos de entretenimento** que constam do seu calendário, ou seja, festivais de música, apresentações esportivas (rodeios, automobilismo, futebol, basquete etc.), semanas gastronômicas, exposições em museus, cerimônias religiosas etc.

Nesse sentido para que os visitantes se sintam confortáveis e pretendam voltar para essas cidades elas devem ter uma boa estrutura para recebê-los. Isto inclui possuir bons hotéis, diversos restaurantes, bons meios de transporte, pessoal treinado para recepcionar bem esses turistas etc.

Aliás é vital as cidades paulistas se preocuparem mais em ter uma secretaria municipal focada no Turismo, Lazer, Entretenimento e Cultura cada vez **mais ativa** e com **gente qualificada** não apenas para montar, com o apoio da iniciativa privada, um calendário anual de eventos bem atraente, mas também dispor de funcionários que possam orientar os visitantes desde a sua chegada, ao que podem fazer nelas e responder adequadamente a todas as suas dúvidas e atender seus interesses!!!

Foi bem difícil restringir-se a 51 cidades, ou seja, selecionar as que deveriam estar nesse livro quando o Estado tem 645 municípios, sendo que 70 deles já são **estâncias turísticas** e cerca de 132 estão pleiteando serem consideradas turísticas também, pois assim receberiam uma verba do Estado, o que lhes ajudaria bastante para manter nas suas cidades um setor (ou até uma secretaria) voltado totalmente para o estímulo do turismo.

Certamente cometi alguns "pecados" ao deixar de lado algumas cidades que **atraem** muitos visitantes, preterindo-as ao selecionar algumas com pior desempenho nesse quesito.

Espero, dependendo do sucesso do livro, ampliá-lo em breve, incluindo mais **cidades paulistas inspiradoras**, ou seja, aquelas que têm um algo a mais, o que faz as pessoas apreciá-las, querendo visitá-las, desejando passar nelas as suas férias, achando que nesses locais terão excelentes momentos de lazer, aprenderão algo novo, farão negócios incríveis ou simplesmente, **o que é vital,** eliminarão o seu estresse ou o que é mais importante de tudo, recuperarão a sua energia e se curarão das suas dores...

Já falando sobre as cidades incluídas não foi nada fácil escrever sobre elas, inclusive manter uma certa homogeneidade no texto.

Isso se deve ao fato de que algumas delas são pequenas com populações próximas ou inferiores a 15 mil habitantes e nelas não existem IESs, grandes centros comerciais ou hospitais e nem pensar em ter museus, como é o caso daquelas que têm 350 mil habitantes ou mais.

Algumas ainda continuam bem **agrícolas**, outras ainda têm um setor industrial bem significativo para a economia da cidade, porém na sua grande maioria é o setor terciário, ou seja, o de serviços o que mais emprega as pessoas que vivem nelas.

Nas menores, a prefeitura torna-se a maior empregadora dos munícipes e isso não só nelas mas também em outras de porte um pouco maior. Dessa forma essas cidades perceberam que o **turismo** pode ser uma saída para incrementar a **visitabilidade** a elas, o que obviamente criaria mais empregos, já que não podem esperar que isso ocorra por conta da sua oferta em educação, na saúde e nas compras!!!

Uma grande falha que sente alguém quando quer caracterizar uma cidade é a falta de dados recentes, a carência de livros que tenham registrado com detalhes o progresso ocorrido nelas, a ausência de relatos sobre pessoas e empresas que foram vitais para a sua evolução tanto no setor público como no setor privado.

Lamentavelmente no Brasil é bem difícil se obter dados confiáveis sobre diversos tópicos a começar dos históricos até os econômicos, desde os demográficos aos turísticos, dos sociais aos ambientais.

Mesmo assim consegui adquirir algumas dezenas de livros antigos de intelectuais que viveram nessas cidades, escrevendo sobre elas!?!?

Recorri a jornais e revistas (especialmente aquelas ligadas ao turismo), aproveitei algum material publicado na *Wikipédia* (geralmente bem desatualizada !?!?), apoiei-me no que se publicou por entidades como as associações comerciais e industriais, os livros comemorativos de diversas IESs, dos textos elaborados pelo Sebrae (Serviço Brasileiro de Apoio às Micro e Pequenas Empresas), em particular o que premiava o **prefeito empreendedor**, utilizei os folhetos promocionais organizados pelas secretarias municipais ligadas ao Esporte, Lazer, Cultura e Desenvolvimento.

Tudo isso entretanto não permitiu **saber com precisão** o número de empresas que existem na cidade, quantos veículos estão circulando nela, quais hotéis, restaurantes, clubes, escolas, locais de entretenimento etc. que estão ativos, como estão estruturados atualmente os sistemas de educação e saúde municipal, qual é o seu produto interno bruto (PIB), quantos visitantes ela recebe nos grandes eventos etc.

Foi esse o motivo que recorri com frequência ao uso do termo "**estima-se**" com o qual procurei justificar-me pela eventual imprecisão representada por vários números indicados, buscando porém fugir do exagero ou do obsoletismo.

Acredito que os melhores relatos em termos de exatidão são os que apresentei ao incluir as informações e as ações feitas por diversos empresários, esportistas e gestores municipais com os quais tive o prazer de conviver ao longo da minha vida.

Esse é o caso, por exemplo, do notável empresário Luiz Carlos Pereira de Almeida, com o seu relato sobre o bairro Riviera de São Lourenço, em Bertioga; do excepcional jogador e depois técnico de basquete Helio Rubens Garcia, explicando por que Franca é a **capital nacional desse esporte**, ou então do atual prefeito de Taubaté, José Bernardo Ortiz Monteiro Júnior descrevendo o motivo que lhe permite pensar em Taubaté como sendo "quase" uma **cidade criativa**.

De qualquer forma espero corrigir todas as impropriedades que aparecerem nesse livro, nas futuras edições do mesmo.

Sei muito bem que assim que se publica algo e se apresentam números, eles rapidamente acabam se tornando obsoletos, ou até inúteis para que se possa basear nos mesmos para construir algum raciocínio mais acurado.

Entretanto isso jamais deixa de ser algo que ocorreu naquelas cidades e serve de referência para os planejadores municipais, para os arquitetos urbanistas, para os prefeitos – os grandes responsáveis para que elas continuem atraentes – realizarem projetos que incrementem a visitabilidade a elas.

No final de cada livro (são dois volumes) estão explicadas algumas das muitas siglas usadas no texto repetidamente.

É verdade que outras não foram incluídas, especialmente as que só aparecem no decorrer do detalhamento de uma certa cidade, representando algo específico só dela.

Solicito aos leitores que me enviem suas sugestões para alterações, e especificamente as suas ideias que sirvam para as cidades aumentarem a visitabilidade a elas.

Em cada um dos dois volumes, no final indiquei as minhas 25 ideias que implementadas, seguramente aumentariam a visitabilidade para uma certa cidade e que de certa forma já deram certo em outras cidades do País e do mundo...

Quero registrar o meu agradecimento ao presidente da Associação Paulista dos Municípios (APM), Carlos Cruz, que me incentivou bastante para escrever esse livro que serviria inclusive de alento para que os prefeitos paulistas invistam mais em **turismo** nas suas cidades. Além disso ele apoiou prontamente a ideia de que esse texto se tornasse leitura obrigatória para os alunos do curso *Master of Public Administration (MPA)*, ou seja, mestre em administração pública, com foco na gestão municipal que a APM está procurando difundir no Estado, em parceria com várias IESs.

Observação Importante – Gostaria muito que todo(a) leitor(a) desse livro que quisesse introduzir alguma modificação na forma com que um tema foi abordado ou para corrigir o esquecimento de algo importante que ocorre numa cidade que entrasse em contato comigo, através do *email* victor@dvseditora.com.br.

Isso vai ser muito útil para os próximos livros que espero escrever, para completar um projeto que envolve também as **encantadoras cidades brasileiras**, as **exóticas cidades mundiais**, a **Rede de Cidades Criativas** (RCC) até se chegar finalmente ao livro (provavelmente final sobre esse tema) sobre a **cidade atraente**!!!

Victor Mirshawka
Professor, engenheiro e gestor educacional

Um aspecto da praça central de Águas de Lindoia.

O visitante logo na sua chegada a Lindóia, depara-se com essa enorme garrafa, para saber que está entrando na "capital brasileira da água mineral".

Águas de Lindóia e Lindóia

PREÂMBULO

Águas de Lindóia é um dos mais conhecidos **centros hidro-climáticos do mundo**, graças às propriedades medicinais de suas águas, descobertas pelo doutor Francisco Tozzi em 1909 e atestadas, inclusive, pela polonesa, madame Marie Curie (1867-1934), ganhadora de dois prêmios Nobel – Física (1903) e Química (1911) –, quando visitou a cidade em 1926.

Atualmente a cidade possui uma diversificada rede hoteleira, que conta com cerca de 7.200 leitos, além de salas e salões para receber eventos, congressos e feiras.

Seu comércio de malhas, produtos de couro, roupas e acessórios é muito dinâmico, assim, dificilmente o visitante retorna para sua casa sem adquirir algum tipo de *souvenir*.

Em termos gastronômicos, Águas de Lindóia oferece aos visitantes pratos de alta qualidade e bastante diferenciados, não apenas em seus restaurantes, mas também em seus barzinhos. Aliás, uma especialidade da cidade são os deliciosos doces de frutas feitos nas fazendas da região.

Vale à pena passar alguns dias de lazer nesta que é chamada de "**capital brasileira do termalismo**".

Já Lindóia encontra-se no centro do chamado Circuito das Águas Paulista, sendo considerada a "**capital brasileira da água mineral**", pois é nesse município que são extraídos **40%** de toda a água mineral consumida no País.

Mas além dessa riqueza natural, Lindóia está cercada pela exuberante vegetação da serra da Mantiqueira e é banhada pelo rio do Peixe, cujas belas cachoeiras compõem um cenário de extraordinária beleza natural.

A HISTÓRIA DE ÁGUAS DE LINDÓIA

Localizada a 163 km da capital paulista, Águas de Lindóia tem como ponto mais elevado o morro Pelado, com 1.400 m de altura, mas a altitude média da cidade é de 945 m. O clima ali é classificado como de transição entre subtropical e tropical de altitude, o que o torna bastante agradável não apenas para os que vivem ali, mas para o grande número de turistas que visita a região.

Os municípios limítrofes de Águas de Lindóia são: Itapira, Socorro, Monte Sião e Lindóia, e estima-se que viviam na cidade em 2018 aproximadamente 19 mil pessoas. A área do município é de 60 km², e a cidade é um dos onze municípios estaduais considerados **estâncias hidrominerais** pelo governo de São Paulo, o que lhe garante – por lei estadual e com o cumprimento dos pré-requisitos estabelecidos – o direito de agregar ao seu nome o título de **estância hidromineral** e ser designada dessa forma nas referências estaduais. Todavia, mais do que uma mudança no nome, esse *status* garante à cidade uma verba estadual maior para a promoção do turismo regional.

Águas de Lindóia faz parte do **Circuito das Águas Paulista**, que inclui ainda as cidades de Amparo, Holambra, Jaguariúna, Lindóia, Monte Alegre do Sul, Pedreira, Serra Negra e Socorro (localizadas a uma média de 140 km da capital paulista). Todas são repletas de fontes de água cristalinas, cujas propriedades terapêuticas e medicinais são indicadas para diversos tratamentos de saúde.

No século XVIII, a região onde se localiza a cidade de Águas de Lindóia era frequentada por tropeiros que tinham como destino final o planalto goiano, passando por Minas Gerais. Foram eles os primeiros (e maiores) divulgadores do grande **poder dessas águas**!!! Era comum, inclusive, que eles prolongassem sua estada na região justamente para aproveitar as propriedades da água.

Neste sentido, havia por ali muitas lendas sobre o poder das fontes. Uma dessas histórias dizia que os poderes curativos das águas advinham de um sapo gigante que morava nas proximidades das fontes!!! Outra lenda falava da existência de um túnel secreto entre Águas de Lindóia a Machu Picchu, a mística capital inca no Peru, mas, apesar de toda a exploração realizada, nunca se encontrou na região qualquer passagem secreta...

Cidades Paulistas Inspiradoras

Já na vidada do século XIX para o século XX, a região de Águas de Lindóia, na época um distrito da comarca de Serra Negra, começou a ser ocupada por fazendas de cultivo de café e a contar com imigrantes italianos assalariados como mão de obra. Com o tempo, o distrito seria elevado à categoria de município pela lei estadual Nº 2.456 de 30 de dezembro de 1953.

Em 1915, o médico italiano Francisco Antônio Tozzi mudou-se para Águas de Lindóia e deu início aos seus estudos sobre doenças de pele e reumatismo. Mais tarde, com a divulgação de suas descobertas, começaram a chegar cada vez mais turistas e cientistas à região. Entre eles, e por influência do próprio dr. Tozzi, a cidade recebeu em 1926 a visita da célebre cientista polonesa e nobelista Marie Curie. Na época, seu objetivo era analisar e sentir de perto as propriedades radioativas das águas locais.

Descobriu-se, posteriormente, que a água mineral de Águas de Lindóia alcançava 3.179 maches na escala radioativa, contra somente 185 maches das famosas Águas de Jachimov, na República Tcheca. Vale ressaltar que quanto maior a radioatividade natural da água, maiores são os seus benefícios para o organismo.

Não é por acaso, portanto, que o balneário municipal Edson Brasil Tozzi Rizzo recebe tantos visitantes. Projetado por Arthur Bratke e Burle Marx na década de 1950, ele foi construído sobre fontes de água que jorram **2 milhões de litros por dia**!!! Nele é possível realmente usufruir do poder medicinal das águas e de suas propriedades terapêuticas, digestivas, diuréticas e estimulantes. Essas águas comprovadamente auxiliam no tratamento de doenças e distúrbios renais, circulatórios, urinários, entre outros.

O balneário também dispõe de outro importante atrativo: um conjunto de três imensas piscinas abastecidas com água mineral. Além disso, o poder das águas também pode ser experimentado através de vários serviços de **balneoterapia**, como: banho de imersão, hidromassagem, banho de espuma, ducha escocesa e sauna. Esses tratamentos são ideais para relaxar e recomendados, por exemplo, para a ativação da circulação e para a diminuição de dores musculares.

De fato, as fontes de Águas de Lindóia se tornaram tão famosas por suas propriedades terapêuticas e medicinais que até foram utilizadas na missão espacial que levou os primeiros homens à Lua. Aliás, no balneário municipal está exibida a prova desse fato: a nota fiscal de Nº 20.218, emitida em 2 de abril de 1969, que comprova a compra de 1.200 garrafas de 500 ml pela NASA (sigla em inglês para Administração Nacional da Aeronáutica e Espaço), a agência espacial norte-americana.

O *site* oficial da agência explica que a cápsula *Eagle*, onde viajaram os astronautas Neil Armstrong, Edwin Aldrin e Michael Collins, possuía dois reservatórios para água [embora não se mencione com qual água eles foram abastecidos (!?!?)]. Todavia, entre os motivos que a levaram a escolher a água mineral de Águas de Lindoia, estavam sem dúvida sua baixa acidez e rápida absorção pelo organismo!!!

De qualquer modo, quem estiver em Águas de Lindóia e **adorar água** (não só para beber...) deverá visitar o Thermas Water Park, o principal parque aquático da região, localizado a apenas 10 min de carro do centro da cidade. Nele existem cinco toboáguas com curvas, descidas espetaculares e *loopings* que divertem a todos: crianças, jovens e adultos. No parque há também um *playground*, um lago para pesca esportiva, espaço para caminhada ecológica, além de chalés para hospedagem.

Para os que gostam de andar a cavalo, Águas de Lindóia oferece várias outras opções para entretenimento, como:

- **Forte Apache** – Local que simula um típico forte dos Estados Unidos da América (EUA), onde se pode alugar cavalos para passear.

- **Rancho São Nicolau** – Localizado no bairro do Barreiro, a 4,2 km do centro da cidade. Toda a estrutura do local está voltada para o **turismo equestre**, com atividades como cavalgadas, aulas de equitação e equoterapia, tanto para iniciantes como para profissionais.

- **Sítio Monte Alegre** – Propriedade no meio da serra da Mantiqueira que oferece diversas atrações: trilhas ecológicas com direito a cachoeira, caminhada pelo cafezal e passeios a cavalo. Quem visitar esse sítio poderá deliciar-se com o café da roça, com queijos e pães caseiros. Aos domingos, é servido no almoço um cardápio tipicamente caipira: leitão à pururuca, vaca atolada, rabada, costelinha com tutu de feijão etc.

- **Fazenda Morro Pelado** – Localizada a 6 km do centro, ela fica bem próxima do morro Pelado. No local, além de hospedar-se, também é possível fazer um incrível passeio a cavalo e/ou realizar uma variedade de atividades ecológicas, como: andar de carro de boi, pescar, ter contato com os animais da fazenda (de avestruzes a vacas), fazer escalada e praticar arborismo e tirolesa sobre um belo lago.

- **Represa Cavalinho Branco** – Trata-se na verdade de um grande lago localizado nas proximidades do centro da cidade. Nesse local,

6   Cidades Paulistas Inspiradoras

além de passeios a cavalo, de charrete e de bicicleta, é possível fazer caminhadas e praticar outras atividades ao ar livre, como, por exemplo, observar a movimentação de dezenas de capivaras.

Já para aqueles que gostam de atividades mais excitantes ou até mesmo **radicais**, também existem atrações adequadas para eles.

- ➻ **Jeep Trilha & Cia Ecoturismo** – O local oferece diversos roteiros de passeio de jipe pela região, dos mais tranquilos aos mais radicais. Por sinal, um dos percursos mais procurados é o do morro do Brejal, que oferece uma vista privilegiada do pôr do sol e da natureza local.
- ➻ **Sítio Sete Quedas Adventure** – O local é especializado em passeios de quadriciclos e jipes. Os percursos incluem diversas trilhas da região, com durações que variam de 50 min (como no Caminho das Montanhas) a 3 h 30 min (na rota do Café).
- ➻ **Lindóia Aventura** – Esse parque possui uma área total de 69.000 m² de mata nativa, e abriga nascentes de água, pequenas corredeiras e pássaros de várias espécies. Ele também oferece diversas formas de lazer: rapel, pesca esportiva, tirolesa, arborismo e, inclusive, batalhas com *paintball*.

O visitante também pode (e deve) programar uma ida de quadriciclos ou de jipe ao topo do morro Pelado, cujo acesso é por uma estrada de terra com cerca de 4 km, saindo do centro. A partir do topo tem-se uma vista privilegiada de toda a região, assim como das cidades vizinhas de Lindóia e Monte Sião (esta última já em Minas Gerais). Na volta é possível dar uma paradinha no *Recanto dos Nefelibatas*, um bar e restaurante com localização privilegiada, cortado por um riacho que forma uma cascata de pedra. Esse local é muito procurado nos fins de semana por turistas e famílias lindoienses, para apreciar seus petiscos, suas porções de torresmo, seus bolinhos de carne-seca e suas iguarias, dentre as quais se destaca a costelinha de porco.

Naturalmente quem vai a Águas de Lindóia acaba sempre passando algum tempo na praça Adhemar de Barros, um importante ponto turístico da região. Nela acontecem os principais eventos culturais da cidade, como os festivais de verão e inverno, a Feira de Artes e Artesanato, e o **encontro anual de carros antigos**, que lota calçadas e canteiros com veículos de todas as épocas.

Essa praça foi projetada pelo famoso paisagista brasileiro Burle Marx, e, por conta de sua grande área verde, é bastante procurada para caminhadas, passeios e atividades de lazer em geral.

No seu grande lago em formato de pato, vivem famílias de capivaras, cisnes e gansos, entre outros animais. O local oferece ainda passeios de charrete, de pedalinhos e de trenzinhos, e possui várias lanchonetes e diversos quiosques com vista para o próprio lago e também para os casarões da cidade.

Mas, a despeito de tantas possibilidades, alguns visitantes de Águas de Lindóia preferem simplesmente ficar sentados em algum lugar tranquilo, lendo um livro. Nesse caso, o local favorito é o bosque municipal Zequinha de Abreu, localizado na praça Dr. Francisco Tozzi, bem próximo do balneário municipal. No local passa um riacho e, nos fins de semana, acontece uma feira de artesanato, onde também são vendidos artigos de couro e malhas.

Outros visitantes gostam de visitar o mirante do Cristo, situado a 1.045 m acima do nível do mar. Ele está localizado no morro do Cruzeiro, de onde se tem uma vista panorâmica da cidade e de toda a região. O acesso pode ser feito de carro, por uma estrada movimentada ou por trem turístico, que sai da praça Adhemar de Barros e percorre uma distância de 2 km.

Há também os turistas que não deixam de praticar a sua fé e, religiosamente, frequentam a igreja Nossa Senhora das Graças. Para chegar até ela é necessário galgar uma longa e interessante escadaria. Vale lembrar que, antes de se tornar matriz de Águas de Lindóia, e patrimônio histórico da cidade, essa igreja era apenas uma pequena capela, erguida em 1918 em homenagem à padroeira da cidade. Em 1970, por já não comportar o número de fiéis que a visitavam, ela teve de ser substituída pela atual matriz.

Com todas essas atrações, é fácil entender porque em praticamente todos os fins de semana Águas de Lindóia recebe cerca de 40 mil visitantes, ou seja, mais que o dobro de sua população, o que, aliás, movimenta muito a economia da cidade.

E o fato é que ela está preparada para receber tanta gente, uma vez que possui mais de três dezenas de bons hotéis e pousadas, como, por exemplo, o Plazza, o Mantovani e o Grande Hotel Gloria, construído na década de 1920, e o Guarany, que além de um cinema de verdade oferece *spa* e tem uma excelente pizzaria. A cidade também conta com diversos restaurantes, além de cantinas, pizzarias, choperias, cafeterias, padarias e sorveterias.

Como é, caro(a) leitor(a), você já visitou Águas de Lindóia? Não? **Então, quando pretende fazê-lo?**

A HISTÓRIA DE LINDÓIA

A cidade de Lindóia, que, como já foi dito, também é uma estância hidromineral, foi oficialmente fundada em 21 de março de 1965, e está localizada a cerca de 156 km da capital paulista. No início de 2018, a estimativa era de que vivessem nela aproximadamente 8 mil pessoas.

O município ocupa uma área de 48,6 km^2 e tem como municípios limítrofes Águas de Lindóia, Serra Negra, Itapira e Socorro. Desde o começo da sua história a região chamou atenção por suas diversas fontes de água mineral. Tanto que ainda em 1898, a padroeira escolhida para batizar a matriz da cidade foi Nossa Senhora das Brotas. Somente bem mais tarde as fontes de Lindóia se transformariam na principal atividade econômica local.

Segundo relatos, tudo começou em 1928, quando o padre Casimiro Gomes de Abreu, em uma visita à região, provou a água que brotava de uma nascente numa fazenda e sentiu um acentuado gosto de bicarbonato. Ele então levou um grande vasilhame dessa água para a sua mãe que sofria de dores estomacais. O fato é que, **depois de tomar muitos copos dessa água, ela se curou**!!!

E foi o próprio padre Casimiro que enviou amostras dessa água para o Instituto Adolfo Lutz de Campinas, onde se comprovou que ela era **radioativa**, rica em bicarbonato e, portanto, possuía de fato propriedades medicinais. A fonte original foi batizada de São Benedito, e na década de 1950 deu origem à primeira empresa mineradora da cidade. Iniciava-se ali uma longa tradição de envasamento e comércio de **uma das melhores águas do mundo**.

De fato, o grande número de empresas engarrafadoras de água mineral que opera na região fez com que a cidade ganhasse fama internacional e, inclusive, passasse a ostentar o título de "**capital brasileira da água mineral**". E isso faz todo o sentido, uma vez que 40% de toda a água mineral consumida no País traz em seu rótulo a palavra Lindoya – Lindoya Verão, Lindoya Verão Thermal, Lindoya Bioleve, Lindoya Original, Lindoya Joia e Lindoya Genuína –, com "y" no lugar do "i".

O fato é que, ao chegar a Lindóia o visitante se depara com uma enorme garrafa de água. Trata-se de uma escultura gigante localizada na avenida 31 de Março, a principal da cidade, que representa a tradição do município na fabricação e distribuição de água mineral. A obra foi inaugurada em 1978, por iniciativa do Lions Clube, mas recentemente passou por uma restauração. Esse monumento combina perfeitamente com o lema da cidade: *Aqua pura, vita longa* ("Água pura, vida longa").

Mas além da sua vocação na industrialização da água mineral, Lindóia oferece uma grande variedade de atrações turísticas, sendo um destino ideal para quem busca tranquilidade em meio à natureza, seja numa viagem a dois ou em família.

Essa pacata cidade encanta os visitantes pelo seu cenário deslumbrante. Existem ali, por exemplo, várias praças típicas do interior, dentre as quais a Humberto Amaral, o marco zero da cidade. Trata-se do logradouro mais antigo de Lindóia, e foi uma doação do seu fundador, o coronel Estevan Franco de Godoy. É nessa antiga praça, rodeada por casarões datados do século XIX, que está situada a igreja matriz Nossa Senhora das Brotas.

Outra praça importante em Lindóia é a Getúlio Vargas, construída em 1946. Ela também está na parte central da cidade e recentemente foi reformada e revitalizada, atraindo atualmente não apenas os lindoienses, mas também os visitantes.

Existem também em Lindóia dois grandes lagos, ambos nas proximidades do centro da cidade. O primeiro é o Grande Lago, também conhecido como Lagão. Com 260.000 m² de espelho de água, ele se destaca como um ponto turístico, recebendo intensa visitação, e abriga campeonatos esportivos estaduais e nacionais de modalidades como *jet ski* e *wakeboard*. Já para quem aprecia uma boa caminhada, exercícios físicos ou até mesma uma pesca tranquila, os caminhos no entorno do Lagão chegam a 7 km de extensão. O local conta ainda com o Clube Náutico e o Vertedouro, onde existem churrasqueiras, quadras, lanchonetes e, inclusive, uma praia artificial.

O segundo é o Laguinho, que ocupa uma área de 20.000 m². O local também é perfeito para quem deseja descansar ou praticar atividades esportivas e caminhadas. Na beira do Laguinho também é possível observar cinco obeliscos, cada qual com 5 m de altura. Eles foram inaugurados em março de 2005 com o objetivo de caracterizar Lindóia como a "**cidade das águas**".

Outra importante atração da cidade é a ponte do Arco, que foi erguida de forma bastante artesanal sobre o rio do Peixe, em 1958, por uma construtora italiana. Vale ressaltar que o rio do Peixe, que corta toda a cidade, foi o responsável pelo nome do município. De acordo com os índios que habitavam o local, a palavra Lindoia em tupi-guarani significa "**rio que enche e não sai das margens**".

E por falar nesse rio, não se pode esquecer que ele abriga corredeiras, cachoeiras – como a do Salto, a das Costas e a dos Peixes – e, inclusive, algumas ilhas. Estas, por sinal, são bastante procuradas tanto por moradores como por turistas. Dentre elas se destacam a dos Amores e a dos Padres.

Cidades Paulistas Inspiradoras

Outro ponto turístico importante em Lindóia é o monumento do Cristo Redentor – construído em 1960 e reformado em 2002 –, localizado no topo do morro do Cristo, de onde se tem uma vista panorâmica espetacular de toda a região. Já para quem gosta de adrenalina pode subir o morro do Mosquito a cavalo ou até usando um quadriciclo. Esse é o ponto mais alto da região, com 1.400 m de altura.

Na saída de Lindóia para Serra Negra localiza-se o engenho Cavalo de Troia, o principal da cidade, especializado na produção de vinhos, cachaças, licores e outros produtos artesanais, como queijos, geleias e café torrado e moído no local. Ele foi fundado em 1986 e recebe muitos visitantes que desejam não apenas provar a cachaça amarela, mas deliciar-se com o **sorvete de queijo** e o abacaxi ao vinho, sabores exclusivos do engenho.

O fato é que já há um bom tempo Lindoia percebeu a importância da **visitabilidade** para sua economia. Por isso foi criado em 1969, na avenida Rio do Peixe, o **Complexo Turístico do Vale do Barreiro**, que, além de possuir uma grande área verde e ótima infraestrutura para a realização dos mais variados eventos, reúne parte das atrações já mencionadas, e também o recinto de exposição e lazer Antônio Toledo bem como o Centro de Memória etc.

O centro de exposições tem 10.000 m^2 de área, e tem capacidade para receber cerca de 3.000 pessoas. O local conta com um bom estacionamento, bar, lanchonete, quadras esportivas e uma área externa que também é utilizada para festas e feiras. Já o Centro de Memória é um pequeno museu que retrata a história da cidade e de seus moradores ilustres. Há ainda no local uma sala específica para contar a história da água mineral por meio de fotos, documentos, máquinas e antigos garrafões destinados ao transporte de água.

Por fim, deve-se ressaltar as duas semanas de festa que movimentam a tranquila Lindóia no mês de setembro, quando a padroeira da cidade, Nossa Senhora das Brotas, é homenageada. O dia oficial da santa é 8 de setembro, porém, as festas começam antes e se estendem por vários dias depois. Além da programação religiosa – com novenas, missas e procissão –, ocorrem também *shows*, apresentações artísticas e quermesses com barracas com comidas típicas e até um parque de diversão. A festa da padroeira é o maior evento da cidade, que atrai não apenas os moradores, mas milhares de turistas.

Então, considerando que Lindóia possui quase duas dezenas de bons hotéis, pousadas e chalés, além de dispor de algumas dezenas de excelentes restaurantes e outras opções em termos de alimentação, o que você, estimado(a) leitor(a) está esperando para programar um fim de semana relaxante nessa aprazível cidade do interior paulista?

Mercado Municipal da cidade que foi inaugurado em 1912 e tombado pelo patrimônio histórico.

Amparo

PREÂMBULO

Estando em Amparo, todo visitante que quiser degustar queijos incríveis, deverá visitar a fazenda Atalaia e fazer um *tour* histórico guiado pelo local, que, aliás, é aberto à visitação e serve café ao ar livre. É ali que Paulo Rezende e sua mulher Rosana fazem queijos realmente deliciosos.

Essa fazenda, que data de 1870, ainda possui construções originais da era do café: uma casa grande, terreiros de lajotas e tulha, e um prédio de taipa onde no passado os grãos de café eram colocados para descansar depois de secos. Hoje, entretanto, esse lugar é utilizado para curar queijos.

Na verdade, toda a produção de queijos – são sete tipos curados que levam até urucum e alecrim – descansa dentro da tulha, sem qualquer controle de calor ou umidade. Ou seja, tudo fica por conta das paredes históricas de barro, que mantém a temperatura interna estável e fresquinha.

E foi justamente a tulha que batizou a joia da casa, o **queijo tulha**, o único queijo brasileiro a levar **ouro** no World Cheese Awards. Ele é maturado por 6, 12 ou 18 meses, tem casca rosada, massa semidura que derrete na boca e um sabor complexo que lembra o italiano *grana padano*. Em qualquer degustação, ele sempre acaba arrancando elogios como "**espetacular**" e "**eletrizante**".

Outro queijo incrível que se pode comer ali é o **porão**, que tem massa seca e um sabor adocicado que se modifica na boca e se torna cada vez mais salgado...

A HISTÓRIA DE AMPARO

Amparo é um município paulista com aproximadamente 446 km², localizado a 128 km da capital paulista. Estima-se que em 2018 a população da cidade fosse de aproximadamente 72 mil habitantes, e que sua taxa de alfabetização tenha alcançado 97%. Os municípios limítrofes de Amparo são: Monte Alegre do Sul, Tuiuti, Santo Antônio de Posse, Itapira, Serra Negra, Jaguariúna, Pedreira e Morungaba.

Com clima ameno (média anual de 24ºC) e uma topografia montanhosa, ela é atualmente um dos 11 municípios considerados **estâncias hidrominerais** pelo Estado de São Paulo e possui muitos "tesouros" arquitetônicos já tombados pelo Condephaat (Conselho de Defesa do Patrimônio Histórico Arqueológico, Artístico e Turístico).

De fato, a história de Amparo está muito bem preservada nos seus casarões do centro, nos seus edifícios seguindo a tradição clássica, em sua arquitetura e nas casas das fazendas da época áurea do ciclo do café. É um local bastante convidativo que se destaca pelo **turismo rural**, havendo, por conta disso, uma intensa visitação às antigas fazendas do município.

Ainda sob o ponto de vista histórico, cabe lembrar que no início do século XIX, famílias de Atibaia, Bragança e Nazaré fixaram-se em um bairro chamado Camanducaia, na região do sertão de Bragança. Essas pessoas foram atraídas pela fertilidade das terras da região.

Então, por volta de 1824, os moradores desse retiro obtiveram autorização do vigário capitular para construir uma capela que seria dedicada a Nossa Senhora do Amparo, que mais tarde daria nome à cidade. Assim, cinco anos mais tarde – em 8 de abril de 1829 –, o bairro da capela de Nossa Senhora do Amparo ganhou a condição de **capela curada**, data que passaria a ser considerada como de fundação de Amparo.

Com o crescimento populacional ao longo do tempo, Amparo foi elevada à categoria de **freguesia**, em 1839. Onze anos mais tarde, em 1850, tiveram início as lavouras de café, algo que faria com que Amparo, em 1863, deixasse de ser uma vila (Vila de Nossa Senhora) e atingisse a categoria de **cidade**.

Quando da sagração da igreja matriz em 1878, foi entronizada a imagem de Nossa Senhora do Amparo. Ela fora trazida da cidade portuguesa do Porto sob o patronato da baronesa de Campinas, Anna Cintra.

Nas décadas seguintes a cidade foi crescendo cada vez mais graças a receitas obtidas com a venda do café. Assim, ela ganhou um posto de correio e iluminação nas ruas com lampiões de querosene. Houve ainda a chegada da Companhia Mogiana de Estradas de Ferro (CMEF), o que facilitou muito o escoamento da crescente produção do café rumo ao porto de Santos. Também foi inaugurado um jornal, o *Tribuna Amparense.*

Ainda no ano de 1878, Amparo recebeu a visita do imperador dom Pedro II, que na época ficou hospedado na residência do barão de Campinas, quando a cidade já era considerada a **maior produtora de café do Brasil Império**!!! Aliás, a novela, *O Rei do Gado*, da Rede Globo, que exaltou justamente o apogeu do cultivo do café no Estado, teve muitas de suas cenas gravadas numa fazenda da cidade.

Em 1885 ocorreu a inauguração do tradicional clube sociocultural da cidade, o Clube 8 de Setembro. Um dos seus fundadores foi Bernardino de Campos, que também foi eleito seu primeiro presidente. Já a iluminação elétrica chegou à cidade em 1898, na gestão do intendente capitão Damásio Pires Pimentel (de 1897 a 1899). Curiosamente, só em 3 de abril de 2003 a cidade de Amparo decidiu homenageá-lo, atribuindo seu nome a um logradouro: rua Intendente Damásio Pires Pimentel.

Em 1902, o juiz de direito Flávio Augusto de Oliveira Queiroz assumiu a comarca da cidade. Ele se tornaria o mais longevo magistrado a permanecer na judicatura amparense – cerca de 20 anos. Ele também foi presidente do Clube 8 de Setembro, praticamente de 1904 a 1921. Em 26 de março de 1904 ele se casou com Julieta (Yaya) Goulart Penteado Pimentel, filha do intendente Damásio Pires Pimentel.

No que se refere a **economia**, por causa da Grande Depressão que se iniciou nos EUA em 1929, e a consequente crise econômica mundial do fim da década, a cidade de Amparo – que na época já era chamada de "**flor da montanha**" (apelido usado até hoje) – adentrou em um forte período de estagnação econômica. Isso aconteceu porque a cultura cafeeira também foi atingida pelos acontecimentos no exterior. Somente dez anos mais tarde, a partir de 1940, tal estagnação começou a se reverter, com o surgimento, mesmo que ainda tímido, da atividade industrial.

Nos âmbitos **histórico** e **arquitetônico**, deve-se ressaltar que nos dias atuais – quase no fim da 2ª década do século XXI –, Amparo é um verdadeiro museu a céu aberto, exibindo um significativo conjunto de prédios históricos. A arquitetura perfeitamente preservada de suas construções centenárias datadas do século XIX, nos permite considerar Amparo como **capital histórica do Circuito das Águas Paulista**.

Por seu rico patrimônio cultural, com diversas construções tombadas e protegidas por órgãos públicos como o Condephaat, Amparo é o destino certo para os **amantes da arquitetura**!!! Entre os prédios majestosos da cidade vale destacar o Museu Histórico e Pedagógico Bernardino de Campos, construído originalmente em 1885 como residência do barão do Socorro (um importante fazendeiro e político da região). Ele passou a abrigar o museu em 1975, e conta com um dos acervos mais ricos do Estado: são mais de 12 mil peças originais, entre mobiliário do século XIX, vestuário, instrumentos musicais, além de obras de arte diversas e veículos antigos (entre eles um belíssimo *Ford 28*), carros fúnebres a tração animal, louças de porcelana, fotos antigas da cidade, coleções de minerais e insetos, instrumentos de farmácia e boticário.

Outra bela construção é a ocupada pelo Hospital da Beneficência Portuguesa, datada de 1892. O prédio centenário do Mercado Municipal, bem no centro da cidade, é outra joia da arquitetura local. Projetado em 1906 e inaugurado em 1912, ele foi inspirado nos mercados árabes. Sua função na época foi escoar a produção de café local. Atualmente ele se chama Mercadão Barnabé, e além de ser a central de atendimento ao turista, ele abriga uma cafeteria, um restaurante e um empório, além de dezenas de lojas que comercializam itens bem variados.

O prédio da antiga estação ferroviária foi transformado num centro cultural e de convivência, onde hoje funciona a Casa do Artesanato. Nela os visitantes ou os amparenses encontram diversos artigos e produtos confeccionados por artesões locais, como objetos de decoração e presentes feitos com madeira, tecido e tricô.

Outro prédio importante é a catedral Nossa Senhora do Amparo. Ela foi projetada pelo engenheiro civil amparense Amador Cintra do Prado, neto do Barão de Campinas, mas sofreu uma reforma significativa, tendo inclusive suas paredes reforçadas e as torres concluídas.

Porém, as atrações turísticas em Amparo vão bem além das fachadas antigas. Em meio a uma natureza exuberante, a cidade dispõe de um grande número de fontes de água mineral, que são utilizadas inclusive para tratamentos terapêuticos e medicinais. Justamente por isso, ela foi a **primeira cidade paulista** a ser considerada **estância hidromineral**.

O município também oferece aos seus visitantes diversas atrações nas áreas de turismo ecológico, rural e de aventura. Em suas reservas de mata

Cidades Paulistas Inspiradoras

atlântica, bem próximas do centro da cidade, é possível pescar, caminhar pelas trilhas, admirar riachos e cachoeiras etc. Enfim, o visitante tem a oportunidade de sintonizar-se com o meio ambiente. Já para os que gostam de liberar sua adrenalina, a cidade também oferece várias outras atividades imperdíveis: *trekking*, rapel, *canyoning*, ciclismo e escalada *outdoor*.

Um local muito frequentado em Amparo é o parque Ecológico Municipal e Orquidário, que possui uma ampla área verde para caminhadas, trilhas e atividades de lazer e descanso, tudo isso numa área fartamente arborizada. O local é bastante visitado tanto por adultos quanto por crianças. Além de um orquidário instalado no local desde 1912, esse parque também abriga um herbário e um pequeno museu no qual são feitas exposições. Existem ali animais empalhados e um minizoológico com tartarugas, ovelhas e pássaros em geral.

A cidade também disponibiliza, especialmente para os amparenses, a possibilidade de passar algumas horas bastante agradáveis no parque linear Águas de Camanducaia, localizado às margens do rio Camanducaia. Com 3.100 m de extensão, ele abriga uma ciclovia, uma pista de *skate*, uma quadra de areia, uma fonte luminosa com água tratada (com a qual os turistas podem refrescar-se), equipamentos de ginástica, um parque infantil, muitos jardins, quatro passagens para pedestres sobre o rio Camanducaia e vários pequenos quiosques de comércio.

Já na zona rural, Amparo reserva muitas experiências diferenciadas para os amantes de vinhos e cachaças. De fato, são vários os engenhos e alambiques que produzem bebidas artesanais premiadas, no Brasil e no mundo. Um lugar incrível para se visitar é a centenária fazenda Benedetti, onde a fabricação de cachaça já chegou à quarta geração da família, constituída por descendentes de imigrantes italianos.

Entre outras coisas, no local é possível realizar uma visita monitorada e conhecer todo o processo de fabricação da bebida. A cachaça *Flor da Montanha*, por exemplo – disponível nas versões branca e amarela –, já foi premiada em Bruxelas, na Bélgica. Na fazenda também se pode adquirir alguns produtos exclusivos, como a cachaça de goiaba e o vinho de laranja. Na realidade, na ampla loja da propriedade, existem vários produtos artesanais, como queijos, geleias, compotas, salames etc.

Outra aventura que vale a pena realizar, é visitar a vinícola Terrassos para uma boa degustação. Embora o acesso a ela seja feito por uma estrada de terra bem íngreme, o esforço compensa... Na sede da vinícola, bem no alto do morro, tem-se uma vista privilegiada da serra da Mantiqueira, dos cafezais e das parreiras. A produção artesanal de vinho é relativamente recente – apenas 15 anos –, porém, ela já coleciona um significativo contingente de apreciadores. Os principais destaques são o vinho tinto *syrah* e o espumante *demi-sec* moscatel. O atendimento aos visitantes é excelente e, com agendamento prévio, eles podem até programar uma pizza no período noturno.

Amparo tem conseguido atrair muitos visitantes com o seu Carnaval e o Festival de Inverno, atrações continuamente aprimoradas e ampliadas!!!

O lema da cidade é: ***Mea anima paulistarum est*** ("Minha alma é paulista"). Sem dúvida ele representa um convite para que todos visitem Amparo e confiram por si mesmos o forte sentimento de empatia que a cidade demonstra não apenas para com todos os que vivem no nosso Estado, mas em relação a todos os brasileiros!!!

O Santuário Nacional de Nossa Senhora Aparecida.

Aparecida

PREÂMBULO

Aparecida se ergueu sobre os mistérios e relatos surgidos da aparição da imagem de Nossa Senhora, no rio Paraíba do Sul. E até os dias de hoje, a cidade continua a se desenvolver em cima das milhões de penitências e promessas pagas por peregrinos que, muitas vezes de joelhos, cruzam as ruas da cidade. O fato, é que todos os caminhos percorridos pelos fiéis acabam por conduzi--los à opulenta basílica nacional.

Uma vez dentro do complexo da basílica, é na Sala das Promessas que a fé desses indivíduos se materializa em todo tipo de objetos: reproduções de partes do corpo que foram curadas, camisas de futebol, fotografias, chapéus etc. Em cada um deles repousa a história silenciosa de uma causa dada como **impossível**, não fosse pela força da fé.

Nenhum visitante, entretanto, por mais cético que seja, deve deixar de visitar a conservada igreja matriz, uma parada obrigatória para quem gosta de arte sacra, tampouco de conhecer as lojas e os quiosques abarrotados com todo tipo de bibelôs religiosos. Também vale a pena dar uma paradinha no aquário local, repleto de espécies de água doce e salgada, ou no parque de diversões nas proximidades da basílica.

De qualquer modo, um item obrigatório para todos é o picolé gigante, sabor napolitano, vendido por ambulantes nas ruas da cidade. Ele acaba se revelando um verdadeiro "milagre" para o turista depois de um dia quente e longo de caminhada. Mas para os que pretendem estender a visita, é possível se hospedar na cidade com certo conforto. As diárias em apartamentos duplos custam em média R$ 240, incluindo café da manhã. Esse é o caso, por exemplo, de hotéis como o Santo Graal e o San Diego Express.

A HISTÓRIA DE APARECIDA

Aparecida é um município paulista localizado na Região Metropolitana do Vale do Paraíba e Litoral Norte (RMVPLN), a cerca de 168 km de São Paulo. Ele ocupa uma área de 121 km^2 e conta com uma população estimada em 2018 de 39 mil habitantes, cuja maioria absoluta (99%) vive no perímetro urbano.

A cidade é banhada pelo rio Paraíba do Sul, que nasce na confluência dos rios Paraitinga e Paraibuna, no município de Paraibuna. Ele então percorre cerca de 1.140 km até sua foz no oceano Atlântico, no norte do Estado do Rio de Janeiro. O clima aparecidense, segundo o IBGE (Instituto Brasileiro de Geografia e Estatística), é caracterizado como tropical subquente úmido, o que mantém uma temperatura média anual de 20ºC, provocando invernos secos e frios, e verões chuvosos com temperaturas amenas. Os municípios limítrofes de Aparecida são Guaratinguetá, Lagoinha, Roseira e Potim.

Também segundo o IBGE, 87% dos habitantes de Aparecida são católicos, 12% de evangélicos, e o contingente restante se divide entre outros credos. Não há dúvidas, portanto, de que a cidade se desenvolveu em torno da **religião católica**. Tal fé se consolidou em torno da imagem de Nossa Senhora da Conceição Aparecida, e se fortaleceu ainda mais com a construção do Santuário Nacional, que agraciou a cidade com o título de "**capital mariana do Brasil**".

No passado ela foi conhecida como Aparecida do Norte. Isso por conta da Estrada de Ferro do Norte – ou Estrada de Ferro Central do Brasil (EFCB), como seria conhecida posteriormente –, que fora fundada em 8 de julho de 1877. Hoje a cidade é chamada apenas de Aparecida. A EFCB encerrou o transporte de passageiros em 1998. A antiga estação ferroviária foi transformada em centro cultural, ou seja, aí está o Museu José Luiz Pasin, administrado pela prefeitura. Além de ser um importante local de exposições e manifestações culturais, estão reunidos nele objetos e documentos que resgatam a história da cidade e de seus moradores ilustres.

Sua história está intimamente ligada à descoberta da imagem da santa no rio Paraíba do Sul, em outubro de 1717. Porém, não se pode esquecer que foi a passagem de dom Pedro de Almeida – conde de Assumar e governante da capitania de São Paulo e Minas de Ouro – pela então vila de Guaratinguetá (durante sua viagem a Vila Rica) que desencadeou a série de eventos que culminaria com o encontro da santa.

Cidades Paulistas Inspiradoras

Conta a história que, para homenagear esse governante, a população local decidiu realizar uma grande festa. Assim, apesar de não ser temporada de pesca, solicitou-se aos pescadores que capturassem os melhores peixes do rio. Diz a lenda que, sabendo das dificuldades, os pescadores Domingos Garcia, João Alves e Felipe Pedroso rezaram para a Virgem Maria e pediram ajuda a Deus para que pudessem ter uma pesca abundante.

Depois de várias tentativas infrutíferas, eles desceram o curso do rio até chegarem a um local conhecido como Porto Itaguaçu, mesmo assim, nada aconteceu. Então, quando já estavam quase desistindo da pescaria, João Alves decidiu tentar uma última vez. Ele atirou sua rede novamente e, no lugar de peixes, apanhou um objeto: a imagem de Nossa Senhora, sem a cabeça!?!?

Confuso, ele resolveu lançar a rede pela segunda vez e, para sua surpresa, conseguiu retirar da água a cabeça da imagem. Ele imediatamente a envolveu num lenço e a entregou nas mãos de Felipe Pedroso, que a levou para sua casa. E durante certo tempo a imagem permaneceu ali, atraindo pessoas da vizinhança que iam até ali para rezar. Com o passar do tempo, e por causa da fé local associada aos frequentes relatos de milagres atribuídos à santa, o vigário de Guaratinguetá ordenou a construção de uma capela num local conhecido como morro dos Coqueiros.

Essa capela foi aberta à visitação pública em 1745, e, uma vez que a fama dos milagres se espalhou por outras regiões do Brasil, tornaram-se comuns as **peregrinações de fiéis** até a localidade. O crescente número de visitantes acabou estimulando a construção de uma igreja maior – a **basílica velha** – e, assim, em 1834, a obra foi iniciada. Essa basílica foi solenemente inaugurada e benzida em 8 de dezembro de 1888, e continuou atraindo multidões de fiéis, que faziam fila para chegar ao altar-mor. Seu estilo de construção é barroco, com ornamentos esculpidos no mármore de Carrara e detalhes entalhados no cedro.

Em 4 de março de 1842, pela lei municipal N° 19, criou-se a **freguesia** de Aparecida (uma condição equivalente a distrito), subordinada à cidade de Guaratinguetá. Mais tarde essa freguesia foi extinta, depois recriada e então novamente extinta, até que o intenso desenvolvimento promovido pelo **turismo religioso** levou à emancipação de Aparecida. A cidade foi formalmente desmembrada de Guaratinguetá pela lei estadual N° 2311, de 17 de dezembro de 1928, e então instalada de forma independente em 30 de março de 1929.

Aliás, foi em 1904 que a imagem foi coroada pelo papa Pio X, com o título de Nossa Senhora da Conceição Aparecida, sendo consagrada padroeira do Brasil em 1930 pelo papa Pio XI.

Aparecida é hoje um dos municípios paulistas considerados "**estâncias turísticas**" e obviamente conquistou esse *status* graças à construção de sua nova basílica de Nossa Senhora Aparecida. A pedra fundamental dessa obra foi implantada em 1946. O projeto é de autoria do engenheiro Benedito Calixto Neto, e ostenta estilo neorromântico e formato de cruz grega (com braços iguais). No seu interior está o nicho da imagem da padroeira do Brasil.

Ela foi inaugurada em 15 de agosto de 1967, ainda inacabada, por ocasião da comemoração do 250º aniversário de encontro da imagem no rio Paraíba do Sul. A cerimônia contou com a presença do papa João Paulo II!!! Todavia, sua consagração oficial a Nossa Senhora da Conceição ocorreu somente em julho de 1980, numa cerimônia presidida pelo papa João Paulo II. Desde então a cidade de Aparecida já recebeu a visita de dois outros papas, Bento XVI, em 2007, durante a 5ª Conferência Geral do Episcopado Latino-Americano e do Caribe, e mais recentemente papa Francisco, em 2013, como parte da XXVIII Jornada Mundial da Juventude.

O santuário compreende mais de 1.300.000 m², com quase 143.000 m² de área construída. Ele inclui a basílica, propriamente dita, e um grande complexo para a recepção dos fiéis, composto de um Centro de Eventos; um Centro de Apoio ao Romeiro – constituído por uma praça de alimentação com cerca de 400 lojas e um estacionamento lateral –; um aquário, com espécies tanto de água doce como salgada; uma Sala de Promessas, além de outros espaços.

A Sala das Promessas é um dos locais mais icônicos do Santuário Nacional. Com 1.300 m², ela está localizada no piso inferior da basílica e abriga muitos objetos deixados por fiéis de Nossa Senhora Aparecida, desde que foi erguida a primeira capela de pau a pique dedicada à santa. Todos os meses cerca de 19 mil objetos (!?!?) são entregues ali pelos devotos. Espalhados pelas estantes ficam roupas, medalhas, réplicas de carros e casas, diplomas, documentos pessoais, brinquedos e vários outros itens. A sala também abriga aproximadamente 87 mil fotografias.

Está aí também o Museu Nossa Senhora Aparecida, inaugurado em 8 de setembro de 1956, que reúne objetos históricos da região, com destaque para as peças arqueológicas e os instrumentos sacros. Ele fica na torre da basílica, com 109 m de altura, e cuja estrutura metálica foi doada pelo então presidente da República, Juscelino Kubitschek. O primeiro piso da torre é dedicado à padroeira do Brasil, com diversas imagens de Nossa Senhora Aparecida e registros devocionais. Já no piso superior estão os objetos históricos e há uma galeria com diversas imagens sacras. No topo, mais especificamente no 16º andar dessa torre, fica o mirante. Ele oferece aos visitantes uma vista privilegiada de 360º da cidade e de todo o Vale do Paraíba, com as montanhas da serra da Mantiqueira ao fundo.

Atualmente a basílica tem capacidade para mais de 30 mil pessoas no interior e pelo menos 300 mil nas celebrações externas. Todos os dias são realizadas cerimônias em locais distintos, como: na capela de São José, na capela do Santíssimo, na capela do Batismo, na capela da Ressurreição e na capela das Velas, um local de oração e reflexão. A grandiosidade é uma das marcas desse templo do catolicismo, que possui uma cúpula de 70 m de altura e naves de 40 m de altura, conectadas ao altar central. De fato, a basílica de Nossa Senhora Aparecida, ou melhor, o Santuário Nacional de Nossa Senhora Conceição Aparecida, como é chamada atualmente, é o segundo maior templo católico do mundo, atrás apenas da basílica de São Pedro, no Vaticano, e o **maior do mundo** dedicado a uma das imagens da Virgem Maria.

Uma gigantesca passarela de concreto em forma de "S", chamada de "passarela da fé", liga o Santuário Nacional à basílica velha, no alto da cidade. Diariamente milhares de romeiros percorrem os 389 m dessa passarela, com 35 m de altura, para visitar as duas igrejas mais famosas do Vale do Paraíba. Muitos deles fazem esse percurso de joelhos, em penitência ou agradecimento por pedidos alcançados. Vale lembrar que por quase um século, entre 1888 e 1982, a imagem de Nossa Senhora Aparecida permaneceu na basílica velha.

Quem passeia pela basílica de Nossa Senhora Aparecida, logo percebe que circulam ali (apesar de invisíveis) os anseios e desejos de todos os seus visitantes, que, de algum modo, buscam encontrar um acalento!!! Um fato interessante é que essa obra foi construída inteiramente com recursos oriundos de doações dos devotos.

A imersão espiritual a que convida o Santuário Nacional de Nossa Senhora Aparecida, ganhou uma força muito maior em 2017, quando aconteceram as celebrações de 300 anos da data em que a estátua da santa foi encontrada nas águas do rio Paraíba do Sul, o que foi considerado um milagre pelos devotos e um sinal de Deus à Igreja. Por isso, a festa da padroeira do Brasil, celebrada sempre no dia 12 de outubro, foi ainda maior e teve a duração de três dias, com a inauguração de novos espaços para o público.

De acordo com os dados levantados pela Associação Brasileira de Agências de Viagens (Abav), junto ao Ministério do Turismo, cerca de 17,7 milhões de brasileiros viajam pelo País levados pela fé. Considerando somente as visitas ao Santuário, e com base nos registros oficiais do mesmo, visitaram a basílica em 2016 cerca de 12 milhões de pessoas. Em 2017, por conta da passagem da imagem de Nossa Senhora Aparecida por dioceses de todo o Brasil, para divulgar a celebração dos 300 anos, esse recorde voltou a ser batido, e o contingente total de visitantes chegou a 13,5 milhões, sendo que só em outubro passaram por Aparecida 2 milhões de peregrinos e especialmente no dia 12 de outubro a cidade recebeu 250 mil visitantes.

De fato, a Igreja Católica tem investido bastante em ações de *marketing* e comunicação para deixar de lado um pouco daquele aspecto sisudo da instituição. O objetivo é torná-la capaz de dialogar melhor com as novas gerações e se colocar em sintonia com as ideias menos ortodoxas do papa Francisco. Com base nisso, em 2016 o Santuário de Aparecida inaugurou dois espaços: uma sala de cinema 3D (três dimensões) e um Museu de Cera, no qual estão retratadas personalidades como o papa João Paulo II e o astronauta brasileiro Marcos Pontes.

No cine Padroeira, o *show* dura só 15 min. Numa bela sala temática, com paredes decoradas com árvores, bancos simulando troncos e *Romaria* como música ambiente, conta-se a trajetória dos 300 anos de Nossa Senhora Aparecida, desde o surgimento da imagem nas águas do rio Paraíba do Sul, passando pelos milagres a ela atribuídos, até sua proclamação como "**Rainha e Padroeira do Brasil**", em 1930, durante o governo de Getúlio Vargas.

Outra novidade para a Igreja Católica aconteceu também em 2017, quando pela primeira vez um samba-enredo se propôs a contar a história dos 300 anos da aparição da imagem. Esse feito coube à escola de samba paulistana Unidos de Vila Maria, e ajudou ainda mais na divulgação das celebrações.

O maior desejo da Igreja Católica é atrair turistas para Aparecida, mesmo que estes não sejam católicos. O objetivo é que eles aprendam a apreciar o lado cultural, histórico e artístico que já existe na cidade. Afinal de contas, mesmo para quem não reza, os versos de *Romaria* (de Renato Teixeira) também fazem sentido: "... só queria mostrar meu olhar, meu olhar, meu olhar."

Ainda no que se refere à religião, deve-se destacar a pequena igreja de São Geraldo, localizada em Porto Itaguaçu, construída em 1926 e que, por muitos anos, abrigou a imagem de Nossa Senhora Aparecida. O Porto Itaguaçu também é uma grande atração de Aparecida. Trata-se de um parque com 129.337 m² que abriga vários atrativos. Outro ponto turístico importante é a igreja São Benedito, construída em 1918 e inaugurada em 1924, que homenageia o **padroeiro da cidade**. O prédio se destaca pelos anjos esculpidos nas paredes pelo artista Chico Santeiro. Ela é palco de uma das mais tradicionais festas do Vale do Paraíba, a **Festa de São Benedito**, que atrai milhares de fiéis a Aparecida há quase um século.

Na praça Nossa Senhora Aparecida, está o memorial redentorista Padre Vitor Coelho. Criado em 1910, ele abriga um museu, a capela memorial redentorista e a capela em homenagem ao padre Vitor, o "**apóstolo do rádio**", que inclusive está em processo de beatificação.

Também é bem interessante a visita ao seminário Bom Jesus, fundado em 1894. Com arquitetura inspirada no famoso palácio de Versalhes, de Paris, ele tem mais de 13.000 m^2 de área construída e conta com pé direito bem alto, amplos corredores e paredes de tijolo aparente. Além de sua tradição centenária na formação de religiosos, o local é famoso por sediar diversos eventos.

Aliás, o prédio funciona ainda como pousada aberta para o público em geral. Em 1980, por exemplo, hospedou-se nesse seminário o papa João Paulo II; em 2007, foi a vez do papa Bento XVI, e, em 2013, ficou hospedado ali o papa Francisco. E é possível conhecer as instalações papais, como o quarto e a sala de jantar ocupados pelas santidades, além de visitar um pequeno museu de arte sacra localizado no último andar do edifício, decorado com esculturas e objetos católicos. O imponente prédio do seminário Bom Jesus é a base da arquidiocese de Aparecida.

E não se pode esquecer do morro do Cruzeiro. Localizado a 685 m de altitude, para chegar ao seu topo há um caminho de 900 m, que é percorrido por milhares de pessoas toda Sexta-feira da Paixão. A trilha foi inaugurada em 1948 e foi totalmente remodelada em 2000 para as comemorações dos 500 anos de evangelização do Brasil. Ao longo do percurso estão instalados 14 belíssimos painéis do artista Adélio Sarro, representando as estações da Via Sacra. No topo do morro há uma imponente torre com um cruzeiro de 30 m de altura, onde funciona uma loja e tem-se um mirante, de onde a vista é espetacular.

Em 2014, foi inaugurada na cidade outra importante atração turística: um sistema de bondinhos aéreos que vão do Santuário Nacional até o morro do Cruzeiro. São 47 cabines, cada uma com capacidade para 6 pessoas, que percorrem cerca de 1,2 km do Santuário até o topo. Durante o trajeto é possível desfrutar de uma vista panorâmica incrível da cidade.

O **artesanato** é uma das formas mais espontâneas da expressão cultural aparecidense. Entre as principais atividades artesanais desenvolvidas destacam-se o bordado e a produção de objetos com materiais recicláveis. Essa prática de artesanato visa, em grande parte, atender a enorme demanda gerada pelo fluxo turístico. Um bom lugar para adquirir esse tipo de trabalho é na tradicional feira livre de Aparecida, onde centenas de barracas atraem dezenas de milhares de turistas. Aliás, nessa feira, localizada no centro da cidade, é possível encontrar de tudo, desde itens com temática religiosa (como imagens de santos, fitinhas de Nossa Senhora) até roupas estilizadas e muitas outras lembranças.

Com relação a eventos, eles acontecem em Aparecida praticamente todos os meses do ano, de maneira integrada ou não com as atividades do Santuário Nacional. Assim, em janeiro tem-se o Encontro de Reis; em fevereiro (ou março) acontece o Carnaval, com desfiles de blocos carnavalescos da cidade e espetáculos com bandas regionais; no mês de abril ocorrem as celebrações da Semana Santa e a Festa de São Benedito, com missas e procissões pelas ruas da cidade e gincanas envolvendo a comunidade e as escolas; em maio é a vez de se comemorar o Dia do Sertanejo, com celebrações religiosas especiais e espetáculos musicais com duplas sertanejas em homenagem às caravanas de viajantes com os violeiros, isso só para mencionar alguns.

Claro que o maior evento de todos é a Festa de Nossa Senhora Aparecida, que, como já foi mencionado, acontece em 12 de outubro. Naturalmente todos esses eventos foram ampliados em 2017, por conta da celebração dos três séculos da veneração a Nossa Senhora Aparecida. Assim, também aumentou bastante o número de peregrinos que participam da **Rota da Luz São Paulo**, um trajeto turístico criado para garantir o bem-estar e a segurança dos que saem de Mogi das Cruzes, passam por Guararema, Santa Branca, Paraibuna, Redenção da Serra, Taubaté e Pindamonhangaba, até chegar a Aparecida.

Anteriormente, essa caminhada era feita pelas margens da rodovia Presidente Dutra, sem o cuidado e a segurança que os fiéis mereciam. Agora isso mudou. O novo traçado, de 201 km, é formado por estradas secundárias e passa por 9 municípios. Dessa maneira, ao longo do percurso os caminhantes também podem conhecer os usos, os costumes, a história e as lendas das cidades por onde passam. Sem dúvida, essa é uma grande oportunidade para quem quer demonstrar sua fé e conhecer um pouco melhor os caminhos e as belezas do Estado.

Aliás, vale registrar que em 3 de setembro de 2017 foi inaugurada a maior rota de peregrinação brasileira, com mais de mil quilômetros. O percurso, batizado de **Caminho Religioso da Estrada Real (Crer)**, é todo sinalizado e passa por 32 cidades mineiras e seis paulistanas, ligando o Santuário Nossa Senhora de Piedade, em Caeté, no Estado de Minas Gerais, ao Santuário

Nacional de Nossa Senhora Aparecida. Quem o percorreu recebeu carimbos numa espécie de passaporte, que custou R$ 26 reais e foi retirado em Caeté. O projeto é uma parceria do governo de Minas Gerais com a arquidiocese de Belo Horizonte, e o primeiro grupo de peregrinos chegou a Aparecida em 9 de outubro de 2017. E é por meio de iniciativas desse tipo que cada vez se amplia mais o número de pessoas que chega diariamente a Aparecida!!!

Existem hoje mais de 20 hotéis e pousadas na cidade, e estima-se que em 2018 havia em Aparecida cerca de 34 mil leitos para acomodar os romeiros que chegam em média de 33,6 mil por dia, assim, até mesmo residências comuns recebem os romeiros para o pernoite.

Além de algumas dezenas de restaurantes, há na cidade centenas de lanchonetes e bares para alimentar essa multidão de visitantes. Existem também muitas lojas com artigos importados, artesanais, religiosos e confecções, sendo que há pelo menos umas 2.500 bancas de comércio ambulante!!!

A cidade tem um bom terminal rodoviário, atendido principalmente pelas empresas Itapemirim, Cometa e Pássaro Marrom, no entanto a maior parte dos visitantes que chegam a Aparecida, utilizam ônibus de excursão fretados (69%), outros valem-se dos próprios carros (22%) e apenas 8% chegam de ônibus no terminal!!!

Ressalte-se que é possível utilizar o transporte hidroviário (!?!?) no rio Paraíba do Sul, porém, só por pequenas embarcações. Aliás, um dos passeios turísticos é ir até o Porto Itaguaçu, onde foi encontrada a imagem, num passeio de balsa. Esse passeio dura uns 20 min, em uma balsa com capacidade para 60 pessoas, sentadas com todo o equipamento de segurança necessário e durante o trajeto os monitores descrevem como foi encontrada a imagem de Nossa Senhora Conceição Aparecida.

Em Aparecida circulam alguns periódicos com destaque para *Dinoite*, *O Aparecida*, *O Santuário* e *Tranca e Gamela*. Ainda no setor de comunicação estão sediadas na cidade a Rede Aparecida, administrada pelo Santuário Nacional, através da Fundação Nossa Senhora Aparecida; a rádio Aparecida e a rádio Monumental, pertencente à igreja do Evangelho Vida Abundante.

Um fato curioso em termos de uso moderno de tecnologia, é que Aparecida tornou-se o **primeiro município brasileiro** a utilizar equipamentos digitais que possibilitam o monitoramento de fornecimento de energia elétrica e a detecção de falhas antes que elas promovam "apagões". Isso foi feito pela EDP Bandeirante, responsável pelo abastecimento de energia elétrica da cidade, com o que a confiabilidade do seu sistema de distribuição elevou-se muito!!!

Praça Rui Barbosa, também conhecida como praça do Boi Gordo pelos moradores da cidade.

Araçatuba

PREÂMBULO

Em 2018 Araçatuba celebrou o seu centenário, assim, vale a pena dar uma olhada no que de extraordinário aconteceu na cidade nas últimas décadas.

1908 a 1918 – O ano de 1917 foi marcado pela criação da primeira fábrica de carroças, pela oficina de armas de fogo e pela fábrica de farinha de mandioca.

1918 a 1928 – Em 1919 a energia elétrica chegou à cidade.

1928 a 1938 – Em 1932 foi criada a Associação Comercial de Araçatuba.

1938 a 1948 – Instalaram-se no município as indústrias de processamento de algodão Brasmen e Anderson Clayton.

1948 a 1958 – Em 1957, Sebastião Ferreira Maia começou a abater búfalos em seu frigorífico T. Maia, um local que posteriormente abrigaria uma unidade da Unip.

1958 a 1968 – Em 1963 a Nestlé iniciou suas operações na cidade.

1968 a 1978 – Com o surgimento do programa Proálcool do governo federal, incentivou-se a produção do etanol no País, o que fez com que a produção sucroalcooleira se tornasse a principal atividade econômica da região na época.

1978 a 1988 – Em 1980 o Sesi instalou uma unidade na cidade.

1988 a 1998 – Em 1991 o aeroporto Dario Guarita foi inaugurado; em 1995 foram abertos o Araçatuba *Shopping Center* e o *Multishop*.

1998 a 2008 – Em 2004 foi inaugurado o Museu do Som, Imagem e Comunicação.

2008 a 2018 – Em 2011 a Rigesa iniciou suas operações no município e a Bunge comprou a Etti. No ano seguinte, 2012, a Samar assumiu o controle do setor de água e esgoto da cidade. Em novembro de 2014 foi inaugurado o *Shopping* Praça Nova. Já em 2016 o grupo Havan instalou uma réplica da estátua da Liberdade com 35 m de altura para chamar atenção para a sua loja na avenida dos Araçás.

A HISTÓRIA DE ARAÇATUBA

Araçatuba é um município paulista com 1.167 km^2 e população estimada em 2018 de 201 mil habitantes. A cidade está localizada a 522 km da capital paulista e 873 km da capital federal, Brasília, distâncias que não impedem seu contato com essas importantes metrópoles brasileiras. Os municípios limítrofes são: Gabriel Monteiro, Bilac, Birigui, Buritama, Santo Antônio do Aracanguá, Pereira Barreto, Mirandópolis, Lavínia, Valparaíso e Guararapes.

A origem do vocábulo **Araçatuba** é bem controversa. Afonso A. de Freitas no seu livro *Vocábulo Nheengatu*, publicado em 1936, explicou: "Araçá refere-se a frutas que possuem olhos!!! Na linguagem abanheenga ou nheengatu, a junção de *uan* ("fruta") e *çu* ("olhos"), indica a presença de pequenas lesões nas frutas, provocadas por picadas de insetos durante o processo de amadurecimento. O araçá é o fruto do araçazeiro, planta do gênero *Psidium* da família das mirtáceas. Como a região é abundante em araçás, os índios poderiam ter utilizado a expressão araçá+tuba ("abundância") para referir-se a ela."

Outra hipótese é de que o termo possa ter sido o nome da filha de um cacique dos caigangues!?!? Todavia, estudiosos afirmam que não pode ser um nome próprio etimologicamente. Uma terceira possibilidade é de que Araçatuba tenha sido o nome de uma corredeira: ***ar-haçá-ty-bo***, forma posteriormente contraída para ***hara-aça-tu-bo***, um termo utilizado pelos índios para descrever um "local onde as águas corriam num movimento forte e rápido por caminho estreito erguido por pedras".

O fato é que numa matéria do jornal *A Comarca*, de 2 de dezembro de 1964, apresentou-se uma contestação sobre o nome da cidade, uma vez que já naquela época não existiam tantos pés de araçá (!?!?) no município, uma árvore de fácil crescimento. Porém, em alguns mapas antigos apareceu um córrego chamado Araçatuba. Em outros havia desenhos de araras, o que poderia ter feito com que o local fosse chamado de Araratuba e, posteriormente, tivesse esse nome transformado em Araçatuba.

Odette Costa, no livro *História de Araçatuba*, cita que um antigo engenheiro civil teria declarado que ao fazer medições na região de Araçatuba, encontrou muitos araçás silvestres e araçazinhos.

Seja qual for a origem desse nome, a história de Araçatuba está intrinsecamente ligada à construção da Estrada de Ferro Noroeste do Brasil (EFNB). Essa ferrovia, que no início do século XX fazia parte de uma política que visava à interiorização do País e sua ligação com outros países da América do Sul, iniciou seu trabalho em 15 de novembro de 1904, com a construção do trecho que ligava Bauru à cidade de Itapura, às margens do rio Paraná.

No dia 2 de dezembro de 1908, os trilhos chegaram até o km 280. Ali foi montado um acampamento, onde um vagão servia como estação. Foi a partir desse local que nasceu a atual cidade de Araçatuba, que, posteriormente, atrairia muitas famílias de agricultores por conta da qualidade das terras dessa região. Na época, o local era habitado pelos índios caingangues, que foram um obstáculo à ocupação das terras virgens. Porém, com o tempo, os nativos foram sendo expulsos, exterminados, e alguns justificam que muitos deles morreram devido a doenças locais!?!?

No início dos anos 1920, apesar do bom desenvolvimento, Araçatuba ainda era uma comarca de Penápolis. Somente em 8 de dezembro de 1921 foi promulgada a lei estadual N° 1812, que concretizou a autonomia de Araçatuba, um sonho daqueles que já viviam nesse novo e progressista município. Então, em 19 de fevereiro de 1922, numa sessão solene, deu-se a instalação da comarca municipal e a posse dos primeiros vereadores da cidade.

O município continuou se desenvolvendo e encarou vários ciclos econômicos. O primeiro foi o do café, em seguida o do algodão e, a partir de 1950, surgiu a pecuária, que, aliás, predomina até os dias de hoje, juntamente com o setor sucroalcooleiro.

Nas análises de muitos economistas e diversos empresários, Araçatuba ocupa a região de **maior potencial de desenvolvimento em todo o Estado**!!! Tal perspectiva se apoia em vários fatores de desenvolvimento, como: o gasoduto Brasil-Bolívia; a hidrovia Tietê-Paraná; a duplicação da rodovia Marechal Rondon; a evolução do aeroporto local, que adquiriu um padrão internacional, e a presença da ferrovia Novo Oeste.

No que se refere a **economia**, historicamente Araçatuba está ligada à pecuária e, por esse motivo, tornou-se conhecida como "**cidade do boi gordo**".

Vale lembrar que quando a EFNB chegou em Araçatuba, em 1908, o Brasil tinha como principal setor da sua economia a **cafeicultura**, e foi nesse cenário que a cidade surgiu, ou seja, no momento da ocupação das terras do oeste do Estado e na expansão das lavouras de café. Somente após o loteamento de terras na vizinha cidade de Birigui, e a formação das colônias japonesas e italianas na cidade, foi que Araçatuba se tornou alvo de muitos outros imigrantes desejosos de se estabelecer no município. Assim, de 1926

ARAÇATUBA   33

até 1930, chegaram à cidade muitos imigrantes, mais precisamente 13.365, cujos maiores contingentes incluíam japoneses, espanhóis e portugueses.

Porém, com a crise na Bolsa de Valores de Nova York, ocorrida em 1929, as plantações de café sofreram um terrível golpe. As compras despencaram... Em 1940 a produção de café já havia se tornado muito pequena, mas diminuiu ainda mais em 1943, por conta de uma intensa geada que devastou os cafezais. Assim, para os agricultores, a melhor solução para fugir do declínio cafeeiro foi voltar-se para outras culturas, como arroz, feijão e milho – hoje o município de Araçatuba conta com uma significativa produção de bananas, e estima-se que em 2017 esta tenha ultrapassado as 6.000 toneladas –, e também investir no setor pecuário, mais especificamente na pastagem do gado. Afinal, na época, o gado oriundo de Goiás e Mato Grosso chegava muito magro a Araçatuba. Por causa disso muita gente se tornou especialista na engorda bovina, porém, foi na década de 1960 que o município realmente passou a ser conhecido como "**terra do boi gordo**", por ter se tornado o maior centro produtor de gado de corte do Estado.

Nessa mesma época, importantes empresas instalaram-se na cidade, como: Matarazzo, Anderson Clayton, Brasmen e Sanbra, especializadas no processamento de oleaginosas e grãos. Mas, até hoje, Araçatuba continua tendo destaque em gado de corte no Estado, porém, a região foi gradativamente se transformando em polo do setor sucroalcooleiro. Por sinal, depois da crise mundial de petróleo ocorrida em 1974, foi criado pelo governo federal o Proálcool. A partir daí o Conselho Municipal de Desenvolvimento Integrado de Araçatuba desenvolveu uma campanha para instalar 22 unidades produtoras de álcool na cidade. Dessa forma, usinas como Destivale, Aralcool, Alcoazul, Cruzalcool etc., começaram a produzir em ritmo acelerado e cerca de 12% de toda a área do município rapidamente passaram a ser ocupados por plantações de cana-de-açúcar. A cidade se transformou assim num importante polo do setor alcooleiro e, nos anos recentes tem sido responsável pela produção de 50% da energia limpa do Estado.

No que se refere a **indústria**, em Araçatuba existem hoje companhias que abrangem desde o processamento de lixo até máquinas de lavar roupa, passando pelas especializadas na produção de extrato de tomate e conservas, em móveis planejados, medicamentos, fitoterápicos, equipamentos hospitalares, produtos químicos e instrumentação de alta tecnologia.

O setor de confecções também é importante, representando inclusive uma vocação da cidade. Araçatuba possui quase uma centena de pequenas e médias indústrias que fabricam algo como 200 mil peças por mês. Aliás, esse setor tem merecido atenção especial por parte do poder público, que tem investido na formação de mão de obra especializada e auxiliado na constituição de cooperativas de produção e trabalho.

Porém, a despeito de todo esse potencial para o desenvolvimento em todos os segmentos da economia – agropecuária, indústria, comércio e serviços, Araçatuba tem evidenciado certa morosidade na **exploração do turismo**, no envolvimento com outros setores da EC (economia criativa) e, inclusive, na evolução do setor imobiliário, onde nota-se pouco – ou nenhum – dinamismo na construção civil em comparação a outras cidades paulistas.

No âmbito do **comercio**, existem em Araçatuba três **centros comerciais**: o Araçatuba *Shopping* (o mais antigo), o *MultiShop* (situado no "calçadão") e o *Shopping* Praça Nova (o mais novo). Eles contam com variados tipos de lojas e serviços, com grandes franquias. Esses centros de compras também oferecem praças de alimentação, cinemas e amplos estacionamentos e, por causa disso, atraem grande visitação, inclusive de pessoas oriundas de várias cidades da região oeste do Estado.

Araçatuba conta ainda com um local destinado a atividades de camelôs: o camelódromo Luiz Carlos Rister, constituído de pequenas lojas feitas de alvenaria e localizado na rua XV de Novembro. No local são comercializados desde aparelhos eletrônicos até artigos de vestuário, havendo no local diversas lanchonetes.

O chamado "calçadão" de Araçatuba foi criado na década de 1980, e está localizado no centro comercial da cidade. Ele ocupa cinco quadras, entre as ruas Marechal Deodoro e Princesa Isabel, e possui os mais variados estabelecimentos comerciais, assim como diversas instituições bancárias, além de duas galerias. De fato, muita gente trabalha nessa região da cidade.

No que se refere a **entretenimento**, Araçatuba apresenta grandes eventos no decorrer do ano, em sua maior parte vinculados aos negócios agropecuários, como a Feicana e a Expo Araçatuba. Mas existem também outros eventos, como o Motofest, o Baile de Bixo, Fantoledo, Anime Fever, Festa do Macário Vaca Loca etc., todos anuais e obviamente animados com muita **música**. Aliás, em se tratando dessa arte, não se pode esquecer que em 1915 surgiu na cidade a Banda Progresso de Araçatuba, regida pelo maestro Aquilino Silva, que tocava vários estilos, como dobrados, mazurcas e maxixes.

Em 1917, teve início a Banda Lira Araçatubense. Em 1918, outras bandas surgiram na cidade, sendo que uma delas foi regida pelo maestro Alcindo

Nunes. Havia ainda a Banda União Operária de Araçatuba. Aliás, em 1º de maio de 1919, em plena celebração no Dia do Trabalho, essas duas bandas entraram em conflito e todos os instrumentos musicais foram destruídos. Porém, após o confronto, as duas se reconciliaram e se tornaram uma só, sob a regência de Zico Seabra.

Essa tradição com bandas em Araçatuba prolongou-se por décadas. Atualmente a Fanfarra Municipal de Araçatuba (FAMA) tem sido campeã em vários campeonatos nacionais, como, por exemplo, o Concurso de Bandas e Fanfarras da Vila Santa Isabel. Ela também ficou em 1º lugar no Concurso Nacional de Fanfarras e Bandas de São Sebastião e venceu o Concurso de Fanfarras de Francisco Morato várias vezes!!! Como se pode ver, os araçatubenses gostam muito de música.

Por conta disso, existem na cidade vários tipos de "baladas" e um bom número de casas de *show*, que atraem especialmente os jovens. Destacam-se nesse quesito a boate *Calipso*, a *Cervejaria Avenida*, a *Vivere's Eventos, Quarta Avenida, Kabana, Gaivota Sertaneja, Engenho Sertanejo, Pó de Estrada, Kanto do Moreto, Canto do Forró, Flashback São Vicente* etc.

Nas avenidas Brasília, Saudade e Pompeu de Toledo, em seus arredores e nas ruas Cussy de Almeida Jr., Cristiano Olsen, Marcílio Dias, Luis Pereira Barreto, nas avenidas Odorico Perenha, Prestes Maia e do Filo e nas praças Diogo Junior, Jussara e do Paraíso – nestes locais com menor densidade – é que estão concentrados dezenas de bares, lanchonetes e restaurantes, que são muito frequentados pelos moradores de Araçatuba e pelos seus visitantes, particularmente nas noites de fim de semana.

Realmente, a vida noturna em Araçatuba é bem movimentada, envolvendo pessoas de todas as idades e níveis sociais. Ali estão alguns estabelecimentos que agradam muito os frequentadores: *Bola Sete*, com mais de 50 anos de funcionamento; os bares *Quattro, Bonifácio, do Poruguês, Pattus* etc, o *Biergarten Pub, Lance Beer, Tom Tom, Pork's, Cupim da Hora, Vila Grill, Donna Oliva, Império, San Rafael Costelaria, Terra do Boi, Barracão, Dona Amelia* etc.

A vida noturna de Araçatuba também é estimulada pela presença de jovens universitários, que, em 2018, eram estimados em cerca de 15 mil, dos quais aproximadamente 65% eram provenientes de outras cidades. Afinal, no âmbito da **educação**, a cidade de Araçatuba é um grande polo formador de mão de obra especializada. Existem na cidade **oito universidades** – duas públicas e seis particulares. Uma delas é a Unip (Universidade Paulista) –

uma gigantesca IES com unidades em diversas outras cidades paulistas. Seu fundador é o empresário e médico dr. João Carlos Di Genio, que nasceu em Araçatuba e, naturalmente, deu atenção especial a essa unidade local.

Já a Faculdade de Odontologia de Araçatuba (FOA) foi criada em 30 de janeiro de 1954. Em 10 de janeiro de 1955 ela foi incluída no sistema estadual de ensino superior, na condição de **instituto isolado**. Então, por meio do decreto federal Nº 41.557, de 22 de maio de 1957, seu **curso de odontologia** foi finalmente autorizado a funcionar. Aliás, com a criação da Unesp (Universidade Estadual Paulista Júlio de Mesquita Filho) em 30 de janeiro de 1976 – com dois *campi* na cidade (odontologia e veterinária) – a FOA passou a fazer parte dessa IES. Atualmente ela oferece o curso de odontologia em dois períodos: integral (duração de 5 anos e com 80 vagas) e noturno (duração de 6 anos e com 30 vagas).

A FOA também disponibiliza quatro programas de pós-graduação (mestrado e doutorado). Possui seis departamentos, a saber: ciências básicas, cirurgia e clínica integrada, materiais odontológicos e prótese, odontologia infantil e social, odontologia restauradora e patologia e propedêutica clínica. Destaque-se a unidade auxiliar da FOA, ou seja, um Centro de Assistência Odontológica a Portadores de Necessidades Especiais, conhecida popularmente como Centrinho, que é responsável pela assistência de muitos milhares de pacientes provenientes não só da cidade, mas de muitos outros municípios paulistas e de outros Estados brasileiros. É incrível o atendimento que os pacientes recebem no Centrinho!!! Junto com a Faculdade de Medicina Veterinária, a FAO compõe o *campus* da Unesp em Araçatuba. No total, estudam na Unesp – entre os cursos de graduação e pós-graduação – cerca de 1.300 alunos, cuja esmagadora maioria vem de outros lugares!

Naturalmente, a educação para ser desenvolvida precisa de professores e de um *staff* de funcionários para apoiar e executar os vários serviços que devem ser feitos nas IESs. E existe de fato um contingente de algumas centenas de docentes para lecionar para esses universitários, bem como um grande número de funcionários administrativos para que a Unesp possa funcionar bem. Dá para perceber, portanto, o quanto o **setor de serviços** – nesse caso de **educação** – gera empregos e incrementa a visitabilidade a uma cidade? **Ótimo!!!**

No campo do ensino administrado pela prefeitura, a cidade possui algo em torno de 70 escolas de ensino infantil e fundamental, que, mesmo assim, não conseguem atender adequadamente a demanda... Há também

ARAÇATUBA

em Araçatuba escolas profissionalizantes do Senai (Serviço Nacional de Aprendizagem Industrial), do Senac (Serviço Nacional de Aprendizagem Comercial) e do Sesi (Serviço Social da Indústria).

O atendimento da **saúde** dos araçatubenses também emprega muita gente. Essas pessoas trabalham na Santa Casa da cidade, no Hospital da Mulher, nas mais de duas dezenas de UBSs (Unidades Básicas de Saúde), no Pronto Socorro Municipal, no Pronto Socorro Odontológico, no Pronto Atendimento São João, no Núcleo de Hemoterapia e Hematologia (Hemocentro), no Ambulatório Médico de Especialidades, nos Núcleos de Gestão Ambulatorial, que atendem pelo SUS (Sistema Único de Saúde). Para serviços de resgate e emergência, Araçatuba dispõe de ambulâncias do SAMU (Serviço de Atendimento Móvel), com regulação médica do próprio município e do resgate do Corpo de Bombeiros.

Vale ressaltar que a principal causa de morte no município são as doenças do aparelho circulatório. Por ano, morrem ali mais de duas centenas de pessoas devido a essa complicação. Algumas pessoas creditam isso à qualidade do ar, que não é boa – a média nos últimos anos é de 65 microgramas de material particulado por m^3, quando o ideal segundo a Organização Mundial da Saúde (OMS) é de apenas 20 microgramas por m^3. Isso ocorre devido a um processo de saturação por ozônio (O_3) que, por sua vez, resulta de reações químicas entre os óxidos de nitrogênio, os compostos orgânicos voláteis e a luz solar. Além do risco de um desequilíbrio ambiental, essa saturação por ozônio pode provocar uma série de doenças, como danos cardíacos, aumento de probabilidade de câncer e o envelhecimento precoce.

Como um ponto positivo para a saúde dos munícipes, deve-se destacar o bom serviço de **abastecimento de água** da cidade, que antigamente era feito pelo Departamento de Água e Esgoto de Araçatuba (DAEA) até 2012, mas, a partir de 10 de novembro desse ano, passou para a empresa Soluções Ambientais de Araçatuba (Samar), que realiza até hoje esse serviço.

É importante ressaltar que o abastecimento de água no município é feito com base na captação no ribeirão Baguaçu, no rio Tietê, e em dois poços profundos. A nascente do ribeirão encontra-se em uma mina de rochas localizada na divisa das cidades de Braúna e Coroados, no sítio São Sebastião. O ribeirão também corta as cidades de Braúna, Bilac e Birigui. A água dos poços profundos é retirada do aquífero Guarani, a maior reserva subterrânea de água do mundo.

38 Cidades Paulistas Inspiradoras

Além do rio Tietê, passam pelo município os rios São José dos Dourados e Aguapeí, além dos córregos Alvorada, Três Sete, Machadinho, Tropeiros, Bela Vista, Machado de Melo, Água Funda, Espanhóis e Paquere (ou Jacó). O rio Tietê que está poluído em várias regiões do Estado, é bastante aproveitado em Araçatuba para o abastecimento da população e para o uso industrial, valendo-se para isso da estação de tratamento de água (ETA) José Marques Lopes, isso a partir de 2013.

Aliás, Araçatuba é a primeira cidade não ribeirinha do Estado a captar a água de um rio, a uma distância de 15 km, graças às obras que foram realizadas pela Construtora OAS. A capacidade de produção da água retirada do rio é de 24 milhões de litros por dia, que passa por um tratamento, ou seja, um processo de flotofiltração. Uma curiosidade é que a mina de água da Boiadeira, que é uma das nascentes do córrego Machado de Melo, serve ainda hoje como fonte de abastecimento de alguns moradores que acreditam que essa água tem qualidade melhor do que a encanada...

O importante é que no quesito **saneamento básico**, a cidade possui uma cobertura de 99,6% da coleta de lixo residencial, 98% de cobertura de água e 97,8% de cobertura de esgoto. Aliás, em Araçatuba 100% do esgoto é tratado antes de ser lançado nos cursos de água!!! No que se refere ao abastecimento de energia elétrica, esse é feito pela Companhia Paulista de Força e Luz (CPFL). O setor de transporte é um grande empregador, sendo um serviço essencial para os araçatubenses.

O centro da cidade, até a década de 1990, foi cortado pelos trilhos da Rede Ferroviária Federal, e foi nesse leito que surgiu a avenida dos Araçás, onde são realizadas comemorações, como a do aniversário da cidade, o dia da Independência do Brasil, o Carnaval etc. Ela se transformou em uma importante via para circulação de automóveis, além de ter se tornado um polo econômico. Lá existe um terminal de ônibus que concentra várias linhas com destinos para diversos bairros da cidade, controlados pela única empresa de transportes urbanos do município, a Transportes Urbanos Araçatuba (TUA).

Junto ao prédio da administração municipal fica localizada a **rodoviária** – que foi construída entre 1969 e 1970 – na qual operam várias empresas rodoviárias, além dos ônibus da TUA. As rodovias que passam nas proximidades do município ou o cortam são a Marechal Rondon (SP-300) e Elyeser Monte Negro Magalhães (SP-463).

O município de Araçatuba foi o primeiro do País a regulamentar o serviço de moto-taxi, através de uma lei de 2001. Os moto-taxistas devem utilizar uma identificação na moto e no colete e a empresa que disponibiliza o serviço deve possuir alvará de funcionamento junto à prefeitura. Mas existem também bolsões para moto-taxistas independentes que agora se valem da tecnologia e de aplicativos específicos para incrementar o seu tempo de trabalho e diminuir a ociosidade.

Araçatuba apresenta um relevo predominantemente plano, o que favorece o tráfego de bicicletas. Em 2018, cerca de 75 mil bicicletas circulavam pela cidade, apesar de que a construção de ciclovias ainda não ter se tornado uma prioridade da administração municipal. Em relação a veículos motorizados, acredita-se que no início de 2018 houvesse em Araçatuba – a **"cidade do asfalto"**, pois foi a 2ª cidade paulista, depois da capital, a deixar o uso do paralelepípedo no calçamento, substituído pelo asfalto – uma frota de 142 mil, dos quais 72 mil eram automóveis e cerca de 56 mil eram motocicletas!!!

O município possui um aeroporto estadual chamado Dario Guarita, que já ocupou o quarto lugar em movimentação no interior do Estado, ficando atrás apenas dos aeroportos de Ribeirão Preto, São José do Rio Preto e Presidente Prudente. Entre voos regulares e não regulares nos últimos anos, o número de passageiros por ano ficou próximo de 95 mil. Duas empresas aéreas conectam o aeroporto de Araçatuba com Campinas e Guarulhos.

No que se refere a **religião**, nota-se uma grande variedade em Araçatuba, ou seja, são diversas as manifestações religiosas presentes na cidade. Embora a maioria ainda seja católicos (56%), existem dezenas de denominações evangélicas (27%). Os que se dizem ateus são 6%, os espiritas somam 4% e o restante está distribuído entre outras religiões.

Há relatos de que por volta de 1912 foi erguida em Araçatuba uma capela bem simples de tábuas, em homenagem a santo Onofre, o protetor dos alcoólatras. Ela foi inaugurada em 25 de março de 1919, pelo frei Ricardo Deno. No mesmo ano, teve início a construção de uma segunda capela, em homenagem ao mesmo santo. Esta foi concluída em 1921, todavia, ao chegar na cidade, o bispo dom Lúcio Antunes de Souza **não aprovou** santo Onofre como padroeiro e impôs uma nova padroeira: Nossa Senhora da Conceição.

Com o tempo a pequena capela (a primeira) foi demolida e deu lugar à catedral da cidade. Bem perto dela, na praça Rui Barbosa, foi erguida em 1922 um templo metodista, em estilo medieval britânico. Na época ele era muito maior que a catedral, o que gerou certa rivalidade. Assim, a Igreja Católica demoliu a catedral e ergueu outra no mesmo lugar, no estilo medieval gótico, bem mais alto que o templo metodista. Então, em 1967, a catedral passou

40 Cidades Paulistas Inspiradoras

novamente por reformas e ganhou um formato sextavado. Vale ressaltar que nesse meio tempo os metodistas derrubaram o seu templo, por causa do intenso barulho na praça Rui Barbosa!?!?

Em 1923 os japoneses construíram a paróquia de Santo Estevão na rua Duque de Caxias. Antes disso, eles precisavam orar em suas casas, visto que não tinham permissão de construir seus templos na cidade! Assim, o primeiro templo budista de Araçatuba, o Nishi Hongwanji, foi concluído em 1951. Supostamente, seus frequentadores eram simpatizantes da Shindo Renmei – uma organização formada por indivíduos que acreditavam na vitória do Japão na 2ª Guerra Mundial (!?!?) Por sua vez, em 1954, imigrantes liderados por Shakesuke Nó ergueram outro templo na rua Santos Dumont, o Higashi Hongwanji, pelo fato de o Japão ter sido derrotado na guerra. Apesar de a Shindo Renmei jamais ter chegado concretamente a Araçatuba, existiu o interesse eleitoreiro por parte dos políticos em criar uma animosidade dentro da colônia japonesa, uma vez que os simpatizantes da Shindo Renmei tendiam a ser ademaristas, enquanto seus opositores eram getulistas.

Naquela época, Araçatuba tornou-se notória pela truculência, corrupção e pelo fisiologismo de seus políticos, e os líderes na colônia japonesa não eram uma exceção, incentivando a animosidade entre os araçatubenses, algo que felizmente não provocou conflitos mais sérios. Com o tempo surgiram na cidade outras religiões japonesas.

Também ocorreu na cidade a proliferação de igrejas evangélicas (atualmente existem algumas dezenas delas na cidade) e o surgimento de muitos terreiros de umbanda e candomblé. Hoje também funciona em Araçatuba um Centro de Estudos Universalistas Estrela Dourada, uma entidade legalmente constituída e com natureza jurídica própria às entidades que exercem a prática espiritual pelo sacramento santo Daime, ou *ayahuasca*, como é cientificamente conhecida.

No campo **cultural**, Araçatuba celebrou um acordo de cooperação com a cidade peruana de Arequipa, por intermédio do qual ambas se transformaram em cidades irmãs. Porém, lamentavelmente isso ficou apenas no papel. De fato, a cidade deveria ter algumas dezenas desses acordos, o que a auxiliaria muito no sentido de manter um intercâmbio global e valer-se dessa troca de bens culturais para incrementar a visitabilidade da cidade.

Em termos de símbolos oficiais, é interessante como a cidade de Araçatuba elaborou os seus. Sua bandeira, por exemplo, foi desenhada por Juvenal Paziam, e possui listras brancas e azuis. As primeiras representam a paz política, e iniciam e terminam a sequência; as demais, representam o céu. No total são nove listras, que remetem à nona região administrativa do Estado.

O brasão, por sua vez, foi elaborado por Lauro Deodato em 1960. O escudo português possui um fundo prateado que indica **nobreza, lealdade e glória**. Ele é sustentado por um ramo de algodão à direita e por um ramo de café frutificado à esquerda. Uma coroa de três torres mostra a defesa da cidade logo em cima do escudo. Em baixo está a inscrição latina *Compos Sui* ("Senhor de si").

O hino da cidade – que, aliás, deveria ser mais ensinado e cantado pelos jovens araçatubenses – foi escrito por Sarah P. Barbosa. A música foi composta por José Raab, e ele foi oficializado em 1982 pela lei municipal Nº 2.415.

A cidade já tem alguns locais que podem ser considerados como **patrimônio histórico**. Esse é o caso, por exemplo, da capela Santo Onofre, da Casa de Cultura Professor Adelino Brandão, do Museu Histórico e Pedagógico Marechal Cândido Rondon, construído em 1921 e inicialmente conhecido como a Casa do Engenheiro, pelo fato de ter servido como residência do engenheiro mestre da EFNB, localizado à rua XV de Novembro. Nesse museu estão reunidas peças – cerca de 8 mil – de valor histórico da ocupação de Araçatuba. Ele possui uma área total de quase 450 m², com salas de exposições temporárias. Todavia, sua visitação é pequena (cerca de 1.000 pessoas por mês). Ele foi tombado pelos órgãos competentes em 1944.

Em 5 de maio de 2004 foi inaugurado o Museu do Som e Imagem, que é mantido pela Universidade Aberta de Melhor Idade. Ele possui em seu acervo diversos equipamentos, como máquinas de calcular, instrumentos musicais, máquinas fotográficas, máquinas de escrever antigas, projetores do cinema, vitrolas, máquinas linotipo etc.

Em 2005 foi inaugurado o Museu Rintaro Takahashi. Ele é particular e possui aproximadamente 2 mil peças que explicam, em parte, a história dos primeiros desbravadores da região, assim como dos índios. Também se encontram ali fósseis, pedras de épocas geológicas distintas e objetos da cultura japonesa, entre outras coisas.

Na cidade estão também o Museu de Arte Infanto-Juvenil, o Museu do Siran e o Museu de Artes Plásticas. A cidade conta ainda com a Biblioteca Pública Municipal Rubens do Amaral, que, além de diversas obras em seu acervo – são cerca de 70 mil livros, dos quais 22 mil são de literatura infantil –, possui revistas e o registro de todos os jornais da cidade – a *Folha da Região* e *O Liberal Regional* –, e oferece aos usuários acesso à Internet.

Cidades Paulistas Inspiradoras

Em termos de **diversão**, o que atualmente atrai muito os araçatubenses é o acesso às águas do rio Tietê, mais precisamente a um local chamado Praia Municipal Milton Camargo. Criada durante a administração da então prefeita Germínia Venturelli, essa é sem dúvida uma requisitada opção de lazer. Vale lembrar que a temperatura média da cidade gira em torno de 23ºC, alcançando em muitos meses máximas que se aproximam dos 40ºC.

Porém, é o **esporte** que realmente tem alegrado os araçatubenses nesses 110 anos. As primeiras práticas esportivas da cidade tiveram início em 1914. Na época, o América Futebol Clube jogava na praça Rui Barbosa, ostentando seu uniforme preto que dava aos jogadores o apelido de **"urubus"**. Em 1917 surgiu outro time na cidade: o Esporte Clube Noroeste. A equipe da Associação Esportiva Araçatuba (AEA) só foi fundada em 15 de novembro de 1972, e representava (e ainda representa...) a cidade de Araçatuba no futebol paulista, atuando na primeira divisão entre 1995 a 2000. Ela também foi três vezes campeã da 2ª divisão paulista, e atualmente disputa a Série A2. Sua mascote é o canário, e seu maior rival o Bandeirante Esporte Clube, da cidade vizinha de Birigui. O jogo entre as duas equipes atrai muita gente e as vezes as torcidas não se comportam de forma pacífica, ocorrendo alguns distúrbios...

Existe também em Araçatuba o Atlético Esportivo Araçatuba, conhecido como "Tigrão". Ele foi fundado em outubro de 2002, e chegou a Série A3 do futebol paulista em 2010, após ser vice-campeão da Série B paulista (4ª divisão). Ele tentou se fundir ao AEA, mas devido à rivalidade e às brigas políticas de bastidores não houve sucesso. Atualmente as duas equipes disputam a Série B do campeonato paulista, mandando seus jogos no estádio Doutor Adhemar de Barros.

Mas foi no basquete feminino que a cidade alcançou grande representatividade no cenário nacional, desde o final da década de 1980 até o fim da década de 1990. Revelaram-se nele grandes atletas que, inclusive, chegaram à seleção brasileira. O destaque vai para as três irmãs Luz, filhas do treinador Nelson Luz, o popular Morto. Elas jogaram na seleção nacional e chegaram até a disputar a WNBA (liga de basquete profissional feminino dos EUA).

A equipe de Araçatuba teve várias fases, sobrevivendo até a atualidade como Basquete Clube. Seu auge, entretanto, começou quando se chamava Proalcool, e continuou com a denominação Unimed Araçatuba. Em 1992 essa equipe sagrou-se campeã sul-americana de basquete interclubes. Além disso, no ápice das carreiras de Paula e Hortência – as maiores jogadoras brasileiras – quando atuavam na equipe Ponte Preta de Campinas, o time de Araçatuba era o único que conseguia rivalizar com a equipe campineira, e até vencê-la.

Araçatuba também alcançou seu ponto alto no vôlei, mais recentemente, conquistando títulos com as suas equipes feminina e masculina do Vôlei Futuro. Ela representou a cidade por algum tempo, mas deixou de atuar em 2012 (a equipe feminina) e 2013 (o time masculino), logo após a conquista dos títulos dos Jogos Abertos do Interior e do Campeonato Paulista de vôlei, em ambas categorias. Além disso o time masculino do Vôlei Futuro foi vice--campeão da Superliga, ou seja, do campeonato nacional. Mas além de suas conquistas, o Vôlei Futuro foi antes de mais nada um grande projeto social, e contava com escolinhas de vôlei espalhadas pela cidade, mantidas pela prefeitura em parceria com a empresa Reunidas Paulista, uma das maiores empresas de transporte do Estado.

Atualmente o esporte armador em Araçatuba passou a ter como destaque o futebol minicampo, que é jogado em vários campos da cidade com times compostos por sete jogadores. Valendo-se da iniciativa privada, surgiram na cidade vários campeonatos e ligas. Dentre elas destaca-se a Liga Araçá, que reúne duas divisões e mais de 40 equipes, além dos times que realizam seus amistosos ou jogam durante a semana no período noturno, aos sábados ou aos domingos. Estima-se que no início de 2018 houvesse mais de 200 times dessa modalidade de futebol amador na cidade, que sobrevivem sem praticamente qualquer ajuda do poder público!!!

Existe ainda a Liga Infantil de Futebol Amador de Araçatuba e Região (LIFMAR), que organiza na cidade e região os campeonatos de futebol para jovens. As equipes são: Bom de Bola, Bom na Escola, Copa de Ouro, "Diga não às Drogas", dentre outras. Elas permitiram revelar vários jogadores que são aproveitados em equipes profissionais do Brasil e do exterior. Aliás, o Brasil é hoje o País que mais "exporta" jogadores de futebol e futebol de salão para o mundo. Em muitas outras cidades por sinal, existem entidades ou agremiações que têm como finalidade preparar jovens para serem atletas profissionais. Claro, caso isso não se torne possível, só a oportunidade de se praticar um esporte de forma disciplinada já é um grande benefício para a saúde das pessoas!!!

Centro de Araraquara, com destaque
para igreja matriz de São Bento.

Araraquara

PREÂMBULO

Além de várias outras características importantes, a cidade de Araraquara destaca-se no cenário nacional por abrigar dois importantes ícones: a empresa Lupo e a Universidade de Araraquara.

Com sede na cidade, a Lupo é uma fabricante brasileira de moda íntima, meias e uniformes de equipes esportivas que emprega cerca de **4.200 pessoas**. A empresa foi fundada em 1921 por Henrique Lupo, com o nome fantasia de Meias Araraquara, mas mudou sua razão social para Meias Lupo S.A. em 1937. Dez anos mais tarde (1947) ela já era a maior fabricante de meias masculinas do Brasil, então, em 1960, adquiriu suas primeiras máquinas para a fabricação de meias femininas.

Em 1987 a Meias Lupo passou a chamar-se apenas Lupo S.A., e naquele mesmo ano recebeu as primeiras amostras de *nylon*, o fio sintético que viria a revolucionar o mercado de meias no mundo todo. A partir da década de 1990, a Lupo ampliou sua linha de produtos, passando a fabricar cuecas. No século XXI recebeu várias premiações como uma das melhores empresas do País no setor têxtil e, em 2011, abriu sua loja virtual. A atual presidente da Lupo é Liliana Aufiero, neta do fundador, e administra muito bem essa organização que continua bastante competitiva, empregando muita gente na cidade.

Já no que se refere a educação, em 1968 foi criada na cidade a Associação São Bento de Ensino (ASBE), que transformou o ensino não apenas de Araraquara, mas de toda a região. Nesse mesmo ano, o ministério da Educação autorizou a criação da Faculdade de Ciências Econômicas e Administrativas de Araraquara, com os cursos de Administração e Ciências Econômicas. Pouco depois foi autorizada a abertura da Faculdade de Direito (1970) e da Faculdade de Educação (1971), que em 1974 se transformaria na Faculdade de Educação e Estudos Sociais.

Diante de toda essa expansão, em 1972 foi fundada a Federação das Faculdades Isoladas de Araraquara (Fefiara), que passou a congregar todas as faculdades já existentes na cidade. Em 1997 a Fefiara conseguiu seu credenciamento como Centro Universitário, ganhando assim mais autonomia. E foi assim que nasceu a **Uniara** (!!!), uma conceituada IES com mais de 8 mil alunos (cerca de 60% deles oriundos de outras cidades) inscritos nos cursos de graduação, pós-graduação, mestrado e doutorado!!!

A HISTÓRIA DE ARARAQUARA

Araraquara é uma cidade paulista localizada na região central do Estado de São Paulo (mais precisamente, a 43 km do seu centro geográfico), a 270 km da capital paulista. Estima-se que no final de 2018 a população local tenha chegado a 232 mil pessoas, o que a torna uma das principais cidades numa região composta por 26 municípios, na qual vivem cerca de 1,2 milhão de habitantes, sendo que Américo Brasiliense (já praticamente conurbado), Motuca, Rincão, Santa Lúcia, Boa Esperança do Sul, Ribeirão Bonito, Ibaté, São Carlos, Gavião Peixoto e Matão, são os seus municípios limítrofes.

Nos dias atuais, Araraquara possui um distrito chamado Bueno de Andrade, a noroeste do distrito-sede, além do subdistrito de Vila Xavier, que está conurbado com o distrito-sede. Vale notar que embora o município possua uma área total de 1.003,67 km², apenas 77,37 km² desse total são considerados como área urbana. O fato é que a cidade é atualmente destaque no cenário regional e nacional, especialmente pela **qualidade de vida de sua população**.

Muitas pessoas que nasceram em Araraquara se tornaram famosas no País e até mesmo no exterior. Dentre elas vale ressaltar o empresário José Cutrale Junior (1926-2004); o escritor Ignácio de Loyola Brandão; o professor e escritor Reinaldo Polito, especialista em comunicação; o ex-prefeito Marcelo Barbieri; a ex-primeira-dama Ruth Cardoso (1930-2008), esposa do ex-presidente do Brasil, Fernando Henrique Cardoso; o bicampeão mundial de basquete Carmo de Souza (1940-2008), conhecido como "Rosa Branca"; o técnico de futebol Dorival Júnior (que "salvou" o São Paulo Futebol Clube de cair para a Série B do Campeonato Brasileiro em 2017); a levantadora de vôlei Fernanda Venturini, da seleção brasileira e o jogador Careca, que chegou à seleção brasileira e brilhou no exterior jogando pelo Napoli, da Itália.

Uma das explicações mais aceitas sobre a origem do topônimo Araraquara é de que ele tenha se originado dos vocábulos tupi *urara* (arara) *e kûara* (toca), que juntos compõe a expressão "**toca das araras**". E, no que se refere a história, a região foi de fato habitada pelos índios guaranis.

O fundador de Araraquara, Pedro José Neto, nasceu no ano de 1760 em Nossa Senhora da Piedade de Inhomirim, no bispado do Rio de Janeiro. Em 1780, com 20 anos de idade, ele se mudou para a freguesia de Piedade da Borda do Campo, hoje chamada de Barbacena, em Minas Gerais. Nessa freguesia ele se casou com a também fluminense Ignácia Maria, em 12 de agosto de 1784, com quem teria dois filhos (José da Silva Neto e Joaquim Ferreira Neto, ambos falecidos em Araraquara).

Em 1787, Pedro José Neto e sua família se mudaram para Itu, em São Paulo. Porém, devido a problemas políticos locais – na época a Justiça de Itu, comandada pelo capitão-mor Vicente Taques Góis e Aranha, o condenou a deixar a região – ele se viu obrigado a fugir para os Campos de Araraquara. Ali, com a ajuda dos seus filhos, ele mais tarde construiria uma capelinha dedicada a são Bento (o padroeiro da cidade), nos Campos de Aracoara – local onde mora a **luz do dia** (!!!) e daí justifica-se o apelido carinhoso pelo qual a cidade é chamada até hoje: "**a morada do sol**". Nessa época a região era habitada pelos indígenas da tribo guayavás.

Já instalado nesse local, Pedro José Neto apossou-se de terras nas regiões de Rancho Queimado, Cruzes, Ouro, Lageado, Cambury, Bonfim e Monte Alegre. Finalmente, em 22 de agosto de 1817, foi criada a freguesia de São Bento de Araraquara, pela Resolução 32 – Reino –, da Resolução de Consciência e Ordens, então subordinada ao município de Piracicaba. Em 30 de outubro de 1817 a freguesia foi elevada à categoria de distrito, e em 10 de julho de 1832 passou à condição de município, que foi instalado em 24 de agosto de 1833. Em 20 de abril de 1866, ela passou à categoria de comarca pela Lei Provincial Nº 61 e, em 6 de fevereiro de 1889, foi elevada à categoria de município pela Lei Provincial Nº 7.

Do ponto de vista histórico-econômico, na primeira metade do século XIX, as grandes propriedades rurais, características desse século, ainda não tinham sido atingidas pelo surto cafeeiro. Plantou-se inicialmente cana-de--açúcar e milho (além de outros cereais), bem como o fumo e o algodão. Nessa época, os rebanhos eram constituídos em sua maioria por suínos e bovinos, e a maior parte da produção era direcionada ao abastecimento das casas de "secos e molhados". Porém, a partir de 1850, a plantação de café se expandiu e tomou o lugar da cana-de-açúcar e dos diversos cereais, tornando-se o produto de maior importância na economia local.

Em 1885, a chegada da ferrovia – Estrada de Ferro Araraquara (EFA) – estimulou ainda mais o crescimento da cidade que, na época, era considerada a "**cidade mais limpa das três Américas**" e a primeira no interior paulista servida por linhas de ônibus elétricos (trólebus). A EFA foi construída por um grupo de fazendeiros da região, liderados por Carlos Baptista de Magalhães e seu filho Carlos Leôncio de Magalhães, ambos grandes proprietários de terras na cidade.

ARARAQUARA

Em 1897, ocorreu na cidade um episódio negativamente marcante, digno do coronelismo, conhecido como **linchamento dos Britos**, que influenciaria bastante a política local no início do século XX. Na época, uma rixa entre as famílias Brito e Carvalho se exacerbou por conta de uma disputa banal entre Rozendo Brito e o dono de uma farmácia local (protegido de Antônio Joaquim de Carvalho, chefe político). O incidente coincidiu com os dias dos combates entre o Exército e os sertanejos de Canudos. O fato é que, após o embate, Brito foi preso, mas posteriormente "resgatado" da prisão e linchado em praça pública.

A imagem negativa gerada por esse momento triste da história de Araraquara somente seria desfeita muito tempo depois, já nos anos 1930, com a vitória no pleito municipal de Bento de Abreu Sampaio Vidal e do seu grupo. A partir daí o poder local passou a investir na construção de praças, na arborização das ruas, no Museu Municipal etc.

Uma das visitas mais notáveis recebidas pela cidade foi do filósofo francês Jean-Paul Sartre (1905-1980), para participar de uma conferência no antigo Instituto Isolado de Ensino Superior – Faculdade de Filosofia, Ciências e Letras, atualmente integrada à Unesp.

Essa conferência, ocorrida em 1960, acabou gerando em 2005 uma publicação bilíngue da editora da Unesp, cujo título é *Sartre no Brasil: a Conferência de Araraquara*.

Atualmente a cidade continua sendo reconhecida pela excelente qualidade de vida de seus moradores, colecionando ótimos indicadores. Estes, somados à localização estratégica do município, têm ajudado bastante na continuidade do desenvolvimento econômico local. De fato, entre 2007 e 2011, Araraquara liderou no Estado o *ranking* das cidades que mais atraíram novas empresas e a abertura de novos empregos formais – nesse quadriênio, esse número chegou a 14 mil. Em 2014 o município ganhou o Prêmio Nacional de Qualidade de Saneamento. Na época, o prefeito da cidade Marcelo Barbieri declarou: "Araraquara tem de fato uma posição destacada em termos de qualidade de vida, o que colabora muito para atrair empreendedores que vão abrindo seus negócios (pequenos, médios ou grandes). Com isso, também se beneficiam as cidades mais próximas de nós, fomentando-se assim o desenvolvimento de toda a região."

Esse intenso desenvolvimento pode ser percebido pelas empresas já existentes na cidade – dentre as quais estão as gigantes Nestlé, Lupo, Nigro, HP, Raizen, ZF Sachs, Andritz Hydro, Minerva, Heineken e Cutrale (aliás,

50   Cidades Paulistas Inspiradoras

uma das outras denominações de Araraquara é justamente "**capital mundial da laranja**", pelo porte de negócios dessa empresa em especial) – e da atração de novas companhias, como: Randon, Baxter, Infosys, Capgemini, Fortaleza, Big Dutchman, Brado Logística e Hyundaí Rotem. Aliás, com um investimento inicial de R$ 120 milhões, essa última está construindo uma unidade que empregará cerca de 400 pessoas e produzirá trens de passageiros para a CPTM (Companhia Paulista de Trens Metropolitanos) e para o metrô de Salvador.

A Randon, por sua vez, também fez um investimento de mais de R$ 100 milhões na sua unidade de Araraquara, visando a produção de vagões e semirreboques canavieiros, e emprega atualmente quase 2 mil trabalhadores.

Já a empresa indiana Infosys, uma das maiores do mundo no setor de tecnologia de informação (TI), tem em Araraquara um centro operacional que presta serviços de gestão empresarial a muitas empresas, entre elas a Citrosuco, líder mundial na produção de suco de laranja, localizada na vizinha Matão.

Por seu turno, em 2014, a multinacional francesa Capgemini, uma das principais provedoras de serviços de consultoria, tecnologia e terceirização na área de TI, estabeleceu em Araraquara o seu Centro Global de Serviços de Infraestrutura, e gera nos dias de hoje 640 postos de trabalho, especialmente para os araraquarenses.

Porém, além das empresas de grande porte, aconteceu na cidade o surgimento de muitas empresas de porte médio, como foi o caso da Ibayo Equipamentos Ferroviários. Instalada num terreno de 4.500 m^2, doado pela prefeitura, ela fabrica equipamentos de ar condicionado para trens de passageiros e veículos de transporte coletivo, gerando hoje cerca de 40 empregos diretos. Vale ressaltar que essa empresa emergiu de uma associação entre os grupos Unicoba (brasileiro) e CLK (sul-coreano) para atender não apenas à Hyundai Rotem, mas também a outras empresas do setor metroferroviário.

Entre todos os fatores que têm impulsionado a instalação de tantas e diversas empresas na cidade, e gerado nela milhares de novos postos de trabalho, talvez o principal seja a **vocação logística de Araraquara**. Por estar localizada no centro de um dos maiores entroncamentos rodoferroviários do Estado, a 80 km da hidrovia Tietê-Paraná, e junto ao gasoduto Brasil-Bolívia, a cidade se tornou um importante centro de desenvolvimento de novos negócios e escoamento de mercadorias. Além disso, com a finalização do novo contorno ferroviário – que retirou os trilhos do centro da cidade –, um novo cenário de progresso e desenvolvimento se projetou, ofertando não somente melhor qualidade de vida para a população, mas também maior segurança às empresas do setor.

Aliás, além de todos os prémios já mencionados, o município também tem colecionado indicadores incríveis no que se refere a ações eficientes nos âmbitos social e de meio ambiente. Para se ter uma ideia, mais de 200 mil árvores foram plantadas nos últimos anos, e toda a cidade conta com coleta seletiva de lixo. Além disso, 100% da água e do esgoto do município são tratados. A cidade também implantou um sistema pioneiro de secagem do lado do esgoto, conquistando assim por seis anos (entre 2009 e 2014, consecutivamente) o certificado estadual de Município VerdeAzul, em decorrência das suas boas práticas ambientais.

A cidade também se orgulha de não ter sentido os efeitos da crise hídrica que atingiu o Estado e boa parte do País, especialmente nos anos 2014 e 2015. Isso aconteceu porque há muito tempo vinham sendo feitos grandes e importantes investimentos no sistema de captação e distribuição de água. O ex-prefeito Marcelo Barbieri (com mandatos nos períodos de 2009 a 2012, e de 2013 a 2016), explicou:

"Nos últimos anos, Araraquara aumentou seu abastecimento a partir do aquífero Guarani, por isso a cidade não enfrentou problemas com a falta de água. Afinal, a estiagem comprometeu a água superficial e não a subterrânea. Com planejamento e investimentos, construímos novos poços e reservatórios para garantir o abastecimento da nossa população. Em 2011, 52% da água da cidade saíam do aquífero, já em 2016 cerca de 65% das águas captadas eram subterrâneas, e somente 35% vieram de rios e nascentes."

Araraquara possui uma eficiente política de assistência social, com cobertura de todo o território municipal, mantendo centros especializados para o atendimento de mulheres, da população carente e de pessoas com deficiência, além de uma assessoria voltada especialmente para a diversidade sexual.

Assim, no que se refere a saúde, Araraquara possui dois hospitais gerais: a Santa Casa de Misericórdia, que atende aos pacientes do SUS e também aos conveniados; e o Hospital São Paulo da Unimed, que atende exclusivamente a convênios, e possui um laboratório que oferece pronto atendimento.

A cidade conta ainda com a maternidade Gota de Leite, que atende exclusivamente ao SUS. Nela nascem em média 5 crianças por dia (!!!), e a sua aprovação por parte da população é de 96%. Em relação a outros serviços, a cidade conta também com a clínica particular de cirurgia plástica Duo

Day Hospital. Já o serviço de hemodiálise no município, é feito no Hospital Cana-Sul. Há ainda o Hospital Psiquiátrico Cairbar Schutel, que atende pacientes do SUS e de toda a microrregião de Araraquara.

As **unidades de pronto atendimento** (UPAs), que atendem 24 h por dia, são estruturas de complexidade intermediária entre as UBSs e as unidades de urgências hospitalares. Em conjunto elas compõem uma rede organizada de **atenção a urgências**. A cidade também conta com três UPAs. A **estratégia saúde de Família** (ESF), que visa a reorganização da atenção básica à saúde no País, foi considerada pelo ministério da Saúde (e pelos gestores municipais e estaduais) como uma estratégia de expansão, qualificação e consolidação da atenção básica da saúde. Ela propicia uma importante relação custo-benefício ao favorecer uma reorientação do processo de trabalho e aprofundar os princípios, as diretrizes e os fundamentos da atenção básica, assim como a ampliação da resolutividade e do impacto na saúde das pessoas. Aliás, em mais de uma dezena de bairros de Araraquara estão disponibilizadas unidades de saúde ESF.

O município de Araraquara também possui centros de atenção psicossociais (os CAPSs), instituições especializadas no atendimento da saúde mental dos adultos. Os CAPSs são instituições destinadas ao acolhimento de pacientes com transtornos mentais. Eles visam estimular sua integração social e familiar e apoiá-los em suas iniciativas em busca de autonomia, oferecendo-lhes atendimento médico e psicossocial. O objetivo dos CAPSs é oferecer atendimento à população de sua área de abrangência, realizando acompanhamento clínico e promovendo a reinserção social dos usuários, por meio do trabalho, do lazer, do exercício dos direitos civis e do fortalecimento dos laços familiares e comunitários. Trata-se de um serviço de atendimento de saúde mental criado para substituir internações em hospitais psiquiátricos.

Aliás, existe em Araraquara o **Centro de Atenção Psicossocial-Álcool e Drogas** (CAPS – AD), criado pelo governo estadual em 1947, que disponibiliza atendimento psicológico especializado para adolescentes e adultos que apresentam quadros de dependência de drogas e álcool. Fora isso, há também o **Serviço Especial de saúde de Araraquara** (SESA), que exerce dentro dos limites do município as funções de **unidade sanitária**, simultaneamente com as do **centro de aprendizado** da Faculdade de Saúde Pública da USP. Vale lembrar que em 1958 ele foi transferido para a USP como **um instituto complementar** a mesma, ficando dessa maneira subordinado diretamente à Faculdade de Saúde Pública, e se consolidando como uma oportunidade de estágio para os alunos que fizeram o curso de Saúde Pública.

E não se pode esquecer dos **Centros de Testagem e Aconselhamento** (CTAs), nos quais são oferecidos serviços de diagnóstico e prevenção de doenças sexualmente transmissíveis. Neles é possível realizar, **gratuitamente**, testes para HIV (do inglês *Human Immunodeficiency Virus*), sífilis e hepatites B e C. Todos os exames são realizados de acordo com as regras definidas pelo ministério da Saúde e com produtos registrados na Agência Nacional de Vigilância Sanitária (Anvisa) e por ela controlados.

O atendimento nos CTAs é inteiramente sigiloso e garante aos atendidos o direito de ser acompanhado por uma equipe de profissionais de saúde que os orientará sobre o resultado final do exame. Quando os resultados são positivos, os pacientes são encaminhados para tratamento nos serviços de referência.

No que se refere a **educação**, a rede de ensino público no município é composta por 83 unidades escolares, distribuídas entre as modalidades de ensino infantil, fundamental e médio. Já a rede municipal de ensino conta com 37 Centros de Educação e Recriação – Creche (CER), 11 Escolas Municipais de Ensino Fundamental (EMEFs) e 3 unidades que acumulam os serviços CER e EMEF totalizando 51 unidades. Enquanto isso, a rede estadual de ensino é composta por 31 IEs, sendo 30 escolas estaduais administradas pela secretaria estadual de Educação e uma Etec, administrada pela Secretaria do Desenvolvimento Econômico, Ciência, Tecnologia e Inovação.

A rede federal, por sua vez, conta com apenas uma unidade do IFSP (Instituto Federal de Educação, Ciência e Tecnologia de São Paulo), que oferece a opção do ensino médio integrado ao curso técnico.

Os números das pesquisas sobre educação pública são bem positivos, e recentemente Araraquara ficou em 5ª colocação no Estado e em 7ª no Brasil, entre os municípios brasileiros analisados nesse segmento. O que contribuiu muito para se ter essa destacada situação foi a reduzida evasão que se constata no ensino do município.

Araraquara tem um elevado índice de alfabetização, tendo recebido em 2014 o selo **Município Livre de Analfabetismo**, conferido pelo governo federal às cidades cujo índice de alfabetização é superior a 96%, a partir da faixa etária de 15 anos!?!?

No município diversas escolas públicas funcionam em tempo integral e todas as unidades de ensino da prefeitura já há alguns anos possuem laboratórios de informática e lousas digitais. Não se pode esquecer que a cidade conseguiu também eliminar o déficit de vagas na educação infantil,

54 Cidades Paulistas Inspiradoras

e conta com uma das maiores redes de creche em todo o País, inclusive com algumas unidades na zona rural.

Araraquara é uma das poucas cidades do País que possui várias unidades da estrutura do **Sistema S**, ou seja, do Serviço Social da Indústria (Sesi); do Serviço Social de Comércio (Sesc); do Serviço Brasileiro de Apoio às Micro e Pequenas Empresas (Sebrae); do Serviço Social de Transporte (Sest) e do Serviço Nacional de Aprendizagem do Transporte (Senat).

Estão estabelecidas em Araraquara duas IESs públicas, a Unesp – com as três faculdades de Ciências e Letras, Odontologia e Ciências Farmacêuticas e o Instituto de Química –, e os cursos superiores no IFSP – engenharia mecânica, licenciatura em matemática e tecnólogo em análise e desenvolvimento de sistemas. Além disso, estão instaladas na cidade mais quatro IESs privadas: a Uniara, a Unip, as Faculdades Logatti e o Instituto Savonitti. Como se nota, os araraquarenses e os alunos vindos de outras cidades têm um amplo leque de opções, inclusive no que se refere a se formarem para trabalhar nos setores da EC.

No âmbito dos **transportes**, o município conta com o aeroporto estadual Bartolomeu de Gusmão, que até o dia 3 de novembro de 2014 oferecia voos diretos para o aeroporto internacional de Viracopos, em Campinas, pela empresa Azul Linhas Aéreas. Esse serviço foi suspenso pela empresa devido ao baixo número de passageiros.

Com boas instalações, a perspectiva é de que assim que o País sair dessa longa crise econômica ele passe novamente a receber voos comerciais. Atualmente, entretanto, o acesso a Araraquara é feito pelo transporte rodoviário, podendo-se chegar à cidade por várias rodovias: Deputado Aldo Lupo (SP-257), pela Washington Luís (SP-310), que liga Araraquara ao noroeste do Estado, com a rodovia Deputado Vitor Maida (acesso à região de Ibitinga), com a rodovia Brigadeiro Faria Lima (SP-326), que dá acesso à região de Barretos, São José do Rio Preto e São Carlos, e as rodovias dos Bandeirantes (SP-348) e Anhanguera (SP-330), na região de Limeira, oferecendo acesso a Campinas e São Paulo. E não se pode esquecer das rodovias Antônio Machado Sant'Anna (SP-255) e Comandante João Ribeiro de Barros (SP-225), que ligam Araraquara com o nordeste do Estado, com a região de Ribeirão Preto e sudoeste com Jaú, Bauru e Marília.

Também é possível sair de (ou chegar a) Araraquara por várias estradas municipais, como é o caso da Dr. Nelson Barbieri (em direção de Gavião Peixoto); Abílio Augusto Corrêa (para ir a Guarapiranga e Ribeirão Bonito); Graciano da Ressureição Affonso (em direção de Bueno de Andrade e Matão), e aquelas que vão até Motuca, Água Azul e Américo Brasiliense. Já o transporte dos moradores dentro da cidade é feito pelos ônibus da Viação Paraty, Empresa Cruz e do Consórcio Araraquara de Transportes.

Quando o assunto é *shopping centers*, Araraquara tem o Jaraguá, com aproximadamente 190 lojas em operação. Ele é o mais completo da região, oferecendo um *mix* de lojas de departamento, supermercado, *pet shop* e mais de 30 opções de restaurantes em sua praça de alimentação, além de diversos espaços para lazer. O centro comercial Lupo, por sua vez, está localizado no centro da cidade e ocupa o antigo prédio da fábrica de meias Lupo. Ele foi totalmente transformado num *shopping center*, abrigando hoje cerca de 40 lojas e três salas de cinema. Todavia, sua grande atração é o velho relógio, que por décadas foi a referência de hora certa para os araraquarenses.

O antigo Tropical *Shopping* foi adquirido pelo grupo Aché, líder em produtos farmacêuticos no Brasil. Agora, sob administração da empresa imobiliária do grupo (a Partage), ele investiu mais de R$ 300 milhões na revitalização do espaço, que conta agora com cinco lojas âncoras, nove lojas menores, praça de alimentação, boliche, *playground* e cinco salas de cinema.

No âmbito do **turismo cultural**, mesmo com pouco mais de 200 anos de idade, Araraquara conta com várias construções antigas (embora não haja um mapeamento específico para elas). Vale ressaltar que aproximadamente 28 imóveis da cidade já foram tombados, sendo oito deles particulares. No quesito teatro, a cidade possui três espaços importantes: o Teatro Municipal de Araraquara, com capacidade para 460 espectadores, o Teatro Wallace Leal Valentin Rodrigues, e o Teatro de Arena Prefeito Benedito de Oliveira, dotado de excelente infraestrutura e com capacidade para 3 mil pessoas.

Entre os espaços culturais, estão: o excelente Centro Internacional de Convenções Dr. Nelson Barbieri, que é utilizado por IESs de Araraquara e também de cidades vizinhas para a realização de cerimônias de formatura; a Casa da Cultura Luís Antônio Martinez Corrêa; o Arquivo Público Histórico Prof. Rodolpho Telarolli; o Espaço Cultural Paulo Mascia e a chácara Waldemar Saffioti. A lista de museus inclui: o Museu de Arqueologia e Paleontologia de Araraquara (MAPA); o Museu de Imagens e do Som Maestro José Tescari; o Museu de Futebol e Esportes; o Museu Ferroviário Aureliano de Araújo; o Museu de Trólebus Araraquara e o Espaço do Boneco.

No que se refere a **música**, deve-se ressaltar a Orquestra Filarmônica Experimental Uniara e a Orquestra Jovem de Araraquara. Já entre as bibliotecas, as mais destacadas são as municipais Mario de Andrade e a Monteiro Lobato, essa última voltada para o público infantil.

As pessoas que visitam Araraquara pela primeira vez, logo percebem a grande quantidade de belas praças na cidade. Entre elas vale destacar a praça da Independência, a do Paliteiro, a do Faveral, a Santa Cruz e a Pedro de Toledo. Também são muito bonitos os parques Fonte Luminosa, do Basalto e Pinheirinho, esses dois últimos perfeitos para caminhadas. Além disso, tem-se ainda o parque Infantil. Outras áreas verdes da cidade bastante visitadas incluem os bosques do Jardim Botânico, dos Amigos e do Departamento de Estradas de Rodagem (DER).

Quando o assunto é esportes, Araraquara tem uma grande tradição esportiva, principalmente no futebol profissional. A cidade conta com a Associação Ferroviária de Esportes (AFE), cujo time masculino disputou em 2016 a série A1 do campeonato paulista. Já a equipe feminina do clube disputou tanto o Campeonato Paulista (no qual se sagrou tetracampeã em 2013) como o Campeonato Brasileiro (do qual foi campeã em 2014).

No dia 25 de novembro de 2017 a equipe de futebol da AFE sagrou-se campeã da Copa Paulista, ao vencer na disputa nas penalidades máximas o time do Internacional de Limeira, o que lhe permitirá disputar em 2018 competições de nível nacional.

No início dos anos 2000, a equipe de basquete masculino Uniara/Araraquara foi a grande potência nacional, mas hoje disputa apenas campeonatos das categorias juvenis. Já no vôlei, o destaque vai para o time feminino da Uniara/Fundesport, que, em 2013, disputou pela primeira vez na história a Superliga feminina.

Mas Araraquara também investiu em outras modalidades esportivas, como o futebol de salão feminino, por exemplo. De fato, a cidade tem obtido bastante sucesso em diversos esportes e isso se reflete nas várias conquistas de seus atletas, especialmente nos jogos regionais.

E para isso os araraquarenses têm a sua disposição uma arena multiuso, a Arena da Fonte Luminosa. Com capacidade para mais de 20 mil pessoas, ela recebe todos os anos partidas do Campeonato Paulista, além de alguns jogos do Campeonato Brasileiro da Série A. Na cidade existem ainda: o estádio municipal Dr. Cândido de Barros, o ginásio municipal poliesportivo Castelo Branco (o "Gigantão") e o ginásio de esportes Guilherme Fragoso Ferrão (o "Ginásio da Pista").

A pista de atletismo Armando Garlippe, o kartódromo do parque Pinheirinho e o complexo aquático Arena da Fonte são outros exemplos de espaços públicos tradicionais disponibilizados para a prática esportiva. Desde 1980, promove-se na cidade no último dia de cada ano a corrida de Santo Onofre, uma prova de rua com 7 km de extensão. Aliás, em 2018 essa competição celebrou sua 39ª edição!!!

Marcelo Fortes Barbieri – que, como já mencionado, fora prefeito de Araraquara por dois mandatos e, antes disso, deputado federal por 14 anos consecutivos (eleito em 1990) – alavancou muito o progresso da cidade. Segundo várias avaliações feitas pela Federação das Indústrias no Estado do Rio de Janeiro (Firjan), o município despontou no cenário nacional como um dos mais desenvolvidos e com melhor qualidade de vida do País.

Marcelo Fortes Barbieri, que é atualmente o vice-presidente da APM, salientou: "No decorrer dos meus oito anos como prefeito de Araraquara, procurei desenvolver uma política para atrair empresas. Ela se fundamentou nos seguintes elementos que caracterizam a cidade:

- Localização geográfica privilegiada.
- Existência de mão de obra qualificada
- Existência de uma política de recuperação e preservação ambiental.
- Boa qualidade de vida.
- Adequada rede de educação.
- Bons serviços de saúde pública.
- Infraestrutura eficiente.

Durante os meus dois mandatos, foram investidos na cidade cerca de R$ 7 bilhões e grandes empresas como a Cutrale, Lupo, Heineken, Nestlé, ALL (América Latina Logística), Brado Logística, entre outras, juntas empregaram cerca de 21 mil pessoas.

Se a ferrovia estimulou o progresso de Araraquara no fim do século XIX, está novamente ajudando a impulsionar a nossa economia e a atrair mais investimentos. De fato, a vocação logística do município, localizado na região central do Estado, tem contribuído muito para que a cidade se torne um polo de atração das grandes empresas.

A ALL, por exemplo – que administra algo próximo de 23.000 km no País e no exterior, tendo sido comprada em 2012 pela Cosan e passou a se chamar Rumo – tem em Araraquara a sua maior movimentação de composições, sendo que a sua malha vem sendo ampliada a cada ano.

Procurei estimular bastante o **empreendedorismo** em Araraquara, o que fez surgir uma nova incubadora na cidade. Já com a criação da Sala do Empreendedor, diminuiu-se muito o tempo de emissão de alvará para a abertura de uma empresa, que foi reduzido de 30 dias para apenas 2 dias.

Busquei incrementar o **turismo** de negócios, ampliando a capacidade da cidade para sediar grandes eventos empresariais, e também o de entretenimento. Um claro exemplo disso foi a construção de um amplo centro de eventos, um dos maiores do Estado, denominado Centro Internacional de Convenções Dr. Nelson Barbieri.

Nos quatro últimos anos, ou seja, no meu segundo mandato, a prefeitura destinou **30,4%** do orçamento para a **saúde pública** (bem acima do que exige a lei), e com isso os munícipes tiveram uma significativa melhoria no que se refere à assistência médica. Também **30,6%** do orçamento foi destinado para a **educação**. Isso foi possível com a economia que se conseguiu nos gastos com o pessoal que trabalhava na prefeitura, e permitiu a criação de 1.200 novas vagas em creches, a reforma (ou ampliação) de dezenas de escolas e a instalação de lousas digitais nas escolas que funcionam em tempo integral.

Além disso, construiu-se o novo terminal do aeroporto Bartolomeu de Gusmão, que tem sido aquele de maior crescimento entre os aeroportos do Estado. Estou totalmente convencido de que em não mais de uma década o transporte aéreo de passageiros e cargas irá crescer, o que levará a cidade a se transformar em uma **aerotrópole**!?!?

Finalmente, é vital lembrar que no final de 2016, 94% das ruas e avenidas da cidade estavam pavimentadas. A Internet foi disponibilizada para praticamente todos os habitantes (98,5%). Além disso, houve grande melhoria em termos de mobilidade com a construção de novos corredores e com a retirada dos trilhos do centro da cidade, isso permitiu que ela ganhasse mais espaços públicos para as áreas da cultura, lazer e esporte."

Embora a nossa legislação não o permita, considerando tudo o que foi feito em Araraquara, prefeitos como Marcelo Fortes Barbieri mereceriam o direito de continuar mais tempo à frente de suas prefeituras, não acha, caro(a) leitor(a)?

Uma vista aérea do público na empolgante Festa do Peão de Barretos.

Barretos

PREÂMBULO

No dia 17 de agosto de 2017, ocorreu a abertura da 62ª edição da Festa do Peão do Boiadeiro de Barretos. O objetivo, dessa vez, foi se **reinventar** e, com isso, encantar ainda mais os turistas. Assim, nos dez dias do evento foram apresentados cerca de 100 *shows* espalhados pelos seis palcos montados no parque do Peão. Um deles é o estádio de rodeios projetado pelo renomado arquiteto brasileiro Oscar Niemeyer (1907-2012).

Praticamente todas as apresentações foram de artistas sertanejos, apesar de que nessas últimas duas décadas artistas estrangeiros como Mariah Carey, Kevin Costner, Garth Brooks, bandas de *rock* e até escolas de samba terem tido participações que entusiasmaram os espectadores.

O presidente da festa, Hussein Gemha Junior explicou: "Realmente todo ano procuramos nos reinventar, nos aperfeiçoando e apresentando coisas novas e inéditas. Assim, rodeio tem em todo lugar, mas no nosso trazemos campeões mundiais. Quem consegue fazer isso? Nessa 25ª edição do *Barretos International Rodeo*, estiveram presentes Silvano Alves (tricampeão mundial), Guilherme Marchi (campeão mundial) e outros 'especialistas' como Kaíque Pacheco e João Ricardo Vieira. No parque aconteceram muitas competições, como a Queima do Alho (concurso gastronômico com comida de comitivas, cateretê, festival musical, concurso de berrante etc."

E de fato os visitantes parecem ter apreciado tudo isso, pois, em 2017, a festa recebeu cerca de **1 milhão deles**!!!

A HISTÓRIA DE BARRETOS

Barretos é um município paulista localizado na mesorregião de Ribeirão Preto, a 424 km da capital paulista, e ocupa uma área de 1.563,6 km². Em 2018, a população estimada da cidade era de aproximadamente 123 mil habitantes.

Sua história começa em 1831, quando Francisco Barreto e Simão Marques, juntamente com suas famílias, chegaram à região e se apossaram de grandes extensões de terras que, mais tarde, abrigariam suas fazendas. Em 25 de agosto 1854 – data que passaria a ser celebrada como de fundação da cidade –, os descendentes desses pioneiros assinaram o título de doação de 82 alqueires ao Divino Espírito Santo e a partir daí as primeiras casas de sapé começaram a ser erguidas ao redor da capela Espírito Santo de Barretos, que também fora erigida no local. Em 10 de março de 1885, pela lei Nº 22, Espirito Santo de Barretos foi elevado à categoria de município, e em 6 de novembro de 1906, passou a se chamar somente Barretos.

O crescimento e o progresso da cidade foram bastante estimulados a partir de 1909, quando Barretos recebeu a estrada de ferro. Todavia, outro personagem importante dessa época foi o chamado "**boiadeiro**", que era responsável pelo deslocamento do gado no País, assim como pela entrega dos "bois gordos" aos frigoríficos da região, inclusive enviando carne para São Paulo e para Santos, de onde ela seria exportada.

A crença predominante na cidade é o cristianismo, particularmente com a religião católica romana, que é representada principalmente pela figura do padroeiro da cidade, o Divino Espírito Santo. Vale lembrar que para os católicos, Ele é a terceira pessoa da Santíssima Trindade, e é sempre representado pela pomba branca. Aliás, todos os anos comemora-se na cidade em meados de julho a **Festa do Divino**.

Embora existam várias igrejas, paróquias e capelas em Barretos, o destaque é sem dúvida a catedral do Divino Espírito Santo, situada na praça Francisco Barreto. Sua construção começou em 1893, tendo a sua frente o mestre Pagani Fioravante. A obra, em estilo romano, apresenta colunas olímpicas e imagens de santos. Os detalhes internos – pinturas e vitrais – são riquíssimos. O piso superior da catedral abriga um pequeno museu sacro, com objetos religiosos e documentos históricos, como roupas e acessórios usados por bispos e padres que passaram pela diocese de Barretos.

62 Cidades Paulistas Inspiradoras

Mas não é só a igreja católica que tem espaço em Barretos. Na verdade, nota-se na cidade uma grande tolerância religiosa, com a convivência pacífica entre evangélicos (há uma significativa população evangélica na região, que reúne desde protestantes tradicionais até pentecostais e neopentecostais), adventistas do Sétimo Dia, testemunhas de Jeová, mórmons, espíritas, budistas, umbandistas e até muçulmanos (em 1976 foi fundada na cidade uma mesquita).

No âmbito da **saúde**, Barretos se tornou **referência nacional e mundial** graças ao Hospital de Câncer de Barretos (HCB), que é administrado pela Fundação Pio XII e mantido principalmente com doações. A história desse hospital começou na década de 1960, quando a única saída para os pacientes de câncer da cidade era viajar para a capital paulista.

Em 1968, os doutores Paulo Prata, Scylla Duarte Prata, Miguel Gonçalves e Domingos Boldrini se reuniram por intermédio da Fundação Pio XII e passaram a se dedicar em tempo integral a um pequeno hospital focado no tratamento do câncer. Com o passar dos anos, essa instituição foi recebendo apoio e doações de muitos empresários, o que permitiu que ela fosse bastante ampliada. Mas não se pode esquecer que tal crescimento também resultou de uma excelente gestão por parte dos seus dirigentes.

Com uma área construída de mais de 150.000 m², o HCB realiza em média **4.100 atendimentos por dia** – todos via SUS – e atende pacientes de mais de 1.750 cidades de todo o País, que viajam longas distâncias apenas para se tratar nessa conceituada instituição de saúde!!!

O hospital abriga um centro de prevenção contra o câncer de mama, com 2.500 m², com capacidade para realizar cerca de 11 mil atendimentos por mês. Esse centro, entretanto, faz parte de um projeto maior: o Instituto de Referência para a Prevenção de Câncer Ivete Sangalo, um espaço de 7.200 m² voltado para o diagnóstico precoce e a prevenção de outras tipos de tumores (câncer uterino, de próstata, aparelho digestivo, boca e pele), que foi inaugurado em 2009.

Artistas famosos e diversos benfeitores do hospital dão nome aos vários pavilhões. Assim, além do Instituto Ivete Sangalo, existem pavilhões com os nomes de Chitãozinho e Xororó, Alexandre Pires, Gugu Liberato, Sérgio Reis, Leandro e Leonardo, Xuxa Meneghel, entre outros, que realizam *shows* e revertem a renda para a Fundação Pio XII. E justamente para estimular novas doações, o hospital tem se utilizado de uma estratégia bastante inteligente para mostrar quão bem é gerenciado o dinheiro recebido: todas as quartas-feiras é possível fazer uma visita monitorada ao hospital!!!

Caso(a) o leitor(a) queira saber mais sobre esse importante hospital de nosso País, uma boa opção é o livro *Acima de Tudo o Amor*, escrito pelo próprio diretor-geral do HCB, Henrique Prata.

Em 2011 foi inaugurada uma unidade do IRCAD (L'Institut de Recherche Contre les Cancers de l'Appareil Digestif), cuja madrinha é a cantora Carla Bruni, que na época era a primeira-dama da França. O IRCAD é considerado a mais importante organização de pesquisa de toda a Europa no que se refere ao combate ao câncer do aparelho digestivo.

Mas além do HCB a cidade de Barretos também conta com a Santa Casa, inaugurada em 9 de janeiro de 1921, que hoje é um hospital moderno e também uma referência na região.

No que se refere a **educação**, a prefeitura tem 18 escolas de ensino fundamental, algumas delas em tempo integral. No âmbito estadual, são 13 escolas e uma escola técnica, mantida pelo Centro Paula Souza, a Etec Coronel Raphael Brandão. Obviamente a cidade também conta com várias IEs privadas para o ensino fundamental e médio, além de escolas de ensino infantil, creches e berçários. Também há na cidade uma unidade do Sesi.

Já entre as IESs o destaque é o Centro Universitário da Fundação Educacional de Barretos (UNIFEB), que oferece 25 cursos superiores e, em algumas áreas, de pós-graduação. A UNIFEB tem também um Colégio e Escola Técnica. Em 28 de outubro de 2010, o governo federal inaugurou na cidade o IFSP, *campus* Barretos. Ele ocupa uma área construída de 5.331 m², e oferece três cursos superiores muito importantes para quem deseja atuar em alguns dos setores da EC, como: Tecnologia, Análise e Desenvolvimento de Sistemas, Tecnologia em Gestão de Turismo e Licenciatura em Ciências Biológicas.

Além disso o IFSP oferece três cursos técnicos integrados ao ensino médio: Agropecuária, Informática e Administração e dois cursos noturnos: Agronegócio e Eventos. Existem ainda na cidade a Faculdade de Ciências da Saúde de Barretos Dr. Paulo Prata (FACISB), que oferece o curso de Medicina; o Centro Unificado de Educação Barretos, com 8 cursos superiores; o Instituto Superior de Educação de Barretos (ISEB) e as Faculdades Integradas Soares de Oliveira (FISO). Também estão sediados em Barretos diversos polos de EAD (educação à distância) de renomadas IESs brasileiras.

Com tudo isso, conclui-se que Barretos oferece as condições ideias para que nela se formem muitos **profissionais talentosos**. Isso atrai um grande números de estudantes não apenas de cidades limítrofes (Colômbia, Guaíra, Morro Agudo, Jaborandi, Colina, Olímpia e Guarani), mas também de outras do Estado. E são esses os jovens que estão transformando Barretos numa **cidade criativa**, gerando cada vez mais empregos vinculados aos eventos desenvolvidos nela!!!

Apesar da agricultura, do comércio, da indústria (laticínios, confecções, calçados, curtume, cutelaria, sucos cítricos etc.) e da prestação de serviços empregarem muita gente – e gerarem as maiores receitas para a economia da cidade –, não se pode esquecer da contribuição cada vez maior do turismo na movimentação de muitos negócios em Barretos. Neste sentido, vale lembrar que a fama de Barretos já ultrapassou as fronteiras nacionais. Muito disso se deve à já mencionada Festa do Peão de Boiadeiro, que é organizada há mais de 60 anos. Trata-se do maior rodeio da América Latina, e todos os anos atrai para a cidade muitas centenas de milhares de visitantes, ávidos para assistir às competições de montaria e aos *shows* de música sertaneja. Não é por acaso, portanto, que Barretos tenha se tornado a "**capital nacional do rodeio**". Isso aconteceu depois da realização do primeiro rodeio na cidade, em 1955, pelo grupo **Os Independentes**.

Cabe aqui uma ressalva histórica: foram os colonos norte-americanos, ainda no século XVII, que, depois de vencer a guerra contra o México, passaram a adotar costumes de origem espanhola, dentre os quais algumas festas e a **doma** de cavalos e bovinos. Com a expansão da criação de gado no centro-oeste dos EUA, surgiram em algumas de suas cidades os rodeios. Posteriormente, ranchos e fazendas passaram a promover provas de montaria e laço, até que entre 1890 e 1910, o rodeio surgiu como um **entretenimento**. A prática passou a ser reconhecida como esporte competitivo nas primeiras décadas do século XX.

O rodeio chegou a Barretos há mais de seis décadas, e desde então a cidade tem se mantido como destino favorito para peões e apaixonados pelas tradições do campo. Hoje, percebe-se o orgulho *country* por todos os cantos da cidade!!! Tanto que o mais importante cartão-postal de Barretos é sem dúvida o **parque do Peão**. É lá que, desde 1985, acontecem os rodeios que ao longo de dez (ou onze) dias arrastam multidões para a festa.

O mais incrível é que a ideia para o maior rodeio da América Latina, a marca registrada de Barretos, surgiu numa mesa de bar!!! A cidade sempre foi passagem obrigatória dos boiadeiros que transportavam gado de um

Estado para outro e abasteciam o frigorífico Anglo, o primeiro do País, em 1913. Então, em 1947, durante uma quermesse realizada pela prefeitura de Barretos, aconteceu o primeiro rodeio do Brasil, onde os peões brasileiros puderam demonstrar suas habilidades com os animais.

No ano seguinte, um grupo de amigos reunidos em um bar decidiu fundar a associação: Os Independentes, que começou a organizar essa festa de peão, que acabaria se tornando uma das maiores do mundo. Porém, a 1ª Festa do Peão de Boiadeiro de Barretos organizada por esse grupo só aconteceu mesmo em 1955, e sob a lona de um circo. No evento foram realizadas competições de montaria, danças folclóricas, desfile com carros de boi, pau de sebo e Queima do Alho.

A primeira edição fez tanto sucesso que aos poucos outras cidades também começaram a organizar rodeios, o que não diminuiu o brilho da Festa do Peão de Barretos, que sempre foi a mais famosa e concorrida. De fato, o evento barretense continuou atraindo um número crescente de visitantes para assistir aos competidores cada vez mais habilidosos, oriundos de todas as partes do Brasil e do exterior.

Então, com o passar dos anos o recinto Paulo de Lima Correia – onde eram realizados os rodeios – tornou-se pequeno para acomodar tantos espectadores. Por isso, em 1985, o grupo Os Independentes inaugurou o parque do Peão, localizado no km 428 da rodovia Brigadeiro Faria Lima (SP-326), numa área de mais de 110 hectares. Assim, com espaço de sobra e uma estrutura completa para receber a multidão que invade Barretos na segunda quinzena de agosto, o parque do Peão se tornou sem dúvida o principal ponto turístico de toda a região.

O local conta com diversas facilidades: um estacionamento para 10 mil veículos; o rancho do Peãozinho; uma área para *camping*; o rancho da queima do alho; uma hípica; um estádio polivalente em forma de ferradura, com capacidade para 35 mil pessoas; o memorial do Peão, com a escultura de um peão de boiadeiro com 27 m de altura que resgata a história do rodeio; o memorial do **Touro Bandido** etc.

Esse touro viveu numa fazenda em Icém, no Estado de São Paulo, onde chegou a pesar 1.100 kg. Por ser absolutamente intolerante com outros animais, ele dispunha sozinho de cerca de 48.000 m^2 de pasto. Ele conseguiu estar presente em cerca de 200 desafios, derrubando – com grande facilidade – centenas de peões, e se tornando o maior astro das arenas de rodeio, um verdadeiro ídolo do público na Festa do Peão por quase uma década. Somente um homem conseguiu manter-se sobre ele por 8s (tempo mínimo exigido nas apresentações): o peão Carlos de Jesus Boaventura, em 2002, no rodeio de Jaguariúna.

A fama do **Touro Bandido** se tornou ainda maior depois que virou personagem da novela *América*, da Rede Globo. Na época a autora, Glória Perez, ressaltou: "Bandido tinha uma aura obscura. Ele foi criado por um cigano e no meio dos rodeios lhe atribuíram poderes sobrenaturais." O animal encerrou sua carreira em 2008, e morreu em 4 de janeiro de 2009 com 15 anos de idade, vítima de câncer de pele. Ele deixou 70 filhos, 4 clones e 2 mil doses de sêmen!!!

Quando o assunto é **comércio**, a cidade de Barretos obviamente se especializou na venda de objetos estilo *country*, ou seja, ligados a rodeios. Neste sentido, uma das empresas mais tradicionais da cidade é a Chapéus D'Barretos, que vende há quase 40 anos chapéus e acessórios *country*. Ela trabalha tanto com matéria-prima nacional quanto importada, e produz diversos modelos de chapéu – dos mais tradicionais aos coloridos e estampados –, com destaque para o modelo *country*, é claro. O mais interessante é que é possível conhecer todo o processo de fabricação desses produtos, pois a empresa costuma abrir suas portas para visitas monitoradas. Nas lojas Barretesão e Os Independentes os visitantes também encontram produtos com a temática sertaneja, como botas de couro, camisas xadrez, fivelas, chapéus e outras lembranças.

E por falar no clube Os Independentes – que, como já foi dito, é o fundador da Festa do Peão –, um fato curioso é que, apesar de estarmos vivendo em uma época marcada pelo crescente empoderamento feminino e pela presença cada vez maior delas em todas as associações existentes, continua o veto à entrada de indivíduos do sexo feminino no clube. De fato, nessa associação todos os membros devem ter mais de 22 anos, ser solteiros e independentes financeiramente (daí o nome do grupo). Além disso, eles precisam ter nascido na cidade, comprovar seu vínculo com Barretos nos últimos anos e não ter antecedentes criminais.

Aliás, esse grupo foi criado num tempo em que não havia críticas ao uso de animais nas arenas (!?!?). Hoje, entretanto, os rodeios lamentavelmente recebem muitas acusações por parte de entidades de proteção, por conta de supostos maus tratos a touros e cavalos. Segundo elas, especialmente os touros sofrem tortura devido ao uso do sedím (uma corda de lã presa na virilha) e também de choques. O animal também fica estressado com o barulho e a luminosidade das arenas.

Dos 20 fundadores iniciais, apenas cinco deles estavam vivos em 2017: Horácio Tavares de Azevedo, Paulo Pereira, Antônio Renato Prata, Rubens Bernardes de Oliveira e Orlando Araújo, que foi o primeiro locutor de rodeios. Porém, entre a fundação do clube e a realização da primeira festa, o grupo recebeu mais 12 membros, dos quais o único ainda vivo em 2017 era José Tupynambá, que foi presidente de Os Independentes duas vezes. Ele relembrou: "No início tínhamos o carro de boi, e no primeiro dia da festa tinha a alvorada. Porém, a gente tem que se adaptar a época atual com a festa ganhando muito em amplitude, em todos os sentidos. No meu tempo de jovem, as noitadas tinham música sertaneja autêntica, de raiz. Mas enquanto a primeira festa foi sob uma lona de circo, atualmente o parque do Peão ocupa uma fazenda enorme, e durante os 10 dias do evento passam por ele mais de 1 milhão de visitantes!!!

Provavelmente não se conseguiria atrair todo esse público para 'animar-se' somente com sertanejo de raiz. Sem dúvida o sertanejo universitário é muito forte, atraindo por isso muita gente."

Nesses últimos tempos, e para dar conta de cada vez mais tarefas, o número de membros foi ampliado para 100, mas se mantém fechado: o novo membro só é aceito em caso de morte ou renúncia de um dos atuais integrantes. É necessário também que o pretendente passe por um período de adaptação de no mínimo três anos, para compreender se é isso mesmo que ele deseja fazer e para que os demais integrantes possam avaliar se de fato ele merece fazer parte do grupo.

No primeiro estatuto da associação havia uma cláusula que dizia: "O associado que se casar será incontinentemente expulso", e isso de fato aconteceu com alguns membros. Porém, com a ampliação do número de participantes (para 100), o estatuto também foi modificado, e agora permite que membros se casem depois da "iniciação", ou seja, após terem sido admitidos na condição de solteiros!!!

Entretanto, no que se refere à aceitação de mulheres, esse tema retorna à baila de tempos em tempos, mas a tradição continua sendo mantida: os integrantes de Os Independentes devem ser homens financeiramente independentes em relação aos pais!!! – uma condição cada vez mais complicada nesse final de 2ª década do século XXI, uma vez que os jovens são os mais atingidos pela falta de empregos.

Quando o assunto é **lazer**, o município possui atualmente várias opções, e não apenas para o visitante da Festa do Peão, mas para toda a família e em qualquer época do ano. Esse é o caso, por exemplo, do Barretos Country Hotel & Acquapark, que é considerado o primeiro *resort country* do País. Com ambiente dinâmico, o hotel dispõe de excelente estrutura de entretenimento com uma ótima programação para adultos e crianças, oferecendo parque aquático com toboáguas, salas de jogos, quadras esportivas, sauna, passeios a cavalo e um excelente restaurante.

O Rio das Pedras Country Club é outra opção para quem gosta de atividades ao ar livre. Ele dispõe de parque aquático, praia de água doce, pesqueiro, quiosques etc. Já na estância Canoã o foco é o **turismo ecológico**. Localizada na zona rural, ela dispõe de piscina, ofurô, casa na árvore, lago, trilhas etc., e se destaca pela harmonia com a natureza e pela decoração rústica com madeira de reflorestamento.

Para quem gosta da prática de atividades ao ar livre, vale a pena visitar a região dos lagos, uma das mais interessantes no município de Barretos. Na realidade, são quatro lagos ornamentais abastecidos pelo córrego do Aleixo, e contornados por uma pista de caminhada e passeios de bicicleta. O local atrai tanto os moradores da região quanto os visitantes, principalmente no final da tarde, quando as temperaturas são mais amenas. Vale lembrar que, embora a temperatura média no verão seja de 22,5 °C, ela já alcançou no município o recorde de 45°C, em 19 de janeiro de 2015.

Quem gosta de uma boa e bem-sucedida pescaria deve visitar o pesqueiro chamado *O Casarão*, onde de fato existe uma enorme propriedade rural no estilo colonial, construída há mais de 150 anos. Além do pesque-pague, no local é possível deliciar-se com saborosas refeições e petiscos à base de peixe. Esse sem dúvida é um lugar bastante conveniente para quem deseja desfrutar de momentos de tranquilidade no meio da natureza.

E falando de natureza, não se pode deixar de citar o orquidário Rancho da Serra, no qual estão reunidas diversas espécies de orquídeas, que garantem ao visitante um indescritível espetáculo de cores e texturas. Mas além da área repleta de flores, o orquidário conta com uma loja de produtos artesanais e uma lanchonete incrível. Entre os alimentos comercializados estão as farofas temperadas, como por exemplo a de pequi com pimenta ou de *bacon* com carne seca. Porém, o seu carro-chefe é sem dúvida o delicioso pão de linguiça.

E falando em comida, Barretos também se destaca no quesito **gastronomia**. Uma das refeições típicas da cidade vem da tradição dos tropeiros e se chama Queima do Alho. Apesar do nome curioso, a Queima do Alho se caracteriza basicamente pela reunião dos seguintes elementos: arroz carreteiro, feijão tropeiro, paçoca de carne seca e churrasco fatiado, todos obviamente temperados com um ingrediente indispensável: o **alho**.

Esse era o cardápio tradicional das comitivas de peões de boiadeiros que passavam por Barretos e precisavam improvisar fogões no chão, utilizando-se de pedras e pedaços de madeira. A tradição foi mantida e até hoje a Queima do Alho é celebrada inclusive durante a Festa do Peão, quando os juízes escolhem a comitiva com melhor apresentação do prato típico.

Vale ressaltar que, além da deliciosa comida típica, Barretos tem se destacado também no *Festival Gastronômico Sabor de São Paulo*, um projeto da secretaria de Turismo do Estado de São Paulo, que valoriza a gastronomia paulista e reúne em cada evento verdadeiras delícias!!! Em 2014, por exemplo, Barretos se destacou com quatro receitas finalistas: a costelinha cascão com arroz caipira, do restaurante *Macadamia*; o pão de linguiça, do orquidário Rancho da Serra; o torresmo de quilo, do Barretos Country Hotel, e o *macaron* de brigadeiro com caja-manga, a *chef* Roberta Trevisan, do *Reino Doce*. De fato a cidade conta com diversos restaurantes e lanchonetes capazes de comprovar que **vale a pena entregar-se aos prazeres da comida dessa região**!?!?

Finalmente, não se pode deixar de ressaltar que Barretos esbanja **cultura**. Isso se percebe ao visitar o Museu Histórico, Artístico e Folclórico Ruy Menezes. Ocupando um prédio do início do século XX, ele já foi o Paço Municipal e encanta pela sua arquitetura neoclássica. As esculturas de águias no telhado do prédio deram a ele o apelido de palácio das Águias. O local foi transformado em museu em 1979 e abriga um importante acervo histórico da cidade. São instrumentos musicais, armas, moedas, câmeras fotográficas antigas, fotos e documentos históricos, que revelam os costumes de seus moradores ilustres.

Também é imperdível visitar a Estação Cultural Placidino Alves Gonçalves. A chegada dos trilhos a Barretos aconteceu em 1909, mas a estação local da Companhia Paulista de Estradas de Ferro (CPEF) só foi inaugurada em 1929. A ferrovia foi fundamental para transportar a carne produzida em Barretos, onde surgiu o primeiro frigorífico do País, até outras partes do Estado. Essa estação foi desativada no início dos anos 2000, totalmente restaurada em 2008 e transformada em um importante centro cultural da cidade. Hoje esse prédio abriga exposições, recebe apresentações artísticas e resgata a história da cidade e da ferrovia por meio de painéis e objetos originais.

Outro destaque em Barretos é o *atelier Maison D'Amisy*, do artista plástico Renato Amisy, uma das maiores expressões artísticas de Barretos. Suas pinturas em relevo acrílico podem ser tocadas, criando assim uma conexão única entre a obra e o público. Os quadros de Renato Amisy já percorreram o mundo e receberam diversos prêmios na Europa, em especial na França, país onde o pintor tem um ateliê próprio.

No que se refere a **templos religiosos**, não se pode deixar de visitar a igreja Nossa Senhora Aparecida, localizada no bairro de Marília, que também é chamada de minibasílica, uma vez que seu projeto arquitetônico é inspirado no Santuário Nacional de Aparecida. As obras dessa igreja, que tem mais de 1.200 m^2 e o formato de uma cruz grega, começaram em 2005. Ele atualmente tem capacidade interna para 450 pessoas e, embora tenha sido construído numa escala bem menor que a do santuário de Aparecida, costuma atrair milhares de devotos da padroeira do Brasil.

Uma sugestão para todos os visitantes – particularmente para os que vem de automóvel – e de que não deixem de visitar inicialmente o **marco histórico** e **geográfico** de Barretos. Localizado na esquina entre a rua 8 e a avenida 13 (lembrando que todas as distâncias são medidas a partir desse ponto), ele representa o ponto exato onde surgiram as primeiras residências da fazenda Fortaleza, de Francisco Barreto, que deram origem ao município. Existe ali um mural com 7 m de altura, cujo projeto e a consultoria ficaram a cargo de Cesário Ceperó e Pedro Pedozzi. A obra traz em relevo as imagens da família Barreto e do Divino Espírito Santo, padroeiro do município, além do brasão da cidade, com o lema *Frates Sumus Omnes* ("Somos todos irmãos") – que representa a maneira como os barretenses recebem a todos que visitam a sua cidade.

Esse passeio inicial deve prosseguir até a praça da Primavera, a mais bela da cidade, localizada entre as avenidas 33 e 35 e a rua 18. No local é possível contemplar o maravilhoso projeto paisagístico, composto de coreto, passagem de córrego com pontes e uma fonte luminosa. Tudo isso gera no visitante um profundo clima de tranquilidade, uma sensação que certamente ele adorará levar consigo para sua cidade natal.

Destaque-se que a prefeitura de Barretos, através de sua secretaria de Turismo, tem trabalhado em parceria com o Conselho Municipal de Turismo (Comtur) para fortalecer cada vez mais o **turismo receptivo**, programando em todos os meses do ano eventos muito interessantes e identificando continuamente novas possibilidades para aumentar a **visitabilidade** no município e, com isso, incrementar o seu desenvolvimento social e econômico.

Naturalmente, deve-se ressaltar que hoje há um ambiente muito favorável ao turismo em Barretos. Por isso, através do Projetur, foram feitas diversas e importantes parcerias e elaborado um roteiro turístico local que conta com o apoio de várias instituições, como: a Associação Comercial e Industrial de Barretos (ACIB); o Sindicato dos Trabalhadores em Hotéis, Restaurantes, Bares e Similares de Barretos e região; a Associação Barretense de Turismo (Abatur); o Sindicato do Comércio Varejista; o clube Os Independentes; o Sindicato Rural do Vale do Rio Grande (Sirvarig); o Sebrae (SP); o Senac e o IFSP.

Barretos participa também do Circuito das Águas Sertanejas e do Consórcio do Desenvolvimento do Vale do Rio Grande (Codevar), que conta com dez municípios, além de Barretos. Nesse cenário surgiu o Plano Diretor de Turismo, que permitiu Barretos se transformar num Município de Interesse Turístico (MIT) com a aprovação pela Assembleia Legislativa de São Paulo em 16 de maio de 2017 e, posteriormente, em **estância turística**. Esse provável reconhecimento garantirá à cidade a possibilidade de investir ainda mais no desenvolvimento da atividade turística e, com isso, se consolidar de vez como destino turístico no cenário paulista, brasileiro e internacional.

Com a implantação do seu Centro de Atendimento ao Turista (CAT), a cidade supriu uma importante necessidade do município. O local funciona como uma importante fonte de informação turística e de utilidade pública, tanto para visitantes quanto para moradores da cidade. No CAT o atendimento é feito por pessoas treinadas e capacitadas. Nele o turista tem acesso a guias turísticos e também a folhetos e mapas para facilitar os seus passeios.

Note-se que a cidade também dispõe agora de um excelente centro de convenções e eventos, que faz parte do grupo Barretos Country. Nele há uma completa estrutura para a realização de convenções, congressos, festas sociais etc. É importante salientar que muito do avanço que Barretos no setor do turismo se deve ao médico Emanoel Mariano Carvalho, que foi prefeito da cidade por dois mandatos, entre 2005 e 2012.

Ele relatou: "Quando assumi a prefeitura, estávamos ainda procurando saídas para um maior desenvolvimento da cidade, inclusive de formas que permitissem solucionar muitos de seus novos problemas. Foi aí que nos focamos na **cultura** e em alguns setores da EC, especialmente no **entretenimento**.

Todos sabemos que, muitas vezes, entramos num avião e viajamos mais de 24 h para conhecer os grandes monumentos, palácios, santuários e, em especial, a cultura dos povos orientais. Viajamos bem menos (cerca de 6 h de avião) para ir ao Peru, mais precisamente para apreciar *in loco* as terras que abrigaram a civilização inca, em Machu Picchu. Também é muito comum as pessoas voarem para a Itália, numa viagem de cerca de 12 h, e apreciar seus '**tesouros**'. A Itália tem a felicidade de possuir 40% dos monumentos culturais do mundo que a Organização das Nações Unidas para a Educação, a Ciência e a Cultura (Unesco), considerou como **patrimônio da humanidade**, ou ainda passear pela França, em especial em Paris, uma cidade criativa e capital cultural por excelência.

Dessa maneira, no meu primeiro mandato, concentrei-me no trabalho de usar melhor a **cultura barretense. E o que tínhamos que mais chamava a atenção de todo mundo?** Sem dúvida era (e é) a Festa do Peão, nossa festa de rodeio, a maior do Brasil e talvez a segunda maior do mundo, perdendo apenas para o rodeio de Houston, no Estado de Texas (EUA). Fui até lá para compreender melhor como os norte-americanos a realizavam e, especialmente, como a transformaram num **grande negócio**!!!

Fizemos as diversas adaptações necessárias, sempre nos inspirando no que era feito em Houston. Assim, a festa que é realizada no parque do Peão ocupa uma área de 2 milhões m^2 e conta com um estacionamento enorme, com um local especial para mais de 1.300 ônibus, um heliporto, um clube hípico e um centro de eventos chamado de Barretão.

Vale lembrar que a Festa do Peão é um evento incrível, no qual a cidade recebe mais de 1 milhão de visitantes a cada ano, dos quais quase mil são jornalistas credenciados.

O evento cria mais de sete mil empregos diretos e mais ou menos o mesmo número de indiretos, impactando num raio de 200 km de Barretos, com muitas cidades da região, tendo ocupação plena nos seus hotéis e uma grande movimentação particularmente nos seus restaurantes. Provavelmente esse é o parque de eventos mais completo do Brasil, e, naturalmente, para a cidade o retorno econômico da Festa do Peão é extraordinário. Porém, não poderíamos usar aquele espaço somente nas duas semanas de agosto quando ocorre a Festa do Peão. Então conseguimos, no mês de março, promover um *rally*, no qual vinha para competir o mesmo pessoal que já participa de famoso *Rally* dos Sertões. O evento foi ganhando impulso e tornou-se um sucesso, como *Rally Motors Barretos Cross Country*.

Então começamos a promover em abril o *Barretos Motorcycle*, inicialmente com poucas motos, mas que também rapidamente se tornou o maior evento do gênero do País, com o envolvimento de muitas dezenas de milhares de motos. As atividades esportivas e de entretenimento que acontecem no parque do Peão também foram complementadas por muitos eventos culturais.

Para tanto, foram revitalizados, ou seja, completamente modernizados, vários espaços públicos abandonados. Esse foi o caso da estação de trem, que estava num estado deplorável, mas foi reformada e agora é uma Estação Cultural, uma atração para aqueles que a visitam. Nós tínhamos um cinema desativado em Barretos, cujo prédio envolvia uma desapropriação bastante confusa, com diversos processos judiciais. Resolvemos essa questão e esse cinema da década de 1940, no estilo *art decô*, muito bonito, é agora um cineteatro. Ele tem feito a alegria dos barretenses, pois muitos casais que hoje são avós se conheceram e começaram a namorar nesse local!!!

Criamos o Circuito Cultural Barretense e procurou-se atrair para a cidade pessoas de renome (poetas, escritores, artistas etc.) para proferirem palestras, como foi o caso do escritor Augusto Cury, que inclusive se transformou no patrono da nossa Feira de Livros e Artes. Como a história barretense está voltada para a tradição sertaneja, veio a ideia de revitalizar o nosso Mercado Municipal e lá apresentar o evento *Vida e Cantoria*, quando nele se reúnem todos os domingos quase mil pessoas para ouvir música, almoçar e fazer algumas compras. Isso ajudou bastante a dar um novo fôlego econômico ao estabelecimento."

O prefeito Guilherme Ávila, que assumiu em 1º de janeiro de 2017, abraçou totalmente o projeto para tornar Barretos cada vez mais atraente aumentando a visitabilidade a ela. Ele comentou: "Nossa vocação para o turismo é evidente. Já somos um MIT, e isso irá certamente trazer mais investimentos para o município e criar mais empregos. E o planejamento continua para tornar Barretos uma **estância turística**, condição que a cidade sempre demonstrou possuir!!!"

Em Bauru foram realizadas muitas obras rodoviárias para facilitar a mobilidade urbana.

Bauru

PREÂMBULO

Em 27 de novembro de 1997, a regional do Ciesp (Centro das Indústrias do Estado de São Paulo) e o seu corpo de conselheiros prestaram homenagem ao deputado estadual Roberto Purini, que, desde 1979, trabalhou junto ao governo estadual para conseguir um novo aeroporto para Bauru.

A perseverança e a obstinação de Purini foram reconhecidamente vistas pelo Ciesp como o início de uma nova fase para o desenvolvimento da região. Na ótica da entidade, com esse novo aeroporto a cidade poderia atrair novas empresas. Já na visão dos empresários, o fato de o município possuir um aeroporto de tal porte (a extensão de sua pista permitirá a operação de qualquer tipo de aeronave) traria para as empresas uma redução de custos no transporte de cargas.

Em seu livro *Aeroporto de Bauru – Uma Importante Conquista,* o próprio Roberto Purini explicou: "Um aeroporto não gera apenas empregos diretos. Ele cria também um acréscimo indireto de empregos nas comunidades por ele atendidas, devido ao incremento que dá à indústria, ao comércio e a outras atividades. Com a construção do aeroporto internacional (!?!?) de Bauru, a região será ponto obrigatório de integração com as ricas regiões da margem direita do rio Tietê."

O início das obras desse aeroporto ocorreu em 10 de janeiro de 1998, mas elas só foram concluídas após quase 20 anos. E, apesar de o novo aeroporto ter auxiliado no desenvolvimento da cidade, está longe de ser o motor de sua economia, como aconteceu, por exemplo, em Guarulhos e, aos poucos, vem acontecendo em Campinas. Certamente, se Bauru quer aumentar a **visitabilidade**, e receber turistas estrangeiros, isso implica em manter esse aeroporto bem movimentado....

A HISTÓRIA DE BAURU

Bauru é a cidade mais populosa do centro-oeste paulista. Estima-se que vivessem ali no início de 2018 cerca de 400 mil habitantes. Ela está localizada a 326 km da capital do Estado, e o município ocupa uma área total de 673,5 km². Todavia, apenas cerca de 69 km² formam o perímetro urbano; o restante das terras constitui a zona rural.

Os municípios limítrofes de Bauru são Arealva, Reginópolis, Piratininga, Agudos, Pederneira, Duartina e Avaí.

O epíteto que tornou a cidade conhecida no Brasil foi "**cidade sem limites**", por conta de sua contínua evolução e pujança. Historicamente, a região hoje ocupada por Bauru foi um território disputado entre dois grupos indígenas: os caingangues e o guaranis.

No século XVIII, bandeirantes paulistas tentaram se estabelecer na região, que era ponto de travessia das monções (expedições fluviais) que rumavam para o Mato Grosso e Goiás. Porém, os constantes ataques dos índios locais os impediram de fazê-lo. De fato, os **não índios** somente conseguiram se estabelecer na região no século XIX, com a chegada de uma população oriunda do litoral do Estado de São Paulo, de Minas Gerais e do Rio de Janeiro na década de 1850. Em busca por novas terras para ocupação e colonização, os pioneiros paulistas e mineiros começaram a explorar a vasta região situada entre a serra de Botucatu e os rios Tietê, Paranapanema e Paraná, até então habitados por grupos de indígenas caingangues.

Em 1856, Felilcíssimo Antônio Pereira, proveniente de Minas Gerais, adquiriu terras e se estabeleceu nas proximidades do atual centro de Bauru. Ali surgiu a fazenda das Flores, também chamada de Campos Novos de Bauru. Anos mais tarde (em 1884), essa fazenda teria parte de sua área desmembrada para a formação do arraial de São Sebastião do Bauru.

Apesar de estar sujeito a ataques pelos índios caingangues, o distrito continuou progredindo. Todavia, ele se manteve relativamente isolado do resto do Estado e, em 1888, se tornou distrito de Agudos. Posteriormente, com a chegada de um grande contingente de migrantes oriundos do leste paulista e do Estado de Minas Gerais, o distrito foi emancipado em 1º de agosto de 1896. Assim, é interessante verificar que o verdadeiro desbravamento da região onde fica atualmente a cidade de Bauru só aconteceu de maneira massiva na última década do século XIX e na primeira década do século XX.

Deve-se, entretanto, salientar que as terras a oeste da serra de Botucatu, a partir do espigão da serra dos Agudos, **nunca abrigaram um sistema escravocrata**, algo que vigorou em grande parte do Brasil até 1888. De fato, o atual município de Lençóis Paulista foi o limite geográfico do escravagismo naquela região do Estado.

Esse aspecto trouxe consequências na composição étnica da população regional. Ou seja, o contingente de negros e pardos no município de Bauru é bem menor que em outros municípios paulistas, enquanto o componente de origem asiática – especialmente do Japão – é bem mais presente ali em comparação à média brasileira. A estimativa em 2018 era de que a população fosse composta por brancos (72%), pardos (20%), negros (5%) e amarelos (2%).

No início do século XX vieram para Bauru muitos espanhóis, italianos, portugueses e japoneses. Já nas últimas décadas, a cidade também recebeu bolivianos, chilenos, argentinos, palestinos e norte-americanos, o que, aliás, vem transformando Bauru num município bastante **cosmopolita**.

No que se refere à **economia**, e mesmo tendo terras consideradas um tanto inférteis para o cultivo do café, Bauru sobreviveu graças a essas plantações. Já em 1906, a cidade foi escolhida como **ponto de partida** da Estrada de Ferro Noroeste do Brasil (EFNB – criada pelo decreto Nº 5349, de 18 de outubro de 1904, como uma espécie de prolongamento para a Sorocabana), que ligou as cidades de Bauru e Corumbá (no Mato Grosso do Sul), localizada junto à fronteira com a Bolívia. Dessa maneira, durante a primeira metade do século XX, Bauru se transformou no principal polo econômico de uma vasta região compreendida pelo oeste paulista, o norte do Paraná e o Mato Grosso do Sul.

Diferentemente do que aconteceu a partir da década de 1930 na Grande São Paulo, e até na região leste do Estado, a ausência de um forte setor industrial em Bauru impediu que a cidade recebesse um intenso fluxo migratório – como, por exemplo, de nordestinos. Por seu turno, o extermínio dos grupos indígenas que ocupavam a região de Bauru, com destaque para os caingangues, foi um dos episódios trágicos da incorporação regional ao território paulista.

Todos esses aspectos acentuaram muito a importância da imigração estrangeira na atual composição étnica e demográfica de Bauru. Coube à **Marcha para o Oeste**, um movimento criado pelo governo de Getúlio Vargas para incentivar **o progresso e a ocupação do centro-oeste brasileiro**, fazer com que um maior número de pessoas se fixasse naquela região do Estado.

Dado o crescimento populacional do município, houve a necessidade de mais investimentos em infraestrutura – embora o setor industrial só viesse a se desenvolver no decorrer das décadas de 1940 e 1950. Em 1906, surgiu o primeiro jornal na cidade, *O Bauru*, e em 1908, foi inaugurado o serviço telefônico.

Em 9 de março de 1911 surgiu a comarca de Bauru e apenas **sete dias depois** foi instalado em algumas ruas da cidade o serviço de iluminação pública. Já o primeiro grupo escolar foi instalado em 1913 e, em 1928, foi fundado o Hospital da Sociedade Beneficência Portuguesa, o primeiro de grande porte na região.

Em 8 de março de 1934, surgiu a primeira rádio da cidade, a PRC-8 (depois PRG-8), também conhecida como Bauru Rádio Clube. Em 19 de abril foi inaugurado o novo serviço de distribuição de água.

A cidade tem registrado bons índices de desenvolvimento e de recuperação de áreas degradadas. Isso tem tudo a ver com o lema da cidade: *Custos vigilat* («Sentinela sempre vigilante»). Hoje ela possui um parque industrial diversificado, com mão de obra qualificada, tendo localização privilegiada em termos de alternativas de transporte, com o maior entroncamento rodo--aéreo-hidro-ferroviário do Estado. Ela também dispõe de uma ampla oferta de energia elétrica.

O setor **cultural** da cidade se desenvolveu bastante no decorrer das décadas de 1940 e 1950, com a inauguração do Centro Cultural de Bauru, em 15 de março de 1942, e a criação do Salão Oficial de Belas Artes, em 16 de julho de 1950.

No âmbito **gastronômico**, Bauru se tornou bastante conhecida no Brasil todo por um sanduíche que leva o seu nome. Ele foi criado em 1934 pelo advogado bauruense Casimiro Pinto Neto, que na época era aluno da Faculdade de Direito da Universidade de São Paulo. O fato aconteceu num bar chamado *Ponto Chic*, localizado no largo do Paiçandú (hoje Paissandú), bem no centro da cidade de São Paulo. Com o tempo o sanduíche ganharia fama por causa do bar *Zé do Esquinão*, que durante décadas funcionou no centro de Bauru. A receita do sanduíche *Bauru*, como se elabora na cidade, é, originalmente: **pão francês, rosbife, fatias de tomate, rodelas finas de *pickles* de pepino e queijo branco derretido na água.**

Cidades Paulistas Inspiradoras

Em termos de vegetação, enquanto no passado o município se caracterizava pelas plantas típicas da **mata atlântica**, hoje, por conta das mudanças climáticas e da devastação das florestas, o que ganhou espaço em Bauru foi o **cerrado**. Parte do desmatamento ocorreu no início do século XX, tendo sido promovido pela própria EFNB. O objetivo, na época, era expandir a zona urbana da cidade. Vale ressaltar que isso fez com que a cidade registrasse muitos casos de leishmaniose, visto que o mosquito transmissor da doença migrou da mata para as casas. Essa epidemia fez com que a doença ganhasse o apelido de **"úlcera de Bauru"**.

Para evitar o avanço do desmatamento, em especial nas últimas décadas, foram criadas no município várias áreas de conservação ambiental. Até 2011, o município contava com nove áreas nessas condições: o bosque da Comunidade (com 16.200 m²); a floresta estadual de Pederneiras; a estação ecológica de Bauru (criada em 1983, com 278,7 ha); a estação experimental de Bauru (criada em 1939, com 43,09 ha), a área de preservação ambiental (APA) do rio Batalha (criada em 1998, para proteger a mata ciliar às margens do rio Batalha); o Jardim Botânico Municipal (criado em 1994); a APA de Vargem Alegre (criada em 1996); a APA de Água Parada (criada em 1996) e o Parque Zoológico (criado em 1992 com 30 ha, que abriga algumas espécies de animais em extinção). Mas é claro que além dessas áreas também existem em Bauru outras áreas verdes, como praças e parques. Entre eles destacando-se o parque Victória Régia, o parque do Castelo e o Horto Florestal.

No âmbito da **moradia**, nessa última década infelizmente tem aumentado o número de pessoas vivendo em favelas, palafitas e loteamentos irregulares (uma realidade que, aliás, começou a se desenvolver em meados dos anos 1980).

Recorde-se que no início dos anos 1990, Bauru já tinha 16 favelas, com meia dúzia de "cidades satélites" onde moravam aproximadamente 11 mil pessoas, um número quase igual ao de alunos e professores do ensino superior na cidade!?!? Fora isso, outras cinco mil pessoas moravam precariamente no fundo da casa de parentes, ou até mesmo embaixo de pontes.

O interessante é que apenas 20 anos antes não havia favela alguma na região (!?!?), porém, inesperadamente passou a ocorrer um aumento de 4% ao ano da população de favelados.

Então, em 1992, Tidei de Lima, ex-aluno do curso de engenharia, da turma de 1968, da então Fundação Educacional de Bauru (FEB), para o qual lecionei duas disciplinas – uma instituição que mais tarde seria incorporada a Unesp –, se tornou candidato a prefeito da cidade. Na ocasião, ele empunhou como **principal bandeira de campanha a remoção das favelas**. E depois de eleito ele levou a sério o que havia prometido enquanto candidato. Neste sentido, ele imediatamente convocou o engenheiro José Cardoso Neto, veterano da administração pública municipal, para dirigir um amplo **programa de desfavelamento**, dando prioridade à remoção dos barracos existentes nas proximidades do rio.

O objetivo, numa primeira fase, era construir 562 casas em regime de **mutirão**, e chegar a 1.151 até o fim de 1996. Entretanto, isso representaria algo como 35% do total de 3.288 barracos recenseados. Além disso, o cálculo em questão era estático, uma vez que desconsiderava o aumento anual de 4% do número de barracos na região!?!?

Vale antes lembrar que, historicamente, havia na cidade uma forte presença dos governos federal e estadual, o que sem dúvida contribuiu bastante para estruturá-la. Também existia em Bauru uma tradição de organização social criada pelos ferroviários, cujos clubes reuniam na época quase 17 mil sócios – o que correspondia a uma população de 70 mil pessoas, incluindo-se os matriculados no Sesc e no Sesi. Assim, na inexistência no local de uma casta oligárquica, quem dirigia Bauru era basicamente a **classe média**, e no sentido mais amplo da palavra.

A cidade também contava nessa época com cerca de 65 instituições de promoção social, que ajudavam cerca de 7 mil pessoas por meio de um sistema que abrangia desde creches até abrigos para os idosos. Dessa maneira, o projeto de desfavelamento brotou em um terreno fecundo!!!

No período da ditadura militar, evidentemente a hegemonia política ficou mais com os segmentos conservadores. Entre o final dos anos 1960 e o início dos anos 1980, a figura dominante na cidade foi Alcides Franciscato, um grande empresário do setor de transportes que não apenas fundou um jornal em Bauru, mas também se elegeu prefeito depois de atuar várias vezes como deputado federal.

A entrada no comando da cidade do vice-prefeito Tuga Angerami, que assumiu o cargo de prefeito em 1983, depois da morte de Edson Bastos Gasparini, significou uma guinada em direção a **preocupações sociais**, que, desde então, a despeito de todas idas e vindas inerentes ao processo político, **não arrefeceram** e, inclusive, criaram uma nova tradição de governo municipal.

E foi justamente nessa tradição que se fincaram as raízes da administração de Tidei de Lima. Assim, logo no início do seu mandato, em 1993, ele passou a promover junto aos grandes meios de comunicação do País a imagem da cidade, a fim de atrair investimentos industriais com forte componente tecnológico. Todavia, o resultado obtido foi paradoxal: **antes mesmo que essas indústrias se instalassem na cidade, mais e mais imigrantes acabaram chegando ali!?!?**

Numa época de extremas dificuldades em todas as esferas do Estado, era preciso evitar o agravamento da condição dos segmentos mais pobres, até para que a excelência divulgada sobre a qualidade de vida da cidade não fosse contrariada por mazelas sociais. Por conta disso, foi necessário demonstrar claramente para a população que, pela falta de recursos, a prefeitura não seria capaz de realizar tudo o que desejava. Vale inclusive lembrar as palavras do próprio Tidei de Lima na ocasião: "A prefeitura precisou ir aos bairros mais pobres e carentes para explicar aos munícipes a razão pela qual não poderia fazer tudo o que eles haviam pedido!!!"

O prefeito sabia que ao se comprometer com a ideia do **desfavelamento** estava contrariando concepções e práticas vigentes, mesmo assim ele foi em frente. O gestor nomeado para executar a tarefa, José Cardoso Neto, também estava convencido de que remaria contra a corrente das últimas décadas, mas não desanimou e, inclusive, convidou para ajudá-lo nesse trabalho a advogada e professora Catarina Carvalho, que fora a vereadora mais votada em 1992. Neto precisava do apoio dela para garantir que paralelamente à superação dos desafios técnicos, também fossem vencidas as disputas legais que eventualmente surgissem na Câmara dos Vereadores!?!?

A partir daí a prefeitura programou a remoção de metade das famílias oficialmente faveladas. Na época, a maior favela da cidade chamava-se Jaraguá, e contava com 208 barracos. A primeira tarefa da prefeitura foi localizar uma gleba na qual coubessem **mil casas**. O objetivo era acomodar cerca de 6 mil pessoas e instalar no local a infraestrutura básica necessária: ruas pavimentadas, centros de assistência aos moradores e um projeto urbanístico que incluísse arborização.

No bairro do Alto Jaraguá, foi encontrado o terreno adequado, uma área limitada pela estrada Bauru-Marília, e próxima do distrito industrial III – onde haveria a perspectiva de emprego para os moradores. Ele ficava num dos pontos de expansão da cidade, no prolongamento da avenida Nações Unidas, um dos cartões-postais de Bauru.

O plano era remover as pessoas que ainda não tivessem casas novas para uma "favela-estepe" localizada na Ferradura-Mirim, controlada pela prefeitura. O próprio Cardoso Neto comentou na época que esse método envolvia risco: "Se a futura administração municipal não der continuidade ao programa, estará criado no local um verdadeiro favelão."

Porém, a administração Tidei de Lima não estava parada... O sistema de construção escolhido para o projeto foi o **mutirão**. É lógico que na concepção tradicional do conceito de mutirão, lamentavelmente, sempre "pesou" o fato de se tratar de mão de obra praticamente gratuita, o que não era bem visto por muitas pessoas. A prefeitura obteve de um órgão da secretaria estadual da Habitação – a CDHU (Companhia de Desenvolvimento Habitacional e Urbano do Estado de São Paulo) – o aporte de uma boa verba, mas coube ao Departamento de Água e Esgoto (DAE) da própria cidade instalar toda a rede de água, com ligações domiciliares, além de custear a rede de esgoto, a estação elevatória, bem como o fornecimento de todos os hidrômetros.

A prefeitura de Bauru teve também de arcar com a implantação das redes pública e domiciliar de energia elétrica e com as obras de guias, sarjetas, e pavimentação asfáltica nas principais vias do Núcleo Habitacional Fortunato Rocha Lima (cujo nome foi uma homenagem ao pai do prefeito).

Desde o início, o propósito de Tidei de Lima foi "**integrar os participantes na construção de um sonho comum**." Neste sentido, o primeiro passo foi dividir os favelados em grupos de 66 famílias. Elas seriam responsáveis pela construção de 66 casas num prazo de 10 meses, sem que houvesse, entretanto, **vinculação** entre o(a) trabalhador(a) e a casa que estivesse construindo...

E na hora de erguer as casas, homens e mulheres de diversas idades se revezaram nessa tarefa. Como muitos dos favelados eram pedreiros, serventes, carpinteiros e até mestres de obra, não surgiram maiores problemas durante a construção. O trabalho mais pesado foi feito principalmente pelos homens, já o acabamento, pelas mulheres. Estas, aliás, também se incumbiram dos serviços de jardinagem, limpeza, cozinha, almoxarifado etc. A divisão de trabalho aconteceu de forma espontânea, e sem qualquer discriminação. No momento de se cadastrar para o trabalho, cada participante declarou suas habilidades e assim realizou tarefas para as quais estava qualificado.

Os autores do projeto urbanístico procuraram levar em conta as necessidades dos moradores. Eles previram, por exemplo, um curral comunitário. Isso porque, naquela época, muitos deles se utilizavam de carroças puxadas por cavalo para trabalhar!?!? Os profissionais também previram a construção de um armazém para guardar papel, uma vez que uma das ocupações mais comuns entre os favelados era justamente a coleta desse material. Os planos incluíram inclusive uma futura transformação do armazém em fábrica de pasta de papel...

É evidente que nos dias atuais, as demandas das pessoas para a construção de moradias populares são bem diferentes. Hoje eles necessitam de espaço para estacionar sua motocicleta ou seu automóvel(!?!?), acesso à Internet e da oferta de uma escola de ensino fundamental, existência de um posto de saúde, mercado, creche etc.

Mas, voltando à mão de obra, vale ressaltar que esta não ficou totalmente a cargo da categoria designada pela prefeitura como "**mutirantes**", o que sem dúvida é um neologismo. Houve, desde o primeiro dia, a participação dos detentos do Instituto Penal Agrícola (IPA). Em Bauru sempre foi comum os presos – talvez nesse caso corretamente chamados no jargão penitenciário de **reeducandos** – trabalharem na construção civil. Aliás, quando a direção desse projeto de desfavelamento requereu o concurso de 20 homens para o projeto – um número que chegaria a 100 no período de dois anos e meio –, já havia cerca de 300 deles trabalhando em outras obras da cidade.

A vereadora Catarina Carvalho os conhecia pelo nome, um a um. Eles fizeram as fundações das casas e das demais construções. Por cada detento a prefeitura pagou um salário mínimo ao IPA, que repassou 20% desse total para os gastos pessoais dos presos e, como em todo regime penitenciário, administrou o restante. Outro benefício que os detentos obtiveram foi a redução da pena. Assim, para cada três dias trabalhados a pena individual era reduzida em um dia. Vale lembrar que até o sorteio das primeiras 410 casas – que aconteceu em 2 de março de 1996 –, só foi registrada **uma fuga**. Aliás, esta foi uma fuga romântica, uma vez que o preso em questão se apaixonou pela jovem esposa de um vigia de obra e acabou fugindo com ela!?!?

Quando finalmente os sorteados se tornaram proprietários das casas, uma intensa felicidade se apoderou de todos. Em seu depoimento, um deles enfatizou: "Essa é a maior mudança na minha vida. Minhas filhas vão deixar de ser faveladas. Agora vamos morar num bairro popular. Elas vão ter oportunidades que eu não tive. Favela não é lugar para ninguém viver. Aqui tenho um banheiro decente, um muro e um pouco de sossego. Não vou ter que carregar água na cabeça. Não sou pedreiro, mas para participar desse mutirão carreguei muitos blocos!!!"

E para o prefeito da época, certamente a maior satisfação foi ter ouvido de muitos dos que foram transferidos para esse núcleo habitacional afirmações do tipo: "Tidei de Lima tem palavra. O que falou, cumpriu. É um grande cidadão e agora deu a mesma oportunidade para muitos que aqui vivem!!!" Esse é, sem dúvida, um grande elogio que todo gestor público gosta muito de ouvir!!!

Para reverter essa situação e, inclusive, tentar melhorar as condições de vida nas próprias favelas, foi aprovado em agosto de 2008 o Plano Diretor Participativo de Bauru, no qual se estabeleceu um sistema de regularização das favelas que não estivessem situadas em locais situados: 1º) em áreas de risco (sujeitas a inundações ou erosões) e/ou 2º) em APAs (que deveriam ser realocadas!!!).

Em seguida foram desenvolvidos pela prefeitura outros projetos que visavam conter o avanço de favelas – o que, infelizmente, não impediu que elas florescessem. Existem atualmente em Bauru quase 35 favelas, e estima-se que em 2018 vivessem nelas aproximadamente 30 mil pessoas. Isso evidencia o grande trabalho que a administração municipal terá pela frente no que se refere a dois aspectos: **habitabilidade** e **diminuição da pobreza** entre os seus munícipes.

No que se refere a **religião**, nota-se que existem atualmente em Bauru diversas manifestações religiosas. Embora tenha se desenvolvido sobre uma matriz social eminentemente católica, tanto pela colonização quanto pela imigração – ainda hoje a maioria dos bauruenses declara-se **católica** –, é possível encontrar na cidade dezenas de denominações protestantes distintas. Também são praticados na cidade o budismo, o islamismo e o espiritismo, além de outras.

Interessante verificar que nas últimas décadas o budismo e as religiões orientais têm crescido bastante em Bauru. Também são representativas as comunidades judaica, mórmon e as religiões afro-brasileiras. Estima-se que em 2018, a população bauruense fosse composta de católicos (59%), evangélicos (26%), ateus (8%) e espíritas (3%), sendo o restante dividido entre as demais religiões.

Embora haja relatos de que a primeira igreja da cidade tenha sido construída na década de 1880 por Faustino Ribeiro da Silva (e posteriormente demolida), sem dúvida, o primeiro sinal fundamental da religiosidade da vila de Bauru surgiu por volta de 1886, com a fixação de uma cruz no local onde hoje fica a catedral da cidade. Trata-se da catedral do Divino Espirito Santo, inaugurada em 21 de julho de 1897, na praça Rui Barbosa. Como principal monumento religioso da cidade, ela é a sede da diocese de Bauru. Sua criação ocorreu em função do rápido povoamento da região, no começo do século XX, o que fez com que o catolicismo se desenvolvesse no local.

A cidade tem seguidores de diversos credos protestantes ou reformados, como a igreja luterana, a igreja presbiteriana, a igreja metodista, a igreja episcopal anglicana e diversos credos evangélicos, como a Comunidade Evangélica Sara Nossa Terra, a cristã maranata, a batista, a Assembleia de Deus, a Adventista do Sétimo Dia, a Mundial do Poder de Deus, a Universal do Reino de Deus, a Congregação Cristã no Brasil, entre outras.

Em termos **econômicos**, o PIB (Produto Interno Bruto) de Bauru tem figurado sempre entre os das 100 cidades mais ricas do País. De fato, em 2017 ele ultrapassou R$ 9 bilhões. Todavia, até a década de 1940 a economia da cidade era totalmente dependente da agricultura, ou seja, do **setor primário**. Hoje, entretanto, o destaque é apenas para o plantio da cana-de-açúcar, de abacaxis e da batata doce.

No **setor secundário**, ou seja, a indústria representa atualmente o segundo setor mais relevante para a economia do município, tendo contribuído em 2017 com R$ 2 bilhões para o seu PIB. O destaque está nos setores metalmecânico, editorial e gráfico, alimentício, eletroeletrônico e plástico, sendo que a mão de obra diretamente empregada nas fábricas e indústrias bauruenses em 2017 ultrapassou o total de 30 mil trabalhadores.

Na cidade são produzidos principalmente baterias automotivas, plásticos, embalagens, alimentos (como balas e chicletes) e roupas. Há ainda uma significativa produção de carnes e derivados, inclusive para exportação. Não se pode esquecer da empresa Tilibra, voltada para a produção de itens cuja matéria prima era o papel (formulários contínuos e outros produtos gráficos), que se tornou líder nacional na fabricação de cadernos escolares.

No caso da Tilibra, tudo começou quando João Batista Martins Coube (1900-1970) vendeu seu único bem – **sua casa** – para abrir, em 1928, seu próprio negócio em Bauru: a Typografia Brasil. Não demorou muito para que a empresa começasse a crescer – graças à vontade de trabalhar e à capacidade para os negócios de João Coube – e, inclusive, precisasse de novas e maiores instalações.

Logo a companhia se transformou em Typografias e Livrarias Brasil, ganhando o nome fantasia de Tilbra, e em 1949 se instalou num novo edifício com quatro andares indo da rua Batista de Carvalho à avenida Rodrigues Alves. Ele abrigava a loja no andar inferior e a gráfica nos pavimentos superiores. Na época o prédio se destacava pela sua imponência e por suas dimensões, o que confirmava a capacidade empresarial e a vocação de João Coube para o progresso. Todavia, a gráfica tinha tanto trabalho que em

BAURU

1962 teve de ser transferida para a rua Aimarés, na Vila Cardia, passando a ocupar um prédio de 6.000 m², localizado num terreno de 40.000 m², que no decorrer da década de 1970 foi quase todo ocupado.

O início da década de 1970 marcou o falecimento do fundador João Coube. A comunidade de Bauru reconheceu o trabalho que ele fez pelo desenvolvimento da cidade, empregando centenas de trabalhadores. Por causa disso, seu nome está presente na Escola Senai João Coube e no viaduto João Coube sobre a rodovia Marechal Rondon.

Tilibra, já então uma marca muito difundida, tornou-se também razão social da empresa, que adotou a denominação Tilibra S/A Comércio e Indústria Gráfica. Seu presidente era o filho mais velho de João Coube, Henrique Coube, enquanto os demais irmãos ocuparam os outros cargos: a superintendência ficou nas mãos de Sérvio; a diretoria administrativa com o Ruben e a diretoria industrial com o Edmundo.

Diga-se de passagem, Luiz Edmundo Carrijo Coube, de quem me tornei amigo, desenvolveu paralelamente muitas outras atividades de muito valor para os bauruenses. Ele se formou na Escola de Engenharia da Universidade Mackenzie, em 1952 (onde, aliás, eu também me formei como engenheiro eletricista em 1964).

De 1957 a 1960 ele foi vice-presidente do Esporte Clube Noroeste, período em que o clube viveu alguns dos mais expressivos momentos de sua existência. Mas, certamente, sua mais importante contribuição para a cidade foi no âmbito da **educação**, quando se tornou um dos fundadores e o primeiro presidente da FEB, em 1966, cargo no qual permaneceu por sete anos. Foi em sua gestão que foram instaladas as Faculdades de Engenharia, de Ciências e Tecnologia, além do Colégio Técnico Industrial.

Fui convidado por ele para lecionar várias disciplinas no curso de Engenharia, quando ainda tinha apenas 26 anos, o que foi muito relevante para alavancar a minha carreira docente. De fato, sinto muito orgulho por ter sido nos anos de 1967 e 1968 o professor dos engenheiros da primeira e segunda turmas dessa IES. Mais tarde, graças ao trabalho de um de seus ex-alunos, Tidei de Lima – que teve uma intensa carreira na política paulista, como deputado, secretário estadual e prefeito da cidade –, o acervo da FEB seria o núcleo de surgimento da Unesp, hoje o principal local de ensino superior na cidade.

Em 7 de março de 1969, Edmundo Coube recebeu outra importante e difícil missão da comunidade, quando assumiu a presidência do DAE da cidade, quando exerceu um trabalho que, ao lado da FEB, exigiu dele dedicação praticamente exclusiva. E foi com esse espírito que ele chegou a se tornar prefeito de Bauru, cargo que exerceu no quadriênio de 1973 a 1977.

Posteriormente ele retornaria à iniciativa privada, assumindo a diretoria industrial da Granoplast, Indústria de Embalagens Plásticas, empresa na qual a Tilibra na época possuía uma participação societária. Então, em 1981, ele voltou às suas atividades no parque industrial da Tilibra, vindo infelizmente a falecer prematuramente em 19 de dezembro daquele mesmo ano. Atualmente, o estádio municipal de futebol tem o seu nome, bem como a avenida que dá acesso à universidade de Bauru e ao auditório do Sindicato do Comércio Varejista da cidade.

Aliás, o início da década de 1980 foi muito doloroso para a família Coube e a empresa comandada por ela, pois também faleceram Henrique e Sérvio. Por causa disso, Ruben Coube decidiu convocar a terceira geração da família para assumir a liderança da companhia e levar a Tilibra a um novo patamar, tudo sob a sua tutela. E felizmente havia nessa terceira geração muitos jovens bem preparados para levar a empresa rumo ao novo milênio. Dentre eles estavam Vinícius Coube e Ricardo Marques Coube, que estabeleceram metas claras: manter e aprimorar a **qualidade** dos produtos; contar com **tecnologia** avançada; investir no desenvolvimento de **recursos humanos**; adotar um *marketing* **agressivo** e estabelecer empresas específicas para cada ramo de atividade.

E os esforços da Tilibra foram recompensados! Além de receber muitos prêmios, a empresa foi declarada em 1988 a **melhor fabricante de agendas do País**, tendo recebido a **Medalha de Ouro à Qualidade do Brasil**!!! Ela também se tornou **a maior fabricante de cadernos escolares do País**, alcançando vendas expressivas. Isso se deu por conta de sua constante preocupação com a qualidade e o visual de seus produtos.

Contratos exclusivos com os detentores de direitos de personagens famosos, como a apresentadora de TV Xuxa e aqueles de histórias em quadrinhos (*Snoopy*, *Garfield* etc.), garantiram atualidade e atratividade de todas as suas linhas de produtos, além do desenvolvimento de marcas próprias (Click, Grafix, Sapeca, Charme etc.). Isso só foi possível por causa de um intenso trabalho de pesquisa, da presença da empresa nas maiores feiras do mundo e de um grande esforço para antecipar as tendências de mercado.

Na década de 1990, mais precisamente em 1997, foi introduzido na empresa o programa Manutenção Produtiva Total Tilibra, uma grande novidade não apenas para as empresas da cidade, como também naquelas de quase todo o Estado. Tratava-se de uma filosofia de trabalho em que o operador de uma máquina cuidava também de sua limpeza, efetuando inclusive alguns reparos e algumas etapas da manutenção preventiva.

Em 2004, o controle acionário da empresa passou para o Mead Consumer and Office Products. Em 2008, o presidente da Tilibra, Vinícius Coube, filho de Sérvio Tulio Coube, na sua mensagem para comemorar os 80 anos de sua existência, salientou: "A Tilibra cresceu, evoluiu e se transformou na empresa líder da indústria de cadernos escolares e agendas, na marca mais conhecida e lembrada pelos consumidores, no local de trabalho por onde já passaram milhares de bauruenses – muitos deles tendo aqui o seu primeiro emprego.

E por que se conseguiu isso? A resposta está no que o meu pai dizia: 'Você conseguirá fazer tudo, se tiver **entusiasmo**. O entusiasmo é o fermento que eleva sua esperança até as estrelas, é o brilho do seu olhar, é a sua energia para a concretização das suas ideias, é o fundamento de todo o progresso.'

É com esse entusiasmo enorme que vamos seguir em frente, adaptando--nos às mudanças do mercado e atentos para as novas necessidades dos nossos clientes."

Pois é, aí está uma demonstração do quanto a Tilibra sempre foi (e ainda está...) voltada para o desenvolvimento de Bauru, sendo um grande exemplo também para outras empresas que desejam alcançar a liderança regional e nacional no seu setor de atividades.

Bauru tem atualmente três distritos industriais, onde encontram-se instaladas mais de 200 empresas. Algumas delas são de prestação de serviços voltados para o comércio atacadista.

A indústria foi a principal responsável pela urbanização do município de Bauru. Ela atraiu um grande contingente de pessoas que saíram da zona rural para buscar melhores condições de vida e renda na cidade. Também chegaram ali forasteiros oriundos de diversos pequenos municípios do interior de São Paulo.

Outro fator que favoreceu o progresso do setor industrial bauruense foi o bom **planejamento**. O controle ambiental em vigor no município era rígido e isso fez com que o crescimento das fábricas não afetasse gravemente o meio ambiente da região. Coube ao Ciesp regional coordenar os setores produtivo e de serviços, atuando ativamente nas questões institucionais e microeconômicas.

O setor **terciário**, ou seja, de prestação de serviços, rende quase R$ 6 bilhões para o PIB municipal. A Associação Comercial e Industrial de Bauru foi criada em 2 de abril de 1931, e atua na coordenação e evolução do setor comercial na cidade. A atividade comercial prevalece na região central de Bauru e também nos *shopping centers* locais.

Ainda no que se refere a serviços, além do comércio é preciso destacar o **setor educacional**, em especial de nível universitário, afinal, existem no município diversos *campi* de IESs públicas (USP, Unesp e Fatec) e também privadas, como a Instituição Toledo de Ensino (ITE); as Faculdades Integradas de Bauru; a Universidade do Sagrado Coração e a Unip.

Por exemplo, a Faculdade de Odontologia de Bauru (FOB), que é uma unidade da USP, é considerada **a melhor do Brasil**.

Ela foi criada em 1948, mas foi implantada efetivamente em 1962, contando atualmente com cursos nas áreas de Odontologia e de Fonoaudiologia, que proporcionam aos seus alunos uma fundamentação teórico-prática e científica integrada, formando cirurgiões-dentistas e fonoaudiólogos altamente qualificados, oferecendo-lhes também a oportunidade de se engajarem em programas de iniciação científica e além disso aos cursos de pós-graduação.

A FOB possui hoje 6 departamentos e neles trabalham cerca de 120 docentes, a maioria em tempo integral e cerca de 240 servidores administrativos, operacionais e técnicos.

Estima-se que no início de 2018 tenham ocorrido cerca de 70 mil matrículas nas redes pública e particular dos ensinos fundamental e médio, o que obviamente implica na contratação de alguns milhares de professores para ensinarem todos esses estudantes.

Os alunos estão distribuídos em aproximadamente 130 escolas públicas e cerca de 60 IEs privadas instaladas na cidade. Aliás, deve-se destacar que as escolas públicas de Bauru têm apresentado um desempenho razoavelmente bom no Índice de Desenvolvimento da Educação Básica (Ideb), mantendo-se acima da média nacional. Apesar disso, as IEs particulares ainda vêm obtendo notas um pouco melhores.

A secretaria municipal de Educação tem desenvolvido alguns programas especiais de educação, dentre os quais está o EJA (Educação de Jovens e Adultos), de ensino gratuito para aqueles que não concluíram o ensino fundamental, e o de **educação especial**, voltado para alunos com deficiências físicas, na qual as aulas são conduzidas por professores especializados. A cidade possui também várias escolas técnicas e profissionalizantes, como Senai, Sesi, Etec Rodrigues de Abreu e Colégio Técnico Industrial.

Vejamos também outros números interessantes sobre Bauru. Por exemplo, estima-se que no início de 2018 existiam em Bauru cerca de 120 mil domicílios particulares permanentes, entre casas, apartamentos e barracos em favelas. Grande parte do município conta com água tratada, energia elétrica, esgoto, limpeza urbana, telefonia fixa e telefonia celular.

Acredita-se que no fim de 2017, 99,2% dos domicílios já eram atendidos pela rede geral de abastecimento de água; 99,4% das moradias possuíam coleta de lixo e 98% das residências dispunham de esgotamento sanitário.

Recorde-se que o sistema de abastecimento de água de Bauru foi instalado ainda em 1912, pelo então intendente José Carlos de Freire Figueiredo. Na época, a empresa responsável pelo serviço de distribuição denominava-se Companhia de Água e Esgotos de Bauru. O sistema foi reinaugurado em 19 de abril de 1942, passando a retirar a água do rio Batalha. Posteriormente, de acordo com a lei Nº 1.006 de 24 de dezembro de 1962, foi criado o DAE da cidade, órgão que desde então é o responsável pelos serviços públicos de água e esgoto, e busca manter a expansão de modo a atender bem a crescente população da cidade. Atualmente ele usa dezenas de poços profundos (mananciais subterrâneos) e uma estação de captação no próprio rio Batalha.

No que se refere a energia elétrica, o primeiro serviço nesse setor foi inaugurado em 16 de março de 1911. Porém, a partir de 1927, a CPFL (Companhia Paulista de Força e Luz) se tornou a empresa responsável por garantir esse serviço à população bauruense.

Operam na própria cidade ou em cidades próximas canais de televisão afiliados às principais emissoras de TV brasileiras, como Globo, SBT, Record etc.

Quando o assunto é **comunicação**, como já mencionado anteriormente, Bauru possui alguns jornais. O primeiro deles foi *O Bauru*, de 1906!!! Atualmente circulam na cidade o *Bom Dia Bauru*, o *Jornal da Cidade*, o *Vivendo Bauru* e o *Tudo Bauru*. As emissoras de rádio locais são a Auri-Verde, a 94FM, a 96FM e a Unesp FM.

No início de 2018, estimava-se que o município possuísse cerca de 170 estabelecimentos de saúde, entre hospitais, prontos-socorros, postos de saúde, serviços odontológicos etc., sendo uns 125 privados. Na cidade toda há cerca de 1.200 leitos para internação, cerca de 500 nos estabelecimentos públicos e restantes nos privados.

A secretaria municipal de Saúde tem como função a manutenção e o bom funcionamento do SUS, bem como a criação de políticas, programas e projetos que visem a melhoria da saúde municipal. Para emergências, a cidade conta com quatro UPAs, além do SAMU, do Pronto Socorro Central e do Serviço de Pronto Atendimento Infantil.

Dentro dos serviços de apoio, há o Ambulatório Municipal de Saúde Mental; o Banco de Leite Humano; os Centros de Atenção Psicossocial; o Centro de Controle de Zoonoses; o Programa Municipal de Atendimento ao Idoso (PROMAI); o Programa de Saúde da Família (PSF), com várias unidades espalhadas pela cidade; além de quase duas dezenas de UBSs.

Também foram montados consultórios odontológicos em diversas escolas municipais, dentro das quais foram desenvolvidas companhas de higienização bucal e são atendidos os jovens estudantes.

Em 2009, foi inaugurado o hospital geral da Unimed Bauru, com 203 leitos. Ele conta com UTI (Unidade de Tratamento Intensivo) neonatal, pediátrica e para adultos. Nesse hospital são realizados serviços de quimioterapia, hemodinâmica, hemodiálise e radioterapia. Dentro dele há ainda um centro de atendimento médico e multiprofissional e, no pronto-atendimento, as especialidades são clínica médica, ginecologia e ortopedia. O hospital também dispõe de um Centro de Diagnóstico que foi inaugurado em 1º de agosto de 2017, com a presença do governador paulista Geraldo Alckmin, do secretário estadual da Saúde David Uip e do presidente da Associação Paulista de Medicina, Florisval Meinão. E nesse local que a Unimed vai concentrar a maior parte dos exames de alta e média complexidade, o que é estratégico e muito eficiente para se ter exames de alta qualificação a um custo gerenciável. E vale lembrar que, além de tudo isso, a Unimed tem ainda na cidade uma unidade assistencial e um local para atenção personalizada a saúde.

No âmbito de **transportes**, inicialmente deve-se destacar que o município possui dois aeroportos (!!!), ambos de médio porte e administrados pelo Daesp (Departamento Aeroviário do Estado de São Paulo). O primeiro é o Aeroclube Estadual de Bauru, que foi inaugurado em 8 de abril de 1939. Localizado a menos de 3 km do centro da cidade, ele conta com uma pista asfaltada de 1.500 m e um terminal de passageiros. Além disso, ele funciona como sede para o aeroclube da cidade e dispõe de uma oficina de aviões e planadores.

Já no aeroporto estadual Moussa Nakhl Tobias, que foi inaugurado em 2006, há um terminal para passageiros que ocupa uma área de 2.500 m². Ele tem uma pista extensão de 2.100 m e um bom pátio para a movimentação e manutenção das aeronaves. Nele se podem fazer voos para Brasília, São Paulo, Campinas e Marília.

Ainda no setor de mobilidade, no final da segunda metade do século XX o transporte ferroviário começou a perder espaço para o rodoviário e, nessa época, teve início a construção das rodovias.

A facilitação dos transportes, a partir da década de 1910, teve início com o entroncamento rodoferroviário. Aliás, isso fez com que o setor de **serviços** se tornasse o principal ramo de atividade econômica em Bauru, contando com uma grande participação dos imigrantes em seu desenvolvimento.

Apesar da importância que teve durante cerca de oito décadas – e assim como ocorreu em grande parte do Estado –, o **transporte ferroviário bauruense** decaiu radicalmente em decorrência do avanço dos transportes rodoviários e aeroviário, principalmente na primeira metade da década de 1990.

Recorde-se que a grande e imponente estação Bauru Paulista, que foi inaugurada em 8 de setembro de 1910, foi **abandonada** pela Fepasa (Ferrovia Paulista S.A.) em 1997!!! Atualmente restam somente alguns projetos com o objetivo de tombar o patrimônio da principal estação ferroviária da cidade. Aliás, em 2011, a administração deles passou a ser uma responsabilidade da prefeitura de Bauru.

A cidade conta com uma boa malha rodoviária e está ligada não apenas a várias cidades do interior paulista, mas também à capital. Por meio de estradas vicinais pavimentadas e com pista dupla, ela tem acesso a importantes rodovias, tanto estaduais quanto federais. De fato, por fazer parte de um grande entroncamento rodoviário, Bauru tem fácil conexão com a maioria das grandes cidades do Brasil (tanto da região sul quanto da sudeste do País).

As seguintes rodovias passam pelo município: João Ribeiro de Barros e Engenheiro João Batista Cabral Rennó (trechos da SP-225); João Ribeiro de Barros (trecho da SP-294); Marechal Rondon (SP-300) e Cesário José de Carvalho (trecho da SP-321).

O terminal rodoviário de Bauru é um dos mais movimentados do interior do Estado, sendo que é utilizado em embarques e desembarques por cerca de 35 mil pessoas por semana. Os destinos mais procurados por quem parte desse terminal são: Rio de Janeiro, São Paulo, Belo Horizonte, Curitiba, Campo Grande, Londrina e Maringá.

A Empresa Municipal de Desenvolvimento Urbano e Rural de Bauru (Emdurb), que foi criada pela lei municipal Nº 2106 de 25 de setembro de

1979, é a responsável pelo controle e pela manutenção do trânsito no município, o que envolve desde a fiscalização das vias públicas até a verificação do comportamento de motoristas e pedestres. A Emdurb também cuida da elaboração de projetos de engenharia de tráfego, pavimentação, construção de obras viárias e gerenciamento de serviços de transporte, como os de táxis, alternativos, ônibus, fretados, veículos escolares e agora serviços como Uber, Easy Taxi etc.

Estima-se que no início de 2018 rodassem em Bauru cerca de 260 mil veículos, dos quais aproximadamente 150 mil eram automóveis e quase 60 mil, motocicletas. O restante se constituía de caminhões, caminhonetes, ônibus, micro-ônibus etc.

Apesar da duplicação de avenidas, da pavimentação de muitas ruas e da instalação de muitos semáforos, todas medidas tomadas para facilitar o trânsito na cidade, o contínuo crescimento do número de veículos (em especial nos últimos dez anos) tem gerado um tráfego cada vez mais lento na cidade, principalmente na região central. E essa dificuldade aumenta por causa da falta de vagas para se estacionar, o que provoca grande prejuízo para o comércio!!!

O transporte público coletivo é realizado no município de Bauru por meio de ônibus urbanos, interurbanos e também por táxis, sendo considerado um **serviço de caráter essencial**. O transporte por ônibus é de responsabilidade da Associação das Empresas de Transporte Coletivo Urbano de Bauru (a Transurb). Fundada em 2002, ela possuía em 2018 cerca de 75 linhas que atendiam a praticamente toda a cidade.

A Transurb representa as três concessionárias do serviço público de transporte: a Transporte Coletivo Grande Bauru, a Baurutrans CN Transportes Gerais e a Cidade Sem Limites.

Muitos são os serviços desenvolvidos nos diversos setores da EC, que empregam cada vez mais gente na cidade. Esse é o caso, por exemplo, dos vinculados à cultura. Em Bauru, a responsável por esse setor é a secretaria municipal da Cultura, cujo objetivo é planejar e executar a política cultural. Ela faz isso por meio da elaboração de programas, projetos e atividades que visem ao desenvolvimento cultural. No que se refere ao relacionamento com outras cidades do mundo, Bauru possui duas cidades-irmãs, que são Sibiu, na Romênia, e Tenri, no Japão.

Criada em 1993, ela se divide em dois departamentos: Ação Cultural, responsável por analisar as necessidades dos espaços culturais; e Patrimônio Histórico, que promove a política municipal de defesa do patrimônio cultural.

Vale ressaltar que a cidade de Bauru se orgulha de ter sido a terral natal de diversos cantores, compositores e artistas de destaque nacional e até internacional. Foi o caso, por exemplo, de José Mariano, Luiz de Carvalho, Chico Dehira, Edson Celulari, Tina Kara, Paulo Vilhaça, Gustavo Haddad, entre outros.

Bauru conta atualmente com diversos espaços dedicados à realização de eventos culturais das áreas teatral e musical. O Teatro Municipal de Bauru é importante tanto na cidade como no Estado. Nele são apresentadas peças renomadas e atraentes durante o ano todo, e para todos os gostos. Eventualmente, ocorrem ali apresentação musicais abertas ao público, exposições e até mesmo feiras.

Outro espaço importante na cidade é o Centro Cultural Carlos Fernandes de Paiva, inaugurado em 15 de março de 1942.

A secretaria de Cultura, também se preocupa em oferecer aulas de artes aos bauruenses. Dessa maneira, a sua divisão de Ensino de Artes atende cerca de 900 alunos por semestre, em cursos como violão, guitarra, flauta, balé clássico, *jazz*, *street dance*, dança do ventre, dança moderna, capoeira, teatro infantil, teatro adulto, desenho de observação, pintura, cerâmica e capoeira, formando ainda grupos de dança compostos por alunos e que representam a cidade em festivais de diferentes regiões do Estado e do Brasil. E a tendência é de que esses cursos se ampliem cada vez mais, à medida que as pessoas forem se envolvendo mais com alguns setores da EC.

O Sistema Municipal de Bibliotecas é integrado pela Biblioteca Municipal Rodrigues de Abreu, a Biblioteca Infantil Ivan Engler de Almeida, a Gibiteca Municipal Alcione Torres Agostinho, mais uma dezena de bibliotecas menores e as chamadas "Bibliônibus", que atendem a eventos e escolas mediante agendamento.

A Biblioteca Central da cidade é informatizada desde agosto de 2002, e conta atualmente com cerca de 65 mil obras disponíveis, além de muitos periódicos, vídeos e a hemeroteca. Já as bibliotecas menores possuem atualmente um acervo total de aproximadamente 25 mil livros.

Quando o assunto é atividades culturais e divertimento, a cidade conta com três museus: o Museu da Imagem e do Som; o Museu Ferroviário Regional de Bauru e o Museu Histórico Municipal. A cidade também possui duas dezenas de salas de cinema, que, aliás, são consideradas as mais modernas da região, atraindo inclusive espectadores de cidades vizinhas. Algumas delas ficam no Bauru *Shopping*, de propriedade do Cinema Multiplex, outras no Cine'n Fun, na Alameda Quality Center.

Deve-se recordar que o movimento cineclubista foi bastante ativo em Bauru durante as décadas de 1960 e 1970 – a cidade chegou a ter quatro deles. Hoje, entretanto, não há nenhum cineclube permanente...

Além dos atrativos cênicos, Bauru possui um bom conjunto de monumentos históricos, atrativos naturais e lugares interessantes para se visitar. Esse é o caso do Jardim Botânico municipal, que começou a ser construído ainda na década de 1910, num lugar rico em nascentes e protegido por matas, de onde se extraía água para abastecer a cidade.

O Centro de Visitação desse parque foi inaugurado em 7 de julho de 2003, e nele são dadas as informações sobre o parque e suas atrações. Dentre elas estão as trilhas ecológicas, o herbário e o viveiro. Para quem quiser maiores informações sobre o tema, no livro *Pelas Trilhas do Jardim Botânico de Bauru*, escrito por Maria Estela Silveira Paschoal e Pedro Leme Correa, são citadas as diversas trilhas que foram abertas no meio à vegetação, que se destinam à visitação. No livro também se explica como elas podiam ser usadas no processo de ensino e aprendizagem, quando os alunos que passam nelas recebem as explicações sobre as diferenças entre as diversas árvores e arbustos (todos identificados por placas explicativas). Foi assim que muitos estudantes bauruenses aprenderam a riqueza que existe na nossa mata ciliar, no cerrado, na mata atlântica etc. Aliás, nesse livro estão descritas as espécies que existem no Jardim Botânico.

O Horto Florestal da cidade ocupa 50 ha e abriga uma estação experimental de pesquisa sobre o pinus, eucalipto e outras espécies exóticas e nativas de flora. Enquanto isso, no Parque Zoológico municipal, inaugurado em 24 de agosto de 1980, é possível deparar-se com diversas espécies animais. O local recebe atualmente cerca de 200 mil visitantes por ano!!!

No perímetro urbano os principais atrativos são os restaurantes, os bares, as redes de *fast-food*, os hotéis, além de um calçadão bem no centro da cidade. Outro ponto de atração é a concentração de lojas que se estende da região central para o sul.

Um grande evento de Bauru é a Grand Expo Bauru, que em 2017 celebrou sua 44ª edição. Nela, ao longo de 10 dias passam cerca de 280 mil visitantes, o que movimentou a economia da cidade, gerando cerca de

R$ 30 milhões. Essa feira sempre reitera o desempenho positivo do setor agropecuário da região.

Outro ponto atraente da cidade é o Automóvel Clube de Bauru, que foi inaugurado em 8 de abril de 1939, onde é comum a realização de eventos festivos. Ele está localizado numa edificação com traços arquitetônicos marcantes, que oferece um espaço amplo para os visitantes.

Bauru também está entre os municípios que todo ano sediam uma parte da Virada Cultural Paulista, um evento promovido pelo governo do Estado, que começou a ser organizado em 2007. O intuito é promover na cidade eventos culturais diversificados ao logo de 24 h ininterruptas. Entre eles estão espetáculos musicais de gêneros variados, peças de teatro, exposições de artes e história, entre tantos outros.

O Carnaval de Bauru já foi considerado na década de 1980 como o mais famoso do interior do Estado. Tanto, que o Sambódromo Municipal foi o segundo a ser inaugurado em todo o Brasil, sendo mais antigo que ele apenas que o Sambódromo da Marquês de Sapucaí, no Rio de Janeiro.

No início da década de 2000, houve transmissão dos desfiles das escolas de samba ao vivo via Internet. Isso representou uma grande novidade, uma vez que até então esses desfiles foram sempre transmitidos pela rádio e, menos comumente, por canais de televisão locais. A partir de 2002 os desfiles oficiais foram suspensos e a competição oficial cancelada. Somente em 2010 os desfiles retornaram e, aos poucos, os organizadores tentam fazer com que o Carnaval volte a ser um grande atrativo para visitantes, apesar da intensa recessão econômica em que o País se envolveu de 2015 em diante...

Os eventos religiosos em Bauru comumente atraem muita gente, inclusive centenas ou até milhares de pessoas de outras cidades. Esse, por exemplo, foi o caso da palestra proferida por Divaldo Pereira Franco, em 26 de setembro de 2017, no Centro Espírita Chico Xavier, um local que dispunha de apenas de 1.500 cadeiras.

Divaldo Pereira Franco é reconhecido como um dos principais médiuns e oradores espíritas do mundo, sendo nosso maior divulgador da doutrina não só nas cidades do Brasil como no exterior. Com idade superior a 90 anos, há mais de seis décadas ele se dedica à causa espírita e a crianças excluídas. Durante esse período, Divaldo já fez mais de 13 mil conferências em mais de 2 mil cidades do Brasil e em 65 países de todos os continentes do mundo. Ele já publicou mais de duzentos livros, que venderam ao todo mais de 10 milhões de exemplares.

Claro que o Centro Espírita Chico Xavier ficou superlotado e muitos que desejavam ouvir e ver o orador Divaldo Pereira Franco acabaram ficando de fora e tiveram de recorrer à transmissão pela televisão, pelo rádio ou pela própria página do Centro no Facebook. Aliás, esse tipo de evento deveria ocorrer pelo menos uma vez por semana, pois o público vinculado à religião é muito grande!!!

Um exemplo disso foram as festividades que aconteceram entre 5 e 8 de outubro de 2017, na paróquia de São Benedito, na Vila Falcão, em homenagem ao padroeiro da cidade. Além da missa às 7 h, que foi celebrada por dom Caetano Ferrari e deu início às celebrações, outro destaque do evento foi a quermesse, que contou com a presença de barracas de alimentação (lanches, bolos de São Benedito) e bebidas, com brincadeiras, venda de artesanato, apresentações musicais e danças. Também não se pode esquecer do tradicional "**sopão**", que foi servido para muitas centenas de pessoas.

Certamente, cabe à prefeitura se posicionar como catalisadora e estimuladora para que as mais diversas crenças religiosas realizem o maior número de eventos na cidade. Isso não apenas servirá de fomento para que os seguidores tenham mais fé naquilo em que acreditam, mas para que realizem ações filantrópicas e apresentações capazes de atrair os munícipes e gerar muita alegria. Isso também propiciará melhor qualidade de vida e permitirá que muitos se envolvam na realização das festividades, seja de modo voluntário ou remunerado.

Bauru já é uma cidade repleta de eventos. Assim, por exemplo, só em setembro e outubro de 2017, ocorreram ali dezenas de outros eventos que certamente atraíram pessoas das cidades vizinhas. No dia 26 de setembro de 2017, por exemplo, músicos renomados da cidade e alunos no maestro George C. Vidal se apresentaram em **evento gratuito**. Sobre isso, o maestro comentou: "O repertório apresentado nesse *show* contou tanto com músicas de Milton Nascimento e Rita Lee, para as quais fiz alguns arranjos, como com a presença de uma banda fixa e várias cantoras da noite."

Já em 1º de outubro de 2017, no Jardim Botânico, houve a apresentação dos músicos do projeto *Choro Vivo* (o choro é um gênero musical bem brasileiro). Esse evento, aliás, se repetiria no dia 21 de outubro no bosque da Comunidade e em 2 de dezembro no Museu Ferroviário, sempre com entrada franca. A intenção da secretaria municipal de Cultura ao desenvolver o projeto *Choro Vivo* foi possibilitar aos munícipes e aos visitantes apreciar em locais públicos, ou seja, em espaços de lazer, a música e a arte, passando assim uma manhã ou tarde, com os seus amigos e ou familiares por uma incrível experiência sensorial.

Outro evento a destacar foi a Festa Portuguesa, promovida pela Associação Luso Brasileira entre os dias 6 e 7 de outubro. Nela o participante teve a oportunidade de experimentar de uma série de atrações gastronômicas (onde foi possível experimentar bolinho de bacalhau, sardinha na brasa e doces portugueses, além de provar outras delícias, como escondidinho de bacalhau, espetinhos, milho verde, caldo verde, maçã do amor, lanche de pernil etc.), e de acompanhar diversas atividades artísticas e culturais.

Para quem dispunha de recursos, uma boa opção foi adquirir um ingresso para o *show* da notável cantora Ana Carolina, uma das mais importantes artistas nacionais. No evento, ocorrido em 30 de setembro de 2017 no Segae, ela apresentou os seus maiores sucessos em 15 anos de carreira.

Já na Pinacoteca Municipal de Bauru, a partir do dia 29 de setembro e até 10 de novembro de 2017, foi montada a instalação *Ptaki*, do artista Jan Brasil, com entrada gratuita. A instalação *Ptaki* (palavra de origem polonesa que significa pássaros), continha imagens e objetos que tratavam da vivência do artista na religiosidade. Tratava-se de uma narrativa pessoal, na qual se revelou a visão do artista, ou seja, sua leitura sobre o mundo, feita com profundidade e sensibilidade.

No dia 30 de setembro de 2017 realizou-se no Espaço Montovani o *Jantar Italiano*, um evento organizado pela Sociedade Italiana Dante Alighieri em homenagem às comemorações dos 111 anos da entidade, uma das mais tradicionais da cidade.

No dia 1º de outubro de 2017, ocorreu o evento 14º Porco no Rolete, promovido pelo Lions Clube Bauru Estoril, que aconteceu no Clube de Campo da Associação Luso Brasileira.

Nesse mesmo dia teve início a preparação da Festa de Santa Terezinha (padroeira da cidade). Durante a semana aconteceram várias missas, com unção aos enfermos, bênção da água e das rosas e uma procissão seguida da quermesse.

Bem, essa é apenas uma amostra do que acontece todos os meses em Bauru, onde obviamente não se esquece de planejar antecipadamente os eventos mais sofisticados, como aquele em que o município de Bauru comemorou os **110 anos de Imigração Japonesa**, nos dias 20 e 21 de janeiro de 2018, com o *Grande Festival de Taiko* ("**tambores japoneses**"), que foi divulgado muitos meses antes...

Isso tudo mostra que deve-se investir cada vez mais nos diversos setores da EC. Afinal, é isso que garantirá maior **visitabilidade** e, naturalmente, maior **empregabilidade** na região.

Finalmente, quando o assunto é **esporte**, há diversos clubes esportivos na cidade, dentre eles o Esporte Clube Noroeste, que além de ser o maior da cidade é também uma das mais tradicionais equipes do futebol paulista, tendo sido fundado em 1º de setembro de 1910. Seu estádio é o Alfredo de Castilho, o maior de Bauru, com capacidade para cerca de 18 mil espectadores.

O Esporte Clube Noroeste pode estar disputando em 2018 a série A3, mas isso não diminui o apoio e a paixão que os bauruenses têm por ele, que pode ser sintetizado com o que escreveu no *Jornal da Cidade*, em 26/9/2017 o professor Sinuhe Daniel Preto: "Sim, o Noroeste é mais forte, sobrevive tal qual a Fênix, ressurge das cinzas, e a cidade de Bauru precisa amar o Norusca, que defino como: '**Paixão de poucos, torcida de alguns, polêmica de todos**!' Norusca, te amo, com próclise, e isso foi antes de mim mesmo; amo-te com ênclise, pois amarei até depois. E amar-te-ei com mesóclise, pois o meio justifica esse fim, que nunca chegara! Avante, Esporte Clube Noroeste!"

E assim que deveriam agir todos os gestores municipais, pois o Esporte Clube Noroeste, com uma **grande equipe de futebol**, é seguramente um elemento vital para aumentar a **visitabilidade** da cidade, uma vez que o futebol é a grande paixão esportiva da nossa gente. E são muitos os que vivem nas cidades ao redor da cidade e que também são torcedores do Norusca.

Destaca-se também na cidade o campeonato amador de futebol, que possui duas divisões e muitos clubes. O mais conhecido é o Parquinho Futebol Clube, que é o maior vencedor dessa competição na cidade. Ainda no campo do futebol, a cidade ganhou destaque mundial por ter sido o local que marcou o início da carreira do fenomenal Pelé. Ele estreou no Bauru Atlético Clube e antes de se transferir para o Santos Futebol Clube, disputou jogos pela categoria infanto-juvenil bauruense.

Além do futebol, existem em Bauru muitas equipes e vários locais para a prática de outras modalidades esportivas. Assim o futebol norte-americano está presente em Bauru com a equipe Bauru Hunters, na modalidade *tackle*, desde 2009, porém ela interrompeu suas atividades...

É muito interessante relatar a contribuição que os irmãos Cláudio e Claudenor Zopone estão dando ao esporte bauruense e brasileiro, quando em 2010 resolveram investir criando a Associação Bauruense de Desportes

Aquáticos (ABDA), que hoje atende cerca de 4 mil pessoas da cidade que praticam natação, atletismo e polo aquático, que foi o gatilho para eles inciarem o projeto.

Cláudio Zopone comentou: "Na adolescência eu e o meu irmão jogamos polo aquático e nesse esporte não da para enganar. Quem não treina não consegue jogar e o conceito que estimulamos aqui é: 'Se você não estiver forte na vida, não vai a lugar nenhum.' A maior ambição do nosso programa é a **inclusão** e a maioria das crianças e jovens que é aceita para participar do projeto vem de famílias bem pobres. Os que são aceitos são alimentados nos restaurantes com os quais a ABDA tem parceria e recebem vestimentos para que possam andar de cabeça erguida. A ABDA já virou referência no polo aquático nacional, com conquistas estaduais e nacionais em categorias que vão do sub-12 ao sub-19, tanto no masculino como no feminino. A ABDA tem agora 6 piscinas e duas pistas de atletismo nos espaços de dois clubes da cidade que estavam abandonados e os revitalizou. Investimos cerca de R$ 5 milhões por ano para a sua manutenção e temos ainda uma pequena ajuda dos projetos de leis de incentivo ao esporte e alguns patrocínios. Porém precisamos de mais recursos, visto que para os atletas com bom rendimento, estamos oferecendo bolsas de estudo em faculdades e em 2018 vamos realizar eventos internacionais. Infelizmente o brasileiro é caridoso, mas não é solidário. Ninguém dá a ferramenta que é o que estamos tentando fazer para formar talentosos atletas para as equipes e as seleções brasileiras, especialmente de polo aquático."

Que belo trabalho esse comandado pelos irmãos Zopone, não é?

E no aeroporto de Bauru que está o maior centro de voo à vela do Brasil, que conta com o maior número de planadores do País. De fato, Bauru ocupa atualmente a liderança do *ranking* nacional nesse esporte.

No automobilismo, o destaque é para o kartódromo Toca da Coruja, que recebe competições de *kart* e motocicleta dos níveis regional, estadual e nacional.

No basquete masculino, a equipe do Bauru Basket conquistou os títulos do Campeonato Paulista de 1999, 2013 e 2014; do Campeonato Brasileiro de 2002 e 2017 (quando venceu o Paulistano na final); da Liga Sul-Americana de Basquete em 2014, além da Liga das Américas de Basquete em 2015.

No voleibol, a cidade tem sido representada nos últimos anos pela equipe do Vôlei Bauru, que disputa a Superliga feminina, mas que ainda não conseguiu *status* para disputar o título.

Observação importante – Por orientação do prefeito de Bauru, Clodoaldo Armando Gazzetta, a sua secretaria de Desenvolvimento Econômico, Turismo e Receita (Sedecon), Aline Prado Fogolin, desenvolveu o evento *Bauru no Caminho da Inovação*, buscando envolver e inspirar todos os bauruenses no sentido de investir em empreendimentos inovadores que gerem empregos e renda na cidade.

Tive a oportunidade de participar de um desses eventos – em 26 de setembro de 2017 –, quando expliquei que é nas **cidades criativas** que se desenvolve uma grande **visitabilidade**, fazendo com que as pessoas venham até elas com o objetivo de **estudar**, **cuidar de sua saúde**, **fazer compras** ou se **divertir**. Com isso, esses visitantes injetam recursos nos diversos setores ou serviços existentes no local.

Na ocasião, salientei que Bauru tem todas as condições para ampliar a sua visitabilidade em todos esses segmentos, como, aliás, irá ocorrer particularmente no seu setor da **educação**, com a abertura em 2018 de uma Faculdade de Medicina da USP. Aliás, a palestra que ministrei, aconteceu justamente no anfiteatro da Faculdade de Odontologia (FOB/USP), que é uma das melhores da América Latina – **algo que, por sinal,** não é conhecido **pelo grande público**!?!?

Um aspecto do bairro Riviera de São Lourenço, no qual se tem uma das melhores praias de Bertioga.

Bertioga

PREÂMBULO

Com 33 km de praia e algo próximo a 61 mil habitantes, Bertioga é a cidade om maior índice de desenvolvimento no litoral do Estado. De acordo com a fundação Seade (Sistema Estadual de Análise de Dados), sua taxa de crescimento é da ordem de 3% ao ano, ou seja, três vezes maior que a taxa média dos outros municípios que compõem a Região Metropolitana da Baixada Santista (RMBS), e duas vezes maior que a das praias do litoral norte.

Por causa de seus conjuntos de casas e sobrados, e também por abrigar o bairro nobre da Riviera de São Lourenço, Bertioga ficou conhecida como "**cidade-condomínio**" e, atualmente, encontra-se em franco processo de verticalização.

O fato é que os edifícios de até 10 andares (limite máximo permitido no Plano Diretor) se tornaram uma ótima opção para as construtoras, que precisavam solucionar dois problemas. O primeiro era (e continua sendo) a grande demanda por imóveis, uma vez que o número de visitantes desejosos de aproveitar as praias locais nos fins de semana é **crescente**. O segundo é a **valorização dos terrenos**. Uma coisa é certa: cada vez mais a cidade vem atraindo compradores, e não só da capital paulista, mas de todas as cidades do Estado.

A HISTÓRIA DE BERTIOGA

Localizada a aproximadamente 116 km da capital paulista, no litoral do Estado, o município de Bertioga tem uma área de 490,15 km^2. No início de 2018 a cidade tinha uma população estimada em 61 mil habitantes. Ela está incluída entre as **70 estâncias balneárias** paulistas, um *status* que lhe permite receber uma verba extra do Estado para promover o turismo regional.

Para alguns, o nome da cidade se origina do tupi antigo, falado na costa brasileira, onde *piratyoca* significa "**casa do peixe branco**". Para outros especialistas, entretanto, Bertioga vem da palavra *buriquioca*, cujo significado é "**casa do muriqui**" (uma espécie de macaco, o maior das Américas).

Durante o início da colonização portuguesa no século XVI, a região era considerada como uma transição entre o território tupinambá – que ia desde o cabo de São Tomé (no atual Estado do Rio de Janeiro) até o rio Juqueriquerê, (em Caraguatatuba) – e o território dos tupiniquins – que se expandia desde as cercanias de São Vicente até Cananeia, passando por Itanhaém e Peruíbe.

Pelo fato de a região sofrer constantemente com os ataques dos tupinambás de Ubatuba (que não era a atual cidade paulista de Ubatuba, e sim uma aldeia na região da atual cidade fluminense de Angra dos Reis), que se reuniam com suas canoas em Yperoig (esta sim a atual cidade de Ubatuba), os portugueses do núcleo vicentino decidiram construir ali o forte de São João de Bertioga, com o intuito de se defender dos ataques.

Esse forte é considerado a mais antiga fortificação portuguesa no Brasil e em 1940 foi tombado pelo IPHAN (Instituto do Patrimônio Histórico e Artístico Nacional). No ano de 1552, o mercenário alemão Hans Staden foi apontado pelo rei de Portugal para ser o responsável pela construção. Todavia ele acabou sendo capturado pelos tupinambás e, posteriormente, libertado pelos franceses (que, aliás, eram aliados dos tupinambás). Mais tarde, ao retornar para a Alemanha, ele escreveria um livro sobre suas aventuras no Novo Mundo. No ano de 2010, a editora L&PM lançou um livro intitulado *Hans Staden – Duas Viagens ao Brasil*, que pode ser resumido como: "História verídica e descrição de uma terra de selvagens, nus e cruéis, comedores de seres humanos, situada no Novo Mundo da América."

Vale ressaltar que o livro de Hans Staden vendeu muito em sua época, principalmente pelas descrições dos banquetes antropofágicos praticados pelos tupinambás. De fato, esse mesmo livro serviu de base para o filme *Hans Staden*, realizado em 1999.

Mas voltando a falar de Bertioga, foi também dali que em 1565 saíram Estácio de Sá e outros expedicionários de Santos, São Vicente e São Paulo, com o objetivo de fundar a cidade do Rio de Janeiro. Pulando para o século XX, o que tornou a cidade mundialmente conhecida foi a morte, em uma de suas praias, do célebre criminoso nazista Josef Mengele, o médico responsável por atos monstruosos nos campos de concentração europeus, especialmente contra os judeus em Auschwitz.

Bertioga foi um distrito de Santos até 30 de dezembro de 1991, quando se tornou independente. Vale lembrar que os municípios limítrofes de Bertioga são: Mogi das Cruzes, Biritiba-Mirim, Salesópolis, São Sebastião, Guarujá (com a ilha de Santo Amaro bem de frente para a cidade) e Santos.

Uma das formas de se chegar a Bertioga é pela rodovia Dom Paulo Rolim Loureiro (SP-98, ou simplesmente Mogi-Bertioga), que vem de Mogi das Cruzes; a outra é usando o serviço de *ferry-boat* (balsa) da ilha de Santo Amaro, ou seja, a partir do Guarujá. Também é possível chegar até lá pela rodovia Rio-Santos (SP-55/BR-101), vindo de São Sebastião (ao leste) ou de Santos (a oeste).

Um dos lugares mais bucólicos do município é a pequena Vila de Itatinga, onde vivem cerca de 80 famílias de trabalhadores da usina de Itatinga, que gera energia elétrica para o porto de Santos. O acesso de visitantes à vila é bem restrito, o que não quer dizer que os visitantes não insistam bastante para realizar esse incrível passeio.

O único jeito de chegar lá é cruzando o rio Itapanhaú com o pequeno *ferry-boat* localizado no final da rua Manoel Gajo. Depois dessa primeira aventura, os turistas terão de utilizar um simpático bondinho para percorrer os cerca de 7 km de trilhos localizados ao pé da serra do Mar. Durante o percurso é possível observar belas paisagens e muitos animais nativos, além de vislumbrar lindas cachoeiras e riachos cristalinos.

Os demais pontos turísticos do local incluem: a praia de Itaguaré; a igreja de São João, localizada no centro da cidade; o Sesc Bertioga, considerado por muitos bertioguenses um importante local de lazer; o morro de São Lourenço, onde é possível fazer escaladas; e o **famoso bairro Riviera de São Lourenço**.

Aliás, o bairro de Riviera de São Lourenço é o mais cobiçado do município de Bertioga. Trata-se de um empreendimento que se tornou um **modelo nacional e internacional**, tendo sido desenvolvido ao longo das quatro últimas décadas pela empresa Sobloco Construtora S.A., sob o comando do empresário **e** sócio fundador da companhia, Luiz Carlos Pereira de Almeida. Sendo um **grande empreendedor**, ele também foi o responsável pela execução de grandes projetos de construção civil em São Carlos e São Caetano do Sul (cidades que serão descritas no segundo volume desse livro), todos fundamentais para o progresso dessas cidades.

O *Riviera Flat*, localizado no Módulo 3, foi o primeiro prédio desse bairro e sua construção teve início em 1983. Diante dele há uma placa que diz: "**Aqui está sendo criado um novo modelo de urbanização.**" No início, entretanto, não foi nada simples para a Sobloco – líder de um consórcio proprietário e gestora do empreendimento – convencer as incorporadoras e as construtoras de que tudo isso seria possível em uma praia deserta e distante dos grandes centros.

Caminhões e máquinas chegaram ao local de balsa, quando o canteiro de obras foi instalado. A estrada Mogi-Bertioga surgiria somente em 1982 e a Rio-Santos três anos mais tarde, em 1985. Assim, no início, comercializar apartamentos naquele lugar foi muito difícil. Porém, com o passar do tempo a Riviera de São Lourenço foi se transformando no **bairro dos sonhos** de qualquer pessoa, tornando-se uma referência internacional de urbanismo. Isso se deve não apenas à forma como foi executada sua ocupação planejada, mas também ao sistema de gestão implantado no local.

Por ter sido o primeiro empreendimento imobiliário do mundo e, até o final de 2017, o único a buscar a certificação ISO 14001 – que atesta a excelência na gestão ambiental –, e também por manter 25% de seu território de 8.849 mil m^2 com áreas verdes, a Riviera de São Lourenço provoca nos que a visitam pela primeira vez uma sensação unânime: **plena admiração**!!! Não dá para resistir, por exemplo, ao canto dos pássaros entre as árvores, em qualquer lugar que se esteja. O local é impecável em termos de higiene, tanto que se percebe claramente a total ausência de poluição: as areias das belas praias que se estendem por 4,5 km são limpas após certos períodos de tempo. A Riviera também é bastante segura, o que permite que as pessoas caminhem tranquila e confortavelmente por suas largas calçadas.

Já existem no bairro cerca de **12 mil unidades habitacionais**, ou seja, um total de 10 mil apartamentos localizados em 200 edifícios de seis a dez andares cada um. Fora isso, há duas mil residências térreas. Esses números, entretanto, devem mudar, uma vez que no início do 2º semestre de 2017, havia quatro prédios e vários módulos com casas em construção, e dois edifícios já aguardavam liberação para que as obras fossem iniciadas.

Cidades Paulistas Inspiradoras

Segundo Luiz Augusto Pereira de Almeida, diretor de *marketing* da Sobloco: "Quando tudo estiver pronto, provavelmente até o final de 2030, haverá na Riviera de São Lourenço algo próximo de 15 mil imóveis, inclusive 12 novos prédios que a própria Sobloco terá construído para encerrar (talvez...) essa fase de verticalização.

O bairro conta atualmente com vários serviços: o *Riviera Shopping Center*, com 54 lojas e 9 quiosques de roupas e acessórios, livraria, drogaria, perfumaria etc.; dois centros comerciais; três hotéis; hipermercado; vários bons restaurantes para todos os gostos; três escolas – uma municipal, uma estadual e uma particular –; um centro hípico, com aulas para iniciantes de equoterapia e treinamento para competidores mais experientes; um clube de tênis com aulas para iniciantes; um clube de golfe – o *Riviera Golf Club*, com 18 buracos de par 3, aberto ao público durante todo o ano, que conta com um profissional para dar aulas aos interessados; e uma capela – de Nossa Senhora das Graças.

Planejamos agora a abertura de um novo clube hípico. A marina, por sua vez, está em processo de licenciamento. Nos dias atuais, o empreendimento abriga cerca de **5.500** moradores fixos, porém, nos finais de semana comuns ele costuma receber **20 mil 'visitantes'**, em média. Durante os feriadões esse número sobe para **45 mil pessoas**. Já nos períodos de *réveillon* e Carnaval esse contingente chega a surpreendentes **85 mil pessoas**.

A administração do Riviera é responsável pela coleta de lixo, mas é a prefeitura de Bertioga que retira a parte orgânica de tudo o que é recolhido. O mesmo ocorre com o abastecimento de água e o tratamento de esgoto, e com as redes que nós projetamos para atender a ocupação máxima de 110 mil pessoas (o que pode acontecer daqui uns cinco ou dez anos)!!!"

Por seu turno, o engenheiro Paulo Velzi, coordenador geral da Sobloco na Riviera e presidente da Associação de Engenheiros, Arquitetos e Agrônomos de Bertioga, explicou: "Em relação ao grande arrebatamento que a Riviera continua a provocar nos visitantes, deve-se destacar que isso foi conseguido graças a um trabalho muito bem organizado e a um amplo planejamento estratégico. Na implantação, a área total foi dividida em três zonas separadas por avenidas paralelas à rodovia Rio-Santos.

Visando democratizar o acesso aos prédios, não há avenida à beira-mar, apenas jardins. Na faixa intermediária ficam as residências. Já na zona mista, que vai até a estrada (a 2 km da areia) existem casas, comércio e serviços. As ruas sinuosas garantem sol para todos e os prédios, que possuem alturas alternadas e grandes recuos laterais. Isso assegura boa ventilação e nenhum faz sombra no outro. Além disso, nenhum terreno tem vizinho no fundo, todos terminam em área verde. As regras são claras: cada lote é unifamiliar e não pode ser subdividido.

O patrulhamento de segurança desarmada nas ruas é **ostensivo**!!! A manutenção segue uma rotina rígida. Para dar um exemplo, diariamente às 6 h da manhã, quatro tratores começam a recolher o lixo deixado na praia no dia anterior, sendo que à tarde eles retornam para nova coleta. No fim do dia, todo o óleo vegetal usado nos *trailers* que comercializam alimentos na orla é devidamente recolhido.

Quem possui imóvel financia o trabalho de administração e manutenção do bairro, por meio de uma mensalidade paga à Associação Amigos da Riviera de São Lourenço (AARSL), responsável pela gestão. Esse modelo de *city management* (gerenciamento de cidade) foi inspirado no que acontece especialmente nos EUA. O conceito foi trazido para o Brasil pelo próprio Luiz Carlos Pereira de Almeida, após seu mandato como presidente da Federação Internacional Imobiliária (Fiabci).

A gerência geral, responsável pelo dia a dia da Riviera, conta com a mão de obra de cerca de 500 empregados, divididos em quatro áreas distintas: administração, manutenção, água e esgoto e segurança. A AARSL tem uma diretoria honorífica e um conselho de fundadores e proprietários. Podem haver mudanças na diretoria e no conselho, porém, se a gerência estiver fazendo o seu trabalho corretamente ela continua sem interrupções, tendo inclusive tranquilidade para realizar planos de longo prazo. É o que deveria acontecer nas cidades brasileiras, quando a eleição de novos prefeitos não necessariamente deveria interferir na continuidade em suas funções de funcionários concursados, cujos cargos não são políticos."

Transformar a natureza e a história de Bertioga em produtos é tudo o que o **setor de turismo** precisa para deixar de depender da sazonalidade, ou seja, das temporadas de verão, e, com isso, protagonizar o desenvolvimento econômico da cidade. Atualmente, faltam informações aos visitantes, que desconhecem os passeios que podem ser realizados, por exemplo, nas duas trilhas abertas no Parque Estadual da Restinga (Perb) e à margem do rio Jaguareguava. Os visitantes também não imaginam que outras opções de lazer, além da praia e do píer da Vila, Bertioga pode lhes oferecer.

Adriana Veronezi Ferreira, que é dona da pousada Clariô e da empresa Clarôtur, e também representante da Câmara dos Dirigentes Lojistas (CDL) no Conselho Municipal de Turismo (Comtur), opinou: "Temos que nos integrar. Não adianta ter patrimônio histórico, aldeia indígena, trilhas na mata atlântica e rios maravilhosos se não temos o que fazer com eles. Precisamos nos estruturar melhor para receber os visitantes. Temos que agregar bons serviços aos atrativos que trazem os turistas.

A Clariô, por exemplo, vende na pousada ingressos para o passeio de escuna promovido pela Ilha Turismo, que sai do píer da Vila. Este é um claro exemplo de um produto turístico: tem local, roteiro, preço, dias e horários definidos. Precisamos profissionalizar mais as pessoas que lidam com o turismo, não esquecendo da concorrência com outros locais do litoral paulista e da facilidade que os turistas têm hoje de se orientar pelo que encontram nos diversos aplicativos de viagem, simplesmente acionando seus *smartphones*."

O secretário municipal de Turismo, Esporte e Cultura, Ney Carlos da Rocha, relatou: "A meta da secretaria é acabar com a dependência do verão, quando cerca de 350 mil pessoas visitam a cidade. O objetivo é manter constante esse movimento ao longo do ano todo. Nesses próximos dois anos serão promovidas muitas mudanças no sentido de incrementar o turismo em Bertioga. Com o auxílio do Sesc, já conseguimos formar 80 monitores de ecoturismo, que participaram em 2017 de um curso de 100 h de aulas técnicas e 120 h de aulas práticas, promovido pela Fundação Florestal que administra o Perb.

Vamos criar um calendário de eventos mais intenso, que prestigie as diversas vertentes de turismo possíveis em Bertioga (além da praia, é claro), como atividades náuticas, práticas esportivas no mar (pesca de tainha, por exemplo) e na orla, atrações culturais e passeios. Nosso objetivo é trazer as pessoas para a cidade antes dos eventos, de forma que elas usem nossos serviços de hospedagem, frequentem nossos restaurantes, nossas lanchonetes e nossos bares, e ainda consumam no comércio da cidade."

Um dos sérios problemas de Bertioga é **habitabilidade**, uma vez que 93% dos seus 490 km^2 são áreas de proteção permanente (APPs). Além disso, 3% correspondem a áreas com vegetação dentro da zona urbana e os demais 4% das terras já estão efetivamente ocupados. O ex-prefeito da cidade, Luiz Carlos Rachid, que em 2017 assumiu o cargo de secretário municipal de Obras e Habitação, explicou: "Nos poucos locais onde se pode construir em Bertioga, o preço do terreno é alto, isso por causa da escassez de oferta e do incremento da demanda. Por isso muitas áreas se tornaram proibitivas para os consumidores de baixa renda.

Com a ocupação urbana prevista no Plano Diretor de Desenvolvimento Sustentado (PDDS), de 1998, para a margem sul da rodovia Rio-Santos (em direção à praia), aos poucos a cidade se expandiu no sentido oposto de onde havia se formado seu núcleo. Assim, entre a rodovia e a serra do Mar surgiram loteamentos de chácaras e grandes terrenos, muitos em situação irregular. Não se pode esquecer das muitas invasões feitas nessas áreas por indivíduos de baixa renda. Vale lembrar, inclusive, que elas aumentaram quase no mesmo ritmo que a crise econômica nacional dos últimos três anos.

É nesse bioma de restinga de planícies costeiras, formado por vegetação sobre solo arenoso, que a maioria dos habitantes se instalaram. Eles são os protagonistas da explosão demográfica de Bertioga, cuja população cresceu mais de 500% desde que se tornou município em 1991.

Naquela época a cidade contava com apenas 11.473 moradores. Eles começaram a chegar atraídos inicialmente pelas oportunidades de trabalho na construção civil, mas, nos últimos anos, prevaleceram os que procuravam (e procuram) locais para morar, e que invadem terrenos aparentemente livres... Foi essa população que aumentou a demanda na cidade por vários serviços sociais (saúde, educação, segurança etc.).

Só agora surgiram novas perspectivas para essa população, com o progresso de regularização fundiária que a prefeitura passou a desenvolver. Esse é um trabalho que acontece paralelamente a um intenso combate a novos desmatamentos, e tem como meta **invasão zero**!!! Pretendemos assim conceder escrituras definitivas a aproximadamente **oito mil imóveis** (!?!?) nos quais reside 40% da população do município."

No que se refere a **saúde**, em Bertioga nota-se a falta de médicos, além do despreparo por parte dos funcionários e do agendamento ineficiente de consultas nas UBSs. Mesmo assim, a saúde pública é a menos ruim da RMBS (!?!?). Uma das principais queixas dos munícipes diz respeito à ausência de médicos. Assim, no Hospital Bertioga (que está em ampliação) sente-se a falta de ortopedistas; já as UBSs carecem de ginecologistas e pediatras.

O secretário municipal da Saúde, o médico Jurandyr José Teixeira das Neves, comentou: "A minha gestão, desde que assumi em 2017, se baseia em coisas simples, ou seja: **fazer bem feito com o que temos na mão**!!! Claro que é preciso melhorar a logística; implantar um modelo de administração baseado na capacidade técnica; mudar a maneira como atuam os profissionais da saúde; aproveitar melhor o potencial de cada um e introduzir uma nova cultura para esses funcionários da prefeitura. Vamos ter uma nova unida-

112   Cidades Paulistas Inspiradoras

de de atendimento especializado (UAE) em 2018. Também pretendemos melhorar o programa de Atenção Integral à Família e implantar o projeto Mãe Bertioga (centrado nos cuidados com mães e bebês, do pré-natal ao pós-parto). Tudo isso faz parte das prioridades da secretaria."

No tocante a **educação**, seja ela pública municipal ou estadual, quem visita uma das escolas dessas redes, com raras exceções, nota a precariedade das instalações. Isso se aplica parcialmente a Bertioga, onde faltam escolas em todos os bairros, o que força o deslocamento dos alunos a pé ou por ônibus e, em alguns casos, fazer a perigosa travessia da rodovia Rio-Santos.

Na rede municipal, faltavam professores para que uma nova escola, pronta e mobiliada, começasse a funcionar em 2017, na Vila Itapanhaú. Rossana Aguilera, secretária municipal da Educação, explicou: "As matrículas de novos alunos na rede municipal de ensino têm crescido cerca de 20% ao ano. Aliás, o Plano Municipal de Educação prevê que 50% das nossas escolas ofereçam aulas em período integral até 2022, e estamos empenhados para que isso aconteça.

No momento, nossa principal meta é oferecer uma educação de alto nível, até porque a grande maioria dos nossos 531 professores já é qualificada. São eles que lecionam nas 18 unidades de ensino fundamental 1; nos nove Núcleos de Educação Infantil Municipal (NEIM); numa creche terceirizada e também no Centro de Educação Especializada (CEE).

Em 2017, matricularam-se na rede municipal **8.542 crianças**, enquanto **580 crianças ainda ficaram de fora das escolas infantis**. Mas a secretaria está se movimentando. Vamos criar uma biblioteca informatizada e investir na inclusão digital nas nossas escolas, viabilizando a conexão com a Internet e disponibilizando *tablets* para os alunos usarem nas salas de aula. A grande meta é trazer a Etec de volta para Bertioga. É claro que nesse sentido caberá à prefeitura fornecer o local com espaço para os laboratórios. Finalmente, é vital envolver os pais para que estes ajudem seus filhos com suas tarefas escolares."

Sem dúvida, um programa ímpar de educação ambiental desenvolvido em Bertioga, é o Clorofila. Ele já beneficiou mais de 15 mil jovens, fazendo deles cidadãos comprometidos com a preservação da natureza e com um futuro saudável para a humanidade. Na revista *Riviera*, no seu Nº 25 (inverno de 2017), a articulista Sheila Mazzolenis detalhou o programa Clorofila, escrevendo: "Plantar, cultivar, consumir com consciência, reciclar e reaproveitar. Essas ações, tão adequadas à manutenção da saúde do planeta e de seus habitantes, têm sido amplamente discutidas atualmente. Porém, elas eram pouco conhecidas em 1992, quando a Sobloco Construtora lançou o programa Clorofila.

Seu objetivo, inovador, era contribuir para a formação de cidadãos conscientes em relação a questões ambientais do nosso tempo, atuando ativamente na comunidade em que eles vivem. E como a educação de crianças e jovens ainda é um dos instrumentos mais poderosos de formação de caráter e de hábitos comportamentais, o público-alvo não poderia ser outro: **alunos da rede de ensino de Bertioga!!!**

E é sabido que crianças e jovens são ótimos propagadores de ideias e têm um talento natural para influenciar pessoas, em especial seus familiares e amigos próximos. Ou seja, partindo deles pode-se atingir toda a comunidade!!! Essa fórmula simples, associada a um programa educacional voltado para questões sustentáveis, foi um dos fatores de sucesso do programa Clorofila.

Já na sua primeira ação, em 1992, o programa desenvolvido pela Sobloco mostrou a que veio: uma campanha batizada *Seu Lixo Vale Ouro* desafiou os alunos das escolas do município a estudar um tema pertinente e pouco compreendido: **o lixo!!!** Nos anos subsequentes os desafios se mantiveram com novos temas, por meio de concursos anuais – batizados de prêmio Atitude Ambiental –, como o desperdício de água, o reaproveitamento de resíduos recicláveis e o consumo consciente. Tudo isso sem deixar de lado os aspectos importantes da história de Bertioga e do País.

Depois de cinco anos, com o programa já consolidado, a Sobloco decidiu que já era hora de criar outra frente de trabalho, ainda mais prática. A ideia era despertar no jovem e na criança um sentimento de afetividade em relação ao seu ambiente próximo – sua casa, sua escola e seu bairro. Dessa maneira, em 1997, com o *slogan*: "**Preservando o seu ambiente**", nasceu o projeto Clorofila (com o mesmo nome do programa), que propunha implantar hortas, jardins e composteiras nas dependências das escolas municipais, estaduais e particulares de Bertioga, tornando o espaço mais bonito e envolvendo a comunidade escolar na sua manutenção."

A importância, abrangência e consistência do programa Clorofila levou a prefeitura de Bertioga, em 2009, a formalizar uma parceria através de sua secretaria de Educação. Essa parceria foi fundamental para que o município obtivesse e posteriormente renovasse o Selo Município Verde e Azul, conferido pelo governo do Estado. A prefeitura de Bertioga acabou assim

Cidades Paulistas Inspiradoras

assumindo o papel de incentivadora da comunidade escolar para que esta participasse do programa Clorofila, abrindo as portas da rede municipal para o desenvolvimento dos projetos e das atividades propostas pelos profissionais da Sobloco. Foi assim que surgiram as Comissões de Meio Ambiente (CMAs), que buscaram soluções para a melhoria do ambiente escolar.

Para ampliar a capacidade de alcance do programa, a Sobloco passou a fazer parte do coletivo educador de Bertioga, que reúne representantes de diversas associações e tem como missão **educar para a sustentabilidade**. O programa Clorofila acabou se difundindo também nas escolas dos municípios de Cubatão, Guarujá e Santos. Beatriz Pereira de Almeida, diretora da Sobloco, acredita que a postura da empresa foi criativa, desbravadora, pioneira e única numa região – o litoral paulista – que precisa tanto pensar em preservar o meio ambiente.

Ela comentou: "Manter o programa por mais de 25 anos, propondo a cada ano novas atividade, trazendo diferentes profissionais, estando presente em todas as escolas de Bertioga, envolvendo pessoalmente os alunos e educadores, tudo isso reflete o compromisso e a crença de que podemos fazer um mundo melhor. Sabemos que a educação é um processo de longo prazo, por isso temos de ser perseverantes. A Sobloco tem mantido em todos esses anos uma equipe especialmente voltada para o programa. Esse grupo conta com uma educadora ambiental, uma engenheira agrônoma, especialistas para a formação de educadores e jovens alunos, e uma equipe de apoio para a realização de todos os trabalhos.

O nosso programa Crorofila não se limita apenas à proposição de temas. Nossa equipe tem trabalhado com o envolvimento pessoal, a construção de uma metodologia, a troca de ideias com outros profissionais da educação e com a interação respeitosa com diretores e coordenadores de escolas, assim como com seus professores e alunos. Naturalmente a dedicação dos nossos profissionais ganhou o reconhecimento e o respeito dos educadores da cidade e, juntos, pudemos construir um trabalho maravilhoso de educação ambiental que já chegou a uma segunda geração de bertioguenses."

Esse incrível trabalho da Sobloco deveria **inspirar** muitas outras construtoras que atuam nas cidades paulistas, para que construam maravilhosos condomínios nos quais ofereçam aos seus moradores segurança, conforto e, ao mesmo tempo, preguem a conservação do meio ambiente. Elas, como já faz a Sobloco, devem envolver-se com o sistema de educação municipal fazendo com que os seus alunos entendam claramente o que significa cuidar do meio ambiente.

Nos seus 27 anos de independência político-administrativa, Bertioga teve seis governos municipais, comandados por apenas quatro prefeitos – José Mauro Orlandini (três mandatos); Luiz Carlos Rachid (um mandato); Lairton Gomes Goulart (dois mandatos); e a partir de 2017, Caio Matheus, que pertence a uma nova geração, mais entrosada com os novos tempos vividos pela cidade, de grande atração populacional. Ele sabe que a região sofre com diversos problemas quando recebe muitos visitantes em certos períodos do ano.

Numa entrevista para o *Jornal Costa Norte* (maio de 2017), ele salientou: "O desafio que tenho pela frente junto com a minha equipe de colaboradores é hercúleo. O que nos motiva é o **potencial de turismo** que Bertioga possui, que certamente nos permitirá obter melhores receitas na prefeitura.

No momento, os munícipes têm uma elevada demanda por serviços essenciais de saúde e educação, e atualmente faltam recursos financeiros para a prefeitura atender adequadamente a essas solicitações!?!? É por isso que uma das minhas primeiras ações à frente da prefeitura foi a de promover restruturações para que tenhamos mais recursos para a realização dos serviços essenciais pelos quais a prefeitura é responsável.

Meu objetivo é ao término desse meu mandato entregar uma Bertioga melhor do que aquela que recebemos, ou seja, uma cidade boa tanto para quem quer viver nela como para os que desejam investir e abrir negócios no município!!! Sei que se pode fazer uma reforma tributária para captar mais tributos, através da revisão de valor venal dos imóveis e da legalização de comércios informais, mas isso não gerará recursos suficientes para os investimentos que devemos fazer!!!

O caminho mais eficaz para aumentar nossa receita é **atraindo mais turistas** para a nossa cidade, isso o ano inteiro. Ele também passa pela permissão para que as pessoas possam exercer alguns tipos de atividades econômicas. Neste sentido, um primeiro passo é a atualização do PDDS, que no máximo até o $1^{\underline{o}}$ semestre de 2019 deverá ser transformado em nova lei. Além disso, devemos implantar um novo e radical **plano de turismo!!!**

Com um turismo dinâmico teremos certamente a geração de muitos empregos, o incremento de renda dos trabalhadores e o fortalecimento da economia local. Hoje, apesar de Bertioga ter tudo para ser uma cidade turística, ela ainda não é!!! Sua economia se baseia na construção civil, algo que até diminuiu nos últimos tempos. Os maiores empregadores da cidade são o bairro da Riviera de São Lourenço, a unidade do Sesc, a prefeitura e o comércio local, que dependem muito da sazonalidade. Temos que mudar essa situação, começando pela oferta de melhor qualificação profissional para as pessoas.

No setor turístico vamos fazer um portal logo na entrada da cidade para receber melhor os visitantes. Daremos a eles um acesso direto à praia, com a urbanização do trecho final da avenida 19 de Maio e o acesso à avenida Tomé de Souza, na orla da praia da Enseada, que terá mão dupla e não servirá para estacionamento. O objetivo aqui é: gerar melhor mobilidade e diminuir o turismo predatório. Haverá assim mais ordenamento na praia e na orla, privilegiando o pedestre e o ciclista. Minha intenção é atrair para a cidade segmentos que possam se aproveitar da navegabilidade do rio Itapanhaú, oferecendo alguns pequenos ancoradouros naturais, assim como uma ligação com o porto de Santos por meio do canal de Bertioga.

Quanto a abrir a cidade para a construção de um porto é uma hipótese descartada, pois inexistem condições geográficas para isso. Por outro lado, a criação de marinas tem a minha **aprovação** e **aceitação**, até porque, prestar serviços de garagem náutica, sem causar danos ecológicos, é somente uma questão de investimento. Se tivermos marinas, isso gerará muitos novos empregos!!!

Na atualização do PDDS, não penso em permitir a construção de prédios de até 30 andares, como já se tentou antes, até porque essas edificações tão grandes exigiriam uma estrutura com fundações profundas e terrenos proporcionalmente bem grandes. Aliás, vários especialistas do mercado imobiliário dizem que, no momento, os edifícios de até 10 andares atendem bem à expansão de oferta de apartamentos.

O que precisamos no novo PDDS é corrigir algumas coisas. Por exemplo, temos de eliminar algumas áreas estritamente residenciais, pois a população que ali vive precisa de diversos serviços e comércio mais próximo de suas moradias."

Desejo muito sucesso ao prefeito Caio Matheus e torço para que seus planos se tornem realidade e Bertioga se torne, de fato, uma dinâmica **cidade turística**!!!

Mirante Pedra do Índio em Botucatu, um local para fotos incríveis.

Botucatu

PREÂMBULO

Botucatu possui uma história das mais fascinantes, repleta de mistérios e lendas que datam do período pré-cabralino, quando teria servido como ponto de passagem num dos Caminhos de Peabiru – uma lendária trilha que ligava o litoral do oceano Atlântico a terras peruanas. Os Peabiru [na língua tupi *pe* ("caminho") e *abiru* ("gramado amassado")] eram os antigos caminhos utilizados pelos indígenas sul-americanos, desde muito antes dos descobrimentos pelos europeus, ligando o litoral ao interior do continente.

Botucatu é um local perfeito para quem deseja viver experiências deliciosas; sentir o vento no rosto durante um passeio em contato com a natureza; curtir a emoção em uma descida de rapel ou praticando *canyoning*; vivenciar a liberdade que é propiciada num voo de *paraglider*; e percorrer trilhas incríveis em meio a belas paisagens, seja a pé, de motocicleta, de *mountain bike*, jipe etc.

Dessa maneira, Botucatu é o município perfeito para quem deseja viver novas aventuras (algumas bastante radicais), e foi justamente por isso que ganhou a alcunha de "**terra da aventura**". E você, estimado (a) leitor (a), quando é que vai programar um passeio de alguns dias em Botucatu para se dedicar ao cachoeirismo, ao *trekking*, às atividades náuticas, ao turismo rural etc.?

A HISTÓRIA DE BOTUCATU

Botucatu é um município paulista com cerca de 143 mil habitantes, que ocupa uma grande área, ou seja, 1.483 km². Sua altitude média é de 840 m e a cidade está localizada a 235 km de distância da capital paulista, sendo que o acesso à cidade é feito pelas rodovias Castello Branco (SP-280) e Marechal Rondon (SP-304). Os municípios limítrofes da cidade são Anhembi, Bofete, Pardinho, Itatinga, Avaré, Lençóis Paulista, Pratânia, São Manuel, Dois Córregos e Santa Maria da Serra.

Existem pelo menos duas interpretações etimológicas para o nome da cidade. Segundo a primeira, ele provém do termo tupi *ybytukutu*, que significa "bons ares, bom vento", através da junção dos termos *ybytu* ("ar, vento") e *kutu* ("bom"). A segunda significa "serra boa", pela junção dos termos da língua tupi *ybytyra* ("montanha, serra") e *kutu* ("bom"). Todavia, o nome que se tornou mais popular para Botucatu foi simplesmente "**cidade dos ares**".

Em 1720, Botucatu essa era a designação dada às terras atribuídas em sesmarias no interior paulista.

O povoamento nessa região começou no século XVIII entre o ribeirão Lavapés e o local onde fica hoje a praça Coronel Moura, no qual no passado viveu uma parte da tribo dos índios caiouás.

Em 1766, por ordem do governador da capitania, dom Luís Antônio de Sousa Botelho Mourão, o quarto morgado de Mateus (título de nobreza), iniciou-se de fato nesse território o povoamento de origem europeia onde se desenvolveria Botucatu, a partir da chegada do paulista Simão Barbosa Franco.

Porém, os primeiros sinais evidentes de crescimento surgiram somente em 1830, quando os fazendeiros decidiram subir a *cuesta*, uma forma de relevo escarpado somente num dos lados. Essa formação apresenta um declive suave no outro, constituindo "degraus" que se elevam sobre o solo até mil metros de altura, formando grandes paredões. Estes, por sua vez, diferentemente das serras, não contam com o topo pontiagudo, mas sim, apresentam uma vasta área plana.

Em 23 de dezembro de 1843, houve uma doação de terras por parte do capitão José Gomes Pinheiro Veloso, para a criação do patrimônio da freguesia de Sant'Anna de Botucatu. Desde então, para efeitos históricos, essa data é considerada como da fundação de Botucatu!!! Menos de três

Cidades Paulistas Inspiradoras

anos mais tarde, em 19 de fevereiro de 1846, houve a criação da freguesia do distrito do Cimo da Serra de Botucatu.

Em 14 de abril de 1855, a freguesia foi elevada à categoria de **vila** e aconteceu sua emancipação político-administrativa. Onze anos depois, em 20 de abril de 1866, criou-se a comarca de Botucatu que, depois de dez anos, em 16 de março de 1876, foi elevada à categoria de **município**. Apesar de todas essas datas, a prefeitura de Botucatu resolveu comemorar o aniversário no dia **14 de abril**!?!?

A região de Botucatu é considerada por muitos como mística, devido à grande quantidade de lendas que a envolve. Além da rota de passagem para se chegar até os incas peruanos, conhecida como Caminhos de Peabiru, ali teria sido o lugar de rituais desses e de outros povos.

Existe um conjunto de elevações rochosas conhecidas como Três Pedras, que visto de longe se parece com um **"gigante deitado"**. Hoje em dia, muitas pessoas vão para esse local acampar em busca de **retiro espiritual**, embora haja ali um grande número de cobras venenosas.

Dentro das lendas, deve-se destacar o folclórico personagem Saci. Aliás, esse clássico do folclore brasileiro encontrou em Botucatu o seu lar!!! Imortalizado pelas narrativas de seus moradores – que fazem questão de dizer aos visitantes que já viram o Saci –, esse personagem ganhou até mesmo uma Associação Nacional de Criadores de Saci (!?!?), com sede no município, e cujo objetivo é evidentemente divulgar o folclore. Por conta disso, Botucatu também passou a ser conhecida como "**capital nacional do Saci**".

Botucatu possui dois níveis distintos de altitudes – de 400 m a 500 m, na baixada, e de 700 a 900, na região serrana. Esse fato provoca significativas diferenças de temperatura em um mesmo dia. Assim, a área mais elevada apresenta sempre um clima de 2ºC a 3ºC mais frio que na baixada, sendo a temperatura média do município de 19ºC. Na maior parte do ano, principalmente à noite, sopra na região uma brisa vinda da serra.

Todavia, para enquadrar as condições climáticas do município deve-se sempre levar em conta a heterogeneidade do seu relevo. Nos seus 1.483 km², o município de Botucatu possui ainda uma área de **vegetação nativa** de 14.673 ha (o que representa quase 10% da área total do município).

No município pode-se verificar facilmente a transição de dois biomas: da mata atlântica para o cerrado. Cerca de 60.000 ha estão plantados com eucaliptos (algo como 40% de sua área), havendo apenas um pequeno espaço ocupado por pinus (126 ha).

O município é drenado por duas bacias hidrográficas, a do rio Tietê (ao norte) e a do rio Pardo (ao sul), um afluente do rio Paranapanema que percorre uma extensão de 67 km no município. Os afluentes do rio Tietê, no município, são os rios Alambari e Capivara. O primeiro, na divisa do município de Anhembi, possui como principais afluentes os córregos Nova América, do Rodrigues, Petiço, Oiti e Sete Guarantãs. Também no município de Botucatu encontra-se a foz do rio Piracicaba, um dos principais afluentes do rio Tietê.

No que se refere a **religião**, deve-se destacar que Botucatu é sede da arquidiocese de Santana de Botucatu, sendo dom Maurício Grotto de Camargo o atual arcebispo. Vale lembrar que uma arquidiocese é uma circunscrição eclesiástica da Igreja Católica no Brasil. A de Botucatu, no caso, abrange, além desse município, outros 19. Eles ocupam no total um território de 9.220 km^2, e nele existem cerca de 45 paróquias, que atendem aproximadamente 82% dos católicos que aí vivem, que, no início de 2018 eram estimados em 760 mil habitantes.

Existem também em Botucatu diversas igrejas evangélicas (presbiteriana, a mais antiga da cidade, conhecida como "**igreja preta**" por causa do revestimento em pedras escura que recobre sua parte externa; metodista; batista; Assembleia de Deus; Igreja do Evangelho Quadrangular etc.). Vale ressaltar que desde 2014, a religião islâmica também está representada em Botucatu, pela Associação Cultural Islâmica Sunita.

No que se refere a etnias, estimava-se no início de 2018, que cerca de 77% da população de Botucatu era da raça branca. Os pardos, por sua vez, eram 18,5%; os negros, 3,7%; os amarelos, 0,7%; e os indígenas, 0,1%.

No quesito **saúde**, o atendimento médico dos botucatenses é razoavelmente bom, em especial porque eles se utilizam do hospital administrado pela Faculdade de Medicina que integra a Unesp. Também existe agora em Botucatu, desde 2014, um hospital da Unimed, com 111 leitos. Trata-se de um hospital geral, com UTIs para adultos, crianças e até mesmo neonatal. Ele possui ainda um laboratório de análises clínicas e um centro de diagnóstico de análises clínicas.

Quando o assunto é **educação**, apesar de não ser uma cidade com grande população, uma parte significativa dela é constituída por jovens que frequentam suas IESs, sendo que a grande maioria vem de outras cidades do Estado e até do País.

122   Cidades Paulistas Inspiradoras

De fato, com os dois *campi* da Unesp, Botucatu tem um papel significativo no ensino superior. No *campus* 1 encontra-se a Faculdade de Medicina, o Instituto de Biociências e a Faculdade de Medicina Veterinária e Zootecnia; no *campus* 2 está a Faculdade de Ciências Agronômicas.

Outra IES pública instalada na cidade é a Fatec. Entre as instituições particulares, estão em Botucatu as Faculdades Integradas (Unifac), com cursos de administração de empresas, ciências contábeis, pedagogia, educação física, gestão de recursos humanos, gestão desportiva e de lazer; a Faculdade Galileu, com cursos de engenharia civil, engenharia de produção, administração, arquitetura e urbanismo; o Instituto Toledo de Ensino (ITE) e a Faculdade de Botucatu (Unibr), com cursos de engenharia elétrica e gestão de recursos humanos.

A cidade também possui polos de diversas IESs que oferecem EAD, como a Unipar, Uninove, Univesp, Ulbra, Fael (Faculdade Educacional da Lapa) e Anhembi-Morumbi *Online*.

No que se refere a escolas do ensino médio, deve-se salientar que está instalada em Botucatu uma unidade do Instituto Embraer de Educação e Pesquisa, ou seja, o Colégio Embraer – Casimiro Montenegro Filho, que oferece ensino de alta qualidade para jovens, e em tempo integral.

No âmbito da **visitabilidade**, o município tem como atrair muitos turistas, pois em sua região há mais de 70 cachoeiras, muitas delas de fácil acesso, outras nem tanto.

Botucatu faz parte do Polo *Cuesta*, uma parceria entre 11 cidades do centro-oeste paulista, unidas por um objetivo comum: desenvolver o turismo regional de forma sustentável, promovendo, preservando e resgatando suas riquezas naturais, culturais, históricas e arquitetônicas.

Essa região é adornada pela já mencionada *cuesta*, ou seja, por um cenário exótico de clima agradável que revela formações rochosas de rara beleza. Ela é ideal para a prática de esportes radicais, para o ecoturismo, o lazer rural e o turismo da "melhor idade".

Além de Botucatu, a terra da aventura, fazem parte do Polo *Cuesta*: **Anhembi**, conhecida por sua qualidade de vida; **Areiópolis**, conhecida pelo seu *slogan* "Sejam bem-vindos"; **Avaré**, classificada como estância turística; **Bofete**, um local geograficamente privilegiado; **Conchas**, a terra de gente hospitaleira; **Itatinga**, onde se desenvolve muito o turismo natural, cultural e religioso; **Paranapanema**, uma verdadeira estância turística; **Pardinho**, expoente caipira da *Cuesta*; **Pratânia**, com sua tradição sertaneja e literária; e **São Manuel**, por sua tradição cultural e religiosa.

A região também é contemplada pelo aquífero Guarani, considerado a principal reserva subterrânea de água doce do planeta.

O aquífero ocupa uma área total de 1,2 milhão de km^2 e estende-se não apenas pelo Brasil, mas também pelo Paraguai, pelo Uruguai e pela Argentina, estando 67% de sua área em nosso País, onde abrange os Estados de Goiás, Mato Grosso do Sul, Minas Gerais, São Paulo, Paraná, Santa Catarina e Rio Grande do Sul.

Parque dos Saltos onde se encontra o rio Jacaré Pepira, em Brotas.

Brotas

PREÂMBULO

Num dicionário moderno, Brotas poderia facilmente servir de sinônimo para **ecoturismo**!!! Afinal, desde a década de 1980 para cá, esse município paulista passou a atrair mais e mais pessoas em busca de **lazer** e hoje esses turistas são responsáveis por um quarto da economia local.

O secretário municipal de turismo Fábio Ferreira, comentou: "Brotas já é conhecida – e não apenas no Estado de São Paulo, mas em outros estados brasileiros – como uma referência em **esportes radicais**: em 2017 aproximadamente 280 mil pessoas vieram para a nossa cidade para descansar e se divertir durante alguns dias!!!

Nossos restaurantes e nossas cachoeiras, estruturadas com trilhos, são as atrações mais procuradas. Para os mais corajosos, entretanto, o *rafting* e o boia *cross* são os esportes a ser praticados no rio Jacaré Pepira, o principal da região. A largada para alta temporada é dada todo ano a partir de outubro, e atinge seu pico em janeiro.

Mas durante os meses de inverno também é possível se divertir em um dos cinco ecoparques da cidade, que oferecem atividades como arborismo, escaladas e tirolesa." O Brotas Eco Resort, por exemplo, é um parque aquático e minifazenda com monitoria de lazer, e oferece pensão completa; a pousada Frangipani, por sua vez, tem uma cachoeira exclusiva, programa de passeios e pacotes românticos, e oferece preços módicos que incluem o café da manhã.

O Natal em Brotas foi bem de acordo com o espírito da cidade: com muita atividade ao ar livre. Em 2017, pela primeira vez, a cidade organizou uma estrutura itinerante dentro da área urbana, no parque dos Saltos, às margens do rio Jacaré-Pepira. Na praça Amador Simões a decoração natalina foi exuberante, incluindo a árvore de Natal e a Casa do Papai Noel.

A HISTÓRIA DE BROTAS

Brotas é um município paulista localizado a 250 km da capital paulista, que se transformou nas duas últimas décadas em "**capital da aventura**"!!! Estima-se que em 2017 a população da cidade estivesse próxima dos 32 mil habitantes. Os municípios limítrofes são Ribeirão Bonito, Torrinha, São Pedro, São Carlos, Itirapina, Dourado e Dois Córregos.

Infelizmente a origem do nome Brotas ainda é desconhecida, existindo quatro hipóteses para ele: Brotas de olho d'água; Brotas de broto de capim (um mato que brotava depois nas trilheiras); Brotas como derivativo de "bolotas" (bolos característicos fabricados na cidade pela fundadora da cidade); e, a mais provável, das origens da fundadora da cidade, dona Francisca Ribeiro dos Reis, descendente de portugueses católicos e devota de Nossa Senhora das Brotas, que assim teria prestado uma homenagem à santa.

A história da cidade começou por volta do ano de 1839, quando a sua fundadora chegou à terra brotense. O povoado teve início com a construção da capela de Santa Cruz e, em 1841, Brotas se tornou distrito de Araraquara, tendo sido transferida de Rio Claro em 1853.

Em 22 de agosto de 1859, após emancipação política, o distrito foi transformado em município. Ele experimentou a sua fase de maior desenvolvimento durante a expansão da lavoura do café, entre as décadas de 1920 e 1930, período em que recebeu um grande contingente de imigrantes italianos (o que, por sinal, já vinha acontecendo desde o fim do século XIX).

Porém, com a decadência da agricultura cafeeira, o município perdeu grande parte de sua população para cidades próximas, principalmente São Carlos, Rio Claro, Jaú e Piracicaba. Brotas só voltaria a crescer novamente a partir das décadas de 1980 e 1990, quando tiveram início na região atividades agroindustriais, como aquelas ligadas à cana-de açúcar, laranja, eucalipto e agropecuária (boi de corte), que ocuparam bastante a extensão territorial do município, de quase 1.102 km^2 (o 28º maior município paulista em área). Nessa época começou também a exploração dos esportes radicais aquáticos no seu principal rio, o Jacaré-Pepira.

Desde o início da década de 1990 a população de Brotas começou a declinar de maneira contínua, o que tornou necessário a descoberta de alternativas para incrementar a economia e o número de moradores da cidade!!! Assim, em 1993, o governo estadual realizou uma reunião com vários prefeitos para lançar o **programa de regionalização turística do Estado**.

Cidades Paulistas Inspiradoras

Nessa oportunidade Brotas foi incluído no Núcleo de Turismo das Serras e, dessa maneira, iniciou-seu na cidade **um movimento e um trabalho voltado para o turismo**!!! Na época foi criada a organização não governamental (ONG) Movimento Rio Vivo, uma das primeiras do Estado. Essa ONG logo abriu uma frente de luta contra a instalação de indústrias poluidoras no município de Brotas, e mostrou para todos que o **ecoturismo** e o **turismo de aventura** eram de fato as possibilidades mais atraentes para incrementar a economia da cidade, sem permitir qualquer perda em termos de qualidade de vida para os munícipes.

Também em 1993 o governo municipal criou a sua secretaria de Meio Ambiente, que elaborou um diagnóstico bem preciso sobre o patrimônio natural de Brotas. Foi em 1994 que surgiu a primeira agência de turismo da cidade, que oferecia passeios de boia *cross* e organizava caminhadas por trilhas que levavam a cachoeiras.

Em 1996, passaram a ser oferecidos em Brotas passeios de *rafting*. Desde então o governo municipal e a Comtur (Conselho Municipal de Turismo), junto às agências e operadoras de turismo, aos hotéis, e aos locais turísticos, passaram a promover e a solidificar as bases do **turismo sustentável** na cidade, agregando continuamente novos serviços de entretenimento e transformando-os em produtos turísticos com características próprias.

Em meados de 2000, foram criados grupos de trabalho (GTs) compostos por profissionais do turismo para cada atividade de aventura e ecoturismo. Nesse mesmo período foi contratada a consultora Thereza Magro, da Escola Superior de Agricultura Luiz de Queiroz (ESALQ), para elaborar os estudos de capacidade de recepção nas atividades e nos sítios turísticos. Dessa maneira, os GTs propuseram ao governo municipal, para a sua aprovação, um projeto de lei para o Turismo Sustentável de Brotas, algo que acabou virando uma referência nacional. Essa lei foi promulgada em 2003 e Brotas acabou se tornando a primeira cidade do Brasil a ter uma lei específica para turismo de aventura e natureza – o que, aliás, inspirou o ministério do Turismo e a Associação Brasileira das Empresas de Ecoturismo e Turismo de Aventura (ABETA) a criar a normalização do turismo de aventura e ecoturismo no Brasil, através do programa Aventura Segura.

Brotas também recebeu o certificado do programa Município Verde e Azul em 2008, um selo que vem mantendo até hoje, ampliando sucessivamente a sua pontuação. Em 2013, após 20 anos de "luta", o governador do

Estado, Geraldo Alckmin, assinou um projeto de lei abrindo um processo na Assembleia Legislativa de São Paulo para transformar o município de Brotas numa **estância turística**, o que aconteceu em 2014, quando o processo foi aprovado. O fato é que, ao ganhar esse título, o município sentiu uma impulsão ainda maior para o turismo. Atualmente, a economia local ainda se baseia na agropecuária, apesar de que, sem dúvida, a importância do turismo de aventura é cada vez maior dentro dela!!!

Um fato muito curioso é que o prefeito de Brotas, Modesto Salviatto Filho, que durante a semana desenvolve um profícuo trabalho fiscalizando as obras, verificando os documentos e planejando melhorias para a sua cidade, no seu final de semana no lugar de descansar um pouco, faz algo semelhante para a Federação Paulista de Futebol (FPF), pois é um delegado em jogos do campeonato estadual.

O articulista Luiz Cosenzo, num artigo para a o jornal *Folha de S. Paulo* (19/1/2018) relatou: "Modesto Salviatto Filho foi antes de ser prefeito, eleito para dois mandatos de vereador. Mas bem antes disso, em 1981, ele começou a ter um contato mais íntimo com o futebol, fazendo parte do quadro de árbitros da FPF (Federação Paulista de Futebol) e depois da CBF (Confederação Brasileira de Futebol). Depois de deixar de ser juiz, passou a ser avaliador de árbitros e na sequência tornou-se um delegado de futebol, recebendo algo como R$ 600,00 por partida, além de benefícios como combustível para transporte e diárias para alimentação. Na prefeitura o seu salário é de R$ 10.600,00."

O prefeito Modesto Salviatto Filho explicou: "Sempre gostei muito de futebol, porém como jogador não dei certo... Decidi então seguir o esporte em outra atividade. Fiz cursos de árbitro e comecei a apitar torneios em Brotas e nas cidades próximas. Agora sou um ex-árbitro, que alguns dizem ter sido bem rigoroso, pois não economizei a apresentação de cartões de advertência e expulsão para os jogadores. Consegui porém realizar o meu sonho e continuo ligado ao futebol, pois sou também delegado da FPF, cuja função é verificar itens como o estado dos vestiários, do policiamento, do comportamento das torcidas, dirigentes, gandulas, identificação de jogadores etc. Esse trabalho na realidade é mais um passatempo *(hobby)*, que me permite inclusive conversar com assuntos fora da política e de forma alguma de impede de exercer bem as minhas atividades na prefeitura."

130   Cidades Paulistas Inspiradoras

Veja na sequência a descrição de algumas atrações de Brotas.

1ª) Parque Aventurah!

Esse parque foi aberto em 2010, ocupando um antigo pesqueiro da cidade. Sua estrutura é composta de um conjunto de quatro lagos localizados à margem da rodovia SP-225, distante 15 min de carro do centro de Brotas. Nesse parque são oferecidas mais de 20 atividades para todas as idades: prainha, piscina, lanchonete, *playground*. Ao adentrar o parque o visitante logo pensa estar num clube, onde poderá vivenciar muitas emoções. O maior e mais central dos lagos concentra boa parte das atividades. É nas suas águas, por exemplo, que o toboáguas lança a criançada, que termina o voo na tirolesa; também é ali que os visitantes praticam o *stand up paddle*, o *wakeboard* e realizam o passeio de caiaque. Há também várias atividades secas: *paintball*, arco e flecha, parede de escalada, quadriciclo infantil etc. Por ser um espaço relativamente pequeno e controlado, quase tudo é aberto para as crianças!!! É diversão para o dia inteiro, principalmente se estiver um dia ensolarado.

2ª) Parque Viva Brotas

No alto de um morro, no ponto mais elevado do parque Viva Brotas, tem-s, uma plataforma de madeira que serve como um bicicletário bem diferente!!! É ali que ficam estacionadas (e dali que partem) as *bikes* amarelas nada convencionais que levam os visitantes a pedalar enquanto "deslizam" numa tirolesa. O parque Viva Brotas foi inaugurado em 2014, mas a *Superbike* – **bicicleta da tirolesa** – começou a funcionar em janeiro de 2017. Pendurada em cabos de aço a uma altura de até 70 m, a bicicleta para se movimentar depende exclusivamente do movimento feito pelas pernas das pessoas que as utilizam. É um exercício respeitável ao longo de 1 km (metade na ida e metade na volta) e, à medida que se pedala, o chão vai ficando mais e mais distante dos pés. De um lado o turista verá o vale coberto de canaviais, como é atualmente em boa parte do interior paulista; do outro, na encosta do morro, ele observará a cachoeira Santa Eulália, com 47 m de altura – local onde outros visitantes praticam o cachoeirismo, ou seja, o rapel na cachoeira. Embora não seja exatamente fácil, a *Superbike* também não é assim um bicho de sete cabeças. E, no quesito tirolesa, o parque Viva Brotas tem outra novidade: o **voo canguru**. Em dois lances de 800 m e 500 m, um adulto e uma criança podem deslizar juntos: a criança vai no colo, atada a uma cadeirinha de segurança.

O parque, localizado a 15 min de carro do centro de Brotas, oferece ainda várias outras atividades, como: trilha, *rafting*, rapel, observação de pássaros e jiboias etc. Já para matar a fome depois de toda essa aventura, há no parque um bom restaurante localizado no alto da casa de madeira, na qual está a recepção.

3ª) Planetário da Fundação CEU

É muito interessante observar o céu noturno no planetário da Fundação Centro de Estudos do Universo (CEU). De fato, é uma atividade capaz de fazer uma criança sonhar com o seu futuro como cientista. O inverno é uma época de céu limpo em Brotas, perfeito para o roteiro de visitação mais bacana do planetário, que inclui a observação do céu em telescópios, seguida de sessão de cinema no domo em 180 graus, numa sala com telão. O filme mostra constelações, fenômenos naturais (como a aurora boreal) e viagens a planetas do sistema solar. Em dias nublados e de chuva a observação no telescópio é cancelada, mas a sessão de cinema é mantida. A Fundação CEU faz parte do mesmo grupo que mantém outros dois empreendimentos emblemáticos do turismo brotense – o Grupo Peraltas, um acampamento de férias; e o Brotas Eco Resort, um hotel fazenda com piscinas aquecidas.

4ª) *Rafting* no rio Jacaré Pepira

O rio Jacaré Pepira tem corredeiras de classes 2 a 4, o que significa nível de águas com até 2,5 m de altura. Quem percorre a sequência de corredeiras ao longo de aproximadamente 7 km de percurso de *rafting*, certamente se envolve num festival de risadas, gritos e expressões de total incredulidade. Isso acontece por causa do tamanho de cada "cachoeira" pela qual o bote desce, em especial do meio para o fim do percurso, quando se chega ao 1º salto de classe 4.

5ª) Parque dos Saltos

No final do século XIX, Brotas já contava com iluminação pública elétrica, antes mesmo da cidade de São Paulo. Isso ocorreu por conta do conjunto de barragens construídas no curso do rio Jacaré-Pepira, em pleno centro da cidade. Atualmente, a estrutura da antiga usina hidrelétrica está desativada, mas é possível visitar o interior vazio do barracão amarelo que abrigava o maquinário. O entorno das barragens virou atração turística. Fica ali a área ocupada hoje pelo parque dos Saltos, que ficou abandonada bastante tempo até ser revitalizada em 2008. Nas suas margens está preservada a mata ciliar, em meio à qual estão as trilhas sombreadas que possibilitam o sobe e desce entre árvores, assim como o vislumbre de quedas de água naturais e artificiais. O ponto de partida dessa aventura é a ponte pênsil que sai da calçada da rua Alfredo Mangilli. A partir daí, seguindo pelas trilhas, há várias quedas, pontes e gramados. Tudo muito fotogênico, relaxante e simples, ideal para se curtir uma tarde sem pressa!!!

6ª) Hotel Fazenda Areia que Canta

Fazer a areia **literalmente cantar** é o principal chamariz desse hotel--fazenda, um complexo de hospedagem e ecoturismo localizado a 12 km do centro de Brotas, num trajeto por uma estradinha que começa na rodovia SP-225. Nesse local, cada turista tem a oportunidade de usar um baldinho de madeira para retirar uma porção de terra. Em seguida, ele a esfrega entre as mãos numa certa velocidade e obtém o som de cuíca – uma "mágica" que às vezes não acontece na primeira vez. A nascente Areia que Canta verte água límpida entre árvores e tem uma areia bem branquinha no fundo, formada por finos grãos de quartzo, os grandes responsáveis pela "música".

No *tour*, que precisa ser acompanhado por um guia do hotel, os turistas podem também entrar na água – só quatro de cada vez – e flutuar com a ajuda de coletes. Afinal, pisotear o fundo prejudica a nascente, e por isso é proibido. Depois de flutuar na água gelada, o passeio guiado continua pelas corredeiras do rio Tamanduá, entre cachoeiras e piscinas naturais, nas quais especialmente as crianças se divertem muito. O complexo tem uma praia de rio, trilhas, e oferece passeios a cavalo e outras atividades ao ar livre.

7ª) Bairro do Patrimônio de São Sebastião

Localizado a 25 km do centro de Brotas, numa altitude mais elevada, está o bairro Patrimônio de São Sebastião. É ali, no parque de mesmo nome, que ficam as cachoeiras mais bonitas do município, como a Cassorova, de 60 m, que impressiona a todos. Passando por uma trilha curta e bem arrumadinha, dá para tomar banho na piscina natural formada na base dessa queda. Aliás, nesse mesmo parque há uma trilha de 1,5 km em meio à vegetação da mata atlântica, repleta de cabreúvas, paus-de-alho, perobas, angicos etc., que leva à cachoeira dos Quatis, de 46 m.

Vale ressaltar que a cachoeira dos Quatis também é acessível por uma trilha que inclui uma escadaria bem íngreme, partindo da propriedade vizinha, o sítio Sete Quedas. Nesse sítio, tem-se outra trilha que passa pela cachoeira dos Macacos (apenas para observação) e pelas cachoeiras dos Coqueiros e Bela Vista (que permitem o banho).

Bem, se o turismo na cidade de Brotas no início dos anos 2000 estava somente começando com o parque dos Saltos – hoje uma atração consolidada às margens do Jacaré-Pepira, em pleno centro –, que não podia ser frequentado, e na avenida Mário Pinotti – a principal da cidade – se tinha poucas agências com programas de passeios, e somente um punhado de restaurantes caseiros montados em garagens, agora a coisa mudou. **E muito!** No decorrer das primeiras décadas do século XXI o turismo se profissionalizou muito em Brotas, e hoje tem como foco as famílias.

Se ainda existe na cidade um ou outro restaurante com **preço fixo** – frequentado pelos mais jovens –, já a avenida Mário Pinotti está repleta de casas que destacam o nome do *chef* de cozinha e o seu menu para crianças. Aí vão algumas sugestões de bons locais para se comer:

→ Restaurante *Vicino Della Nonna*, onde o *chef* Luiz Felipe prepara receitas inspiradas na origem napolitana de sua avó: o ravióli de queijo ao molho de ragu de cabrito ou então um *polpetone* à *parmegiana*.

→ *Brotas Bar*, um bar e restaurante que explora o *rafting* como tema. Ele está em um casarão, ou seja, num prédio de 100 anos que foi restaurado com materiais originais, como tijolos e madeira. O estabelecimento abriga também um pequeno museu com troféus e equipamentos da equipe Bozo D'Água (que venceu muitas competições de *rafting* mundo afora). Seu cardápio conta com pratos com pescados, massas e carnes bovinas, além de *pizzas*.

A cerveja de produção local, a Brotas Beer, é oferecida em vários restaurantes, por um preço médio relativamente "salgado" (R$ 20 por uma garrafa de 600 ml), mas é possível comprá-la no supermercado Cimi pela metade do preço.

É importante mencionar que, apesar da crise econômica que ainda prevalece no Brasil, os preços de muitas coisas em Brotas ainda estão bem elevados. Isso deveria de alguma forma ser revisto par não espantar principalmente os visitantes de perfil mais aventureiro que encontram em Brotas uma referência, ou seja, parques de diversão ao ar livre e muito bem estruturados.

O rio Jacaré Pepira continua limpo e nele se pode nadar e pescar. Em Brotas, atualmente, há diversas boas pousadas e bons hotéis, não só para pernoitar como também para se passar um tempo agradável. Esse é o caso da pousada Pé na Terra, que, apesar de ter uma localização central – a apenas 1 km do parque dos Saltos – é uma propriedade rural. Nela existem 20 apartamentos, sendo 12 no prédio principal e oito de frente para o bosque, mais amplos, privativos e com redes nas varandas.

Toda a estrutura fica em um amplo e bem cuidado gramado, com pomar, *playground*, campo de futebol e uma gostosa piscina cercada por espregui-çadeiras de madeira. No restaurante, um quiosque no meio do gramado, o café da manhã é um capítulo à parte. Além da ótima qualidade, a refeição oferece uma notável variedade de pratos, como pães recheados feitos na própria cozinha da pousada (o de linguiça é inesquecível...).

Como é, caro(a) leitor(a), está animado(a) para passar uns dias em Brotas? Se você for paulistano(a), lembre-se de que embora a distância não seja absurda, talvez o custo dos 12 pedágios – 6 na ida e 6 na volta, o que equivale a cerca de R$ 100 – represente um certo incômodo!?!?

Um aspecto de como é verticalizada a cidade de Campinas.

Campinas

PREÂMBULO

Campinas é a principal cidade da Região Metropolitana de Campinas (RMC), que inclui outras 19 cidades, a saber: Holambra, Indaiatuba, Jaguariúna, Pedreira (todas analisadas nesse livro), Americana, Artur Nogueira, Cosmópolis, Engenheiro Coelho, Hortolândia, Itatiba, Monte Mor, Morungaba, Nova Odessa, Paulínia, Santo Antônio de Posse, Santa Bárbara d'Oeste, Sumaré, Valinhos e Vinhedo.

Estima-se que no início de 2018 viviam na RMC cerca de 3,3 milhões de pessoas. Os "campinhos" ou as "campinas" que geraram o nome da cidade no passado foram espaços bem diferenciados no que se refere à densa mata atlântica que cobria toda a região. Campinas teve, portanto, o seu nome gerado por uma característica natural.

Em Campinas estão hoje algumas das mais importantes universidades da América do Sul. A cidade é atendida pelo aeroporto internacional de Viracopos, que tem tudo para se tornar o 3º aeroporto mais importante do País, e no seu município estão instaladas dezenas de empresas multinacionais.

Os visitantes da cidade podem fazer um *tour* pelas **7 Maravilhas de Campinas**, locais escolhidos pela população em um concurso público promovido na Internet em 2007, como as mais lembradas ou elogiadas. Elas são: a Escola de Cadetes do Exército, a Catedral Metropolitana, a Estação Cultura, o Mercado Municipal, o parque Portugal (no Taquaral), o prédio do Jockey Clube e a torre do Castelo!!!

HISTÓRIA DE CAMPINAS

Campinas é uma cidade paulista que fica a cerca de 95 km da capital estadual, o município ocupa uma área de 797,6 km^2, sendo que 238,323 km^2 estão no perímetro urbano e os 559,277 km^2 restantes constituem a zona rural.

Estima-se que no início de 2018, sua população ultrapassava 1,25 milhão de habitantes, sendo o terceiro município mais populosa do Estado, ficando atrás apenas da capital e de Guarulhos.

Até a primeira metade do século XVIII, Campinas não passava de uma grande área, com muitos campos naturais, que foram chamadas simplesmente de **campinas**, com áreas de mata atlântica fechadas ao redor, em especial nas regiões montanhosas.

Naquela época, surgiu um bairro rural na vila de Jundiaí (atualmente a cidade de Jundiaí) chamado Mato Grosso, próximo a uma trilha feita pelos bandeirantes do planalto de Piratininga (a região da atual cidade de São Paulo) entre 1721 a 1730.

Era a trilha dos Goiases, que ia até as minas dos Goiases (no atual Estado de Goiás).

Foi o bandeirante Fernão de Camargo que promoveu a instalação de um ponto de parada para os tropeiros – denominado Campinas do Mato Grosso, por ter sido erguido num campo natural cercado por mata cerrada.

Por volta do ano de 1772, os moradores daquela região reivindicaram a construção de uma capela, visto que a igreja mais próxima ficava em Jundiaí. Essa permissão foi concedida um ano depois e assim demarcou-se em 22 de setembro de 1773 o local onde se construiria a igreja matriz de Nossa Senhora da Conceição, cujo nome foi escolhido por votação como padroeira.

Em vista de dificuldades naquela época de realização de obras, foi construída uma capela provisória e em 14 de julho de 1774 o frei Antônio de Pádua rezou nela a primeira missa, que passou a ser considerada a data de fundação de Campinas. Deve-se recordar entretanto que só em 14 de dezembro de 1797 Campinas foi emancipada de Jundiaí, quando foi elevada à condição de vila, com o nome de São Carlos!?!?

Até o fim do século XVIII, a cana-de-açúcar foi a principal atividade econômica, porém, paulatinamente surgiram os cafezais no lugar da cana, iniciando-se um novo ciclo de desenvolvimento da região campineira, o que fez com que chegassem aí muitos escravos vindos de diversas partes do Brasil.

A partir desse crescimento, também foi evoluindo um processo de modernização dos meios de transporte e de produção em Campinas. Após a sua emancipação política, aconteceram em Campinas várias divisões distritais no território do seu município.

A primeira mudança ocorrida foi a criação do distrito de Valinhos (hoje município de Valinhos) pela lei da província de 28 de maio de 1896. A última alteração ocorreu devido a uma lei estadual de 28 de fevereiro de 1964, emancipando de Campinas o município de Paulínia.

Atualmente, o município de Campinas é constituído de cinco distritos, pela ordem de criação – Campinas, Sousas (1896), Barão Geraldo (1953), Joaquim Egídio (1953) e Nova Aparecida (1964). A primeira metade da década de 1920 caracterizou-se pelo auge da produção cafeeira, mas em 1929 a crise econômica que atingiu o mundo, levou-o a uma grande debacle com o que as plantações de café praticamente desapareceram e voltou-se para a indústria, a prestação de serviços e na agricultura ocorreu o retorno à cana-de-açúcar.

Isso fez com que Campinas deixasse de ser ruralista e passasse a ser mais urbanística. Para seu novo projeto de planejamento, o recebido do chamado plano Prestes Maia, no ano de 1938, foi feito um grande conjunto de ações voltado a reordenar o seu crescimento urbano. Em vista dessas melhorias ocorridas em Campinas, especialmente a construção de um novo parque produtivo composto de fábricas, agroindústrias e diversos estabelecimentos comerciais, isso atraiu muitos imigrantes e migrantes.

Campinas progrediu muito devido a implantação de muitas rodovias que facilitavam o acesso a ela, como: Anhanguera (em 1948), que cruza a cidade; a Bandeirantes (em 1978), que passa na região sul; a Santos Dumont (década de 1980), e depois, a Dom Pedro I, José Roberto Magalhães (que liga a Dom Pedro I com a Anhanguera), Governador Adhemar de Barros, Jornalista Francisco Aguirre Proença, Professor Zaferino Vaz (ou "Tapetão"), que é o principal acesso à refinaria do Planalto Paulista (Replan), Lix da Cunha (conexão com Indaiatuba), Miguel Melhado Campos (de Vinhedo ao aeroporto de Viracopos).

Aliás em novembro de 2017, o governador paulista Geraldo Alckmin inaugurou a segunda etapa do prolongamento do Anel Viário de Campinas, o que vai melhorar bem a mobilidade urbana.

CAMPINAS 139

Tudo isso fez com que Campinas se consolidasse como um importante entroncamento rodoviário, quando novos bairros foram criados próximos dessas rodovias, tudo isso acontecendo entre as décadas de 1950 e 1990. A partir de 1998, a cidade passou por uma mudança acentuada na sua base econômica, com a diminuição sensível do setor industrial – com a migração de fábricas para cidades vizinhas ou outras regiões do País – e a evolução do setor de serviços (comércio, educação, saúde, serviços de alta tecnologia e empresas na área de logística).

Isso não quer dizer que nela não estão as sedes de grandes empresas como é o caso da Sapore, uma das maiores fornecedoras de alimentação para empresas do País – tem mais de 500 clientes corporativos – fornecendo cerca de 1,2 milhão de refeições diárias.

Em 2018 ela estava buscando a fusão com a International Meal Company, dona das redes Viena e Frango Assado...

Desde a década de 2000, graças a investimentos públicos e privados a cidade foi atingindo um equilíbrio econômico e social, merecendo plenamente a liderança no que se chama hoje de RMC apresentando **boa qualidade de vida**, que se pode comprovar pelo seu Índice de Desenvolvimento Humano (IDH) de 0,805 e com índices de violência e mortalidade infantil caindo ano a ano.

Foi muito importante para o seu progresso a instalação aí de um parque industrial e tecnologia voltado para a pesquisa e desenvolvimento (P&D), como por exemplo o Laboratório Nacional de Luz Síncrotron e o Centro de Pesquisa e Desenvolvimento em Telecomunicação (CPqD), com a finalidade de ter-se ali uma **tecnópolis**, além de renomadas IESs como a Universidade Estadual de Campinas (Unicamp) e a Pontifícia Universidade Católica (PUC) e institutos importantes, como é o caso do Instituto Agronômico (fundado em 1983).

A PUC de Campinas é uma universidade católica, privada, comunitária, sendo a mais antiga do interior do Estado, segunda maior da cidade (atrás apenas da Unicamp), estando classificada entre as melhores IESs do País, integrando programas de pós-graduação e cursos de graduação em todas as áreas de conhecimento.

A história da universidade começou em 7 de junho de 1941, quando nasceu a sua pioneira unidade – a Faculdade de Filosofia, Ciência e Letras. Em 1952, a diocese de Campinas recebeu o antigo solar que foi propriedade de Joaquim Policarpo Aranha, o barão de Itapura, doado por sua filha Isole-

140   Cidades Paulistas Inspiradoras

the Augusta de Sousa Aranha. Em 1955, a Faculdade de Filosofia, Ciências e Letras passou a ser a Universidade Católica, reconhecida pelo Conselho Federal de Educação (hoje Conselho Nacional de Educação) e em 1972 o título de Pontifícia foi concedido pelo papa Paulo VI.

A PUC foi se expandindo e hoje tem três *campi* e conta com o Colégio de Aplicação Pio XII. O *campus* I, o maior da universidade, está localizado na rodovia D. Pedro I, no km 136, sendo o maior da universidade, num terreno que pertenceu à fazenda Santa Cândida. Este foi doado à arquidiocese de Campinas pelos filhos do antigo proprietário da fazenda, Caio Guimarães.

Esse *campus* levou bastante tempo para ser concluído e a inauguração oficial ocorreu em 1976, época em que já estavam instalados nele o Instituto de Artes, Comunicações e Turismo, e a Faculdade de Educação Física. Atualmente, funcionam nesse local os cursos dos centros de Economia e Administração, Ciências Exatas, Ambientais e Tecnológicas, Ciências Humanas e Sociais Aplicadas e de Linguagem e Comunicação. Está também instalada ali a reitoria da PUC.

O *campus* II, que já foi conhecido como a "**cidade da saúde**", está localizado na avenida John Boyd Dunlop e, nesse local, estão o Centro de Ciências da Vida e o Hospital e Maternidade Celso Pierro (HMCP).

Ele é administrado pela Sociedade Campineira de Educação e Instrução, mantenedora da PUC. O projeto inicial do HMCP foi feito pelo médico Celso Pierro, que planejava construir um hospital que seria chamado de "**cidade da saúde**". As obras tiveram início em 1973, entretanto foram paralisadas, pouco tempo depois da morte de seu idealizador.

O terreno de 400.000 m² foi doado pela viúva de Celso Pierro à PUC, que deu continuidade a obra e, através da compra de terrenos próximos, instalou ali seus cursos da área de saúde.

Ao concluir a obra, foi dado ao hospital o nome do seu idealizador, atendendo a um pedido da sua família. O HMCP foi inaugurado em 1978, com cerca de 150 leitos. Atualmente eles são 353, sendo 243 leitos destinados ao SUS e 100 leitos para os convênios e atendimentos particulares.

Anualmente são feitos no HMCP cerca de 1,1 milhão de procedimentos, incluindo-se aí 300 mil consultas, 250 mil atendimentos de urgência, algo como 20 mil internações e cirurgias.

Note-se que boa parte das pessoas que recorrem ao HMCP são "visitantes", ou seja, pessoas que não vivem em Campinas, isso porque a instituição conta com um importante complexo de pronto-socorro (funcionando 24h) adulto, infantil, ortopédico e obstétrico.

O HMCP é considerado uma referência regional em várias áreas, como cardiologia, neurologia, neonatologia, ortopedia, cirurgia plástica, atendimento domiciliar, nutrição e nefrologia.

O HMCP é também um **hospital-escola** nele acontecem atividades acadêmicas das dez faculdades que integram o Centro de Ciências da Vida, e nele são oferecidas vagas para residência médica (em 30 especialidades) e residência em enfermagem. O *campus* central como o próprio nome salienta está no centro da cidade, sendo composto por um prédio central e o prédio de Letras. Trata-se de um local histórico da universidade por ter sido o seu primeiro prédio, por abrigar o "**pátio dos leões**", local de fundação da PUC e no prédio central está instalado a Faculdade de Direito que faz parte do Centro de Ciências Humanas e Sociais Aplicadas.

Os 50 cursos de graduação e os 12 de pós-graduação *stricto sensu* e os 18 *lato sensu* estão distribuídos nos três *campi*, o que fez com que cerca de 23.000 alunos estivessem matriculados na PUC de Campinas em 2017, ensinados por aproximadamente 1.000 docentes. Sem dúvida a PUC é uma grande empregadora e além disso provoca uma grande **visitabilidade**, pois estima-se que cerca de 70% dos seus estudantes não são moradores da cidade, sendo que um grande contingente passou a viver nela, assim que ingressou na universidade.

Em seus 77 anos de existência, a PUC já formou cerca de 169 mil alunos e os que entram agora nessa IES acabam usando a sua biblioteca com um acervo de mais de 700 mil volumes e entrando em algum dos seus 70 laboratórios.

No que se refere a Unicamp (Universidade Estadual de Campinas), ela é uma importante universidade pública do Estado de São Paulo. Foi fundada em 1962, graças ao trabalho de Zeferino Vaz, que antes já tinha criado a Faculdade de Medicina de Ribeirão Preto, da USP. Ela começou a funcionar efetivamente só em 1966. Antes disso, apenas a Faculdade de Medicina funcionava (criada em 1959). E abril de 1963, aconteceu o primeiro vestibular com 1992 candidatos para apenas 50 vagas no curso de medicina.

Uma grande área que tinha 110 hectares foi doada pela família Almeida Prado, localizada em um vale no distrito de Barão Geraldo, perto da interseção de várias rodovias. Até então, Barão Geraldo era um pequeno

142   Cidades Paulistas Inspiradoras

vilarejo rodeado por campos agrícolas, e particularmente de plantações de cana-de-açúcar. O desenvolvimento da universidade conduziu a uma mudança dramática no distrito, que resultou em bairros completamente novos, sendo zoneados, planejados e construídos geralmente pela mesma família – Almeida Prado!!!

O trabalho no novo *campus* começou no dia 5 de outubro de 1966 e o primeiro edifício concluído foi o Instituto de Biologia, seguido pelos edifícios administrativos. Nesse mesmo ano, Zeferino Vaz foi nomeado reitor. Em paralelo ao novo *campus*, novas unidades foram abertas em outros municípios, absorvendo as faculdades locais. Esse foi o caso da Faculdade de Odontologia de Piracicaba, absorvida em 1967, e da Faculdade de Engenharia de Limeira, em 1969.

Atualmente, o principal *campus* da Unicamp ocupa 3,5 km^2 e está localizado no distrito de Barão Geraldo, que fica distante 12 km do centro de Campinas. Além disso, tem-se os *campi* satélites em Limeira, Piracicaba e Paulínia, e a gestão de duas escolas secundarias técnicas, o Colégio Técnico de Campinas (Cotuca) e o Colégio Técnico de Limeira (Cotil). Assim, a Unicamp agora é composta por 24 unidades, das quais 10 são institutos e 14 são faculdades. Além disso, a universidade é lar de 22 centros interdisciplinares de pesquisa e divulgação que vão desde a dança até computação e educação.

Estima-se que em 2017 havia na Unicamp cerca de **19 mil estudantes**, em 70 cursos de graduação e aproximadamente **16.700** em 153 cursos de pós-graduação, todos eles estudando sem pagar nada!!! É interessante destacar que mais de um terço dos alunos de pós-graduação vem de outros Estados e cerca de 5% de outros países. Claro que eles representam um grande contingente de pessoas que incrementam a **visitabilidade** numa cidade, pois além deles próprios que depois de formados geralmente voltam para as suas cidades de origem, enquanto estão estudando acabam atraindo muita gente, especialmente os seus parentes e amigos para visitá-los.

Nota-se que a permanência desses alunos durante o seu tempo de estudos realmente tem um forte impacto na economia da cidade, pois boa parte deles dispõe de significativos recursos financeiros que acabam sendo gastos em produtos e serviços necessários para sua sobrevivência!!! E deve-se complementar salientando que também na graduação a maioria dos alunos não é de moradores das cidades em que estão as faculdades, nas quais estão estudando!!!

A Unicamp também oferece um grande número de cursos de extensão para a comunidade, e com diferentes níveis de requisitos mínimos. Esse é o caso, por exemplo, do curso sobre Harry Potter, o simpático bruxinho criado por J.K. Rowling. O grupo formado em agosto de 2017 contava com 65 inscritos, todos com mais de 50 anos!!! O comando desse *workshop* – denominado *"Harry Potter: História, cultura e relações de gênero no mundo mágico de J.K. Rowling* – ficou a cargo do professor de história Victor Menezes, que ensinou especialmente às mulheres de que maneira elas poderiam ter poder, valendo-se da personagem Hermione.

Aliás, a partir de 2014, a Unicamp juntou-se à Coursera e passou a oferecer mais de uma dezena de cursos *on-line*. A cada ano, a Unicamp organiza o evento Unicamp de Portas Abertas, quando o seu *campus* principal recebe cerca de 60 mil alunos do ensino médio de todo o País.

No evento acontecem discussões e palestras sobre o papel da universidade na sociedade, bem como apresentações sobre carreiras profissionais e passeios em que os alunos visitam várias áreas da Unicamp, compreendendo melhor as diferentes profissões e como se desenvolve o ensino dentro deles. Esse é um evento incrível de *marketing* que acaba convencendo os jovens a quererem vir estudar na Unicamp e especificamente que profissão cada um deseja ter.

A Unicamp já teve (e tem) professores notáveis, visitantes ilustres e ex-alunos que se tornaram celebridades. Um deles é o físico brasileiro Cesar Lattes, codescobridor do méson pi, descoberta que levou o prêmio Nobel de Física em 1950 (na realidade, o prêmio foi só para Cecil Frank Powell, chefe da equipe de pesquisadores, pois na época só se premiava o responsável, não os demais colaboradores). Cesar Lattes foi professor da instituição e quando aposentou-se em 1986, recebeu o título de doutor **honoris causa** e **professor emérito**.

E esse contingente notável de professores e pesquisadores que tornou a Unicamp responsável por **15% da produção científica brasileira** e que também produz mais patentes que qualquer outra organização da pesquisa brasileira, atrás somente da estatal Petrobrás.

Nos vários *rankings* universitários internacionais a Unicamp tem aparecido como uma das melhores universidades do mundo. Em 2015, em uma dessas classificações, ela apareceu classificada como a 195ª melhor universidade do mundo e a 11ª melhor universidade com mais de 50 anos de existência do planeta e como a 24ª melhor IES dos países em desenvolvimento.

144   Cidades Paulistas Inspiradoras

Mas em julho de 2017, a publicação da tradicional revista britânica *Times Higher Educations (THE)* divulgou a lista das melhores universidades da América Latina e a Unicamp apareceu em **primeiro lugar** – entre 50 IESs classificadas, superando pela primeira vez a USP!!! Parabéns a todos, que com o seu trabalho permitiram que a Unicamp chegasse ao topo!!!

Após receber a notícia de que, pela primeira vez em sua história, a Unicamp havia sido classificada como a melhor universidade latino-americana no prestigiado *ranking THE*, o seu reitor Marcelo Knobel comentou: "O resultado obtido reflete um árduo trabalho, de todos os setores da universidade no que se refere à formação acadêmica, ao impacto das pesquisas realizadas, bem como as diversas ações de extensão e atendimento na área de saúde.

Outro fator preponderante para se chegar a essa conquista, foi sem dúvida a participação no setor produtivo, em que a Unicamp tornou-se uma importante protagonista especialmente após a criação da Agência de Inovação, há quase 15 anos. Um exemplo marcante dessa ação é que há hoje mais de 485 empresas ativas, denominadas '**filhas da Unicamp**', gerando mais de 28 mil empregos diretos em 2017 e um faturamento anual de R$ 3 bilhões, o que equivale a uma vez e meia o orçamento da universidade. A preocupação agora é ter fôlego suficiente para manter essa posição, e os desafios que temos de enfrentar para avançar mais ainda."

A maior parte da vegetação original existente na região onde está a cidade – a mata atlântica – foi totalmente devastada. Assim como os outros 19 municípios da RMC, o município sofre bastante com um grave estresse ambiental, com muitas áreas da cidade sujeitas e enchentes e assoreamentos, pois acabou ficando com menos de 5% da cobertura vegetal!?!?

Para reverter esse quadro, diversos projetos foram e continuam sendo planejados e realizados com a construção de corredores ecológicos, com a regulamentação o Plano de Gestão da Área de Preservação Ambiental de Campinas, bem como para combater a destruição de matas ciliares localizadas às margens do rio Atibaia, que está bem poluído.

Campinas possui há um bom tempo uma área de relevante interesse ecológico, a mata de Santa Genebra, que foi criada em 1985 e que é regulada pelo Instituto Brasileiro de Meio Ambiente e dos Recursos Naturais Renováveis, pela prefeitura e pela Fundação José Pedro de Oliveira. Atualmente, esta é a 2ª maior floresta urbana do Brasil, ficando atrás apenas da floresta da Tijuca, no Rio de Janeiro. A cidade possui ainda grandes bosques, como a dos Jequitibás (instalado em 1881), dos Alemães e dos Guarantãs.

A cidade recebeu muitos imigrantes, principalmente durante o século XIX, e hoje grande parte dos seus descendentes vivem numa região conhecida como Pedra Branca. Assim, os italianos se estabeleceram em diversos núcleos coloniais nos vários municípios que fazem parte da RMC e em Campinas fundaram o *Circolo Italiani Uniti*.

A imigração de alemães, apesar de menor que a dos italianos, foi muito expressiva e em 1873 cerca de metade dos habitantes da cidade tinha origem alemã!!! Por sinal, o bairro de Friburgo, na zona rural do município, foi criado por famílias alemãs e suíças que se instalaram por lá entre as décadas de 1860 e 1870. Já a principal marca dos imigrantes portugueses deixada na cidade foi a criação do Hospital Beneficência Portuguesa, que foi fundado em 20 de julho de 1907 e reservado pelo reino de Portugal **apenas** para atender aos imigrantes portugueses!?!?

Quanto aos espanhóis, destaca-se hoje a Semana Espanhola, realizada anualmente desde 1996 pela Casa da Espanha, um evento voltado para promover as tradições deixadas pelos espanhóis. Finalmente, os japoneses fundaram o Instituto Cultural Nipo-Brasileiro (Nipo Campinas), em 16 de maio de 1954, que começou a funcionar dentro da sede da Cooperativa Agrícola.

O Festival do Japão do Nipo Campinas é um evento realizado em homenagem à cultura japonesa, com a presença de autoridades, bem como de convidados para apresentações artísticas. Mensalmente, desde 1994, sempre em um domingo, realiza-se no Nipo Campinas a Feira Oriental, na qual são comercializados produtos da cultura nipônica.

Estima-se que em 2017 cerca de 61% dos campineiros eram católicos, mas a cidade possui seguidores de outros credos, como protestantes, evangélicos, testemunhas de Jeová, mórmons, espíritas, budistas, judeus etc. A catedral metropolitana de Campinas também chamada de catedral de Nossa Senhora da Conceição em homenagem à padroeira da cidade, está localizada na praça José Bonifácio, no centro, sendo considerada um dos principais templos católicos campineiros.

Ela começou a ser construída em 1807 e só foi concluída em 1883. Foi tombada pelo Condephaat e pelo Conselho de Defesa do Patrimônio Cultural de Campinas (Condepacc).

Das cidades do Estado de São Paulo, excluindo-se obviamente a capital, Campinas é a que possui o maior número de **cidades-irmãs**. Essa foi uma iniciativa do Núcleo de Relações Internacionais da prefeitura, que buscou integrar a cidade com outras nacionais e estrangeiras, por meio de convênios de cooperação, cujo objetivo é assegurar a manutenção da paz entre os povos, buscar a fraternidade, felicidade, amizade e o respeito recíproco.

Oficialmente, Campinas possui as seguinte cidades-irmãs no Brasil: Belém, Blumenau, Camanducaia, Peruíbe e Ubatuba. Já no exterior elas são: Assunção (Paraguai), Auroville (Índia), Cabinda (Angola), Cascais (Portugal), Concepcion (Chile), Córdoba (Argentina), Cotorro (Cuba), Daloa (Costa do Marfim), Fuzhou (China), Gifu (Japão), Jericó (Palestina), Malito (Itália), Novi Sad (Sérvia) e San Diego (EUA).

Se esses convênios de fato funcionassem, Campinas poderia ter pelo menos um evento a cada mês com alguma apresentação cultural ou artística das cidades desses países, o que certamente deixaria muito felizes os munícipes e até atrairia muitos visitantes, pelo menos entre os que vivem na RMC, não é mesmo? Pois é, isso é desejável, mas exige o desenvolvimento de projetos que implicam na obtenção de recursos e, infelizmente, nem sempre os gestores municipais têm a ousadia suficiente e a competência para realizá-los!!!

Uma ideia excelente seria se a prefeitura organizasse um calendário anual em que cada uma dessas cidades pudesse desenvolver alguma atividade típica artística, cultural ou esportiva em Campinas, inclusive com reciprocidade por parte dos campineiros com algum evento similar nelas.

O PIB (Produto Interno Bruto) de Campinas em 2015 foi de aproximadamente R$ 56,4 bilhões, sendo o 11º do País. A prestação de serviços, ou seja, o setor terciário é a **maior fonte geradora** do PIB campineiro. A cidade possui diversos centros comerciais e grandes *shopping-centers*.

Sem dúvida, devido aos excelentes centros de compras e *shoppings* que existem em Campinas, isso gera uma intensa visitabilidade, especialmente de pessoas que vivem nas cidades que fazem parte da RMC.

Naturalmente os campineiros também ficam felizes pois têm na sua cidade praticamente tudo que quiserem adquirir.

Descrever com certas minúcias esses locais ocuparia muito espaço no livro, por isso aí vai apenas uma lista feita recentemente em que se posicionou os locais **preferidos** pelos compradores.

Em primeiro lugar estava o *Shopping Center* Iguatemi, vindo em seguida o Parque D. Pedro *Shopping*, em terceiro lugar o Galleria *Shopping*, em quarto o Mercado Municipal e em quinto a Feira *Hippie*.

Porém em Campinas há muitos outros locais para se fazer compras e do 6º ao 14º lugar nesse levantamento apareceram: *Shopping* Parque das Bandeiras, Campinas *Shopping Center*, Unimart *Shopping*, *Shopping* Prado *Boulevard*, *Shopping* Ventura *Mall*, Gramado *Mall*, *The Mall* Campinas, *Shopping* Spazio Ouro Verde e *Platz Mall*.

Como é, deu para perceber porque Campinas é visitada por muita gente?

E não se pode deixar de sucesso da Feira de Natal, na qual cerca de 100 expositores ofereceram muitos artigos de artesanato e bijuteria, além de se ter muitas barracas de alimentação – a tradicional gastronomia de rua onde os visitantes saborearam pastéis, tapioca, derivados de milho e culinária internacional (mexicana, japonesa, alemã, italiana etc.) – e ouviram boa música no Centro de Convivência Cultural.

Beto Lago, coordenador de Economia Criativa e Feiras Culturais do município, disse ao *Correio Popular* (11/12/2017), o mais importante jornal da cidade: "Nessas duas semanas de funcionamento do evento, vamos receber aproximadamente 60 mil pessoas. Trabalhamos desde agosto para organizar esse evento e buscamos nesse ano ter mais qualidade para representar bem uma feira de artesanato. E isso se conseguiu pois utilizamos o espaço público de forma mais inteligente."

O que a prefeitura de Campinas não tem conseguido coibir é o funcionamento do comércio popular na região central da cidade, no qual muitas bancas vendem artigos **contrabandeados**. Estima-se que em 2017, a cidade perdeu em impostos não pagos por esse comércio ilegal algo próximo de R$ 970 milhões.

Para combater essa situação a prefeitura tornou-se participante do Movimento Legalidade, que é coordenado pelo Instituto Brasileiro de Ética Concorrencial (Etco), que também tem o apoio da Frente Nacional de Prefeitos (FNP), mas os resultados alcançados até agora não são significativos...

Depois vem a **indústria**, em especial a de alta tecnologia e o seu parque metalúrgico, o que fez com que alguns chamassem Campinas de "**capital do Vale do Silício brasileiro**".

A **agricultura** é o setor menos relevante para a economia de Campinas. O que sem dúvida Campinas deveria fazer nesse final de 2ª década do século XXI é investir em diversos setores da EC, como *design*, *software*, *videogames* e entretenimento.

Apesar de Campinas estar ligada à tecnologia há mais de 134 anos, pois foi a terceira cidade do mundo a adotar a tecnologia do telefone, em 1883, após Chicago e Rio de Janeiro, quando foram instalados 57 aparelhos, bem como a criação, como já foi citado, do Instituto Agronômico em 1883, a cidade acabou ganhando o seu novo e grande impulso nesse setor com a estruturação do *campus* da Unicamp, iniciado em 1962.

Atualmente, Campinas é o terceiro maior polo de P&D do Brasil, responsável por algo próximo de **20% da produção científica nacional** (!!!), sendo a **maior produtora de patentes de pesquisa no País**.

Campinas não possui apenas a PUC e a Unicamp. Não se pode deixar de citar a importância para a educação superior que foi trazida para a cidade com a criação em 1999 das Faculdades de Campinas (FACAMP) pelos educadores e intelectuais. João Manuel Cardoso de Mello, Liana Aureliano, Luiz Gonzaga Belluzzo e Eduardo da Rocha Azevedo, construída numa área de 100.000 m², ao lado da Unicamp e do polo tecnológico de Campinas.

Os seus prédios foram construídos para abrigar os núcleos de prática profissional avançado e a sua biblioteca.

As salas de aula são todas térreas, espaçosas, climatizadas e mobiliadas de forma a garantir o conforto dos alunos. Esse *campus* está situado em uma ampla área verde com cerca de 1.100 árvores, de 16 espécies nativas e com umas 23 mil orquídeas de mais de 30 espécies.

A FACAMP oferece cursos de graduação, nas áreas de Administração, Direito, Economia, Propaganda e *Marketing*, Relações Internacionais e Engenharias de Produção, Computação e Mecânica.

Na última década a IES teve uma grande relevância pelas excelentes avaliações que esses seus cursos obtiveram nos levantamentos feitos pelos especialistas de ministério da Educação, o que tem feito crescer o número total dos seus alunos, que eram cerca de 4.000 em 2018, que recebiam lições de aproximadamente 350 docentes.

Estão ainda em Campinas a Universidade Presbiteriana Mackenzie, a Escola Superior de Propaganda e *Marketing* (ESPM), a Escola Superior de Administração, Marketing e Comunicação, a Faculdade Metrocamp, um *campus* da Fundação Getúlio Vargas e a sede da única escola de preparação de cadetes do Exército brasileiro – Escola Preparatória de Cadetes do Exército – que ao oferecer o 1º ano do ensino superior integrado à formação militar, prepara os futuros cadetes da Academia Militar das Agulhas Negras, que, após 4 anos de estudos se graduam com o posto de aspirante a oficial.

Além dos institutos de pesquisa já citados estão também em Campinas o Centro Nacional de Pesquisa em Energia e Materiais, o Centro de Pesquisa em Energia e Materiais, o Centro de Pesquisas Avançadas Wernher von Braun, o Centro de Tecnologia da Informação Renato Ascher e a Empresa Brasileira de Pesquisa Agropecuária (Embrapa). Não se pode deixar de destacar que Campinas foi a primeira cidade não capital a ter TV digital, com a EPTV, afiliada da Rede Globo, em 3 de dezembro de 2008.

Tudo isso sem dúvida qualifica Campinas como uma **cidade criativa**, não é?

Estima-se que no final de 2017, havia no município cerca de **300 estabelecimentos de saúde**, entre hospitais, prontos-socorros, postos de saúde e serviços odontológicos, dos quais praticamente um terço são públicos o que incrementa muita a **visitabilidade** de Campinas, não apenas de pessoas que vivem nas cidades que pertencem a RMC, mas também das que ficam bem mais distantes...

Esse é o caso do Hospital de Clínicas da Unicamp (HC Unicamp) é um complexo voltado para a saúde localizado dentro do seu *campus*, ligado diretamente à sua Faculdade de Ciências Médicas (FCM), tendo sido fundado em 10 de outubro de 1985.

Atualmente, o HC Unicamp tem uma área construída de 65.000 m², com mais de 4.000 m² de corredores distribuídos em sete blocos interligados, por onde circulam diariamente algo próximo de 11 mil pessoas.

Esse hospital tem como objetivo a promoção do ensino e da pesquisa, servindo como suporte no aprendizado e treinamento de residentes e estudantes dos cursos de graduação e pós-graduação de medicina e enfermagem da própria Unicamp e de outras IESs conveniadas.

É um hospital de grande porte, tendo 856 leitos e todos os atendimentos realizados nele são gratuitos, cobertos com a verba do SUS.

A atuação nele de docentes altamente qualificados possibilita que sejam realizados cuidados médicos em muitas especialidades, cerca de 50, que se dividem em aproximadamente 580 subespecialidades.

Desfruta atualmente de um grande reconhecimento pela excelência dos tratamentos aplicados aos pacientes.

Não é por acaso que Campinas tenha uma visitabilidade diária de pessoas que vem frequentemente de muito longe para serem atendidas no HC Unicamp.

150   Cidades Paulistas Inspiradoras

Em Campinas existem alguns hospitais privados sendo um dos mais antigos o Hospital Vera Cruz que foi inaugurado em 31 de outubro de 1943.

Em julho de 2002 ele foi ampliado substancialmente, com um acréscimo de 9.800 m^2 de área construída, uma nova ala administrativa, solário, lanchonete, anfiteatro e mais 14 leitos na UTI (adulta e neonatal).

Hoje o hospital conta com 158 leitos, estando localizado no centro da cidade, ou seja, na avenida Andrade Neves, N$^{\underline{o}}$ 402.

O hospital possui também em Centro Clínico no bairro Guanabara, que possui as seguintes especialidades: clínica médica, cardiologia, dermatologia, endocrinologia, geriatria, ginecologia, obstetrícia, mastologia, ortopedia e pediatria.

Claro que existem outros hospitais que deveriam ser citados, porém devido a muitas outras coisas que devem ser escritas sobre Campinas, restringe-se a estes!?!?

As pessoas que visitam Campinas especialmente aquelas que chegam a cidade acompanhando pessoas que vão cuidar de sua saúde, tem várias opções de hospedagem.

Essas pessoas levam muito em conta a relação **custo-benefício** e uma pesquisa recente entre 42 hotéis que existem na cidade mostrou a seguinte classificação: em 1$^{\underline{o}}$ lugar segundo esse índice estava o Meliá Campinas, no qual uma diária estava em torno de R$ 221,00 e em seguida, do 2$^{\underline{o}}$ lugar até o 10$^{\underline{o}}$ apareciam respectivamente: Mercure, Vitoria Hotel Concept, Dan Inn, Vitória Express Dom Pedro, Comfort Suites, Sono Hotel Glicério Campinas by Monreale, Matiz Barão Geraldo, Royal Palm Plaza Resort e Royal Palm Residence.

No caso específico do Royal Palm Plaza Resort, cuja diária pode superar R$ 1.200,00 deve-se explicar que o mesmo está mais focado para receber visitantes que fiquem mais tempo nele e que buscam o lazer.

Para a época de férias especialmente, ele tem um intenso programa de **entretenimento** para seus hóspedes que inclue guerra de bexigas, karaokê, oficinas de arte, *shows* de comédia, aulas de zumba, entre outras atividades. Possui um parque infantil - Miniville - que é personalizado com personagens como Fofa-Flor, Comandante Átila e Capitão Currupaco Paco. E particularmente na festa de Natal e no Reveillon apresentam-se nele grupos carnavalescos e cantores profissionais.

A **criminalidade**, infelizmente ainda é um grave problema em Campinas, tendo uma taxa de homicídios que está próxima de 15 para cada 100 mil habitantes, e a taxa de óbitos em acidentes de trânsito está em quase 26 para cada 100 mil habitantes.

Para reduzir esses índices é necessário um trabalho muito sério e contínuo, combatendo o uso de entorpecentes que acabam levando ao crime e a um comportamento agressivo e irresponsável no trânsito.

Grande parte do município conta com energia elétrica, limpeza urbana, água tratada e esgoto. O abastecimento de água, que atinge cerca de 98% da população urbana e a coleta do esgoto, quase 88% das residências, são feitos pela Sociedade de Abastecimento de Água e Saneamento (Sanasa). Já o fornecimento de energia elétrica é feito pela CPFL, com sede na cidade.

Um fato muito importante para o progresso de Campinas é a expansão do aeroporto internacional de Viracopos, localizado no extremo sul do município, que já é o segundo maior terminal aéreo de cargas do País.

Atualmente, de cada três toneladas de mercadorias exportadas e importadas pelo Brasil, usando transporte aéreo, uma passa por Viracopos.

Sem dúvida, tanto o movimento de passageiros como o transporte de cargas vai crescer, pois o aeroporto de Viracopos vai se tornar uma importante opção aeroviária para todos aqueles que vivem na Grande São Paulo, bem como para a maioria dos que moram em outras cidades do Estado.

O futuro de Campinas deve ser brilhante, graças ao crescimento do aeroporto de Viracopos, com o que vai se tornar uma **aerotrópole**, ou seja, uma cidade que vive principalmente em função de seu aeroporto.

Infelizmente algo **inédito** ocorreu com o aeroporto internacional de Viracopos: em 29 de julho de 2017 pois seus acionistas resolveram devolver sua concessão para o governo federal, por conta das dificuldades financeiras. A UTC – que está envolvida na operação Lava Jato – pediu recuperação judicial e não fez os aportes necessários para garantir o direito à concessão. Enquanto isso, a Triunfo, que era a outra acionista, demonstrou dificuldades financeiras por causa da crise econômica.

A concessionária estava em atraso com um pagamento de R$ 174 milhões e o aeroporto já foi colocado à venda, porém, o negócio não avançou. Vale destacar que a previsão de trânsito de passageiros nesse aeroporto para 2016 era de 17,9 milhões, entretanto, esse número chegou próximo a 9,3 milhões. Já em relação ao movimento de cargas, a expectativa era de que alcançasse 409 mil toneladas, mas ficou próximo de 166 mil toneladas, o que naturalmente reduziu em muito a receita auferida pela concessionária. Com isso também não foram cumpridos os investimentos no aeroporto que haviam sido previstos no contrato, como a construção de um novo terminal para passageiros e a melhoria de elementos relativos ao pátio onde ficam as aeronaves.

Recorde-se que o consórcio que adquiriu a concessão para explorar o aeroporto, no leilão realizado em 2012, acertou um pagamento de R$ 3,8 bilhões – com um ágio de 160%.

O consórcio era detentor de 51% da concessão do aeroporto de Viracopos, sendo constituído pelas empresas brasileiras UTC (45% do consórcio privado), Triunfo (45%) e a empresa francesa Egis (10%). A Infraero tinha os 49% restantes do aeroporto.

É claro que tudo isso é muito ruim para Campinas, cuja economia e especialmente a geração de novos empregos dependia muito do desenvolvimento cada vez maior de Viracopos!?!?

Além de Viracopos, a uns 8 km do centro de Campinas, na região norte, está localizado o aeroporto Campo dos Amarais, destinado aos aviões de pequeno e médio porte, assim como ao ensino de pilotagem.

Apesar de Campinas já ter sido um dos maiores entroncamentos ferroviários do Estado de São Paulo, atualmente, as próprias linhas administradas pela Brasil Ferrovias foram reduzidas a poucas viagens diárias de trens cargueiros, com locomotivas movidas a diesel que trafegam a uma velocidade baixa (cerca de 30 km/h) nos bem antigos leitos de trilhos, sem manutenção....

Existem entretanto muitos estudos e projetos para a RMC envolvendo a expansão do transporte ferroviário, mas por enquanto nada de concreto aconteceu, o que é uma lástima!?!?

O terminal multimodal Ramos de Azevedo, que foi inaugurado em 2008, é a principal estação de transporte rodoviário intermunicipal e interestadual de Campinas.

Num dos principais cruzamentos da cidade, ergueu-se o viaduto São Paulo, conhecido como "Laurão" (em homenagem ao prefeito em cuja administração realizou-se a obra, Lauro Péricles Gonçalves), que possui aproximadamente 340 m, destinado apenas ao uso de veículos, com duas faixas de cada lado transpondo o vale do córrego Proença e passando por cima da junção da via Norte-Sul e da avenida Princesa d'Oeste, o que melhorou muito a mobilidade urbana.

A cidade conta com aproximadamente 200 linhas de ônibus, tem quatro terminais abertos (nos *shoppings* Iguatemi e Dom Pedro, o Central e o Mercado) e sete terminais fechados, além de algumas estações de transferência.

Em 2010, foi implantado o **corredor central**, com o qual se privilegiou o transporte coletivo nas avenidas centrais, quando também se modificou o sistema implantado em 1996, denominado **Rótula**.

Estima-se que em 2017 havia em Campinas mais de 600 mil automóveis e cerca de 120 mil motocicletas rodando nas ruas da cidade, além de milhares de caminhões e ônibus, o que está gerando um tráfego cada vez mais lento dos carros, que têm muita dificuldade para encontrar lugar para estacionar.

Como o relevo de Campinas é bem acidentado, as suas ruas não são totalmente propícias para o ciclismo, mesmo assim entre ciclovias e ciclofaixas, no fim de 2017, a cidade contava com algo próximo de 28 km, destacando-se aquelas no entorno da lagoa Taquaral (6,5 km) e no parque linear Dom Pedro (3 km).

A responsabilidade pelo setor cultural é da secretaria da Cultura, Esporte e Lazer, que tem elaborado interessantes programas, projetos e atividades.

Ela está vinculada ao gabinete do prefeito, integra a administração pública indireta do município e possui autonomia administrativa e financeira, assegurada, especialmente, por dotações orçamentárias, patrimônio próprio, aplicação de suas receitas e assinatura de contratos e convênios com outras instituições.

A cidade sempre teve uma posição de destaque no Estado pela sua grande produção cultural, pois tem três teatros municipais, uma orquestra sinfônica, diversos grupos de música erudita, corais, dezenas de salas de cinema, muitas galerias de arte, museus, bibliotecas e editoras de destaque nacional.

O Teatro Municipal José de Castro Mendes foi fundado em 1976, adaptado a partir do prédio do antigo cinema Casablanca (na Vila Industrial), que não possui por isso mesmo traços arquitetônicos marcantes e tem passado por demoradas reformas.

O Centro de Convivência, foi projetado pelo arquiteto Fábio Penteado e inaugurado em 1976, sendo um espaço multiuso no qual são realizados espetáculos teatrais de dança, palestras, simpósios, conferências, exposições artísticas etc., tendo capacidade para acomodar aproximadamente cinco mil pessoas.

Finalmente tem-se o Teatro Infantil Carlos Maia, localizado no interior do bosque dos Jequitibás, projetado para atender a demanda de um público infantil com capacidade para receber cerca de 150 pessoas.

Dentre outros espaços dedicados à organização de eventos convém salientar o Teatro Padre Pedro Dingenouts, também conhecido como centro de Convivência Cultural da Vila Padre Anchieta, que possui uma sala de espetáculos com capacidade para 300 pessoas e o auditório Beethoven, esse podendo receber cerca de 2 mil pessoas nos seus assentos, tendo sido projetado para a realização de eventos de pequeno e médio porte, ao ar livre.

Anualmente, Campinas sedia o Festival de Fotografia Hercules Florence, que foi criado em 2007, a partir da junção do seminário de Imagens e Atualidade da Unicamp e da Semana Hercules Florence, da Câmara Municipal de Campinas.

Na cidade, também são organizados vários eventos culturais com foco no setor teatral.

Foi importante nesse sentido a campanha de popularização do teatro desenvolvida pela Associação dos Profissionais do Teatro de Campinas, desde 1985, direcionada aos adultos e crianças, oferecendo peças teatrais e musicais realizadas no Centro de Convivência Cultural Carlos Gomes.

Dentro dos grupos musicais, destaca-se a Orquestra Sinfônica, criada em 1974, durante as festividades do bicentenário da cidade, sendo hoje considerada uma das três maiores do País.

Em 17 de maio de 1953 foi criada a Academia Campineira de Letras (ACL), por iniciativa de então secretário municipal de Educação e Cultura, o professor Francisco Ribeiro Sampaio.

A ACL reuniu os habitantes da cidade que tivessem publicado obras literários de mérito reconhecido.

Em 1970 foi criada também a Academia Campineira de Letras e Artes (ACLA) constituída por 40 membros titulares, ocupando o mesmo número de cadeiras acadêmicas, cujos patronos foram escolhidos com o intuito de homenagear grandes personalidades artísticas e literárias brasileiras como Heitor Villa-Lobos, Cecília Meireles, Clarice Lispector etc.

Campinas é a terra natal de Antônio Carlos Gomes, que se tornou um famoso compositor de óperas na Itália no século XIX, com obras como *O Guarani, O Escravo, Fosca* etc.

No dia 26 de outubro de 1896, na véspera do funeral do compositor Antonio Carlos Gomes (1836-1896), o jornalista Julio Mesquita, fundador do jornal *O Estado de S. Paulo*, orador da cerimônia disse: "A arte une, a política divide! O demônio da política pode dividir: é o seu ofício. A arte reúne o que estava dividido; é a sua grandiosa missão, a sua força incoercível."

Essa sua fala, passados 120 anos deve ter sido a responsável para que Jorge Alves de Lima, advogado, historiador e autor de vários livros sobre Campinas, se inspirasse e no dia 20 de setembro de 2016 lançasse o seu novo livro *Carlos Gomes - Sou e Sempre Serei: O Tonico de Campinas*, no Museu Arquidiocesano de Arte Sacra da cidade.

Na oportunidade Jorge Alves de Lima disse: "Quando Julio Mesquita destacou: 'A arte une, a política divide', ele ressaltou a importância de Gomes, cidadão acima do compositor. Mostrou que, mesmo com a dor de sua doença (Carlos Gomes morreu vítima de um câncer na boca) e morte, ele conseguiu unir o País num momento em que estávamos diante de problemas políticos e revoltas que ameaçavam dividir o Brasil em muitos.

O traslado do seu corpo de Belém até Campinas, de navio e de trem, parando para homenagens em Salvador, Rio de Janeiro, Santos, São Paulo e Jundiaí, serviu para avivar o clamor de união entre os brasileiros como um só povo. Realmente ele foi, na época, fator de pacificação e unidade territorial.

A minha luta é pela **redescoberta** de Carlos Gomes pelos brasileiros, não só como **compositor**, mas como um **heroi nacional**, o que procurarei detalhar, em novos livros!!!"

A poetisa e escritora Hilda Hilst nasceu também em Campinas e o inventor do avião Alberto Santos Dumont morou um bom tempo na cidade e estudou no Colégio Culto à Ciência.

Nasceram também em Campinas o escritor Guilherme de Almeida e o quarto presidente da República, Campos Sales.

Campinas possui vários museus e dentre eles destacam-se o Museu de Arte Contemporânea – instituição pública municipal subordinada à secretaria de Cultura, Esporte e Lazer – voltado para a conservação, estudo e divulgação da arte contemporânea brasileira; o Museu de Arte Moderna; o Museu de História Natural, instituição tombada pelo Condephaat em 1970 e, mais tarde, pelo Condepacc; o Museu da Imagem e do Som – um museu público focado na difusão e preservação do acervo da memória audiovisual do município. No mesmo prédio no centro da cidade estão o Museu Campos Sales, o Museu Carlos Gomes e a Pinacoteca do Centro de Ciências, Letras e Artes.

Os visitantes de Campinas, assim como os seus moradores, apreciam muito passear no principal parque urbano da cidade – o parque Portugal, mais conhecido como Taquaral, devido ao nome da lagoa que foi criada em 1972. Nele há um ginásio esportivo, uma rota de bonde que circunda o lago e um planetário.

Entre tantas outras atrações da cidade tem-se o bosque dos Jequitibás, que no seu interior tem um minizoológico e o Museu de História Natural; o mirante no alto da torre do Castelo, que permite uma vista panorâmica da cidade. Não se pode esquecer da Estação Cultura, que ocupa as instalações da antiga estação ferroviária da cidade, datada de 1884, bem como da Estação Anhumas, ponto inicial do percurso turístico do trem "Maria-Fumaça", que vai de Campinas a Jaguariúna.

Um dos cemitérios mais importantes do Brasil, por sua riqueza arquitetônica e a importância de suas obras de arte – que ostentam grande parte de seus túmulos, dentre elas peças em mármore, granito, cobre e latão, esculpidas por artistas como Tomagnini, J. Rosadas, Velez, Albertini, Colluccini etc. – é o cemitério da Saudade (tombado pelo Condepacc), que foi criado em 1881.

Campinas é sede de dois clubes de futebol reconhecidos nacionalmente: a Associação Atlética Ponte Preta que foi rebaixada em 2017 para a Série B do Campeonato Brasileiro e cujo estádio foi construído em 1948 com capacidade para 20 mil espectadores; e o Guarani Futebol Clube (que disputou a Série B em 2017), que manda suas partidas no estádio Brinco de Ouro da Princesa, que foi inaugurado em 1953 e tem capacidade para receber 30 mil torcedores.

A partida entre esses dois clubes, quando ocorre, é chamada de "**derbi campineiro**", sendo uma das mais tradicionais do Estado, com a primeira tendo acontecido em 1912!!! Em novembro de 2007 foi criado o clube de futebol Red Bull Brasil, que aos poucos vem se destacando nas competições das quais participa.

A cidade ainda tem um outro estádio, do Centro Recreativo e Esportivo de Campinas Doutor Horácio Antônio da Costa, que pertence ao governo estadual e foi inaugurado em 1940.

Campinas é sede de eventos esportivos de outras modalidades, como é o caso da Corrida Integração, que é realizada desde 1983 pelas Emissoras Pioneiras de Televisão (EPTV), sendo dividida em duas modalidades – uma com 5 km, dedicada aos deficientes físicos e cadeirantes; e outra de 10 km, para pessoas sem deficiência física.

Muita gente frequenta o Tênis Clube de Campinas, fundado em 1913, que tem várias quadras para a prática do tênis, mas que também possui boas instalações para a prática de natação, basquete, vôlei, futebol *society* etc., além de salas adequadas para as atividades voltadas ao judô, à ginástica e à dança.

No Clube Campineiro de Regatas e Natação os seus sócios têm espaços incríveis para a prática de diversas modalidades esportivas. Nesses últimos anos, Campinas voltou-se para o vôlei, tendo uma das melhores equipes masculinas do Brasil em 2012. A cidade também conta com um time de vôlei feminino, composto por diversas jogadoras medalhistas olímpicas e comandado pelo treinador José Roberto Guimarães, o único técnico brasileiro que ganhou 3 medalhas de ouro nas Olimpíadas (uma com o vôlei masculino e duas com o feminino), porém, como não ganhou títulos ele foi extinto...

Aliás, esse é um dos grandes pecados da nossa gestão esportiva – quando não se alcança imediatamente o primeiro lugar, todos os outros benefícios são esquecidos, em especial pelas empresas que patrocinam diversos esportes. Isso não acontece somente em Campinas, mas em todas as cidades do Brasil, que de repente abandonam as equipes montadas, interrompendo todo o processo de construção de tradição em um esporte (e de paixão por ele).

A boa notícia é que na 8ª edição da Liga de Basquete Feminina (LBF), ou seja, a de 2018, Campinas voltou para a competição tendo formado a equipe Vera Cruz Campinas, que porém surgiu porque a equipe de Americana deixou o campeonato e a base dessa equipe migrou para o Vera Cruz...

Os gestores municipais deveriam de alguma forma intervir e impedir isso, pois está comprovado que toda cidade que possui equipes esportivas competitivas consegue incrementar muito a visitabilidade a ela!!!

Observação importante: Se você caro (o) leitor (a) desejar saber o que de interessante está ocorrendo na RMC – e em especial em Campinas –, acesse o portal da cidade, em www.portaldarmc.com.br.

Um aspecto da arquitetura da cidade de Campos do Jordão, lembrando tipicamente uma cidade dos Alpes, na Europa.

Campos do Jordão

PREÂMBULO

A cidade de Campos do Jordão conta atualmente com uma portentosa infraestrutura que lhe permite receber mais de 3 milhões de visitantes por ano. E, de fato, essa região paulista consegue agradar turistas de variados perfis. Afinal, além de fartas opções em termos de hospedagem e gastronomia, ela é cercada por uma natureza impressionante.

Em suas construções em estilo alpino localizadas no bairro de Capivari concentra-se o agito da cidade. Além de lojas, o local abriga os principais bares da cidade, dentre os quais o famoso *Baden Baden*, onde se pode consumir vinho e cerveja. Já nos muitos restaurantes ali existentes é possível saborear desde pratos à base de pinhão e truta até os deliciosos *fondues* e o irrecusável chocolate quente – itens que, aliás, sintetizam o espírito reinante na cidade.

Em 1º de julho de 2017 aconteceu em Campos do Jordão a 48ª edição do Festival Internacional de Inverno, com apresentações de algumas das melhores orquestras existentes no Brasil. Porém, não faltaram opções para os que gostam de música eletrônica ou sertaneja. Eles também foram atendidos por clubes como o *Café de la Musique* e o *Villa Mix*.

Na cidade há ainda belos jardins, como o do parque Amantikir. É por isso que muita gente deseja passar um bom tempo nesse município, em especial em condomínios como o *Habitat dos Mellos*, no bairro dos Mellos, a 18 km do centro da cidade...

A HISTÓRIA DE CAMPOS DO JORDÃO

Campos do Jordão é uma cidade localizada no interior do Estado de São Paulo, a cerca de 181 km da capital paulista, mais precisamente na recém-criada RMVPLN. O município fica na serra da Mantiqueira, está localizado a uma altitude de 1.628 m, sendo por isso considerado o mais elevado em relação ao mar no Brasil. Sua população estimada no início de 2018 era de quase 54 mil habitantes.

Sob o ponto de vista histórico, 29 de abril de 1874 foi a data em que Mateus da Costa Pinto adquiriu alguns lotes de terra às margens do rio Imbiri e passou a ser considerada como aquela da fundação de Campos do Jordão!?!? Somente em 1934 a cidade foi emancipada em relação a São Bento do Sapucaí e, a partir da década de 1950, se tornou um dos principais destinos turísticos, em especial nos meses de inverno.

No fim do século XIX Campos do Jordão consolidou sua fama como **"local indicado para o tratamento de doenças do pulmão"**. Isso se deve ao excelente clima da região, classificado como temperado marítimo. Aí os verões são amenos e a temperatura média é inferior a 22° C. Já nos meses de inverno a média é de 4° C, com muitos dias bem frios e, inclusive, com temperatura abaixo de zero (em alguns anos do século XX registrou-se até neve na região). De fato, a temperatura média anual gira em torno de 14°C.

Nas décadas de 1920 e 1930, começaram a ser construídos na cidade os primeiros sanatórios. Contudo, a partir da década de 1950, os avanços da medicina tornaram o tratamento da tuberculose mais eficaz, e a doença deixou de ser tão fatal. Com isso, a cidade se voltou fortemente para **o turismo** e desenvolveu-se nela uma arquitetura baseada em construções europeias, o que fez com que a cidade ganhasse o apelido de "**Suíça brasileira**".

Campos do Jordão é atualmente um dos quinze municípios paulistas considerados **estâncias climáticas** pelo governo paulista, por cumprirem os pré-requisitos definidos por lei estadual. Com isso, o município adquiriu o direito de agregar ao seu nome o título de estância climática, termo pelo qual passa a ser designado tanto pelo expediente municipal oficial quanto pelas referências estaduais. Além disso, tal nomeação garante a ela uma verba maior por parte do Estado, justamente para a promoção do turismo regional. Muitos eventos foram criados ali, particularmente no mês de julho. Dois bons exemplos disso são o Festival Internacional de Música Erudita e o Festival da Vida, realizado anualmente em setembro.

162   Cidades Paulistas Inspiradoras

Todavia, os visitantes que chegam a Campos do Jordão têm diversas outras atrações. Dentre elas está o museu Casa da Xilogravura, que em 2018 comemorou 31 anos de existência. Esse museu possui 30 salas e mais de 1.000 trabalhos em seu acervo, sendo considerado o maior museu brasileiro dedicado ao tema. Nele os interessados podem tentar aprender sobre o assunto, uma vez que aí são oferecidas diversas oficinas de xilografia e tipografia.

Outro ponto turístico interessante é o Museu do Chocolate, onde se pode aprender sobre o processo de fabricação do chocolate. Aliás, as instalações do museu ficam junto da fábrica do Chocolate Araucária. Outros passeios incríveis incluem a visita ao parque estadual de Campos do Jordão, a caminhada até a Pedra do Baú ou até mesmo a subida ao pico de Itupeva, localizado a 2.025 m de altura, de onde se pode apreciar uma vista panorâmica da região.

Também não se pode esquecer que em alguns períodos do ano ocorrem na cidade festas importantes. Esse é o caso, por exemplo, da Festa do Pinhão, criada em 1961. Ela é reconhecida como a mais antiga do gênero no Brasil e celebra um dos maiores símbolos da serra da Mantiqueira. Na sua 56ª edição (em 2017), a festa aconteceu na praça do Capivari entre 20 de abril a 1º de maio. Estima-se que nesse período aproximadamente 80 mil pessoas (60% visitantes) tenham visitada as 15 tendas gastronômicas ali montadas, tanto por restaurantes tradicionais como por entidades – todos servindo pratos variados cujo ingrediente principal era o pinhão.

Nesse período também aconteceu na cidade, mais especificamente no seu centro de convenções, o 61º Congresso da APM. O evento atraiu alguns milhares de visitantes que puderam saborear pratos como *ceviche* de truta defumada com pinhão, *fettuccine* de pinhão ao *pesto* de pinhão, quibe de pinhão com coalhada fresca, *croissant* suíço com creme de pinhão, creme *brulée* com farofa de pinhão etc.

Também no espaço gastronômico do Centro Universitário Senac de Campos do Jordão, os visitantes puderam participar de *workshops* sobre como preparar "iguarias" que tivessem como ingrediente o pinhão. Participaram desse evento o *chef* Lucas Corazza, que foi considerado em 2014 pela revista *Prazeres da Mesa* o melhor *chef pâtissier* do Brasil.

A participação nos *workshops* foi aberta aos interessados de forma gratuita, o que facilitou o grande comparecimento daqueles que queriam aumentar suas competências culinárias. Também durante o período da Festa do Pinhão, aconteceu uma intensa programação artística que privilegiou artistas locais e alegrou muito todos os participantes!!!

Aliás, quem visitou a cidade em 22 de abril de 2017, na semana no aniversário da cidade, pôde apreciar durante 40 min o *show* de acrobacias da Esquadrilha da Fumaça, formada por militares da Força Aérea Brasileira (FAB). A esquadrilha é constituída por 14 oficiais aviadores, um médico, três oficiais de comunicação social e uma equipe de graduados especialistas.

Com mais de 60 anos de história, e milhares de apresentações tanto em território nacional como em 21 países, a esquadrilha é reconhecida mundialmente por suas manobras arrojadas, como o voo invertido em formação. Aliás, para se tornarem integrantes da esquadrilha, os pilotos interessados passam por um longo treinamento nos aviões *A29 Super Tucano*, da Embraer, um avião militar de ataque ao solo que atinge a velocidade de 590 km/h e é capaz de transportar até uma tonelada de armamento sob as asas.

Apesar de Campos do Jordão estar cada vez mais bela, ano a ano, há muita coisa na cidade que pode ser melhorado para incrementar o turismo e oferecer aos visitantes e aos jordanenses mais lazer, cultura, esporte etc. Existem inclusive vozes que criticam a forma como foram criadas as ciclovias da cidade. Elas têm provocado disputas por espaço entre pedestres e ciclistas. Além disso, elas de certa forma promovem o desrespeito às leis de trânsito por parte de todos e, com isso, houve muitos acidentes. Isso aconteceu por que as calçadas, que em tese deveriam servir exclusivamente aos pedestres, se tornaram vias também para ciclistas – e com mão dupla.

Mas certamente os integrantes da equipe administrativa do prefeito Frederico Guidoni têm condições de solucionar essas "imperfeições" nas ciclovias. Aliás, em 10 de abril de 2017, o prefeito foi eleito por aclamação para o quarto mandato como presidente do Consórcio de Desenvolvimento Integrado do Vale do Paraíba (CODIVAP) da RMVPLN. Esse grupo reúne 39 municípios e conta com uma população estimada de 2,4 milhões de habitantes, o que a torna a 12ª região metropolitana do País e a 3ª do Estado, atrás apenas das regiões metropolitanas de São Paulo e Campinas. Em contingente populacional, esse conjunto é maior que o número de pessoas que vivem em 6 Estados brasileiros, como: Acre, Rondônia, Amapá, Alagoas, Sergipe e Tocantins.

Em seu pronunciamento, Frederico Guidoni destacou: "A nossa região é muito rica e diversificada. Seu PIB é maior que de 13 Estados brasileiros. Essa nossa relevância, se baseia na força da indústria e do setor de serviços e é alavancada pelo turismo, mas precisa ser mais reconhecida pelo País!!!

Podemos fomentar ainda mais o desenvolvimento nos setores da EC, para incrementar empregos e renda para a nossa população. Todos juntos precisamos discutir sobre as formas mais modernas de desenvolver a gestão municipal e procurar por soluções conjuntas para o progresso integrado da nossa região. Com um bom planejamento, sinergia nas ações, bom projetos e rapidez em suas aplicações, podemos ter um grande avanço, melhorando a qualidade de vida de milhões de pessoas que vivem, trabalham e movem a RMVPLN."

Uma terra maravilhosa como essa de Campos do Jordão, possui várias lendas e histórias encantadas, que a tradição popular e o folclore resguardaram ao longo dos anos. Entre elas tem-se as lendas do "Homem que enlouqueceu", do "Boi santo", do "Parque da Água Santa", da "Cachoeira de diamantes", do "Jordão" etc.

A lenda do Jordão, por exemplo, fala da existência de um tesouro que teria sido enterrado por um Jordão (um dos pioneiros da terra, que acredita-se ter sido Ignácio Caetano Vieira de Carvalho) em um sítio da região. No local, para posterior reconhecimento, ele teria plantado três pinheiros. Essa lenda é a mais conhecida, pois traz no seu bojo um interesse monetário. Isso já fez com que muita gente escavasse locais onde havia três pinheiros na esperança de achar o tal tesouro. O fato é que até agora, nada foi encontrado... Afinal, Campos do Jordão abriga um vasto pinheiral!!!

Aprende-se muito sobre Campos do Jordão ao analisar o seu **brasão**, e sua **bandeira**. Aliás, é possível emocionar-se com os mesmos à medida que se canta o seu **hino**. O brasão tem um significado, tendo um escudo arredondado português, que, como as próprias leis, foi herdado do povo lusitano. No campo de prata, em ponta, há um mantel vermelho e nascentes sobre ele, com três pinheiros verdes. O campo de prata simboliza o clima. A prata é o símbolo, por excelência, da pureza e da benignidade que fez de Campos do Jordão um dos lugares mais famosos do País. O mantel vermelho representa a elevação altimétrica do município – uma das mais altas de todo o País – e a sua cor significa a riqueza do solo e a luta cotidiana de seus filhos pelo progresso, cada vez mais avivado do município. Os três pinheiros representam a característica flora dominante no município, além de ser a araucária *brasilienses* uma das mais belas árvores da flora universal. A coroa, assente sobre o escudo é a característica coroa mural de município, com os seus poderes constituídos. O listel posto abaixo do escudo é de prata, com os dizeres, "Campos do Jordão", tendo nos lados as datas 1874 e 1934 a primeira evocando o ano de sua fundação e a segunda a sua elevação a município.

O brasão de Campos do Jordão foi criado pela lei municipal Nº 251 de 1º de janeiro de 1959, sendo de autoria do heraldista Salvador Thaumaturgo. Aliás, os três pinheiros coincidem com a motivação da lenda de Ignácio Caetano Vieira de Carvalho, que alguns erroneamente chamam de lenda do tesouro do brigadeiro Jordão. Além de estar no brasão, o pinheiro **araucária** foi declarado árvore-símbolo de Campos do Jordão, nos termos da lei municipal Nº 1.264, de 15 de julho de 1981.

De acordo com a orientação do heraldista Arcinoé Antonio Peixoto de Faria, autor da **bandeira** do município, a luz do texto da lei municipal Nº 793 de 2 de maio de 1960, o pavilhão é oitavado, sendo as oitavas de verde constituídas por faixas brancas, carregadas de sobre-faixas vermelhas, dispostas duas a duas na direção horizontal, vertical, em banda e em barra, e que partem de um retângulo branco central, onde o brasão municipal está aplicado. O brasão no centro da bandeira simboliza o governo municipal e o retângulo onde está aplicado, representa a própria cidade – sede do município. As faixas simbolizam o poder municipal que se expande a todos os quadrantes do território e as oitavas assim constituídas, representam as propriedades rurais existentes em todo o município. As cores da bandeira municipal, ainda de conformidade com a tradição da heráldica portuguesa, precisavam ser as mesmas constantes do campo do escudo do brasão; o verde simboliza em heráldica, a honra, cortesia, civilidade, alegria e abundância; é a cor da esperança e é verde porque alude aos campos verdejantes na primavera, fazendo com que se espere uma copiosa colheita. Já o branco simboliza a paz, o trabalho, a amizade, prosperidade e pureza. O vermelho, por sua vez, representa o amor pátrio, a dedicação, audácia, o desprendimento, o valor, a intrepidez, coragem e a valentia.

Por seu turno, o hino de Campos do Jordão foi oficializado pela lei municipal Nº 291, de 12 de novembro de 1959. A letra e música são de autoria de João de Sá, e a harmonização do padre Antônio Rodrigues Soares. Aí está a letra.

166   Cidades Paulistas Inspiradoras

Campos do Jordão,
maravilha da minha terra.
Campos do Jordão,
joia do alto da serra.
Campos do Jordão,
obra suprema do Divino Mestre
que fez de ti um paraíso terrestre!

Entre as matas verdejantes
e os pinheiros gigantes
correm rios murmurantes,
sob um céu primaveril.
És o seu rincão paulista,
o encanto do turista
e o orgulho do Brasil.

Há, no alvor das floradas
poesias imortais,
e no tempo das geadas
lindas manhãs hibernais.
Pois, em ti, a natureza,
reuniu tanto beleza
que ninguém esquece mais!

O que se deveria fazer é contar (e cantar) isso para (com) os alunos dos anos mais adiantados do ensino fundamental do município!!! **Mas será que os professores fazem isso?** Infelizmente, essa falha não é apenas no ensino básico de Campos do Jordão, mas de muitas outras cidades, nas quais os professores pouco se preocupam em saber como é o brasão, a bandeira ou o hino da cidade!!! Quem quiser saber com detalhes como evoluiu Campos do Jordão, deve ler o livro do advogado Pedro Paulo Filho, *História de Campos do Jordão*. Ele ocupou o cargo de vereador por 13 anos consecutivos e foi presidente da Câmara dos Vereadores. Aliás, em caráter de substituição, foi também prefeito da cidade.

No seu livro, o autor demonstra uma forte preocupação no sentido de promover a sistematização histórica dos fatos mais importantes que abalaram o povo jordanense, objetivando preservar, cronologicamente, a memória municipal até os nossos dias. Ao ativar os nossos pensamentos para o passado, pode-se encontrar os primeiros indícios dos germes que desenvolveriam o turismo jordanense.

Inaugurada em 15 de novembro de 1914, e encampada pelo governo de São Paulo em 15 de dezembro, a Estrada de Ferro Campos do Jordão S/A (EFCJ) passou a ser a "escada de Jacob", entre as alturas da serra da Mantiqueira e as planícies do Vale do Paraíba.

Emílio Marcondes Ribas e Victor Godinho planejaram em 1912 a EFCJ, e entre suas ambições estava a de transformar Campos do Jordão em uma estância climática e ter uma vida sanitária. A primeira manifestação oficial relativa às potencialidades turísticas de Campos do Jordão surgiu apenas na lei Nº 2.140 de 1º de outubro de 1926, quando se criou a prefeitura sanitária de Campos do Jordão, na qual estava expressa a determinação da edificação de um hotel de repouso, com no mínimo 100 quartos e destinado a pessoas sãs.

A lei determinava ainda a elaboração de um plano para a implantação de uma estância climática e de repouso, autorizando o Poder Executivo a desapropriar áreas para a construção de hotéis, parques, fontes de águas medicinais etc. Assim, já em 1928 surgiu o Retiro Umuarama – mais tarde hotel Umuarama –uma das mais tradicionais casas de hospedagem de Campos do Jordão.

Todavia, é extremamente difícil estabelecer cronologicamente o início efetivo do **ciclo do turismo** em Campos do Jordão. Isso porque não é possível dizer que em um dado momento histórico findou-se o **ciclo da moléstia** e iniciou-se o **ciclo do turismo**. De fato, por um longo tempo ambos coexistiram – embora com rumos históricos diversos. Com o progresso da quimioterapia no tratamento da tuberculose, o foco na doença perdeu sua prevalência no processo de desenvolvimento histórico de Campos do Jordão, e em seu lugar, como o sol dos novos tempos, despontou o ciclo do turismo, jovem e robusto.

Foi natural que aproveitando as condições topográficas, a cidade se desenvolvesse ao longo de vários quilômetros. Assim, formou-se uma faixa com diversas vilas distantes umas das outras, quase interdependentes – inclusive para dificultar a contaminação pela tuberculose.

Campos do Jordão precisou lutar décadas para vencer o grande estigma que conspirava contra o desenvolvimento de seu turismo latente, ou seja, a "aura da tuberculose" que cercava o seu nome. Isso constituiu o alto preço a ser pago pelos jordanenses em sua luta contra a tuberculose – uma verdadeira guerra travada de maneira heroica na tentativa de recuperar a vida e a saúde de muitos milhares de brasileiros.

A eles coube a carga, demasiadamente pesada, de ouvir aqui e acolá que: "Campos do Jordão era a terra de tuberculosos." Inclusive, há casos lamentáveis de jordanenses que sofreram os mais diversos processos de discriminação em função da moléstia, quando identificados, em outras cidades, como cidadãos residentes em Campos do Jordão. O tratamento dado a eles variava muito: de um regateio do aperto de mão, até a distância reservada e as vezes até grosseira por parte do interlocutor, que se afastava do jordanense logo que este começava a falar. Foram vários os comportamentos difíceis de suportar!!!

Uma figura que colaborou muito na implantação do ciclo do turismo foi o interventor e governador paulista Adhemar de Barros, que demonstrou muito amor pela cidade e a partir de 1940 mandou executar obras maciças para o desenvolvimento turístico da região. Na época, também foram providenciadas melhorias dos serviços de suprimento de água etc. Surgiram assim o Grande Hotel – hoje transformado em hotel-escola do Senac –, o palácio Boa Vista e o parque estadual. Inclusive, até 1946 funcionou no Grande Hotel um cassino, até que o então presidente do Brasil, Eurico Dutra determinasse o fechamento de todos os cassinos do País. A própria revista *Sanatorinhos*, ainda em 1941, publicou um artigo com o título *Ascensão Jordanense*, no qual descreveu o início do ciclo de turismo. Assim, em 1943 foi inaugurado o hotel Toriba, um empreendimento pertencente a Ernesto Diederichsen e Luiz Dumont Villares, e que se tornaria o melhor do país.

Em 1945, um francês sonhador e poeta Henry Jean Jacques Perroy e sua esposa Jeanette, inauguraram o hotel Rancho Alegre. Em 1947, foi inaugurado o hotel Vila Inglesa, que ainda hoje é um dos melhores estabelecimentos hoteleiros de Campos do Jordão. Nesse mesmo ano chegaram de Luca, na Itália, Mário Dal Pino e Amália, sua esposa. Um ano depois ambos iniciaram a construção do hotel Refúgio Alpino, que se tornaria por décadas um grande propulsor da indústria hoteleira jordanense, dado o caloroso atendimento dado aos hóspedes pelos proprietários.

No fim de 1952, instalou-se em Campos do Jordão a primeira agência de turismo e, em 1953, aconteceu na estância o I Congresso Nacional de Turismo, a partir do qual surgiria a Empresa Brasileira de Turismo (Embratur). Em 20 de julho de 1959, o famoso jornalista David Nasser escreveu na revista *Cruzeiro* (a mais famosa do País na época): "Se 'engarrafassem' o clima da Suíça e o despejassem em algum lugar do Brasil, certamente isso deveria ter acontecido em Campos do Jordão!!!" E muita gente importante acreditou nisso, começando a construir na cidade residências campestres bem suntuosas.

Criou-se dessa maneira em Campos do Jordão uma arquitetura própria, cujo estilo não é normando nem moderno. Trata-se do **estilo Campos do Jordão**, com vivendas aconchegantes, belas e fascinantes, de exteriores feitos com cascas de pinheiros, uma madeira ultra resistente. Aliás, vale lembrar que em Campos do Jordão o cupim não sobrevive, o que garante a durabilidade das estruturas.

As pessoas se sentem em Campos do Jordão como se estivessem em algum lugar da Suíça, sem, entretanto, se afastarem da serra brasileira. O forasteiro que se fixa em caráter definitivo em Campos do Jordão irá se apaixonar pelas águas cantantes e frias dos seus rios, pelas madrugadas de orvalho, pelos pomares carregados de frutas de origem europeia (maçã, pera, ameixa, amora, framboesa etc.).

E para brindar toda essa beleza, em 1981 – apoiando-se no projeto do arquiteto José Roberto D. Cintra – o prefeito Fauzi Paulo teve a ideia de construir na entrada da cidade um portal, em estilo de chalé. Ele foi erguido no terminal da SP-123 e tinha como objetivo recepcionar os visitantes e oferecer-lhes um posto onde encontrariam orientações sobre a cidade.

Em 1984, o prefeito João Paulo Ismael contratou o arquiteto Selmo Roberto Santos para elaborar um novo projeto do portal. Então, ignorando o estudo já existente, o profissional deu início às obras. De qualquer modo, e apesar desse pequeno desencontro técnico, esse portal existe e de fato no local são oferecidas orientações aos turistas.

Muitas figuras de relevo na vida literária e artística do País inspiraram-se na plástica e na beleza da paisagem jordanense no processo criativo de sua arte. Assim, o grande poeta Ruy Ribeiro Couto, que viveu um bom tempo em terras jordanenses, onde curou o seu pulmão enfermo, transformou seu amor por Campos do Jordão no tema do seu poema *Canção de Amor*:

Os pinheiros pelas colinas,
Espalhando a copa redonda,
infiltram no ar suas resinas.
Faz frio. Antes que o sol se esconda
Encho o peito de essências finas.

Bom ar de Campos do Jordão,
Bom ar, curai o meu pulmão!

Há bois pastando, campo em fora,
Roendo a relva de veludo.
Acabou-se – o sol foi-se embora,
Um ar tão doce pousa em tudo!
Doe-me a tristeza desta hora.

Bom ar de Campos do Jordão,
Bom ar, curai o meu pulmão!

Cheio de mágoa e de esperança
Vou a chorar pelo caminho,
Enquanto em roda a noite avança.
Perdi o meu amor. Estou sozinho.
Mas, em meu Deus, ainda sou criança...

Bom ar de Campos do Jordão,
Bom ar, curai o meu pulmão!

Paulo Dantas, outro escritor brasileiro, viveu bastante tempo em Campos do Jordão. Ele também chegou à cidade doente, mas se **curou**!!! Essa experiência valeu-lhe a produção da obra *Cidade Enferma*, que o projetou no cenário internacional das letras. Isso, entretanto, também lhe gerou muitas críticas, pois apresentou no livro o lado mais doloroso e miserável da cidade que o acolheu entre 1945 e 1950, e da qual saiu curado da tuberculose.

Nelson Rodrigues, consagrado teatrólogo e autor de *Vestido de Noiva*, também ficou internado nos Sanatorinhos Populares. Com dinheiro escassíssimo e prestígio do tipo: "Chegou aí um jornalista!!!", ele fez as suas primeiras experiências teatrais em Campos do Jordão, depois de chegar à cidade em 1935, a partir de um bondinho em Pindamonhangaba. Ele permaneceria na cidade juntamente com seu irmão Joffre (também doente). Foram 4 anos de convivência na cidade até que o irmão pereceu. Nelson, entretanto, conseguiria voltar para o Rio de Janeiro!!!

Nelson Rodrigues escreveu: "A minha tristeza em Campos do Jordão era uma coisa terrível! Não se tratava apenas de mim. Havia o ambiente e os tipos que me cercavam. A tosse estava por toda parte. A partir das duas horas da manhã, era uma sinfonia de tosses, de todos os tipos e de todos os tons. E as escarradeiras? Todo mundo tinha. Algumas eram artísticas, prateadas, com desenhos em relevo. Logo que cheguei não sabia dessas coisas, e vi um sujeito abrir uma espécie de lata muito bonita. Abriu com cuidado e fiquei olhando 'Mas que coisa bonita, disse para mim mesmo. Era a escarradeira!'"

Dinah Silveira de Queiróz, escreveu em Campos do Jordão o livro *Floradas na Serra*, e teve inclusive a oportunidade de ver o seu romance transformado em filme. Todas as cenas da película foram inclusive filmadas em Campos do Jordão, em setembro de 1953. O filme contou no elenco com artistas nacionais de primeira grandeza, como Cacilda Becker, Miro Cerni, Jardel Filho e Ilka Soares. Na época ela declarou: "Tornei-me uma grande propagandista dessa montanha milagrosa. E creio, sinceramente, que nos próximos anos a cidade de Campos do Jordão será um grande centro de turismo no Brasil, além de uma estação de cura!!!"

E como ela acertou em cheio nessa previsão. A artista apenas não profetizou que a medicina iria evoluir e os remédios se tornariam cada vez mais eficazes no combate à tuberculose, o que possibilitaria que décadas depois de suas predições diversos desses sanatórios fossem desativados ou reformados para servirem a outras finalidades, inclusive como hotéis para receber turistas.

José Bento Monteiro Lobato viveu um longo quartel de sua vida em Campos do Jordão, numa casa que adquiriu na avenida Macedo Soares, Nº400, na Vila Capivari. Ele passou por momentos trágicos, pois o seu filho Guilherme contraiu a tuberculose e infelizmente faleceu em terras jordanenses. Na ocasião Monteiro Lobato escreveu: "Estou em Campos do Jordão. É agosto de 1935. Moro num chalé suíço em Vila Capivari. Adoro o clima dessa montanha, terra santa e abençoada, verdadeira dádiva da natureza, com seus enormes morros de um verde queimado pelo sol, morros que parecem dorsos de mastodontes, e erguidos em si mesmos. Da janela do chalé diviso o morro do Elefante, e penso na sabedoria popular que assim esse elevado natural batizou. Campos do Jordão é um paraíso pousado na terra dos homens. Começo a ficar inspirado, e isso é bom para começar o meu livro novo."

Nidoval Reis, por longos anos viveu internado em "Sanatorinhos", onde produziu muito, sempre à sombra da temática do sofrimento. Isso ficou claro no seu livro *Sob a Sombra da Desgraça*, feito de versos cheios de dor. Ele se recuperou, tornando-se um atuante homem de letras na operosa cidade de Bauru.

Menotti Del Picchia, que integrou a Academia Brasileira de Letras, após uma longa jornada em que foi eleito deputado federal em 1950, também passou um bom tempo em Campos do Jordão para descansar. Foi aí que ele escreveu um artigo para um jornal sobre a cidade, no qual destacou: "Estou no Grande Hotel, um prédio majestoso e cheio de conforto, uma obra feliz do Estado ao desdobrar o seu plano de desenvolvimento de nossas estações de cura e turismo. Campos do Jordão é agora esta sequência de maravilhas: sanatórios, hotéis, vilas, palácios, coisas que a estão transformando numa das mais importantes estâncias turísticas do mundo!!!"

O escritor Paulo Rangel, premiado autor de *A Verdade*, cujo enredo desenvolveu-se na terra jordanense, refugiou-se por bons anos no alto da serra. Sérgio Milliet, por sua vez, também viveu um bom tempo em Campos do Jordão, em razão da doença de seu filho Paulo Sérgio Milliet da Costa, também poeta. Paulo Sérgio escreveu o *Poema em Prosa*, e, em seguida, o *Poema Contemplativo*, em 7 de maio de 1948, mas faleceu nesse ano, deixando seu pai sozinho.

Outra pessoa talentosa que viveu na cidade foi Adelaide Carraro. Antes de se tornar escritora ela viveu doente na Vila Jaguaribe, na pensão Pinheiro, esbanjando sua beleza para os moços da terra. Inspirada em Campos do Jordão, ela escreveu dezenas de trabalhos, dentro os quais *Eu e o Governador*, que a projetou no mundo literário.

Jean-Jacques Servan Schreiber, autor de livros como *O Desafio Americano* e *O Desafio Mundial*, foi um influente político francês. No fim da década de 1940, a convite do seu amigo Jacques Perroy, ele viveu um bom tempo no hotel Rancho Alegre, quando ainda nem pensava em ser escritor ou político.

Caio Prado Jr., um dos mais importantes historiadores brasileiros, também costumava passar bastante tempo na sua propriedade na cidade. Aliás, ele declarou que trechos extensos dos seus livros *História Econômica do Brasil* e *Formação do Brasil Contemporâneo* foram escritos enquanto ele observava a bucólica paisagem a partir de sua casa, situada no Alto do Capivari e via seu filho Roberto, ainda pequeno, brincar ao seu redor.

O professor Oswaldo Sangiorgi (1921-2017), doutor em matemática – que durante certa época tornou-se o autor que mais vendeu livros de matemática, especialmente para o ensino médio –, tinha residência no Taquaral e chegou a presidir com brilhantismo durante um bom tempo a Academia de Letras de Campos do Jordão.

CAMPOS DO JORDÃO

Seria possível citar pelo menos mais algumas dezenas de proeminentes **intelectuais** que viveram bastante tempo em Campos do Jordão e escreveram suas obras enquanto permaneceram nela!!! A multicolorida paisagem jordanense, generosa em belezas a cada passo, nas flores, nas suas matas, nos descampados, nas nascentes e nas pontes, sempre tocada de um doce mistério, enriqueceu a temática e inspirou a criatividade de diversos artistas plásticos que tiveram o privilégio de conhecer e viver na cidade.

A mais remota lembrança de um artista plástico na região remonta a 1924, quando Amadeu Fonseca Mondin, natural de Beira Alta, em Portugal, chegou ali. Na época, acabava de ser construída a estação ferroviária de Vila Capivari, depois denominada Emilio Ribas. Ele pintou dois medalhões no saguão de entrada daquele edifício, representando de um lado o comércio, e do outro, a indústria. Ambos estão no local até hoje, preservados. O famoso pintor "marinheiro" José Pancetti, também trabalhou durante muitos anos na cidade, produzindo obras incríveis, como a intitulada *Campos do Jordão*. Ele criou cerca de 300 trabalhos, que alcançaram altos valores no período de 1955 a 1957.

Lasar Segall, o grande pintor das vacas, também morou em Campos do Jordão, um local que amou intensamente. Depois do ter pintado campos de concentração e matanças coletivas, em Campos do Jordão, Lasar Segall pintou florestas – embora tenham sido apresentadas de forma bem compacta e escura, à frente de um céu sem cores e sem sol. O seu óleo *Floresta Ensolarada* representa uma floresta de Campos do Jordão, na qual o pintor não vê o céu por detrás das árvores. A sua pintura não sorri, apenas preocupa.

O pintor Expedito Camargo Freire, que apesar de ter nascido em Campinas viveu décadas nas terras jordanenses, produziu ali telas de impressionante beleza. Desde 1937, a cidade também recebeu Carlos Barreto, bastante enfermo. Ele foi cenógrafo, músico, compositor, desenhista, teatrólogo, cronista e poeta, e desenvolveu muito de sua arte na cidade. Suas telas são guardadas com muito carinho nas residências jordanenses.

O festejado artista, gravador e escultor, Luiz Antonio Fiorini, também prestou um importante serviço educacional no período de 1979 a 1981 à prefeitura, dando aulas à criançada jordanense como mestre de artes.

Passaram também por Campos do Jordão, deslumbrados por suas cores, artistas como Brecheret, Elizabeth Nobiling, Frederico Moretti, Manabu Mabe, Newton Santana, Salomão Bacarat, Rebolo, Francisco Negrão, Ta-

174   Cidades Paulistas Inspiradoras

kaoka, Alberto da Costa e Silva, Luiz Pereira Moyses (o "Tubarão"), Jagobo Pan, Ezequiel do Nascimento, Sylvio Jaguaribe Ekman etc.

Certamente foram eles (e muitos outros) que transformaram Campos do Jordão na **cidade mais criativa do Estado**, não é? Sem dúvida, e agregada a essa constelação de talentos, deve-se citar a figura de Felícia Leirner, especialmente na escultura, que por décadas foi uma apaixonada pela arte plástica de Campos do Jordão. Seus trabalhos estão no Museu Felícia Leirner, inaugurado em 1979, que divide um espaço com o auditório Claudio Santoro (o primeiro regente titular da Orquestra Sinfônica de Brasília, um grande compositor de música erudita), num terreno de 35 mil m². Trata-se de uma mostra permanente, cujo acervo a laureada escultora doou ao governo do Estado em 1978. Aliás, Felícia Leirner foi a autora do monumento *1º Centenário de Campos do Jordão*, erguido em frente à igreja Nossa Senhora da Saúde, na histórica Vila Jaguaribe. Na época ela disse: "Uma escultora é como uma pedra, uma árvore, uma montanha. Ela tem expressão, é bonita em si, tem que ficar ao ar livre para estar completa."

Foi muito importante o que aconteceu no Festival de Inverno de 1983, quando a secretaria de Cultura do Estado reuniu muitas obras de pintores notáveis, em especial das décadas de 1930 e 1940, como Guignard, Aldo Bonadei, Antonio Gomide, Camargo Freire, Francisco Rebolo Gonzales, Clodomiro Amazonas, Fulvio Penacchi, José Pancetti, Lasar Segall, Maciel Babinski, Sergio Milliet, inspiradas no cenário jordanense. **Foi uma mostra realmente incrível**!!!

Não seria lógico que nas primeiras décadas do século XX, as artes **musicais** se tornassem também um ponto alto na então estância de cura e repouso. De fato, na década de 1920 a cidade era bem triste, e apenas alguns bailes eram promovidos nas pensões de doentes em Vila Jaguaribe e Vila Abernéssia.

Foi aí que a grande pianista Guiomar Novaes passou uma temporada na Pensão Azul, na Vila Abernéssia. Depois veio para a cidade Magdalena Tagliaferro, que teve aí uma linda residência – que posteriormente foi adquirida pelo governador Adhemar de Barros. Também estiveram na cidade Antonieta Rudge, os violinistas Raul Laranjeiras e Francisco Spinelli, além da recitalista e solista de grandes orquestras, Ana Stella Schio.

O compositor e cantor Secundino de Araújo – o irrequieto mulatinho do Rio de Janeiro, cujo apelido era "Caruso dos Morros" – fez a alegria dos brasileiros com composições como *Helena*, *Lamento Negro* e outras obras.

Ele viveu mais de dez anos confinado no "Sanatorinhos", falecendo em 23 de dezembro de 1950.

Outros grandes frequentadores de Campos do Jordão foram o compositor Afonso Teixeira, autor de *Nega*, e Tonico, da dupla Tonico e Tinoco. Por seu turno, Adoniran Barbosa foi obrigado a passar uma temporada em terras jordanenses, assim como o compositor Jorge Faraj, o consagrado autor de *Deusa de Minha Rua* e de tantos sucessos da música popular brasileira.

Os jordanenses, os bem avançados na idade, lembram-se que inclusive cantores famosos como aqueles da tríade de ouro "Sílvio Caldas, Nelson Gonçalves e Marlene" – bem como Neide Fraga, Inezita Barroso e Maurici Moura – cantaram diversas vezes para a gente jordanense.

Na década de 1960, nos tempos em que eram figuras de grande sucesso no movimento da "Jovem Guarda", Tony e Celly Campello vieram cantar muitas vezes em Campos do Jordão. Eles eram convidados de seu tio Plínio Freire de Sá Campello.

Dois importantes festivais acabaram criando raízes junto à população jordanense, que tradicionalmente participa de sua realização anual. São eles o Festival de Música Carnavalesca (FEMUCAR), criado em 1973 por Adib Yasbeck, e o Festival de Vida, criado pelo prefeito Fausi Paulo em 1979.

No que ser refere ao cinema e ao teatro, assim que foi inaugurado o serviço de iluminação pública em Vila Abernéssia, logo surgiu o que se pode chamar de primeiro cinema da região. Ele foi inaugurado por João Carlquist ("João Sueco"), que instalou uma máquina Pathé-Baby na carpintaria dos irmãos Fonseca, onde hoje é o edifício do Forum!!! Posteriormente, Desiré Pasquier construiu o Chynema Jandyra e assim o cinema foi evoluindo na cidade.

Já a primeira manifestação teatral jordanense ocorreu após a criação, em junho de 1937, do Grêmio Dramático e Recreativo Almas de Talma, com a programação de seis espetáculos, que ocuparam o Chynema Jandyra, onde foram apresentadas as primeiras peças teatrais.

Aliás, na década de 1950, diversos espetáculos teatrais foram apresentados em Campos do Jordão, usando para isso os palcos do cine Gloria e do Abernéssia Futebol Clube. Só em 1965 é que foi fundado o Teatro Amador Jordanense e, por esforço desse grupo, foram apresentados ali vários espetáculos teatrais. Lamentavelmente, por causa do isolamento cultural de Campos do Jordão, nunca foi possível a montagem permanente de um grupo teatral de artistas locais!?!?

Porém, por iniciativa do prefeito Fausi Paulo, e do vereador Jesus de Carvalho, criou-se o Museu de História, Imagem e Som, e no mesmo edifício, ocorreu a instalação do Conselho Municipal de Turismo, de um Salão Permanente de Artes e de espaços para outros eventos culturais. O edifício que recebeu esse privilégio foi uma antiga estação ferroviária, cedida em comodato pelo governo estadual e em 31 de janeiro de 1983. Foi inaugurada aí a Pinacoteca Municipal Camargo Freire, uma homenagem ao pintor jordanense, quando foi apresentada uma retrospectiva de sua importante obra artística.

Alguns filmes brasileiros também foram rodados em Campos do Jordão, como *Pertinho do Céu* e *Floradas na Serra*, produzidos pela Vera Cruz em 1954, que obtiveram razoável sucesso no cenário nacional.

Houve época em que se jogou muito o **xadrez** em Campos do Jordão, o que foi até natural, visto que o local não estava voltado para o esforço físico e na cidade havia muita gente em repouso e em processo de cura. Porém, a maior parte dos grêmios voltados para o xadrez foram desaparecendo, particularmente a partir da década de 1960.

Em compensação, a partir da 2ª metade da década de 1940, começaram a surgir na cidade vários clubes de futebol. Atualmente, quase uma dezena deles disputam o Campeonato Jordanense de Futebol.

Aliás, a partir da década de 1940, graças principalmente à iniciativa do Campos do Jordão Tênis Clube, com sede em Capivari, o esporte teve bastante impulso. Inclusive, em julho de 1982 o clube, já com o nome de Campos do Jordão Tênis Clube de Turismo organizou um torneio da Associação de Tenistas Profissionais (ATP).

Em 25 de março de 1962, com o auxílio do governo estadual, o prefeito José A. Padovan entregou à população da cidade, completamente concluído um **ginásio esportivo**, que permitiu que os jordanenses praticassem com mais comodidade esportes como basquete, voleibol, futebol de salão etc. Finalmente em setembro de 1981, o prefeito Fausi Paulo, inaugurou a Praça de Esportes de Vila Paulista, destinada à prática de quase todas as modalidades esportivas, inclusive o atletismo.

Houve época em que Campos do Jordão foi escolhida para ser o local de concentração de algumas seleções brasileiras, como foi o caso da seleção de futebol que ficou hospedada no hotel Vila Inglesa antes da Copa do Mundo de Futebol de 1962, no Chile. Em 1968 hospedou-se no hotel Rancho Alegre a seleção olímpica de vôlei, que se preparava para os Jogos Olímpicos da

Cidade do México. Em 1975 foi a vez da seleção brasileira de basquete e, em 1976, da seleção brasileira feminina de basquete.

Em 12 de abril de 1970, o governador Abreu Sodré, declarou o palácio Boa Vista um monumento público do Estado de São Paulo, reabrindo-o ao povo e criando nele um museu. Assim, ele passou a ter características bivalentes, como residência oficial do governo de São Paulo e centro de cultura do povo brasileiro, aberto à visitação pública. Pode-se dizer que milhões de pessoas já visitaram o palácio Boa Vista!!!

Outra grande contribuição do governador Abreu Sodré foi a criação do Festival de Inverno de Campos do Jordão. Na realidade o grande idealizador desse evento artístico foi o secretário estadual da Fazenda, Luís Arrobas Martins. Nos primeiros concertos de inverno, em julho de 1970, houve a presença de personalidades e conjuntos da mais alta expressão musical, como: Magdalena Tagliaferro, Ari Barroso, Nathan Schwartzman, Turíbio Santos, Orquestra Sinfônica Municipal de São Paulo, Camargo Guarnieri, Coral Crioulo, Madrigal das Arcadas etc.

De 1970 em diante, o Festival de Inverno foi se tornando cada vez mais competitivo, buscando todo ano suplantar o anterior em expressão artística e transformar-se num dos mais importantes eventos do calendário musical do Brasil. Em 1º de julho de 1973 foi oferecido na cidade o primeiro curso de **cultura musical**, no centro de mesmo nome.

Na gestão do governador Paulo Egydio Martins, o Festival de Inverno recebeu a denominação Luís Arrobas Martins. Durante o evento iniciou-se a construção do auditório Campos do Jordão, com 1.754 m² e 900 poltronas estofadas, que foi inaugurado pelo governador Paulo Maluf em 12 de julho de 1979, quando inclusive a cidade recepcionou o então presidente do Brasil, o general João Batista Figueiredo e alguns de seus ministros. Na ocasião, todos ficaram hospedados no palácio Boa Vista.

Na década de 1970 aconteceram na cidade muitos eventos que atraíram visitantes de outras partes do Brasil, como o Encontro Fotográfico, o torneio de cavalo de sela, mostras de artes, competição de pesca de truta etc.

Naturalmente esses visitantes acabaram indo aos diversos recantos turísticos existentes no município, como a Pedra do Baú, o parque estadual (localizado nas terras da antiga fazenda do Guarda), andaram no miniférico e foram até os picos de Itapeva, com 2.025 m de altura (que embora esteja dentro do território de Pindamonhangaba, faz parte do patrimônio turístico da cidade) e do Imbiri, com 1.950 m, entraram na gruta dos Crioulos etc.

178 Cidades Paulistas Inspiradoras

Essas pessoas desfrutaram de uma vista panorâmica incrível no morro do Elefante (1.800 m), fotografaram e se banharam nas cascatas Véu das Noivas e Duchas de Prata; elas visitaram a fonte Água Santa e outras com valor terapêutico; passearam em Umuarama e no Vale Encantado; caminharam pelo Jardim do Embaixador e pelo parque Ferradura.

As águas minerais de Campos do Jordão localizam-se sobretudo nas fontes Água Santa e Marisa, que ficam à margem do ribeirão dos Marmelos, um afluente do rio Sapucaí-Guaçu. Elas ficam numa altitude de 1.350 m, a uns 500 m uma da outra e são protegidas dos ventos por um círculo de montanhas que ultrapassam 1.600 m. Aliás, quem explorava essas águas minerais até 1985 era a indústria Minalba, que pertencia à empresa Nestlé. Todavia, ela foi vendida para o grupo Edson Queiroz, do Ceará.

Diversas são as atividades produtoras em Campos do Jordão no comércio, na indústria (especialmente do turismo), na agricultura (flores, castanhas, framboesas, amoras, ameixas etc.), na pecuária e na **salmonicultura**. Esta, aliás, foi implantada em 1967 pela secretaria estadual da Agricultura na fazenda do Guarda. Ali foi inaugurada uma estação de salmonicultura, na qual realizaram-se pesquisas para a incubação de ovos e povoamento dos rios jordanenses com a truta arco-íris. O objetivo foi ao mesmo tempo, incrementar o turismo (atraindo pessoas para virem pescar nesses rios) e poder oferecer inicialmente aos munícipes o consumo de um peixe de alto valor nutritivo.

Em 1971, prestou serviço para essa repartição o engenheiro agrônomo japonês Kyoshi Koike. O empresário Evaristo Comolatti, em 1973 formou a salmonicultura Terraço Itália, para a procriação de três tipos de trutas: pontinaria, marrom europeu e arco-íris. A sua empresa chegou a ter 5 mil matrizes, 200 mil trutas, 2,5 milhões de ovas, que acabaram se transformando em 1,5 milhão de embrionários – alguns vendidos e a maior parte doada para serem soltos nas águas dos rios dos Estados do Paraná, Santa Catarina e Rio Grande do Sul, e em particular nas represas de diversas empresas de geração de energia elétrica nessa região do nosso País.

Mais tarde, Evaristo Comolatti ficou sócio de Kyoshi Koike. Na ocasião estagiaram e contribuíram com o seu trabalho na salmonicultura Terraço Itália diversos biólogos, engenheiros e veterinários! Em 1980, o prefeito Fausi Paulo recebeu de Kyoshi Koike a doação de 200 mil trutas. Estas foram lançadas nos rios jordanenses, o que fez parte de um programa de quatro anos para o povoamento das correntes hídricas jordanenses, com o lançamento nas suas águas de 800 mil trutas.

O engenheiro Kyoshi Koike, foi visitado em 1980 na sua estação de salmonicultura, no bairro do Gavião Gonzaga, pelo então presidente da República João Batista Figueiredo, que enalteceu bastante o seu trabalho. O desenvolvimento da salmonicultura alcançou um nível tão alto no município que em 1980 o prefeito Fausi Paulo inaugurou o 1º Torneio Nacional de Pesca de Truta, promovido pela indústria Minalba, um evento que obviamente contou com o apoio de Kyoshi Koike.

As trutas que se encontram nos rios e lagos jordanenses têm duas origens. A primeira é a Dinamarca, de onde foram importadas em 1949 a pedido do ministro da Agricultura. Foi um total de 20 mil ovos embrionários da espécie arco-íris. O restante foi resultado do trabalho profícuo de Kyoshi Koike e seus colaboradores, que iniciaram uma criação em escala comercial e possibilitaram a realização do torneio de pesca já mencionado. Assim, foi possível repovoar os rios jordanenses com a truta arco-íris. Neste caso, os ovos foram importados do Japão, e se mostraram mais resistentes e fáceis de se adaptar ao clima brasileiro, com temperaturas mais elevadas e águas com menos teor de oxigênio.

A truta pertence à família dos salmões. Ela nada com rapidez e é difícil capturá-la. O que torna interessante sua pesca é o fato de esse peixe não voltar a morder a isca no mesmo local onde foi lançado o anzol pela primeira vez. Fisgada, ela se mostra muito combativa, o que torna a pesca emocionante. Os meses mais propícios para isso são outubro e novembro!!!

Vale destacar que quem visitar agora a cidade de Campos do Jordão encontrará algumas dezenas de restaurantes, nos quais poderá deliciar-se com excelentes trutas, preparadas das formas mais variadas...

Chegando aos dias mais recentes, a abertura oficial do Festival Internacional de Inverno de Campos do Jordão de 2017, aconteceu no dia 1º de julho no auditório Claudio Santoro, com a Orquestra Sinfônica do Estado de São Paulo (Osesp), regida pela maestrina Marin Alsop. Ela teve ao seu lado o pianista Makoto Ozone, que interpretou *Rhapsody in Blue*, de Gershwin. No dia 2 de julho a Orquestra Sinfônica Jovem do Estado de São Paulo, com regência de Claudio Crua, tocou ali a *Sinfonia nº 4* de Brahms.

A edição 2017 do Festival – 48ª edição – foi feita com orçamento menor que o de outros anos. Entre 2015 e 2016, houve uma redução de 30% no investimento e em 2016 o festival custou R$ 4 milhões, com R$ 1,7 milhão do governo estadual e R$ 2,3 milhões de patrocínio. Em 2017, entretanto, a verba disponível foi de apenas R$ 3 milhões, valor advindo de patrocínios privados, sem a participação do Estado. Por causa disso, o número de bolsistas caiu e a programação pedagógica foi realizada em São Paulo. De fato, somente os concertos aconteceram em Campos do Jordão, sendo que boa parte deles também ocorreu na capital paulista, na Sala São Paulo.

Na igreja Santa Terezinha, o pianista brasileiro radicado nos EUA, Ronaldo Rolim, interpretou no dia 4 de julho, as *Goyescas*, de Enrique Granados; no dia 6 de julho, Maria Teresa Madeira fez um recital dedicado à obra de Ernesto Nazareth. Apesar de todas as dificuldades, o festival continua sendo o maior evento de música clássica do País, e reuniu mais de 80 concertos sinfônicos e de câmara em quatro palcos da cidade, num evento que começou em 1º de julho e foi até o fim do mês.

O destaque foi o maestro alemão Alexander Liebreich, da Orquestra de Câmara de Munique, que conduziu Orquestra do Festival com um repertório de obras de Wagner e Strauss. Ela recebeu como convidado o barítono brasileiro Paulo Szot, vencedor do prêmio Tony. Por seu turno, a maestrina Valentina Peleggi, regeu a camerata do Festival, acompanhada pela violinista russa Liana Gourdjia. Já o maestro britânico Neil Thomson, da Filarmônica de Goiás, conduziu peças de Cesar Guerra-Peixe (1914-1993) – compositor nascido em Petrópolis, no Estado do Rio de Janeiro – e de Rimsky-Korsakov.

Além de uma extensa programação de câmara, o Festival teve ainda uma série dedicada especialmente às crianças, e assim se apresentaram orquestras como o Sinfônica Juvenil da Bahia, grupo que integra o Neojiba (Núcleos Estaduais de Orquestras Jovens e Infantis da Bahia).

E no decorrer do período do Festival, os apreciadores do vinho puderam experimentar mais de 200 rótulos de vinícolas brasileiros, ao som de *shows* de *jazz* e *blues*, tendo como acompanhamento diversos excelentes queijos e doces portugueses, tudo isso no *Vinho na Vila*.

Em 2017, Diego Portugal e a Companhia Filarmônica do Teatro Artes de São Paulo foram algumas das atrações do Arena, um espaço em Campos do Jordão que também abrigou até 30 de julho sessões de cinema, numa sala com cobertura de vidro. Aconteceram aí também aulas de zumba e dança de salão, além de baladas com DJs (*disc jockeys*) nos fins de semana.

Aliás, no dia 29 de julho, a Arena foi o ponto de partida da corrida noturna do *circuito Night Run*.

CAMPOS DO JORDÃO

Em Campos do Jordão existem atualmente muitos recantos incríveis, sendo um deles o Botanique Hotel & Spa. Ali o hóspede é convidado pelo *chef* Gabriel Broide a visitar uma grande horta que existe ao redor do hotel, para escolher ele próprio algumas das coisas que gostaria de comer no almoço ou jantar, como beterraba para o acompanhamento do peixe no vapor ou a grumixama, um fruto que tempera o cordeiro. Fernanda Semler, sócia do Botanique (e filha de fazendeira) explicou: "O prazer que um hóspede tem de ver o alimento que vai consumir, bem fresco, fez com que eu colocasse a presença dessa horta como um dos elementos centrais de atração do nosso hotel!!!"

Caro(a) leitor(a), você já se hospedou alguma vez no Botanique Hotel & Spa? Não? Então corrija o mais rápido possível essa falha no seu currículo de conforto e lazer bem desfrutados!!!

Uma vista panorâmica incrível da praia de Caraguatatuba.

Caraguatatuba

PREÂMBULO

Em Caraguatatuba **a vida se passa** à beira-mar, pois o município tem quase 40 km de faixa de areia, banhado pelo oceano Atlântico, com Ilhabela à sua frente. A cidade faz parte da RMVPLN, sendo a cidade que **mais se desenvolve no litoral norte**, e apresenta um turismo forte e competitivo com diversas opções culturais, esportivas, de lazer e gastronomia caiçara.

Para quem gosta de esportes náuticos e possui embarcação, Caraguatatuba oferece várias marinas par acomodar os mais diversos tipos e tamanhos de barcos. Em Caraguatatuba, os interessados em passeios de escuna, barco e lancha encontram boas opções com saídas nas praias de Mococa e Cocanha, em direção à ilha da Cocanha ou do Tamanduá.

Ambas são muito procuradas por suas belezas naturais, tanto por praticantes do mergulho livre quanto pelos de **pesca esportiva**. No que se refere a **pesca de lançamento**, a praia do Massaguaçu, localizada na região norte de cidade é o cenário perfeito. Nesta praia de tombo, areia grossa e forte arrebentação, muitos campeonatos de pesca (paulista, brasileiro e internacional) já foram realizados e se tornaram tradicionais, fazendo parte oficial do calendário da Federação Paulista de Pesca.

Como Caraguatatuba tem também uma grande extensão de praias calmas, isso favorece muita gente praticar o *stand up paddle*, uma mistura de *surf*, caiaque e remo, que conquista cada vez mais adeptos, que buscam aliar o prazer da prática do esporte à saúde, boa forma e ainda a contemplação da natureza.

A HISTÓRIA DE CARAGUATATUBA

Caraguatatuba é um município localizado a 178 km da capital paulista, ao leste do Estado. Ele ocupa uma área de 485 km², e estima-se que em 2018 vivessem ali cerca de 120 mil habitantes.

O nome da cidade é um vocábulo tupi, que segundo Silveira Bueno, significa "lugar de muitos caraguatás", "caraguatal" ou "caraguatazal". Também na língua tupi, *caraguatá* é uma designação comum dada a várias espécies de plantas epífitas e terrestres, da família das bromeliáceas, também conhecidas como gravatá; *tyba*, por sua vez, significa "abundância" ou "grande quantidade". De qualquer modo, a cidade é chamada carinhosamente por "**Caraguá**"!!!

Os primeiros sinais de povoamento surgiram após 1534, quando o rei dom João III de Portugal dividiu o Brasil em 15 capitanias hereditárias e as entregou a nobres, militares e navegadores ligados à corte. O desejo do reino português era facilitar a administração e acelerar a colonização das recém-ocupadas terras brasileiras.

Assim, foi criada a capitania de Santo Amaro, que se estendia da foz do rio Juqueriquerê, em Caraguatatuba, até Bertioga, e essa porção de terra foi entregue ao navegador Pero Lopes de Sousa, um nobre português de destaque na época. Todavia, ele pouco fez para desenvolver essa região.

Considera-se que a fundação formal de Caraguatatuba tenha ocorrido no século XVII, por meio da concessão de sesmarias, um instrumento jurídico criado pelo império de Portugal para a distribuição de terras a particulares para a produção de alimentos. Nos primeiros anos de 1600, o capitão-mor Gaspar Conqueiro doou a Miguel Gonçalves Borba e Domingos Jorge a porção de terra localizada na bacia do rio Juqueriquerê.

Foi exatamente naquele ponto que a cidade começou a nascer, e entre 1664 e 1665 que surgiram os primeiros sinais de povoamento, com a construção dos primeiros prédios, como a pequena capela de Santo Antônio, o santo padroeiro da cidade.

Entretanto, o pequeno povoado foi assolado por várias epidemias e uma terrível foi a da varíola, em 1693, conhecida na época por "**bexigas**", que dizimou boa parte de sua população, sendo que os sobreviventes fugiram para as vilas próximas de Ubatuba e São Sebastião.

186 Cidades Paulistas Inspiradoras

Essa doença fez o povoado retornar quase a estaca zero, o que atrasou o seu desenvolvimento por dezenas de anos. Aliás, após a grande mortandade, o local passou a ser chamado de "**vila que desertou**".

Porém, o novo povoado que surgiu acabou sendo elevado à condição de vila de Santo Antônio de Caraguatatuba, em 27 de setembro de 1770, a pedido de dom Luiz Antônio de Souza Botelho Morgado de Mateus, o então capitão-geral da capitania de São Paulo.

Em 16 de março de 1847 o presidente da província de São Paulo, Manuel da Fonseca Lima e Silva, ordenou que a vila passasse a ser denominada **freguesia**. Finalmente Caraguatatuba obteve a sua emancipação política e administrativa em 20 de abril de 1857.

Os moradores de Caraguatatuba sofreram muito com doenças e assim em 1884, foi um surto de malária que provocou muitas mortes. Em 1918, novamente a população caraguatatubense precisou superar um surto de gripe espanhola.

O aumento da população veio com a chegada de famílias estrangeiras, que se instalaram na fazenda dos Ingleses. Essa propriedade se estabeleceu em 1927 e trouxe muitos benefícios, como: a qualificação de muitas pessoas para executarem bem as tarefas agrícolas; a formação de artesãos; o surgimento do comércio e o crescimento da economia local.

O progresso da freguesia de Santo Antônio de Caraguatatuba levou o governo do Estado de São Paulo a reconhecê-la como **estância balneária**, em 20 de setembro de 1947. A comarca foi instalada somente em 26 de setembro de 1965.

Entre os dias 15 e 18 de março de 1967 a cidade sofreu uma das maiores catástrofes do Estado, quando chuvas ininterruptas causaram deslizamentos de terra e lama em quase todos os pontos da cidade. O saldo da tragédia foi a morte de 436 pessoas e a destruição de um grande número de residências e edifícios, o que complicou muito a gestão do prefeito da época, Geraldo Nogueira da Silva. O isolamento dos caraguatatubenses só terminou no dia 19 de março, quando o radioamador Tomás Comanis Filho conseguiu se comunicar com a cidade de Santos. Foi só então que equipes de salvamento, alimentos e medicamentos chegaram em navios e aviões vindos de várias partes do País. Essa situação calamitosa e a condição caótica em que a cidade ficou comoveram a todos no Brasil. Na época a cidade tinha 15 mil habitantes e 3 mil deles ficaram desabrigados.

Mas Caraguá soube se reerguer e nesse final de 2ª década do século XXI tem uma economia forte baseada em **serviços**, **comércio** e, obviamente, o **turismo**.

A cidade tem cerca de duas dezenas de belíssimas praias, distribuídas em 40 km da orla marítima, além de parques ecológicos que preservam o rico ecossistema de mata atlântica.

Por ter uma geografia menos acidentada que Ubatuba e São Sebastião – Caraguá encontra-se entre ambas –, a cidade tem praias com longas extensões de faixa de areia, utilizadas por milhares de moradores e turistas para relaxar e praticar algum esporte. Veja a seguir a descrição de algumas dessas praias, cujos nomes, em sua maioria, advém da língua indígena tupi--guarani, descrevendo belezas naturais.

Tabatinga – Com uma extensa faixa de areia clara e mar calmo de ondas moderadas, essa praia está localizada 21 km ao norte do centro da cidade e faz divisa com o município de Ubatuba. O rio Tabatinga desagua nessa praia e, a partir dela, se tem acesso a estrada das Galhetas, que leva às praias Figueira e Ponta Aguda, bem como às trilhas para as praias Mansa, Lagoa e Sono, todas em Ubatuba. Nessa praia é possível pegar uma lancha com destino à ilha do Tamanduá, um reduto paradisíaco na qual se tem cinco praias e condições ideais para banho, mergulho e pesca esportiva. O nome Tabatinga, na língua indígena, tem tudo a ver com sua areia branca e fina.

Mococa – Essa praia é uma outra bela pérola da região, e está localizada a 14,4 km do centro da cidade. Tornou-se famosa por suas águas tranquilas e por possuir uma faixa de areia repleta de minerais, como tório e urânio, indicados no tratamento de problemas nas articulações, inflamações e dores reumáticas. Assim, além de uma bela paisagem, a praia do Mococa, onde desagua o rio Mococa, e muito recomendada pelas suas propriedades terapêuticas. Esse local é ideal para a prática de mergulho livre. Ao sul, ela é mais agreste, mas ao norte tem-se boa infraestrutura para os banhistas. O nome Mococa na língua indígena está ligado a roça ou plantação.

Cocanha – Essa é uma praia com apenas 500 m de extensão, localizada 12 km ao norte do centro. Suas águas são tranquilas e límpidas, porém, na parte sul, por causa da proximidade com a praia de Massaguaçu, o mar é agitado e a correnteza pode ficar forte. A praia tem infraestrutura para os turistas, com restaurante especializado em peixes e frutos do mar e lanchonetes, além de vagas para veículos e diversas opções de hospedagem.

Massaguaçu – Considerada uma das mais belas de Caraguá, essa praia localizada a 8 km do centro, tem areia grossa e amarelada, além de ondas grandes e poderosas. É uma praia de tombo, com mar verde-esmeralda, ideal para pesca de arremesso e para a prática do surfe. O rio Gracuí a separa da praia do Cocanha. Massaguaçu significa grande massa de água.

Capricórnio – Localizada 8 km ao norte do centro, é outra praia de tombo, com ondas fortes, água limpa e areia grossa. Visitantes e banhistas encontram na parte sul a foz do rio Jetuba, onde se forma a lagoa Azul, separada do mar por um pequeno banco de areia. Suas águas são turvas, sem correnteza, mas não são salgadas; a temperatura é agradável, e, por isso, o local atrai muitos banhistas. Ao norte a praia do Capricórnio se funde com a praia do Massaguaçu.

Brava – Ela está localizada 4 km ao norte do centro e, apesar da proximidade, é bastante deserta e até intocada. O acesso só é possível por uma trilha de aproximadamente 2 km, cujo grau de dificuldade é considerado fácil. Essa praia é cercada pela vegetação de mata atlântica, tem um mar limpo e verde-esmeralda, com ondas fortes, muito procuradas por surfistas e por quem prefere fugir da badalação.

Camaroeiro – Localizada a um quilômetro ao norte do centro, é o ponto de encontro dos pescadores da cidade, onde também ficam atracados muitos barcos, a maioria destinada à pesca do camarão. Ali está o entreposto de pesca artesanal, podendo-se comprar pescados direto dos profissionais do mar. Há também o acesso para a praia onde fica a Pedra da Freira, um dos polos da cultura caiçara.

Prainha – Com águas limpas, rasas e bem tranquilas, condições ideias para crianças e idosos, essa praia fica a 2 km ao norte do centro. Em termos de infraestrutura, ela oferece quiosques, bares e restaurantes e um certo conforto gastronômico aos visitantes. O local é urbanizado e tem como atrativo a Pedra do Jacaré, um ótimo espaço para observação do mar e de toda a orla de Caraguá, assim como para a pesca. A partir do canto sul da Prainha se tem acesso à praia do Garcez.

Garcez – Também é conhecida como praia da Freira, essa praia fica a apenas 1 km do centro, mas o acesso só é possível a pé por uma trilha localizada no morro da Pedreira, no canto norte da praia do Camaroeiro. Entre duas encostas a praia tem somente 50 m de extensão. A areia da praia é amarela e encorpada. O mar é perigoso, com fortes ondas de arrebentação.

Martim de Sá – Trata-se da praia mais urbanizada de Caraguá, e uma das preferidas dos jovens, que a transformaram num local de encontro nos fins de semana, em especial nos dias festivos como de Carnaval. Com 1,5 km de extensão e areia fina de tom amarelado, essa praia é bem concorrida, principalmente nos dias ensolarados da primavera e do verão. O seu calçadão conta com uma ciclovia, sendo também uma boa alternativa para caminhadas e para se respirar o ar puro. Na praia há diversas opções de lazer, como passeios de *banana boat* e escuna, além de atividade esportivas como futevôlei, vôlei de praia e surfe. Ao norte, a praia é de tombo e no sul as águas são rasas e tranquilas.

Centro – Essa praia ocupa toda a orla da região central e se estende até onde deságua o rio Santo Antônio, no sul. É uma praia de longa extensão, plana e de águas calmas. Ela possui uma larga faixa de areia, cuja coloração é amarela clara. Nesse local estão localizados um parque de diversões, a praça da Cultura e uma ampla infraestrutura para a prática de esportes e lazer, além de quiosques, lanchonetes, sorveterias. No calçadão, além de caminhar com tranquilidade, também é possível andar de bicicleta na ciclovia.

Indaiá – Ela fica a 1,5 km ao sul do centro da cidade, sendo uma praia muito bonita e concorrida. Suas águas são tranquilas, desprovidas de correnteza, e ideais para famílias com crianças. Nela está instalada a pista oficial de *bicicross* de Caraguá. No local existem lanchonetes e quiosques, além de muitas árvores espalhadas pela orla, o que garante sombra aos banhistas.

190   Cidades Paulistas Inspiradoras

Palmeiras – Localizada a 3 km ao sul do centro da cidade, é uma praia indicada para visitantes com crianças e idosos. Suas águas são rasas, a correnteza fraca e as ondas pequenas. Nela estão instalados restaurantes e lanchonetes, além de quadras de futebol de areia, calçadão e ciclovia. A praia das Palmeiras começa na ponte do rio Lagoa e segue até a rua Aldo Marcuci, no bairro Praia das Palmeiras.

Porto Novo – Fica a 6 km ao sul do centro e seu acesso é fácil, pela avenida Prefeito Geraldo Nogueira da Silva, que contorna a orla. Apesar de suas águas turvas, a praia é conhecida por suas águas calmas e pela baixa quantidade de banhistas. A areia do local é branca e fina, bastante adequada para a prática de esportes como futebol, vôlei de praia, entre outros.

Existem ainda outras praias em Caraguá, como Flecheiras, do Romance e Pau Brasil, porém, além desses atrativos, a cidade é um ótimo destino turístico por conta de seus parques ecológicos. Esse é o caso, por exemplo, do Núcleo Caraguatatuba do parque estadual da serra do Mar, que se estende por mais de 57 mil hectares, abrangendo também os municípios de Paraibuna, Natividade da Serra e São Sebastião, com uma natureza preservada, rica em flora e fauna. Além de atividades educacionais, é possível percorrer trilhas em meio à mata atlântica e visitar belíssimas cachoeiras que formam piscinas naturais de águas límpidas.

O parque municipal de Juqueriquerê, localizado às margens do rio de mesmo nome, é um outro local ideal para um contato direto com a natureza. Ele tem uma área de 35.000 m^2, sendo uma **unidade de conservação de proteção integral**, com o objetivo de preservar os ecossistemas naturais de grande relevância ecológica e beleza. Barcos pesqueiros levam também os visitantes para passeios no rio Juqueriquerê, que tem 13 km de extensão.

Talvez a maior atração (e a grande surpresa...) em Caraguá seja o morro de Santo Antônio. Para chegar ao topo é necessário percorrer uma pequena estrada asfaltada e sinuosa que leva a um mirante, a 325 m de altitude. Do alto é possível ter uma vista incrível do litoral norte. Esse local também é muito visitado por quem gosta de adrenalina, sendo que nos fins de semana muitos aventureiros saltam de parapente e sobrevoam Caraguá.

No centro da cidade, atualmente existem muitos estabelecimentos comerciais, algumas dezenas de bons restaurantes, alguns *shoppings* e, inclusive se tem nela alguns bons hotéis e boas pousadas.

Na realidade, com as melhorias feitas na rodovia dos Tamoios (SP-99), que inclusive terá em breve sua duplicação no trecho da serra, Caraguá está cada vez mais repleta de turistas, que também utilizam a rodovia Manuel Hipólito Rego (SP-55), que oferece acesso a outras cidades como Ubatuba, Ilhabela, São Sebastião, Santos etc.

Neste sentido, uma sugestão para os empreendedores que desejam investir na cidade é que procurem construir *resort-boutiques*, espaços para turismo e lazer com 50 a 100 quartos, em localidades de acesso com certas restrições em áreas que existem em Caraguá. Essas obras devem, entretanto, ser construídas sem grande intervenção territorial e com grande respeito à natureza, com foco na sustentabilidade.

Cada um desses *resorts* acaba trazendo desenvolvimento para as comunidades locais, pois geram empregos para as pessoas que vivem no seu entorno!!! Aliás, essa ideia deveria ser estendida a todas as cidades litorâneas, uma vez que nosso País tem uma costa de 7.600 km e nelas existem bem poucos *resorts-boutique*.

Veja a seguir alguns marcos culturais, eventos musicais, de lazer e esportivos que foram criados na cidade.

Sétima arte – Em 1928 foi inaugurado o cinema do Vigário da Paróquia e na década de 1940 surgiu o cinema da Binoca; na década de 1950, foi aberto o cine Caiçara e, posteriormente, o cine Máximo, que acabou fechando na década de 1990. Em 2001, foi inaugurado o cine Caraguá e, finalmente, em 2011, chegou à cidade o Centerplex, um conjunto de quatro salas, sendo que em duas delas os filmes são exibidos em 3D (imagem em 3 dimensões).

Teatro – Em 1953, surgiu o primeiro grupo de teatro amador formado por 15 pessoas, orientado e dirigido por Fábio Quadros. Em 1981 foi criado o Festival de Teatro Amador do Litoral (Fetalino), que existiu até 1988, ano que encerrou suas atividades. Porém, enquanto funcionou, promoveu e premiou grupos teatrais de várias cidades de diversos Estados brasileiros. O mais recente espaço dedicado às artes cênicas é o Teatro Mário Covas, inaugurado pela prefeitura em dezembro de 2004

Carnaval – Essa é uma tradição de quase 70 anos. Foi na década de 1950 que se criou o bloco carnavalesco Casamento da Dorotéia (ou Banho da

192 Cidades Paulistas Inspiradoras

Doroteia), que contou com a participação de muitos moradores e visitantes até a década de 1980. A partir desse período, outras escolas de samba marcaram a história do Carnaval da cidade, como a Tubarão, X9, Acadêmicos de Caraguatatuba e Mocidade do Litoral. Os blocos carnavalescos também tiveram grande importância para o Carnaval na cidade, sendo que os mais antigos (e já desativados...) foram: Unidos do Samba, Ginga no Corpo e Samba no Pé, Independentes, Notei o Teu Semblante etc. Atualmente, existem outros blocos que animam o Carnaval da cidade, como é o caso dos blocos do Urso, das Piranhas e das Cheirosas.

Música – A primeira banda de Caraguá foi constituída em 1936, e denominada Banda Municipal Santo Antônio. Em 1952 foi criada uma banda liderada pelo maestro Joaquim Braga Filho, mantida em atividade até 1956. Ela ressurgiu em 1964, sob a regência do maestro Pedro Alves de Souza e denominada a partir dessa data como Banda Municipal Carlos Gomes, contando também com integrantes da cidade de Ubatuba. Agora ela é a banda oficial do município.

Em 1992, criou-se a Fundação Educacional e Cultural de Caraguatatuba (Fundacc), que passou a desenvolver as atividades culturais nas áreas de esporte, arte, música, dança, teatro, artes plásticas, cinema, vídeo, artesanato, folclore e literatura, ou seja, atividades englobadas na EC.

Em 1994 foi criado pela Fundacc o Água Viva Coral, que conquistou importantes premiações desde o início de suas atividades. Em 2001, foi implantado na cidade o projeto Guri, que conta atualmente com cerca de 200 jovens, de 8 a 19 anos, divididos entre orquestra e coral. Esse projeto foi desenvolvido pela Fundacc em parceria com a prefeitura e a secretaria estadual da Cultura. É um empreendimento sociocultural no qual os jovens são introduzidos ao mundo da música. Em 2004, foi criada a Associação dos Músicos de Caraguá.

Patrimônio histórico – Entre os patrimônios localizados na praça Dr. Cândido Motta, o mais significativo e representativo pela sua perenidade é a igreja matriz de Santo Antônio, que como já foi dito surgiu como uma capela no século XVII. As festas e todas as atividades importantes de caráter religioso da cidade são realizadas nessa igreja. Ela vem passando continuamente por transformações e melhorias, como reformas e embelezamentos, para melhor atender os fiéis.

Em 1941, juntamente com o término da construção de um grupo escolar, foram plantadas aí duas palmeiras imperiais, num local que hoje se denomina Polo Cultural Professora Adaly Coelho Passos, por Francisco D'Onofrio, a pedido do então prefeito Bráulio Pereira Barreto, que se tornaram referências para a apreciação de todos os caraguatatubenses e dos visitantes da cidade.

Atualmente há somente uma palmeira para ser admirada, que mede mais de 20 m de altura, pois a outra, devido a fortes ventanias com velocidade próxima de 120 km/h caiu em 15 de março de 2010 e não foi possível mantê-la viva.

Na praça Dr. Cândido Motta, encontra-se um dos mais característicos monumentos da cidade, pioneiro da fase republicana, sendo um dos mais significativos para os munícipes. É um **obelisco** que representa uma nova fase no saneamento básico em Caraguatatuba, com a distribuição de água encanada ainda que não tratada, cuja inauguração deu-se com a presença do presidente (essa era a denominação dos governadores daquela época) do Estado, Altino Arantes, em visita ao litoral norte.

A partir de então, os costumes da cidade passaram por uma revolução, ou seja, as "latas de banha" usadas no transporte da água para as residências foram sendo substituídas pelas torneiras domésticas.

Destaque-se que em 1957 um importante monumento foi erguido na cidade para a comemoração do seu **centenário**. Ele foi encomendado ao engenheiro Accacio Villalva, com o objetivo de se ter um monumento que impusesse a evocação visual imediata de quão orgulhoso deveria sentir-se o caraguatatubense naquele ano e daí para frente, de acordo com o seu lema: "*Dvc in altvm*" ("Conduza para o alto"). Assim, foi construído um outro obelisco, medindo 3,5 m de altura.

Coreto e fonte luminosa – O primeiro coreto na cidade foi construído na década de 1930, por dona Belmira Nepomuceno, isso porque tornou-se necessário que numa praça houvesse um espaço para apresentações dos festejos populares. Em 1971, na gestão do então prefeito Silvio Luiz dos Santos, o antigo coreto foi demolido e substituído por um novo. Aliás, em 2005, ele foi novamente reformado, ganhando novo visual. Essa reforma teve como objetivo preservar um dos mais importantes patrimônios históricos da cidade, que durante décadas foi o local de encontro da comunidade, onde aconteceram muitos eventos, como as apresentações da Banda Municipal Carlos Gomes,

194 Cidades Paulistas Inspiradoras

Com a finalidade de dar continuidade à vocação turística da cidade, planejou-se a construção de uma fonte luminosa, como já se tinha em diversas cidades do Estado. A fonte luminosa foi inaugurada na década de 1960 pelo então prefeito Geraldo Nogueira da Silva, que a idealizou com suas águas lançadas a muitos metros de altura, dançando ao compasso das notas musicais e colorindo-se de acordo com as emoções proporcionadas pela sinfonia das músicas clássicas.

Sem dúvida Caraguá deve muito do seu progresso ao que fez nas suas gestões Antônio Carlos da Silva. Ele foi eleito prefeito da cidade pela primeira vez em 1996, e reeleito depois em 2000. No seu **primeiro mandato** ele foi considerado como **2º melhor prefeito paulista**, enquanto que no **segundo**, foi escolhido como **o melhor prefeito do Estado de** São Paulo. Em 2008 ele foi novamente eleito e, então, reeleito em 2012 para o seu 4º mandato. Ele disse: "Caraguatatuba está no centro do desenvolvimento da região do litoral norte, que hoje na verdade tem também um importante papel no progresso de toda a região sudeste do País, em função de eventos como: pré-sal; ampliação do porto de São Sebastião; extensão do terminal petrolífero da Transpetro; duplicação da rodovia Tamoios, que agora tem um movimento intenso de veículos (carros, caminhões, ônibus etc.) de São José dos Campos para a cidade.

Sempre procurei arranjar recursos para investir em **educação** e **equipamentos urbanos**. Foi assim que criei vários complexos educacionais onde a criança vai da creche até os 18 anos, entrando pela manhã e permanecendo ali o dia inteiro!!! Neles os alunos recebem, além de educação, cuidados e alimentação. Em Caraguatatuba se deu a cada um desses complexos o nome de Centro Integrado de Desenvolvimento Educacional (CIDE).

Nessas IEs, também se procura, além de desenvolver a educação formal, complementar a mesma com a prática mais intensa de esportes, com aulas de música e artes. Acredito que um jovem não pode ficar ocioso, com a '**cabeça vazia**', pois isso pode leva-lo ao descaminho. Dessa maneira, é vital manter os jovens repletos de atividades e fazendo o seu cérebro trabalhar muito.

Nosso foco foi o de oferecer a permanência nos CIDEs aos jovens dos bairros mais pobres, onde eles estão localizados. Procurei também dar bolsas de estudo para capacitar os nossos funcionários tanto em administração municipal como em gestão ambiental, para que sejam cada vez mais competentes no desenvolvimento de projetos que possibilitem o crescimento sustentável da cidade. Nossos jovens têm a sua disposição outros cursos gratuitos na Etec, na unidade do Senai, no Instituto Federal, entre outros.

Dei muita atenção à saúde pública e com esse objetivo é que se construiu o Polo de Reabilitação, um complexo de saúde para atender pessoas portadoras de deficiências físicas. Hoje existem em Caraguatatuba muitas UPAs e UBSs inauguradas recentemente. Em parceria com o governo estadual, foi possível inaugurar o AME, que atende também os municípios vizinhos. Tenho plena convicção de que consegui tornar Caraguatatuba uma cidade boa para se **morar**, para se **visitar** e para se **investir**!!!

No momento ela possui a maior área em expansão urbana entre os outros quatro municípios importantes do litoral que fazem parte da RMVPLN, ou seja, os moradores de Ubatuba, Ilhabela e São Sebastião recorrem a diversos serviços públicos que existem em Caraguatatuba, e consideram a cidade um centro de consumo.

Tive muito orgulho de poder administrar Caraguá por tanto tempo. O saudoso governador Mario Covas dizia que o bom político é aquele que **não pensa nas próximas eleições, e sim nas futuras gerações**. Todo prefeito deve saber que não vai fazer tudo o que deseja no seu mandato, pois **tudo é uma utopia**!!! O bom gestor municipal é aquele que se coloca a serviço do próximo, como se ele fosse um parente mais próximo, seu pai, sua mãe, seu filho ou seu irmão. Fiz todo o meu possível para que Caraguá, a 'princesinha do litoral norte', progredisse e que fosse a cidade do perdão, do amor, do respeito e da união. E que todos os seus visitantes se sentissem bem-vindos nela!!!"

De fato, Antônio Carlos da Silva foi um excelente prefeito em todos os seus mandatos e vale destacar que nos dois últimos ele deu também uma atenção especial ao **incremento do turismo** na cidade, inaugurando várias atrações e promovendo diversos eventos que estimularam a **visitabilidade**!!!

Um aspecto de Catanduva, a "cidade feitiço",
na qual se buscou privilegiar o verde.

Catanduva

PREÂMBULO

Um importante setor da EC é o de **serviços editoriais** – publicação de livros, revistas, jornais etc. –, no qual muitas pessoas demonstram o seu talento para escrever. Também é esse setor que garante aos autores o direito de propriedade pelos textos e artigos publicados. E nesse nicho, pode-se dizer que a cidade de Catanduva é bem criativa, pois nela são produzidas várias revistas.

Esse é o caso da *Stampa*, uma publicação que enfoca matérias interativas nas áreas de saúde, beleza, cultura, economia, direito, educação, entretenimento, meio ambiente, esporte e colunismo social, tanto de Catanduva quanto de outras cidades da região.

Outra publicação é a *EDVD*, que se mantém em constante evolução em sua tarefa de oferecer de maneira contínua informação diferenciada. Neste sentido, a *EDVD* segue o preceito de que as mudanças fazem parte da antecipação para suprir as necessidades do(a) leitor(a). Já na *Middia Magazine*, o foco está na **inovação** e, assim, busca-se oferecer aos leitores informações sobre cultura, lazer, esporte e entretenimento. Sua distribuição é gratuita, estando ela em vários pontos de circulação de Catanduva e mais oito cidades próximas.

A *Maxxi's*, por sua vez, ostenta ótima qualidade técnica, digna dos padrões das grandes publicações de circulação nacional. Ela apresenta informações que visam difundir o aspecto empreendedor de Catanduva. Já a *Top*, que domina o mercado de revistas regionais, conta com articulistas especializados em diversas áreas: qualidade de vida, decoração, comportamento, gastronomia, saúde etc. Sua distribuição também é **gratuita**, e atinge um público bastante qualificado.

Vale ressaltar que nasceu em Catanduva o famoso jornalista, escritor e apresentador de TV Amaury de Assis Ferreira Júnior, que entrou no jornalismo após ter concluído o ensino médio no Instituto de Educação Monsenhor Gonçalves, uma tradicional escola da cidade vizinha de São José do Rio Preto, aos 14 anos. Mais tarde ele se formou em Direito pelo Centro Universitário de Rio Preto (Unirp), evoluindo a partir daí na carreira de jornalista e entrevistador, especialmente depois de se mudar para São Paulo e se tornar o **pioneiro** do colunismo social eletrônico.

A HISTÓRIA DE CATANDUVA

Catanduva é uma cidade de médio porte localizada a 384 km da capital paulista, e cuja população no início de 2018 era de 125 mil habitantes. Como veremos mais adiante, Catanduva tem vários apelidos: "**cidade feitiço**", "**capital nacional dos ventiladores**" e, durante certa época, "**capital nacional do basquete feminino**".

O nome da cidade tem origem na língua tupi e significa "ajuntamento de mata dura", um traço característico do cerrado brasileiro. A palavra é formada pela junção dos termos *ka'a* (mata), *atã* (dura) e *tyba* (ajuntamento, que se tornou "*tuva*" em tupi), e se revela uma clara referência à vegetação que existia na região, com árvores de troncos e galhos retorcidos cobertos por casca grossa e resistente ao fogo.

Até hoje ninguém sabe direito quem fundou Catanduva, por isso circulam duas histórias que têm como base o seu primeiro nome: Cerradinho, uma pequena vila construída às margens do rio São Domingos. A primeira narrativa diz que Antônio Maximiano Rodrigues, natural da Conceição do Rio Verde, no Estado de Minas Gerais, foi o fundador da cidade, após ter adquirido as terras onde ela se desenvolveria, por volta de 1850. Todavia, ele somente se estabeleceu no local – na fazenda de São Domingos do Cerradinho – em 1892, quando, inclusive, fez a doação de 10 alqueires de sua propriedade para o patrimônio da paróquia de São Domingos, batizada com o nome de Cerradinho.

A outra história é semelhante, mas afirma que José Lourenço Dias Figueiredo, também de Minas Gerais, comprara propriedades na região hoje denominada Catanduva em 1852. Posteriormente, seu filho Joaquim Figueiredo tomou posse dessas terras, começou a cultivá-las e construiu ali as primeiras casas, em torno das quais teria surgido o povoado de Cerradinho...

Foi a chegada da ferrovia – da EFA –, em 1900, que abriu novos rumos para essa região e promoveu um rápido e significativo desenvolvimento econômico no local, principalmente com o cultivo do café. Logo a pequena vila floresceu e ganhou um razoável sistema de assistência médico-hospitalar e também um programa educacional, que se revelariam decisivos para a evolução progressiva da área urbana e, consequentemente, do futuro município. Vale lembrar que o aniversário de Catanduva é comemorado em 14 de abril de 1918, quando ocorreu sua emancipação política em relação a São José do Rio Preto.

Cidades Paulistas Inspiradoras

Anos mais tarde, depois de um artigo escrito em 1940 por Geraldo Corrêa, Catanduva passaria a ser conhecida como "**cidade-feitiço**", um apelido relacionado à hospitalidade e ao carinho com que os moradores recebiam todos os visitantes. Aliás, isso é mencionado no próprio hino municipal, que diz: "**Catanduva, cidade-feitiço. Quem pisa teu chão não se esquece jamais.**"

Atualmente, ao completar o seu centenário (em 2018), Catanduva impressiona pela limpeza de suas ruas e pela beleza de suas construções. Buscando **valorizar o espaço público**, as praças da cidade foram recentemente revitalizadas. Assim, a praça 9 de Julho foi reinaugurada em 2014, ganhando chafarizes e fontes que atraem a atenção dos moradores, em especial das crianças, que não hesitam em brincar no local.

E falando em **pontos turísticos**, na praça Monsenhor Albino, o grande destaque é a igreja matriz São Domingos, que foi construída em 1925. Seu interior abriga a maior coleção do renomado pintor Benedito Calixto (que nasceu em Itanhaém) num só lugar: são 19 telas com temática sacra, além de um autorretrato do artista.

Embora a data da celebração de são Domingos seja em 8 de agosto, existem na cidade diversas outras homenagens ao padroeiro da cidade. Elas aparecem, entre outros lugares, nos diversos estabelecimentos comerciais e na estátua de bronze esculpida e fixada na entrada do Teatro Municipal.

Outro ponto interessante, e que atrai muitos visitantes, é o Zoológico Municipal Missina Palmira Zancaner. Uma grande opção de lazer ecológico para toda a região, ele ocupa uma área de cerca de 26,8 mil m², abriga mais de 320 animais de 70 espécies e recebe, diariamente, grupos de estudantes de escolas municipais, estaduais e particulares, oriundos de Catanduva e de toda a região. Durante as caminhadas monitoradas, os jovens recebem informações sobre cada animal e cada espécie. Vale lembrar que nesse mesmo local está localizado o parque Cidade da Criança.

Outra atração da cidade é a Estação Cultura, que ocupa a antiga estação ferroviária de Catanduva. Deve-se recordar a notícia publicada pelo jornal *O Estado de S.Paulo* em 19 de agosto de 1909: "Foram aceitas pelo governo as denominações de Pindorama e Catanduva, respectivamente, para as estações ferroviárias quilômetros 65,88 e 76,7 do prolongamento de Taquaritinga a São José do Rio Preto." A estação de Catanduva, entretanto, só foi aberta em 1910, como Vila Adolpho, nome do então distrito de São José do Rio

Preto. Em 15 de março de 2001 ela recebeu seu último trem, antes de ser totalmente restaurada em 2006, período em que ficou sem uso.

Desde março de 2009 o prédio passou a ser ocupado pela secretaria da Cultura do município e se transformou num centro cultural – daí o seu nome Estação Cultura –, que conta com salas de aula; oficinas de arte, dança, pintura e teatro; e espaço para feiras, exposições e eventos públicos e privados de cunho educacional, festivo e cultural.

Catanduva também possui uma Pinacoteca, localizada no "Castelinho", um imponente casarão em estilo europeu, concluído na década de 1920 pelo espanhol Emílio Barrionuevo, um fazendeiro muito bem-sucedido no cultivo do café. A partir da década de 1940, já como propriedade do agricultor João Nasser, o local se transformou num importante ponto de encontro da alta sociedade catanduvense. Nos dias atuais, seus 320 m^2 estão divididos em 22 pequenos cômodos, onde ficam expostas obras de artistas locais de diversas tendências e estilos. Nesse local são constantemente realizados eventos culturais, além de palestras e oficinas.

Outro local que prima pelo cultivo da criatividade é o Centro Cultural Jornalista Nair de Freitas, que ocupa o antigo prédio do Museu da Imagem e do Som (MIS), e possui uma arquitetura bem moderna. Dentro dele está a Biblioteca Municipal Embaixador Macedo Soares, com cerca de 55 mil livros em seu acervo e ela possui um sistema que permite reservar livros pela Internet.

Faz parte desse complexo o Museu Municipal de Catanduva, que resgata a história da fundação de Catanduva e de seus moradores ilustres. O prédio possui um anfiteatro com cerca de 200 lugares, onde são realizados durante o ano diversos eventos culturais.

Entretanto, talvez a atração turística mais pitoresca de Catanduva esteja na sua zona rural. Trata-se do engenho Santo Mário, fundado em 1983 por Mário Seghese, filho de imigrantes italianos. O local é um dos estabelecimentos mais tradicionais do noroeste paulista, graças a suas cachaças e seus licores, (que, aliás, podem ser degustados de graça). Atualmente o engenho Santo Mário oferece uma variedade de produtos que vão desde a garrafa de cachaça ouro e prata até saquinhos de aguardente com sabores doce de leite, amarula, maracujá e chocolate com cereja. **Bem criativo, não é mesmo?**

E não se pode esquecer que a propriedade também abriga o Museu da Cachaça, que atrai todas as semanas centenas de visitantes desejosos de satisfazer sua curiosidade e conhecer uma das maiores coleções de cachaças do País. No local também estão mais de cinco mil garrafas de aguardente (cheias) vindas de todos os Estados do Brasil, além de centenas de latinhas de cerveja. Também estão ali peças de antiquário (!?!?), como armas antigas, vitrolas, gramofones, radiolas, máquinas de escrever, aparelhos de rádio e televisores antigos. Esses itens garantem aos turistas uma experiência sem paralelo, pois permitem que eles percorram um verdadeiro túnel do tempo e tenham acesso a itens que foram modernos há apenas algumas décadas, mas hoje são obsoletos!!!

Uma das mais novas áreas de lazer em Catanduva é o parque Papa João Paulo II que foi inaugurado em abril de 2015, e possui equipamentos para atividades físicas; pista para caminhada; *playground*; sanitários; quadras esportivas para a prática de futebol de areia, basquete e vôlei; entre outras coisas.

No âmbito do **esporte**, não se pode deixar de citar o amor dos catanduvenses por essa prática, seja ela de caráter amador ou profissional. Neste sentido, Catanduva possui três clubes recreativos: o Clube de Tênis Catanduva, o Clube de Campo Catanduva e o Clube Recreativo Higienópolis, onde os catanduvenses podem praticar basquete, vôlei, corrida, futebol de salão, natação, judô, futebol norte-americano, rúgbi etc.

Também está à disposição dos moradores a pista de *skate* municipal César Perez Saito e o Conjunto Esportivo Municipal, que oferece quadras de basquete e vôlei, piscina, campos de futebol, ginásio coberto, pista de atletismo e pista para a prática de atividades físicas. Aliás, nos bairros também há diversas praças e alguns ginásios para a prática de esportes.

No futebol, o Grêmio Catanduvense de Futebol, que já chegou a disputar a Série A2 em 2008, disputou em 2017 a Série A3 – a terceira divisão do Campeonato Paulista de Futebol Profissional. Já no que se refere ao rúgbi, o Mastodontes Catanduva Rugby – fundado em 7 de janeiro de 2006 – disputa nas modalidades XV Union e Sevens campeonatos como a Copa Central, o Campeonato Paulista do Interior e o Circuito de Sevens da Liga Paulista de Rugby.

Vale também recordar que, a partir de 1997, o basquete feminino de Catanduva tornou-se um destaque no cenário nacional. Isso porque Hortência Marcari iniciou sua carreira na cidade na equipe do Higienópolis, tornando-se mais tarde certamente uma das mais celebradas jogadoras do Brasil. Outro nome importante foi o de Janeth Arcain, que marcou seus primeiros pontos importantes em Catanduva, antes de obter grande sucesso no basquete profissional feminino dos EUA, tornando-se inclusive campeã norte-americana pela equipe do Houston Comets.

Todo esse destaque obtido por Catanduva no cenário nacional do basquete feminino deveu-se ao trabalho dinâmico de um grande incentivador do esporte, o comendador João Alberto Caparroz. Infelizmente, depois que ele se afastou esse esporte entrou em declínio e só voltou a ter algum realce em 2005, quando foi contratado o técnico Edson Ferreto, com passagens pela seleção brasileira feminina, para criar e dirigir uma nova equipe em Catanduva.

E isso de fato aconteceu. À frente da equipe Açúcar Cometa/Unimed/Catanduva, ele conquistou o campeonato nacional em 2009, o que fez surgir na cidade o apelido "**capital nacional do basquete feminino**". Porém, as dificuldades para se manter boas jogadoras na equipe fizeram com que novamente Catanduva deixasse de ter uma equipe competitiva, o que foi lamentável, pois muita gente ficou impossibilitada de vibrar com as vitórias da equipe local!!!

A boa notícia é que em 2018, a cidade voltou a ter uma equipe feminina de basquete, a Poty / BAX / Catanduva, que vai disputar a Liga de Basquete Feminino (LBF). **Que bom!!!**

O que toda cidade deveria fazer num primeiro momento é selecionar um esporte (basquete, vôlei, futebol, futebol de salão ou qualquer outro) e formar uma equipe competitiva no cenário nacional. Os bons resultados dessa equipe certamente atrairão milhares de torcedores das cidades vizinhas, garantindo assim **visitabilidade**, movimentando com isso a economia da cidade. Afinal, quem vem assistir um jogo não gasta apenas no ingresso, mas consome nos hotéis, restaurantes e centros comerciais da cidade que visita...

Quando o assunto é **eventos** e **exposições**, Catanduva tem o Recinto de Exposições João Zancaner, um local que foi estruturado para comportar os grandes acontecimentos realizados na cidade, como o tradicional *Catanduva Rodeo Festival*, a *Feira de Negócios Alimentícios* e o Mercocentro (uma feira de negócios envolvendo as cidades do centro-norte paulista).

Os habitantes das cidades menores, próximas de Catanduva, particularmente os de Pindorama – localizada a apenas 7 km de distância, pela rodovia Alfredo Aldo Jorge, e já praticamente conurbada –, são clientes frequentes das lojas e dos centros comerciais catanduvenses. Destaca-se nesse sentido o *Shopping Center Garden* Catanduva, que tem quase 100 lojas e ocupa mais de 11 mil m².

Mais do que os centros comerciais, o que atrai muita gente para Catanduva é o setor da **saúde**. Na cidade estão instalados quatro bons hospitais, sendo o principal deles o Hospital Emílio Carlos, mantido pela Fundação Padre Albino, que se tornou referência para o atendimento da população de algumas dezenas de municípios próximos de Catanduva, e tem como seu grande diferencial o **serviço de quimioterapia**, com um atendimento médico mensal de 220 pacientes. Ele é o hospital-escola das Faculdades de Medicina e Enfermagem da Faculdade Integrada Padre Albino (FIPA), e atende às clínicas médica, cirúrgica e pediátrica, além dos setores de psiquiatria e moléstias infectocontagiosas. E visando a melhoria do atendimento e o conforto dos pacientes, a Fundação Padre Albino já está desenvolvendo os serviços que levarão ao futuro Hospital de Câncer da cidade.

O Unimed Hospital São Domingos (UHSD), cujas obras foram iniciadas em 1958, foi inaugurado em 31 de janeiro de 1960. O hospital ocupava inicialmente 7.200 m², mas passou por uma grande ampliação em 1958 e hoje conta com dois centros de terapia intensiva, para adultos e neonatal/pediátrico.

Localizado na Vila Sotto, está o Hospital Psiquiátrico Espírita Mahatma Gandhi, inaugurado em 1968, que recebe muitos doentes de outros hospitais. Atualmente ele dispõe de 140 leitos e uma equipe com cerca de 40 enfermeiros, e oferece atendimento especializado para pacientes com distúrbios mentais e dependentes químicos. O local também tem uma ala destinada a pacientes-moradores, provenientes de outros hospitais psiquiátricos do Estado e cujas famílias não foram localizadas!?!? Esse hospital, além de abrigo, alimentação e atendimento médico, oferece aos internados todos os cuidados necessários, inclusive atividades de lazer e afeto dos profissionais que trabalham nele.

Não se pode deixar de destacar o Hospital Padre Albino, uma instituição sem fins lucrativos, que atende pacientes desde de 11 de outubro de 1926. Atualmente ele possui 209 leitos e atende 900 internações mensais, em média, realizando 600 cirurgias no período de um mês. Sua Unidade de Urgência e Emergência recebe pacientes não apenas de toda a região de Catanduva, mas de outros Estados, chegando a uma média mensal de 6,7 mil atendimentos em diversas especialidades, e se mantendo sempre entre os quarenta melhores hospitais paulistas.

Sem dúvida, a estrutura hospitalar de Catanduva é muito boa, e conta também com algumas UBS espalhadas nos bairros, com um posto central de saúde e o AME.

No que se refere a **economia**, Catanduva tem se destacado especialmente pela geração de empregos, inclusive nos anos de 2015, 2016 e 2017, quando o País vivenciou uma forte recessão. Na cidade existem quatro distritos industriais, nos quais funcionavam no final de 2017 cerca de 300 indústrias de diferentes ramos, como metalúrgico, mecânico, calçadista, moveleiro, alimentício, usinagem, construção civil, editorial (ou gráfico) etc. Estão instaladas ali as empresas Laticínios Matilat, Gráfica São Domingos, Mustang Pluron, Brumau Comércio de Óleos Vegetais, Casa Doce, Citrosuco, Sucotrop, entre muitas outras.

Um segmento industrial catanduvense que se destaca desde a década de 1970 é o de **ventiladores** – o que aliás, como já foi mencionado, garantiu à cidade o apelido de "**capital nacional dos ventiladores**". Encontram-se ali as seguintes fábricas: Vitalex, Venti Delta, Tron, Arge, Loren Sid etc., que empregam cerca de 60% de mão de obra local e são responsáveis pela produção de mais de 2,6 milhões de ventiladores por ano (90% da produção nacional) que abastecem os mercados nacional e internacional. E como em Catanduva faz calor o ano inteiro – a temperatura média anual é de 23ºC –, há ventiladores catanduvenses em praticamente todas as residências da cidade.

O município de Catanduva está estrategicamente situado na quarta maior região sucroalcooleira do Estado, produzindo milhões de toneladas de cana-de-açúcar, de sacas de açúcar de 50 kg, e quase 1 bilhão de litros de álcool anidro e hidratado todo ano. Na cidade também está instalada a Associação de Produtores de Açúcar, Álcool e Energia – a Biocana –, uma sociedade civil sem fins lucrativos que representa 14 empresas produtoras de cana-de-açúcar e derivados.

Encontram-se ainda no município a usina São Domingos e a Cofco Agri, duas grandes empregadoras. A produção de cítricos é bem relevante, havendo na cidade uma unidade a Citrosuco. Por fim, deve-se citar a Cocam, uma fábrica especializada no processo de descafeinação do café verde, que obtém como subproduto a cafeína anidra purificada. Ela começou suas atividades em 1970 e foi a primeira fábrica de café solúvel no Brasil a produzir o *freeze dried* (café solúvel liofilizado).

Uma indústria incrível da cidade, que atrai muitos clientes, é o frigorífico

Cidades Paulistas Inspiradoras

Jamones Salamanca Serranos, que foi inaugurado em 1968 por três irmãos oriundos de Guijuelo, na província de Salamanca, na Espanha. Inicialmente a sua produção estava voltada para embutidos como linguiças, mortadelas, salsichas etc. Porém, a partir de 1974 a empresa passou a se especializar na fabricação do *jamón* serrano (um tipo de presunto de coloração avermelhada). A Jamones Salamanca Serranos tornou-se uma referência nacional em embutidos e derivados de carne de porco.

Um indício bem claro de que Catanduva é uma **cidade criativa** é a significativa quantidade de agências de publicidade e propaganda (P&P) que funcionam na cidade, inclusive algumas atuando com desembaraço no setor de *marketing* digital, e efetuando a promoção de muitos negócios com custos relativamente baixos.

E falando em **empreendedorismo**, Catanduva se orgulha de ter sido a **primeira cidade do Brasil** a desburocratizar a abertura de empresas e, dessa forma, quando no Brasil o processo todo demorava até 160 dias, na cidade isso era feito em **apenas 1 dia**!!!

No campo da **educação**, Catanduva possui uma Fatec; a já citada FIPA; o IFSP; o Instituto Municipal de Ensino Superior (IMES); uma Etec; a Escola Civil de Aviação (com aeroclube); e unidades do Sistema S, que reúne todos os setores de âmbito comercial e industrial, ou seja, as unidades do Senac, Sesi, Sebrae e Sesc.

Para chegar a Catanduva, o meio mais comum é o transporte rodoviário (ônibus, carro e motocicleta). A cidade é cortada por várias rodovias, especialmente pela Washington Luís (SP-310), uma das mais bem conservadas do País, que leva o nome do ex-presidente do Brasil Washington Luís Pereira de Souza (1869-1957), um paulista que se tornou famoso pela frase: **"Governar é abrir estradas!!!"**

Atualmente essa rodovia é administrada (sob concessão) pelas empresas privadas Centrovias e Triângulo do Sul, e apresentam diversos postos de pedágio ao longo desse trecho. Ela possui pista dupla em sua totalidade (e pista tripla em subidas longas). A Washington Luís parte das rodovias Anhanguera (km 153) e Bandeirantes (km 168), e termina em Mirassol, no entroncamento com a rodovia Euclides da Cunha (SP-320).

Porém, também é possível chegar a Catanduva pela rodovia Cesário José Castilho (SP-321), que liga a cidade a Bauru e faz conexão com a rodovia Marechal Rondon. Pode-se ainda vir de Bebedouro para Catanduva pela rodovia Comendador Pedro Monteleone (SP-351), ir até a usina São Domingos e à cidade de Catiguá pela rodovia Vicente Sanches; e seguir de Pindorama para Catanduva pela rodovia Alfredo Jorge.

Existem ainda as rodovias Comendador Chafic Saab e José Fernandes que permitem acesso à cidade a partir de outros municípios – lembrando que são 9 os que fazem limite com Catanduva: Novais, Embaúba, Paraíso, Palmares Paulista, Pindorama, Itajobi, Marapoama, Elisiário e Catiguá.

O transporte público em Catanduva, realizado pela frota de ônibus, em especial o que é oferecido para deslocamentos internos, precisa ser melhorado, uma vez que o número de veículos hoje é insuficiente para atender a demanda. Já no que se refere ao transporte intermunicipal e interestadual, há várias empresas que exploram esse serviço e utilizam a estação rodoviária da cidade (localizada numa região afastada do centro para impedir a circulação de ônibus no perímetro urbano da cidade).

O aeroporto de Catanduva, denominado João Caparroz, foi fundado em 20 de janeiro de 1940 e manteve durante muito tempo um trabalho voltado para a formação de pilotos privados e comerciais. Ao longo de quase oito décadas ele formou centenas de pilotos que acabaram indo trabalhar em diversas companhias aéreas brasileiras e internacionais. Existem ainda no local o aeródromo da usina Catanduva, que é usado por aviões agrícolas; e o Clube de Aeromodelismo da cidade, que utiliza uma pista localizada na sua zona norte, na estrada vicinal que vai a Novais.

Atualmente, Catanduva também é servida pelo aeroporto estadual Professor Erivelto Manoel Reino, localizado a 60 km de distância, na cidade de São José do Rio Preto. Porém, no século XXI (que não é apenas uma era de alta tecnologia digital, algo que tem permitido uma tremenda rapidez, especialmente nas comunicações) é necessário garantir cada vez mais acessibilidade, o que significa que muitas cidades do interior do Estado – entre elas, Catanduva – deveriam voltar-se para a **aviação**, em especial a de caráter regional, pois a pujança paulista exige e possibilita isso.

Além disso, deve-se ter a possibilidade de chegar a outras cidades de maneira rápida, realizar o trabalho necessário e retornar ao local de onde se saiu, tudo num mesmo dia!!! Uma **cidade criativa** é aquela que encontra maneiras de **viabilizar** isso!!!

E, como já foi mencionado, Catanduva já foi atendida por uma linha férrea – assim como aconteceu com todas as demais cidades do interior do Estado. Lamentavelmente, entretanto, em 15 de março de 2001 esse período chegou ao fim. Pode parecer um sonho, mas em muitos países do mundo – em especial na China – as ferrovias estão se desenvolvendo cada vez mais e não seria nada incoerente que o transporte ferroviário voltasse a ser usado para se chegar a Catanduva, e com todas as melhorias tecnológicas disponíveis hoje, **não é?**

Casa do Artesão de Embu das Artes reune uma variedade de opções de produtos e peças, para todos os gostos e bolsos.

Embu das Artes

PREÂMBULO

Para evitar que o município fosse confundindo com Embu-Guaçu – uma microrregião de Itapecerica da Serra – e identificá-lo mais facilmente, a prefeitura local lançou a campanha **Embu das Artes – Todo Mundo Quer**. Assim, em 23 de outubro de 2009 o então prefeito Francisco Nascimento Brito deu início ao processo oficial para a mudança do nome e, após a aprovação da consulta pública por 66,48% da população no plebiscito de 1º de maio de 2011, a lei estadual 14.537/11 foi sancionada pelo governador Geraldo Alckmin em 6 de setembro do mesmo ano. Assim a cidade passou a ser oficialmente chamada **Embu das Artes**!!!

Nesse dia Francisco Nascimento de Brito disse: "Vamos trabalhar cada vez mais para atrair novas empresas para o município, desenvolvendo programas de apoio à geração de micro e pequenas empresas, bem como do microempreendedor individual (MEI), diminuindo a burocracia para alguém abrir o seu negócio.

Com isso os embuenses abriram de vez os braços para todos os que optaram (e optam) por atividades ligadas a EC, enfatizando ainda mais a mensagem contida no lema da cidade: **"Oportunidades para todos!!!"**.

A HISTÓRIA DE EMBU DAS ARTES

Localizado a 27 km da capital paulista, o município de Embu das Artes faz parte da Região Metropolitana de São Paulo (RMSP), e tem como municípios limítrofes Cotia, Taboão da Serra, São Paulo e Itapecerica da Serra. Sua área total é de 70,39 km^2, e estima-se que em 2018 vivessem nela cerca de 283 mil habitantes.

A maior para do território de Embu das Artes – cerca de 59% – está em áreas de proteção de mananciais. Ele faz parte da reserva da biosfera do cinturão verde de São Paulo e está inserido no **bioma** denominado **mata atlântica**. Com tamanha responsabilidade, cabe à prefeitura local gerenciar bem esse incrível patrimônio natural – um **verdadeiro tesouro**!!!

Chega-se facilmente a Embu das Artes, utilizando-se o Rodoanel e/ou as rodovias Régis Bittencourt e Raposo Tavares. Tal localização permite ainda que seus moradores alcancem tanto o litoral quanto outras cidades do interior do Estado e até mesmo do sul do País, sem grandes dificuldades. Aliás, em 2013, foi inaugurado o terminal rodoviário da cidade, uma edificação bem moderna que oferece conforto e segurança aos seus usuários, assim como a oportunidade de chegar a 72 destinos.

Embu das Artes foi fundada pelos jesuítas entre 1555 e 1559. A cidade foi elevada à categoria de **estância turística** em 1979, quando se tornou de fato um dos principais destinos turísticos do Estado, recebendo em média 120 mil visitantes por mês!!! Sua história teve início na aldeia de M'Boy, um termo tupi-guarani cujo significado é **"cobra grande"**. Aliás, foram os trabalhos manuais realizados pelos jesuítas e índios da região que evidenciaram os primeiros traços artísticos da cidade.

E isso se percebe ainda hoje, não apenas em sua arquitetura, mas também em suas esculturas, suas pinturas e em seus entalhamentos. Tal vocação artística começou a se consolidar nas primeiras décadas do século XX, com a chegada de artistas renomados, como Cássio M'Boy (1896-1986), Assis do Embu, os mestres Tadakyio Sakai (1914-1981) e Jovino Gama (o mestre Gama), Solano Trindade (1908-1974), Ana Moyses, entre vários outros.

Um ponto de parada obrigatório na cidade é o Museu de Arte Sacra dos Jesuítas, um conjunto jesuítico que inclui a igreja de Nossa Senhora do Rosário. A arquitetura do museu e da igreja apresenta particularidades do estilo barroco paulista, além de ter um acervo rico em imagens de anjos, santos e personagens em madeira modeladas em terracota ou em armações de roca, produzidos entre os séculos XVII e XVIII.

E dentro desse apelo religioso, outro ponto imperdível é a capela de São Lázaro, construída em 1934 pela comunidade embuense. A obra foi estilizada em 1969 para ficar em harmonia com o estilo colonial do conjunto jesuítico. Sua principal atração é a imagem de são Lázaro, de autoria do artista Cássio M'Boy, além, é claro, do Santo Cristo, entalhado por Zé Santeiro. No local também pode ser vista uma magnífica placa do renomado artista Tadakiyo Sakai.

Outro local de Embu das Artes que recebe muitos visitantes é o Memorial Sakai, inaugurado em 2003, e que conta com um rico acervo do artista, um dos maiores terracotistas do País. Esse conjunto arquitetônico inclui a capela de Santa Cruz, inaugurada em 2008, o Cruzeiro da Paz e um pátio onde são realizados diversos eventos.

Aliás, a capela de Santa Cruz, com apenas 50 m², foi decorada pelo artista plástico José Luiz Aleman. Ela possui no altar uma cruz de madeira ladeada por dois anjos de terracota com suas violas, uma obra de Helaine Malca. Também no Memorial Sakai o turista encontrará uma ampla galeria com peças desse e de outros artistas. No local há uma escola de cerâmica terracota onde são oferecidos cursos e desenvolvidas oficinas, tudo de maneira **regular** e **gratuita**.

Foi graças ao esforço conjunto desses e de muitos outros artistas que se instalaram em Embu das Artes que, em 1969, surgiu a Feira de Embu das Artes. Esse movimento artístico, que ocupa todas as ruas do **centro histórico** da cidade e conta com cerca de 650 expositores, persiste até hoje e representa uma das principais atrações turísticas da cidade. A variedade dos produtos ali comercializados é grande: pinturas, esculturas, porcelanas, bijuterias, instrumentos musicais, estofados, cestarias, vestuário, rendados e uma série de objetos utilitários e decorativos. E paralelamente a esse evento surgiu a Feira do Verde, onde são expostas e vendidas plantas e flores ornamentais.

Quem visita Embu das Artes percebe imediatamente que a cidade conserva suas tradições. Por causa de sua rica e importante herança histórica, o município se caracteriza por uma intensa atividade cultural e artística. Assim, todo aquele que caminha pelo centro histórico se envolve numa deliciosa viagem no tempo, à medida que observa a arquitetura das fachadas dos edifícios e percebe as muitas galerias e os diversos ateliês existentes em suas vielas, convivendo num clima de tranquilidade.

Nota-se claramente um equilíbrio entre a natureza e o bem-estar, o que permite que tantos os moradores de Embu das Artes quanto seus visitantes temporários desfrutem de excelente qualidade de vida.

Claro que na cidade existem muitas outras atrações que agradam aos turistas, como é o caso do Museu do Índio. Ele foi planejado pelo artista plástico, pesquisador da cultura indígena e escritor Waldemar de Andrade e Silva. Trata-se de um espaço de pesquisa e debate sobre assuntos ligados a questões indígenas – seus costumes, hábitos, ornamentos, rituais e também sua arte plástica e musical, dança, oratória, suas crenças, sua vida comunitária e relação com a natureza e o meio ambiente – e aos grupos étnicos que existiram na região.

Outra opção turística é a Cidade das Abelhas, que também é visitada por muita gente. Ela está localizada em uma área bem grande – 150.000 m^2 –, de preservação ambiental no meio da mata atlântica, mais precisamente no Parque Ecológico Cultural e de Lazer Cidade das Abelhas. Trata-se de um lugar incrível, onde o visitante tem uma verdadeira aula sobre a vida desses insetos, que são considerados os **mais úteis de sua espécie**.

Um ponto turístico interessante para moradores e visitantes, em especial nos fins de semana, é o parque do Lago Francisco Rizzo. Nessa área, com mais de 217 mil m^2, acontecia no passado a extração de areia, mas agora é um espaço verde e abriga um grande lago com aproximadamente 50 mil m^2, povoado por dezenas de espécies de peixes. Existem ali pistas para caminhadas, uma brinquedoteca, biblioteca sobre meio ambiente e um viveiro de mudas, no qual se oferece uma boa variedade de plantas e árvores, algumas nativas da região, prontas para a retirada e o plantio.

Mas se o visitante estiver em busca de um banho de cultura, deverá se dirigir ao Centro Cultural Mestre Assis, onde o acesso à arte e ao conhecimento é **gratuito**. Nele existem três salas para exposições – Josefina Azteca, Ana Moysés e Jaldo Jones –, e um auditório – Cassio M'Boy –, com capacidade para cerca de 160 pessoas, destinado à realização de palestras, recitais, espetáculos musicais e teatrais.

Muita gente também vai a Embu das Artes com o intuito de adquirir algo na Casa do Artesão, que é uma "**associação**" vinculada à incubadora de cooperativas da cidade, cujo objetivo é dar apoio, estimular a criatividade e contribuir para a qualificação e o aperfeiçoamento do artesanato local. Nessa visita, muitos aproveitam para passear no polo moveleiro, onde estão

214   Cidades Paulistas Inspiradoras

localizadas muitas lojas, que oferecem diversas opções criativas para todos os espaços residenciais, desde o jardim até a sala de visitas e os dormitórios.

Outro lugar que agrada bastante aos visitantes é o Instituto Portucale de Cerâmica Luso-Brasileira, que abriga uma valiosa coleção de cerâmica portuguesa, que abrange desde o final do século XVIII até o início do século XX.

Para aqueles focados em **lazer**, **esporte** e **diversão**, a recomendação é passar algumas horas no Clube Ziu Enomoto – que funciona especialmente aos sábados, domingos e nos feriados (ou sob consulta). Nesse espaço há diversas opções de atividades: duas quadras de futebol *society*, iluminadas e com grama natural; duas piscinas; pedalinhos; quiosques com churrasqueiras; trilhas; restaurante à *la carte*; bons vestiários etc.

Já para os mais **religiosos**, não se pode esquecer do magnífico templo dos Arautos do Evangelho, uma entidade da igreja católica que possui um conjunto de construções em Embu das Artes.

Com tudo isso, já deu para perceber que Embu das Artes possui uma excelente infraestrutura no que se refere a **cultura** e **lazer**. Todavia, essa gama de ofertas também se estende aos quesitos **hospedagem** e **gastronomia**. De fato, o município oferece diversas opções de hotéis voltados para a área corporativa. Isso incrementa o segmento de turismo de negócios, pois permite a realização de eventos de capacitação e engajamento dos funcionários de empresas.

A gastronomia é outro ponto forte da cidade, que reúne restaurantes, lanchonetes e barraquinhos com deliciosas opções para todos os gostos e bolsos. Neste sentido, uma ótima alternativa é visitar a praça de alimentação de Embu das Artes. Esse complexo gastronômico – uma aconchegante área de lazer bem no meio do centro histórico – foi inaugurado em 2011 e disponibiliza 24 quiosques com ofertas variadas: lanches, salgados, pratos rápidos, doces, sucos etc. A infraestrutura é completa, com mesas e cadeiras, parque infantil, palco para eventos culturais, banheiros, fraldário, deque e amplo estacionamento.

A secretaria de Turismo de Embu das Artes elaborou uma publicação chamada *Sabores de Embu das Artes*, um excelente guia com a indicação dos melhores bares, cafés e restaurantes locais. Entre as sugestões estão os seguintes estabelecimentos:

→ ***O Garimpo*** – Restaurante de cozinha consagrada que combina delícias brasileiras e alemãs com especialidades internacionais. A casa dispõe de quatro ambientes bem aconchegantes e com muito verde, além de lareira e varanda com piscina. No local – ligado ao restaurante por um corredor de 10 m – há também um *pub,* onde em todos os finais de semana acontecem *shows* com as melhores bandas de *classic rock* do País.

➤ **Escondidinho** – Restaurante onde se oferece diariamente comida caseira de qualidade. Já às quartas-feiras e aos sábados os clientes podem se refestelar com uma deliciosa feijoada.

➤ **Cabana de Embu** – Restaurante tradicional e de ambiente familiar, dedicado a comida típica mineira. Sua especialidade é o "verdadeiro leitão à pururuca". Seu ambiente é rústico e confortável, com paredes em ripas de madeira, teto revestido em bambu e objetos típicos da região de Embu das Artes. O local possui dois salões, com capacidade para cerca de 200 pessoas.

➤ **O Casarão** – Restaurante fundado em 2009, que oferece o que há de melhor nas cozinhas nacional e internacional. Os destaques do cardápio são: picanha à moda de Goiânia e bacalhau à portuguesa, além de outros deliciosos pratos e saborosas porções, tudo acompanhado por um chope geladinho. A casa serve também a famosa *pizza* na pedra, um de seus grandes sucessos.

➤ **Bressan** – Restaurante-cafeteria bem familiar, com mesas dentro e fora do estabelecimento. No local são servidos vários tipos de café, sobremesas, salgados, lanches, porções e até mesmo refeições.

➤ **Trago Viola** – Local ideal para refeições que reúnem toda a família. Entre seus melhores pratos, estão: a picanha mineira e o leitão à pururuca, ambos acompanhados de couve, farofa, polenta frita, banana, tutu de feijão e torresmo.

➤ **Rei da Chuleta** – Restaurante cujo prato principal é o delicioso chuletão (para duas pessoas), além dos suculentos cortes de carnes argentinas.

➤ **Empório São Pedro** – Restaurante com ambiente aconchegante e elegante onde é servido o melhor da cozinha franco-italiana. São várias as criações do *chef* Gui Manoel, que reúnem desde as mais tradicionais massas caseiras de *grano duro* até os pratos e sabores mais exóticos, capazes de surpreender os clientes. O local possui um antiquário, onde os visitantes podem admirar as belas peças ali expostas.

216   Cidades Paulistas Inspiradoras

↠ *Zuer Alten Mühle* – Esse restaurante é filial de uma choperia de mesmo nome localizada em São Paulo. Ele é especializado na comida alemã, mas também serve pratos típicos brasileiros (leitão à mineira, picanha e filés).

↠ *Portal 300* – Restaurante e café especializado em comida mineira (leitão do Embu, picanha mineira etc.), que oferece também serviço de entrega e atende a várias empresas de região.

↠ *Empório Belas Artes* – A rede *Belas Artes* tem uma grande variedade de produtos em suas lojas, desde o *buffet self service*, com tortas doces e salgadas, até os mais diversos tipos de pães, *pizzas*, pastas, sanduíches e, inclusive, produtos industrializados em geral (laticínios, bebidas, iogurtes, biscoitos etc.). Na cidade há também a panificadora *Belas Artes*, com produtos de alta qualidade.

↠ *Coma Bem* – Restaurante com mais de 20 anos de tradição, que oferece deliciosa comida caseira preparada em panelas de barro. São mais de 15 tipos de salada e 10 pratos quentes. O ambiente desse estabelecimento é bem aconchegante e o local decorado com diversas peças antigas.

↠ *Praça da Arte* – Localizado bem de frente para a Feira de Embu das Artes, o local oferece uma grande variedade de comidas.

↠ *Saudades do Sul* – É o local certo para quem aprecia saladas. Seu *buffet* oferece cerca de 20 opões com molhos espetaculares, um fogão com 16 pratos quentes (destaque para a batata doce em calda, a vaca atolada, feijão tropeiro, entre outros) e uma chapa com grelhados e assados na brasa (cujos destaques são a famosa costela de boi e a polenta com queijo grelhado).

↠ *Westfalen* – Apesar do nome germânico, trata-se de uma tradicional churrascaria e *pizzaria* inaugurada em 1966, com decoração *retrô* e ambiente aconchegante e familiar. No local pode-se comer desde incríveis churrascos até saborosas *pizzas*.

↠ *Gramado Grill* – Restaurante especializado no típico churrasco gaúcho.

↠ *Santa Helena* – Um restaurante com ambiente muito agradável com música ao vivo e focado na comida brasileira.

↠ *Prato Cheio* – Restaurante por quilo ou rodízio com diversos tipos de carnes, além de pratos quentes, saladas e molhos. Possui espaço adequado para recepções (casamentos, aniversários e confraternizações).

- *Irashay* – Restaurante especializado nos pratos de culinária oriental, com sabor e apresentação sensacionais.
- *Iritsu* – Restaurante e temakeria. Oferece pratos típicos da culinária japonesa, como: *teppan yaki*, *yakisoba*, *tempurá*, *temakis*, combinados de *sushis*. Também funciona no sistema de rodízio.
- *Biergarten* – Excelente choperia que fabrica o chope artesanal *Oak Bier*.
- *Divinno* – Outra choperia, especializada em cervejas artesanais e pratos especiais, petiscos e porções. A casa, que dispões de música ao vivo, conta com uma boa carta de vinhos.
- *Bem Brasil* – É o bar mais antigo da praça de Embu das Artes. Além do delicioso chope e da tradicional carne seca – um grande sucesso há mais de 30 anos!!! – a casa oferece também música ao vivo.
- *Espeto Deck* – Bar que oferece em seu cardápio deliciosos espetinhos.
- *Solene Sabor* – *Panneteria* e confeitaria que dispõe de produtos de alta qualidade feitos de modo artesanal. O local oferece também um saboroso "lanchão no prato" (no melhor estilo do interior) e o "hambúrguer da casa", feito com carne de qualidade e acompanhado de molhos especiais.
- *Gramado Express* – Local especializado em cafés sofisticados e acompanhados com pão de queijo.
- *Florbela Café* – Café anexo à loja de mesmo nome, decorado com móveis exclusivos de *design* chamativo. Sua especialidade é o incrível "ouro preto".
- *Mexicas Fest* – Paleteria mexicana com a maior diversidade de sabores no País: são mais de 100 opções entre frutas, recheados, cremosos e zero açúcar. A loja tem um ambiente moderno e agradável, com mesas e cadeiras confortáveis.

Não há, portanto, como duvidar que depois da visita a essa **cidade criativa** – Embu das Artes – o visitante terá inúmeras opções para aplacar sua fome, não é mesmo?

Um flagrante de um importante jogo de basquete em Franca, no Pedrocão lotado!!!

Franca

PREÂMBULO

Situada na região nordeste do Estado, Franca é um dos polos econômicos mais destacados do País. Aliás, a cidade encontra-se estrategicamente situada entre os três maiores centros nacionais – São Paulo, Rio de Janeiro e Belo Horizonte – o que lhe facilita o intercâmbio comercial em esses mercados consumidores.

Franca é **gastronomia e sabor!!!** Seu prato típico é o *filé a JK*, em homenagem ao ex-presidente Juscelino Kubitschek. Trata-se de filé bovino à milanesa, recheado com muçarela e presunto, e acompanhado com batatas fritas, arroz, tomate, palmito e banana à milanesa. Outra iguaria típica francana é a **"bolota"**, um saboroso lanche reforçado com os mais variados recheios. Todavia, se o paladar do visitante pede culinária italiana, árabe, ou até mesmo o churrasco etc., Franca oferece tudo isso!!!

Franca é **cultura** e **lazer!!!** Na praça central Nossa Senhora da Conceição, bem no centro da cidade, o visitante poderá se divertir observando o **"segundo relógio solar do mundo"**, ver a fonte das Quatro Estações, entrar na belíssima igreja matriz e tirar uma foto no **marco zero**. Um pouco mais adiante, ele vislumbrará a arquitetura do Colégio Champagnat, um incrível cartão-postal da cidade. Já à noite, ele terá a oportunidade de conhecer o templo do basquete nacional e emocionar-se com um jogo da equipe local, compreendendo o porquê de Franca ser considerada **"capital do basquete"**.

Franca é mais **compras!!!** Franca também é chamada de **"capital do calçado"**, mas, além de sapatos, ela oferece aos turistas uma espetacular Feira de Artesanato. A cidade produz ainda vários outros itens, que vão desde uma grande variedade de *lingeries*, roupas *fitness* e moda praia, até doces e cafés especiais.

A HISTÓRIA DE FRANCA

O município de Franca está localizado a 401 km da capital paulista, e ocupa uma área de 607,33 km², dos quais 92 km² estão na zona urbana. Na cidade viviam no início de 2018 cerca de 351 mil pessoas. Os municípios limítrofes são: Cristais Paulista, Patrocínio Paulista, Restinga, Batatais, Ribeirão Corrente, São José da Bela Vista, Claraval e Ibiraci (esses dois últimos municípios ficam no Estado de Minas Gerais).

Quanto o assunto é qualidade de vida, desenvolvimento econômico, segurança etc., Franca tem aparecido em excelentes posições nos *rankings* nacionais. No município, o acesso à rede de água e ao serviço de esgoto estão garantidos praticamente a todas as casas. Aliás, de acordo com o Instituto Trata Brasil (responsável por esse tipo de levantamento), Franca já foi eleita a cidade brasileira com a **melhor rede de saneamento básico** entre todas aquelas com mais de 300 mil habitantes. A cidade possui importantes meios de comunicação, ou seja, emissoras de rádio AM e FM, emissoras de TV abertas, afiliadas das principais redes nacionais, e dois jornais impressos.

A história dessa região, cujo nome era **"sertão do capim mimoso"** e onde encontram-se os rios Pardo e Sapucaí, teve início com os bandeirantes no ano de 1722. Na época, o bandeirante Bartolomeu Bueno da Silva – que recebera dos índios o apelido de "**Anhanguera**" ("Diabo Velho" ou "Espírito Maligno"), abriu o "caminho de Goiás" (também conhecido como "estrada dos Goiases"), ligando a cidade de São Paulo às minas de ouro de Goiás, que pertencia à capitania de São Paulo.

A partir daí, começaram a surgir os famosos **"pousos"** de tropeiros, locais onde os bandeirantes paulistas paravam para descansar com seus animais de carga durante as viagens que faziam em busca do ouro no interior do Brasil. No final do século XVIII, havia muitos desses pousos dispersos na região, sendo que em 1779, cerca de uma centena de pessoas viviam no sertão do rio Pardo, pertencente à vila de Mogi Mirim. O pouso que deu origem à cidade de Franca foi chamado pelos bandeirantes na época de **"pouso dos Bagres"**.

Então, para garantir uma melhor organização do local, criou-se uma Companhia de Ordenanças, para dirigi-la foi nomeado o capitão português Manoel de Almeida. No início do século XIX, os filhos desse capitão, Antônio Antunes de Almeida e Vicente Ferreira de Almeida, doaram suas terras para a construção de uma capela, que seria benzida pelo padre Joaquim Martins Rodrigues.

Por causa da decadência na mineração, mineiros e goianos acabaram se juntando a essa população e se instalando no "belo sertão do rio Pardo". Isso aconteceu com o incentivo do governador-geral da capitania de São Paulo, Antônio José de Franca e Horta, que, aliás, **deu origem ao nome da cidade**!!!

Considerando que a vila mais próxima ficava a centenas de quilômetros de distância, esses pioneiros reivindicaram junto ao governo geral do Brasil a criação de uma **freguesia**. Assim, em 3 de dezembro de 1805, foi criada a freguesia de Nossa Senhora da Conceição de Franca, pertencente à vila de Mogi Mirim. Vale lembrar que o território original de Mogi Mirim, ao qual pertencia a freguesia de Franca, era muito extenso. Ele abrangia a região de Batatais e se entendia até Igarapava e Guaíra. Com o passar do tempo, entretanto, ele foi bastante reduzido, à medida que novos municípios foram surgindo: Batatais, em 1839; Igarapava, em 1873; Ituverava e Patrocínio Paulista, em 1875; São José da Bela Vista, em 1948; Cristais Paulista, em 1959; Restinga, e, mais recentemente, em 1964, Jeriquara e Ribeirão Corrente.

Em 1821 foi criada por dom João VI a vila Franca Del Rey (que somente seria oficialmente instalada em 28 de novembro de 1824). Nesse mesmo ano, Minas Gerais tentou anexar essa região, porém, devido à resistência dos francanos a tentativa não foi bem-sucedida. Esse episódio foi tão importante que está registrado no brasão da cidade. Nele aparece a cidade fortificada e o lema "*Genti meae paulistae fidelis*", cuja tradução é "Fiel à minha família paulista".

O primeiro presidente da Câmara Municipal foi o capitão José Justino Faleiros, empossado junto com os demais vereadores no dia 30 de novembro de 1824. Com a independência do Brasil, em 1822, a vila foi rebatizada como **vila Franca do Imperador**, em homenagem a dom Pedro I.

Outros fatos importantes relacionados à cidade incluem a violenta revolta promovida pelo capitão Anselmo Ferreira de Barcellos em 1838, que ficou conhecida como "Anselmada", e a consequente criação da comarca de Franca, em 1839, mesmo ano em que grande parte do território da cidade foi usado para a criação da vila de Batatais. Outro episódio interessante da história de Franca foi sua participação na guerra do Paraguai, um evento que contou com a participação dos "voluntários de Franca", dentre os quais o famoso guia José Francisco Lopes – o guia Lopes – que guiou as tropas brasileiras durante a Retirada de Laguna.

Na década de 1890 a cidade passou a ser servida pelo Estrada de Ferro

Mogiana (EFM), porém, no início do século XX, o ramal de Franca foi abandonado e os trilhos retirados. A razão disso foi a construção pela EFM de outro ramal, uma variante que ligava Ribeirão Preto a Uberaba, **sem passar por Franca!?!?** A despeito desse revés, nas últimas décadas do século XIX, e início do século XX, o município recebeu muitos imigrantes, sobretudo italianos. Aliás, foi graças a eles que surgiu a primeira indústria da cidade – a **calçadista** –, que se desenvolveria bastante a partir da década de 1920.

Durante um bom tempo Franca foi conhecida como a "**cidade das três colinas**". Isso por que ele se desenvolveu em cima de três colinas, a da Estação, a do Centro e a de Santa Rita, separadas pelos principais córregos da cidade. Entretanto, com o rápido crescimento urbano, a cidade se espalhou para fora dessas colinas, agregando à sua paisagem outros relevos com características similares. A região de Franca é bem elevada, ostentando uma altitude próxima dos 1.040 m. De fato, trata-se do 5º município mais elevado do Estado, atrás apenas de Campos do Jordão (1.620 m), Pedra Bela (1.120 m), Santo Antônio do Pinhal (1.080 m) e Pedregulho (1.060 m).

Acostumada a lutar, a cidade também participou da Revolução Constitucionalista de 1932, quando seis de seus cidadãos morreram defendendo São Paulo.

Quase trinta anos mais tarde, a partir principalmente da década de 1960, Franca passou a se destacar com a indústria de calçados masculinos, o que lhe garantiu o apelido de "**capital do calçado**".

Hoje, o **setor secundário** é muito relevante para a economia da cidade, na qual existem mais de 1.000 indústrias de calçados, de médio e grande porte. Dentre elas, destacam-se: Calçados Netto, Calvest, Ferracini, Estival, Samello, Vitelli, Carmen Steffens, Tenny Wee, Amazonas, Mariner, Laroche, PG4, Sândalo, HB, Bull Terrier, Democrata e Opananken.

Franca é não apenas a maior produtora de calçados no Brasil, mas de toda a América Latina. Além disso, é importante ressaltar que as indústrias francanas (as já citadas e muitas outras) são muito bem instaladas e estruturadas, respeitando todas as normas ambientais e também sociais, **não havendo** nelas a participação de mão de obra infantil.

Aliás, muitas dessas companhias têm seus próprios centros de ensino e pesquisa no setor coureiro-calçadista, contando com centros de *design* e formação profissional, considerados como os mais modernos do setor, sendo inclusive referência nacional e internacional.

224 Cidades Paulistas Inspiradoras

Com a sua produção em grande parte destinada à **exportação**, a cidade conseguiu levar seus calçados a praticamente todos os grandes mercados do mundo, ou seja, aos EUA e a muitos países da Europa, Ásia e América Latina, que são tidos como de referência mundial em quesitos como **conforto**, **qualidade**, **tecnologia** e *design*. E, se no passado o foco era apenas nos calçados masculinos, hoje a indústria francana atende também aos segmentos infantil e feminino. Além disso, além dos calçados são produzidos hoje na cidade muitos acessórios de moda (bolsas, cintos etc.). Todos esses itens enfeitam vitrines de lojas renomadas em todo o mundo, onde se destacam pelo alto giro de vendas e o lucro que proporcionam aos revendedores.

E por falar em calçados, no que se refere à evolução desse item, vale a pena ler o que o fundador do Museu Histórico de Franca, o jornalista, professor e historiador José Chiachiri Filho (1945-2015) escreveu em seu livro *Crônicas Escolhidas*, ou mais especificamente no conto intitulado *O sapato e a meia*, na qual ele diz: "Nos velhos arraiais brasileiros não podiam faltar os padres, os alfaiates, os taberneiros, os boticários, os barbeiros, as prostitutas, os seleiros e os sapateiros. Os sapatos, evidentemente, não eram de boa qualidade. O processo de curtimento era precário e o sapato, ou a botina, os sapatões, as polainas saíam grosseiras e até meio deformados.

Em Franca a **produção artesanal** de calçados intensificou-se no final do século XIX. Os melhores sapatos eram feitos de couro de veado campeiro. O resto eram chinelões e sapatões. Nos anos 1920, Carlos Pacheco de Macedo e seu sócio Joseph Marx, conseguiram produzir no Curtume Progresso um couro de alta qualidade. Com a implantação da fábrica de calçados Jaguar, teve início a indústria de calçados de Franca.

Claro que o calçado produzido naquela época não tinha a mesma qualidade do que se produz agora. Ainda na década de 1950, os sapatos de Franca furavam o nosso calcanhar com seus pregos afiados. Era preciso ter em casa um "pé de ferro" para achatar as tachinhas que sangravam os nossos pés. Não havia tênis, mocassins, sapatênis. O consumidor precisava contentar-se com o sapato social ou então com a dura e duradoura botina.

Na década de 1950 surgiu a fábrica de meias situada na avenida Rio Branco, que se chamava COTAI. Mas o seu produto, como o de outras fábricas congêneres, não era de boa qualidade. Não tinha a elasticidade das meias atuais e para ajustá-las às canelas era preciso molhá-las. Logo elas secavam, desciam e começavam a ser engolidas pelos sapatos. Era um inferno. A gente andava um pouco e logo a meia começava a desaparecer sapato adentro. Às vezes não adiantava puxá-las. Era preciso parar, tirar o sapato, ajustar a meia e esperar que ela fosse engolida novamente. Para os homens havia até um elástico que ligava a meia à cueca e assim evitava-se que ela descesse. Para a molecada que não usava calça comprida (ou cueca), o jeito era de tempos em tempos parar para ajustar a meia.

Sapatos e meias evoluíram e hoje combinam perfeitamente. Nem o calçado fere os nossos calcanhares e nem as meias desaparecem dentro deles. Portanto, salve a tecnologia!!!"

A **indústria do vestuário** também contribuiu (e contribui) bastante para a economia da cidade. As fábricas francanas têm procurado seguir de perto as últimas tendências da moda.

Neste sentido, uma empresa francana que tem se destacado é a grife Joyce Prado, por conta do talento da *designer* e estilista Elizabete Moraes. E, para essa profissional, a maneira de evoluir em termos de escala está bem clara. Ela explicou: "No que se refere a **moda praia 2018**, os maiôs e as calcinas cavadas, estilo asa delta que já foram uma febre nos anos 1980, retornarão com tudo a partir de 2018. Porém, os biquínis de cintura alta – estilo *retrô* – também vão ser bem demandados, pois são peças que valorizam todos os estilos, corpos e gostos, além de serem peças confortáveis e democráticas. Dessa maneira a moda feminina em 2018 será mais atrativa, com uma paleta de cores mais suave e neutra, apostando nos tons *nude*, clássicos da família Kardashian.

O tema da nossa nova coleção foi a ***Mulher Maravilha***, destacando o empoderamento feminino. Em 2018, especificamente, o que deve ter maior procura são os maiôs para todas as idades, calcinhas maiores, peças '**tal mãe, tal filha**', saídas de praia, *riples*, *tops* para adultos e crianças e o maio engana-mamãe, que promete bombar!!!"

Como se nota, tem muita gente talentosa em Franca que alavanca as vendas das empresas do setor de vestuário, não é?

O município de Franca também se destaca por sua relevante agricultura. De fato, a cidade é o centro produtor de uma das mais importantes culturas mundiais – o **café**, principalmente os chamados "**especiais**". Franca é a principal cidade da região chamada de "Alta Mogiana", que inclui outros 29 municípios.

Nessa região, existem diversas fazendas (relativamente pequenas, em sua maioria), nas quais se cultiva o café com muita história e paixão. Graças à sua geografia e às características de solo e clima (o *terroir*, como se costuma dizer), a região da Alta Mogiana se tornou reconhecida pela ótima qualidade de seus cafés. Ali os grãos crescem em altitudes privilegiadas, de até 1.300 m, apresentam corpo e buquê únicos, ficando entre os mais apreciados do País e do mundo. Por conta disso, e estimulados pela valorização da cafeicultura, os fazendeiros locais (alguns na quarta geração) mantêm viva uma tradição local de quase 200 anos, o que lhes garante experiência e conhecimento científico.

Em termos de distribuição, a maior parte da produção local de café é comercializada pela Cooperativa de Cafeicultores e Agropecuaristas (CO-CAPEC), que reúne muitos agricultores da região e participa das diversas etapas de produção e distribuição do café.

Nos últimos anos a cidade tem passado por uma intensa diversificação no seu **parque industrial**, que agora também abriga indústrias de joias e diamantes, alimentos e bebidas, cosméticos, móveis, fundição (metalúrgicas), entre outras. Elas encontram-se instaladas especialmente num dos mais modernos distritos industriais do Brasil, numa área de aproximadamente 2.000.000 de m^2, totalmente urbanizada e dotada de toda a infraestrutura básica para atender a qualquer nicho. No âmbito dos diamantes, Franca é atualmente um dos **maiores polos** de **lapidação de diamantes** do mundo. No município encontra-se o único escritório do Brasil e da América do Sul especializado nessa pedra preciosa.

Já no **setor terciário**, inicialmente deve-se salientar que Franca já é um importante centro na produção e difusão de conhecimento tecnológico, tendo atraído investimentos para o aprimoramento de processos de desenvolvimento de *softwares* comerciais. Isso aconteceu não apenas pela abertura de empresas por jovens francanos, formados pelas IESs voltadas para a tecnologia que funcionam na cidade, mas também em função da instalação de dezenas de pequenas empresas vindas de outras regiões do País..

O comércio também se destaca na cidade através da presença de grandes empresas, como: Atacadão, Walmart, Makro, Havan, Magazine Luiza (entre outras). Por causa disso, além da população local, a cidade atende aos moradores de toda a região, que dependem do comércio francano. É o que se chama de **visitabilidade provocada pelas compras**!!! Também existem na cidade dois centros de compra: o Franca *Shopping* e o *Shopping* do Calçado de Franca. Este último, aliás, figura atualmente como o segundo maior da categoria em toda a América Latina, com cerca de 80 lojas e mais de 300 marcas de calçados, vendidas no atacado e no varejo.

Com tudo isso, Franca não poderia abrir mão de um órgão capaz de reunir e proteger todos os *stakeholders*, ou seja, as partes interessadas em movimentar esse setor da economia. E, para isso, a cidade possui a Associação do Comércio e Indústria de Franca (ACIF).

Em 2017, no dia 18 de setembro, a ACIF completou 73 anos de história e, ao mesmo tempo, comemorou os bons resultados obtidos por seus associados na gestão da crise econômica, o engajamento do público nas suas campanhas e o lançamento de projetos voltados ao empresariado francano, bem como à comunidade em geral.

O presidente da ACIF, Dorival Mourão Filho, comentou: "O mundo está em constante evolução. Antes as mudanças demoravam 50 anos para acontecer, hoje as coisas mudam muito rápido e precisamos estar atentos a isso. Foi essa necessidade que nos levou a nos reinventarmos e repensarmos, para que, inclusive, esse novo modelo servisse aos nossos associados. Crise deve ser combatida com atitude. Foi com isso em vista que desenvolvemos nossas campanhas, nossos projetos e nossas ações!!!" Aí vão algumas das ações realizadas pela ACIF em 2016 e 2017.

Em 2016, pela primeira vez em sua história, a ACIF realizou uma campanha promocional de **fomento ao comércio**, sorteando carros, motos e vales-compras durante todo o ano. Já a campanha promocional de 2017, denominada "**Sonhos que valem ouro**", veio com um formato diferente, dividida em três etapas: A primeira fase reuniu o Dia das Mães e o Dia dos Namorados; a segunda, incluiu o Dia dos Pais e o Dia das Crianças; já a terceira se concentrou no Natal. Em todas elas os consumidores, lojistas e vendedores receberam prêmios em dinheiro.

A ACIF é uma entidade representante da classe e, portanto, participante ativa da sociedade. Em defesa dos interesses de seus associados e da população como um todo, ela tem se posicionado em questões políticas que afetam a comunidade, com o que ficou à frente da criação do Grupo Político e Econômico Suprapartidário de Franca (o G6), que no primeiro semestre de 2017 entregou à Câmara Municipal um livro com propostas que contemplam o **turismo**, a **educação** e a **saúde**, entre outros projetos, que contam com o apoio de centenas de empresários francanos.

O conceito de **parceria** é o que tem embasado grande parte das ações da ACIF nos últimos anos. Neste sentido, junto com a Universidade de Franca (Unifran), a associação entregou à prefeitura um projeto arquitetônico de revitalização do centro da cidade. Já em colaboração com a Francal Feiras, a ACIF levou 34 lojistas, de forma gratuita, para a 49ª edição da Feira Internacional da Moda em Calçados e Acessórios, realizada entre os dias 2 e 5 de julho de 2017 no ExpoCenter Norte em São Paulo.

A fim de investir em pesquisas econômicas locais e análises de mercado, a entidade reformulou sua parceria com a Uni-FACEF (Centro Universitário de Franca), com o intuito de redirecionar seu Instituto de Pesquisa (que funciona na sede da ACIF) para que este monitorasse a geração de empregos, o mercado imobiliário, a expectativa de vendas etc.

Em colaboração com a secretaria municipal de Desenvolvimento a associação reformulou a antiga **Expointima**, utilizando agora uma nova marca: **Franca Mais Moda**. O primeiro desfile com a nova marca ocorreu em 17 de agosto de 2017, e com certeza isso irá incentivar ainda mais o setor de confecção da cidade, inclusive fomentando a geração de novos negócios. Mais de 500 pessoas prestigiaram o evento, que apresentou a lojistas, fornecedores, empresários do ramo e à imprensa, as propostas de 13 marcas ligadas às modas praia, íntima, *homewear*, casual *fitness* e uniformes.

Uma figura de destaque na primeira edição do desfile do Franca Mais Moda foi Rafa Kaliman (uma influenciadora digital, com mais de 1,4 milhão de seguidores), que afirmou: "Publiquei diversos relatos no dia que passei em Franca, destacando o quanto fiquei encantada não só pela beleza do que vi, mas pela qualidade das peças apresentadas."

No setor de **educação empresarial**, ocorreu na cidade o evento Rodada de Negócios (2ª edição), que reuniu mais de 75 empresas de diversos segmentos em rápidas rodadas de compra, venda e *networking*. Aliás, no início de 2017, foi lançada a Escola Prática de Negócios, que possibilitou aos associados do ACIF ter acesso a um ensino continuado – por meio de cursos de pós-graduação e extensão focados em suas necessidades práticas –, desenvolvido por professores da Uni-FACEF. Através do programa Empreender, a ACIF tem cumprido o seu objetivo de unir pequenas empresas para que alcancem desenvolvimento mútuo.

Já em parceria com o escritório regional do Sebrae/SP em Franca, foram disponibilizados seis ônibus aos empresários francanos, sendo dois exclusivos par os associados da ACIF, com um custo acessível de R$ 30 para participar da Feira do Empreendedor, que aconteceu entre 18 e 21 de fevereiro de 2017, em São Paulo. Considerado o maior evento de empreendedorismo do Brasil, essa feira recebeu cerca de 70 mil pessoas. Nela foi apresentada a "**Cidade Empreendedora**", um evento temático no qual o visitante conheceu de perto o funcionamento de estabelecimentos dentro dos mais altos padrões de qualidade, exemplificados por: oficina mecânica, salão de beleza, comércio eletrônico, restaurante, minimercado, papelaria e loja virtual de moda. Os empreendedores que foram à Feira do Empreendedor voltaram para Franca com muitas ideias novas.

A ACIF notabilizou-se por sua atuação na área da **responsabilidade social**, sendo mantenedora de projetos relevantes como o Guri, que proporciona aulas de música **gratuitas** a crianças de Franca. A entidade também apoia a Ascram na administração das Orquestras Sinfônica e Jovem de Franca e o Ensemble Vocal.

Junto com outras entidades, a ACIF criou há mais de 20 anos o Instituto de Apoio à Formação da Criança e do Adolescente – Pró Criança, que atualmente atende cerca de 1.650 crianças e adolescentes em empresas parceiras.

Na área do **esporte**, a entidade ampliou o apoio ao Franca Basquete, comercializando a preços populares planos de **sócio-torcedor** exclusivos para seus associados, colaboradores e familiares.

Graças a um projeto da ACIF, os frequentadores da praça Nossa Senhora da Conceição (e arredores) passaram a acessar **gratuitamente** uma rede *Wi-Fi* (abreviatura da expressão inglesa *wireless fidelity*, ou seja, de conectividade sem fio) de 60 Mbps (*megabits* por segundo), capaz de comportar um grande número de usuários. Esse projeto vai se expandir para outros corredores comerciais da cidade.

Desde a sua estreia, o Cine Cultural ACIF – um projeto que oferece a exibição de filmes e distribuição de pipocas gratuitamente nos bairros de Franca e também da região – tem feito um sucesso cada vez maior por onde passa. Muitas entidades assistenciais, escolas e centros comunitários já foram visitados pelo Cine Cultural ACIF. Estima-se que no decorrer de 2017 mais de 6 mil pessoas, entre crianças e adultos, assistiram filmes exibidos em um telão de 6 m x 4 m.

Nos dias 25 e 26 de setembro também de 2017 aconteceu o 4º Congresso Empresarial – **Construindo Novos Tempos** –, organizado pela ACIF, do qual participou o midiático prefeito de São Paulo, João Doria Jr. Aliás, ele foi homenageado com o título de "**Cidadania Calçadista**", entregue a empresários, autoridades e personalidades que contribuem para o desenvolvimento e a divulgação de Franca como a "**cidade do calçado**".

Vale lembrar que em 1985, quando João Dória Jr. ainda presidia a Paulistur/Anhembi, sua atuação foi decisiva para a mudança da Couromoda do

230 Cidades Paulistas Inspiradoras

Rio de Janeiro para São Paulo. No seu discurso, o atual prefeito da capital paulista declarou: "Devemos continuar amando o Brasil, mesmo com todos os problemas que temos agora. Façam planos, se organizem, se mobilizem, não aceitem provocações, não briguem com os improdutivos, mas lutem com coragem para se ter um Brasil mais transparente e ético." Cerca de 1.800 pessoas aplaudiram o prefeito na ocasião.

E o que a ACIF tem realizado, de forma obstinada, mostra que seus gestores e associados têm agido de acordo com a recomendação do prefeito paulistano, não é mesmo? E é dessa forma, envolvendo-se no desenvolvimento econômico e social da comunidade francana, que a ACIF vem se firmando cada vez mais como uma instituição de referência no País.

Outro setor de serviços que envolve muita gente é o de **educação**, e neste sentido, Franca é considerada uma **cidade universitária**, pois conta com importantes IEs voltadas para cursos técnicos e IESs. Entre os cursos técnicos e profissionalizantes, destacam-se as unidades do Senac e do Senai Professor Márcio Bagueira Leal, assim como o Colégio Técnico Agrícola Carmelino Corrêa Junior; o Centro Federal de Ensino Tecnológico (Cefet), as unidades administradas pelo Centro Paula Souza, a Etec e a Escola Dr. Julio Cardoso.

Também existem boas escolas particulares em Franca, como é o caso do Colégio Francano, que usa o sistema de ensino Dom Bosco, que, focado na formação intelectual e cidadã do aluno, utiliza meios de ensino flexíveis e modernos. Vale lembrar que em 2018, essa escola começou a oferecer esse sistema desde a educação infantil (a partir de 1 ano), até o ensino médio, passando pelo ensino fundamental 1 e 2. Outra escola particular importante da cidade é o Colégio Piaget.

No que se refere às IESs, o **grande destaque** vai para a Unesp, que oferece na cidade cursos de graduação nas áreas de direito, história, relações internacionais e serviço público, além de mestrado em direito e mestrado e doutorado em história e serviço social.

Em 1962 foi criada na cidade a Faculdade de Filosofia, Ciências e Letras de Franca. Em 1968 ela ocupou as instalações do Colégio Nossa Senhora de Lourdes, um dos monumentos históricos mais antigos da cidade, situado no centro de Franca. Finalmente, em 1976, a faculdade foi incorporada a Unesp, constituindo-se assim o *campus* da Unesp em Franca, e, a partir daí os alunos universitários passaram a ter cursos **gratuitos**!!! Atualmente o nome da instituição é Faculdade de Ciências Humanas e Sociais. Ela conta com cerca de 2.000 alunos e algo próximo de 100 professores. Um novo *campus* foi inaugurado para ela em 13 de janeiro de 2009 no Jardim Petraglia.

Há também a Unifran, que é uma IES particular e oferece mais de 100 opções de cursos de graduação, pós-graduação e EAD. Essa IES tem obtido boas avaliações dos seus cursos pelo ministério de Educação, o que se constitui um forte atrativo para alunos de vários municípios mineiros que vem estudar nessa instituição.

Poucos estudam ou conhecem a história das **faculdades municipais** de Franca. Esse projeto teve início, coincidentemente, com a expansão da economia brasileira e o seu ingresso no círculo do capitalismo mundial. Logo após o término da 2ª Guerra Mundial (1945), e com o início da organização industrial no território paulista, coube à cidade de Franca implementar atividades industriais tradicionais relacionadas ao couro e ao calçado.

Foi nesse período da história que se registrou a criação de faculdades ligadas à educação profissional no interior de São Paulo. O Uni-FACEF (Centro Universitário de Franca) acabou sendo criado nesse contexto e pode ser considerado **a mais antiga IES municipal do Estado**. No passado ele foi uma faculdade particular, criada por jovens com idealismo público, desejosos de formar profissionais capazes de desenvolver a indústria local e regional.

Assim, em 20 de março de 1951, o então presidente da República Getúlio Vargas, assinou o decreto Nº 29377/51, autorizando a criação da Faculdade de Ciências Econômicas de Franca (FACEF), mantida pelo Instituto Francano de Ensino. Então, pelo decreto federal Nº 48.908 de 27 de agosto de 1960, assinado pelo então presidente Juscelino Kubitschek de Oliveira, a FACEF teve o seu curso reconhecido!!!

Em 1966, na administração do prefeito Hélio Palermo, a IES foi transformada em **autarquia municipal**, mantida com recursos provenientes das matrículas dos alunos e de subvenções das três esferas de governo: municipal, estadual e federal. O curso de Administração foi iniciado em 1971 e o de Ciências Contábeis foi autorizado em 22 de abril de 1981. Em 2001, comemorando o eu **cinquentenário**, iniciaram-se dois novos cursos: Comunicação Social com habilitação em Publicidade e Propaganda e Administração com habilitação em Hotelaria.

Finalmente em 28 de junho de 2004, a IES recebeu autorização para se transformar em Centro Universitário, que os francanos orgulhosamente acreditam ser o melhor **municipal** do Brasil!!! **(e, aliás, não só eles, uma vez que esse fato já foi reconhecido pelo próprio ministério da Educação!!!)**

Vale ressaltar que na última década a Uni-FACEF registrou um grande crescimento, tanto em infraestrutura quanto na excelência de seu processo de ensino e aprendizagem. A IES conta atualmente com cerca de 200 funcionários (entre professores e funcionários administrativos), oferecendo 12 cursos de graduação: Administração, Contabilidade, Comunicação Social (Publicidade e Propaganda), Economia, Engenharia Civil, Engenharia de Produção, Engenharia de *Software*, Letras (português, inglês e espanhol), Matemática, Medicina, Psicologia e Sistema de Informação. A Uni-FACEF também dispõe de cursos de MBA e pós-graduação *lato sensu* e *stricto sensu*.

Como autarquia municipal, a UNI-FACEF não visa lucro, e, portanto não precisa dar retorno aos seus investidores. Dessa maneira, suas finanças são gerenciadas com cuidado para que a IES possa sobreviver, mas boa parte do que se arrecada com as mensalidades dos alunos – aproximadamente 2.200 – é reinvestido de forma contínua na melhoria das instalações, na reciclagem dos professores e no aprimoramento dos processos de ensino e aprendizagem.

A Uni-FACEF também apoia vários projetos sociais desenvolvidos pelos seus departamentos, visando atender a comunidade francana. Esse, por exemplo, é o caso da clínica de Psicologia, que em 2017 atendeu cerca de 2.500 pessoas. Além disso, a Uni-FACEF presta atendimento aos francanos nas UBSs e no Ambulatório Escola, trabalhando em parceria com diversas instituições filantrópicas.

Desde 1º de janeiro a Uni-FACEF tem como reitor o ex-aluno da IES, José Alfredo de Pádua Guerra, que afirmou: "Quero dar continuidade ao excelente trabalho que meus antecessores já desenvolveram na Uni-FACEF. Isso teve início com a professora Edna Campanhol, passando depois pelo professor Alfredo José Machado Neto (agora no cargo de vice-reitor). Temos uma equipe de professores e pessoal administrativo totalmente comprometida, o que torna mais fácil gerenciar a IES. Em 2017, demos andamento a duas grandes obras: a ampliação da unidade II – um prédio de aproximadamente 4.000 m^2 – e a reforma do complexo da Santa Casa de Franca, o Hospital do Coração, que será sede do Ambulatório Escola do nosso curso de Medicina.

Não há que se pensar muito agora em mudanças radicais, mas sim em dar continuidade ao trabalho já realizado e executar o que foi planejado nos projetos de alguns anos atrás. Assim, a prioridade é terminar a implantação dos novos cursos com um investimento maciço em equipamentos e laboratórios que eles necessitam, o que sem dúvida irá melhorar o conceito da Uni-FACEF em Franca e em toda a região."

Não se pode deixar de ressaltar uma outra iniciativa da prefeitura na área de educação. Assim, através da lei Nº 653, foi criado em 8 de agosto de 1957 a Faculdade de Direito. Essa lei foi sancionada pelo então prefeito Onofre Sebastião Gosuen, depois de ter obtido autorização do então presidente da República, Juscelino Kubitscheck de Oliveira, para o funcionamento (decreto Nº 33.290 de 28 de fevereiro de 1958).

Essa faculdade foi oficialmente instalada em 28 de março de 1958, tendo como seu primeiro diretor Benedito de Freitas Lino, um advogado da prefeitura. Ainda antes de ter formado a primeira turma, ela foi reconhecida pelo decreto federal Nº 50.126 de 26 de janeiro de 1961!! Atualmente tem cerca de 1.500 alunos e ao longo das décadas foi granjeando reputação, tendo se tornado uma importante instituição de ensino jurídico. A IES é portadora do selo "**OAB Recomenda**", da Ordem dos Advogados do Brasil, e figura entre as melhores faculdades de Direito do País.

Outra IES pública de Franca é a Fatec Dr. Thomaz Novelino, que funciona num antigo edifício na Vila Imperador e oferece os cursos de análise e desenvolvimento de sistemas, gestão de produção industrial e gestão empresarial.

A Fatec de Franca tem se destacado pelos trabalhos desenvolvidos por seus alunos. Um bom exemplo disso é o aplicativo (*app*) desenvolvido por um grupo de estudantes para portadores de necessidades especiais, em especial os deficientes visuais, que enfrentam dificuldades para utilizar o transporte público urbano. Ele é compatível com dispositivos *Android* e *iPhone*, sendo totalmente gratuito.

Esse *app* faz parte do projeto de implantação de Sistemas Focados em Cidades Inteligentes ("*smart cities*"), cuja finalidade é desenvolver um sistema capaz de rastrear e indicar a posição dos ônibus dentro da cidade, permitindo que os deficientes visuais possam saber através do *app* quando o ônibus chegará ao ponto, além de informar ao motorista que há um deficiente visual aguardando. Mas essa nova solução também pode ser aplicada a indivíduos com outros tipos de necessidades especiais, como as motoras e cognitivas. De fato, ele pode ser utilizado por quaisquer pessoas interessadas!?!?

A empresa São José, que opera o sistema de ônibus em Franca, já autorizou a coleta e a disponibilização das informações sobre rotas e posicionamento geográfico de seus veículos. Parabéns aos alunos francanos pelo

234 Cidades Paulistas Inspiradoras

projeto, assim como aos professores da Fatec Dr. Thomas Novelino, que os orientaram e, com isso, estão formando jovens bastante talentosos!!!

Outro serviço vital para a cidade é o **atendimento médico** para os que vivem em Franca e na região. Neste sentido, a cidade de Franca conta várias opções: o Hospital Geral Santa Casa de Misericórdia; o Hospital Psiquiátrico Allan Kardec; o Hospital Regional; o Hospital do Câncer; o Hospital do Coração e o Hospital São Joaquim, da Unimed (que também é maternidade).

Aliás, esse hospital da Unimed foi inaugurado em 1990, possuindo um total de 113 leitos e dispondo de UTI para adultos (com capacidade para 10 pacientes), neonatal (8), pediátrica (8) e semi-intensiva (2). Nesse hospital tem-se um centro de diagnóstico do coração, centro de diagnóstico integrado, serviço de quimioterapia, pronto-atendimento, unidades paliativas e um serviço de remoção (ambulância UTI).

A prefeitura, por sua vez, dispõe de um pronto-socorro central, de um pronto-socorro no Jardim Aeroporto e de um outro chamado Dr. Álvaro Azzuz, além de um infantil chamado "Dr. Janjão". Franca tem ainda um AME e conta com o atendimento SAMU.

No que se refere a **saneamento** básico, de acordo com a avaliação da empresa Trata Brasil, Franca já foi considerada a cidade com o melhor acesso ao tratamento de esgoto, com um índice de 97%. De acordo com a SABESP, esse índice só não chega a 100% por causa da existência de voçorocas em um bairro, o que inviabiliza obras subterrâneas.

Outro importante setor de serviços, e que emprega muita gente, é o de **transporte**. A população da cidade conta com o sistema eletrônico de bilhetagem **Passe Fácil**, que permite que o passageiro faça integrações entre as linhas de ônibus não somente nos **terminais de integração**, ou seja, no terminal Ayrton Senna, no centro, e no terminal Sabino Loureiro, na Estação, mas em qualquer ponto da cidade.

Chega-se a Franca através das rodovias Cândido Portinari (SP-334), vindo de Ribeirão Preto; Engenheiro Ronan Rocha (SP-345), vindo de Passos e Prefeito Fábio Talarico (SP-345) chegando de Barretos. As outras opções são as estradas intermunicipais, como a Felipe Calixto, vindo de Ribeirão Corrente; João Traficante, vindo de Ibiraci; Nelson Nogueira, vindo de Ribeirão Corrente; Nestor Ferreira, vindo de Restinga; Rio Negro e Solimões, vindo de Batatais; e Tancredo Neves, vindo de Claraval.

Franca conta com o aeroporto estadual Tenente Lund Presotto, que até dezembro de 2008 costumava receber voos regulares da empresa aérea Passaredo, que infelizmente decidiu encerrar suas operações por causa da baixa demanda de passageiros. Todavia, desde 2012, Franca voltou a receber atenção das empresas aéreas e, em especial, do DAESP, que pretende privatizar diversos aeroportos das cidades médias e grandes do Estado, tendo iniciado inclusive novos investimentos em vários deles, apesar da forte crise econômica que abalou o País principalmente entre 2015 e 2017.

Porém, considerando que estamos na **era da velocidade** e muitos negócios precisam de rapidez no transporte de mercadorias e também de pessoas, deveríamos nos inspirar no exemplo do que foi feito em **mais de 100 cidades** da China, onde foram realizadas grandes melhorias nos seus **aeroportos**.

Aliás, vale a pena abrir um espaço nesse momento e fazer algumas considerações sobre a China especialmente nos avanços que o país conquistou no **transporte ferroviário**. Em 2018, esse grande país oriental contava com uma extensa rede de linhas férreas, nas quais circulam trens de alta velocidade (TAVs) interligando cidades com as composições se deslocando em velocidades superiores a 300 km/h. Em contrapartida, no Estado de São Paulo, onde as cidades progrediram desde o final do século XIX a partir da chegada das estradas de ferro, infelizmente esse meio de transporte foi sendo desativado até o final do século XX. E o pior é que possuir um TAV não está nos nossos planos nem para a próxima década!?!?

Note-se que em 18 de outubro de 2017, na abertura do 19º Congresso do Partido Comunista, o presidente da China, Xi Jinping, considerado em 2017 pela renomada revista *The Economist,* como o "**homem mais poderoso do mundo**", ressaltou em seu discurso: "A marca registrada que quero deixar como legado do meu governo é a iniciativa do '**Cinturão e da Rota da Seda**', construindo estradas, ferrovias, portos, usinas de energia eólica, aeroportos e outras obras de infraestrutura que permitam consolidar a influência econômica e política chinesa, e permitir que haja também prosperidade em outras vastas extensões territoriais do planeta."

Note-se que no final de 2016, a China já contava com 124.000 km de ferrovias, e com a maior rede ferroviária de TAV do mundo, com 23.000 km. E até o final de 2022 – fim do novo mandato de Xi Jinping –, a China pretende ampliar a extensão das linhas de TAV em operação para 35.000 km, conectando dessa forma 85% das grandes cidades do país, e reformar mais de 40.000 km de vias expressas.

236   Cidades Paulistas Inspiradoras

Por outro lado, o que se visa com a iniciativa Cinturão e Rota da Seda é construir uma grande rede de comércio e ter a adequada infraestrutura para conectar a Ásia com os países da Europa e da África, ao longo das antigas rotas comerciais que foram muito usadas no passado.

Em 2049, será comemorado o centenário da República Popular da China, que, aliás, está se preparando para ser aceita como **a maior superpotência do planeta**. E tudo indica que com todo esse planejamento ela de fato conseguirá seu objetivo, você não concorda, caro(a) leitor(a)?

E Franca já sofreu bastante com a China, desde que esse país se tornou um **grande produtor de calçados** e invadiu os mercados onde eram comercializados os calçados feitos por outros países!?!?

No tocante à **visitabilidade**, deve-se ressaltar que em Franca isso também se deve ao **esporte**, aos **espaços culturais**, aos **locais de lazer**, aos **eventos** promovidos na cidade e também nos seus arredores, nos quais existem muitos locais interessantes. Por exemplo, a 70 km da cidade está a reserva da serra da Canastra, e Franca é a cidade mais próxima e com a melhor infraestrutura (hotéis, restaurantes etc.) para receber turistas!!!

Já no bairro Miramontes fica o Jardim Zoobotânico (antigo Horto Florestal Municipal), que abriga uma grande diversidade de espécies vegetais. No local existe também uma área de lazer e uma praça de alimentação, além de um parque infantil. São produzidas ali aproximadamente 400 mil mudas por ano, utilizadas para o paisagismo urbano, além de várias espécies nativas para a recomposição florestal. Visitas orientadas possibilitam um melhor contato com a natureza para que as pessoas tenham uma melhor observação e percepção da biodiversidade e das interações com os seres vivos.

Nesse mesmo local encontra-se a sede da Associação dos Orquidários de Franca. Em 9 de junho de 1992, através de um projeto do vereador Valdes Rodrigues (lei 4.117) foi criado o Museu de Imagem e do Som Bonaventura Cariolato, que mantém registros e faz a preservação de mídias. O museu está instalado nas dependências do Espaço Cultural Fundação Esporte, Arte e Cultura (FEAC), e conta com uma ampla sala para exposições, com fotos, televisores para mostra de audiovisuais, laboratório de imagem e som, e centenas de peças raras, como: rádios, microcomputadores, projetores, câmeras fotográficas, editores manuais de filmes, filmadoras, aparelhos telefônicos etc.

O Museu Histórico Municipal de Franca José Chiachiri fica na rua Campos Sales e está instalado num prédio construído em 1898, que no passado funcionou como fórum e cadeia pública, mas desde 1970 abriga o museu. Seu acervo tem cerca de 4.100 objetos que pertenceram a personalidades da cidade e da região. Também fica ali uma biblioteca de apoio à pesquisa regional. Seu arquivo caracteriza-se por ter muitos documentos manuscritos e impressos da Câmara de Vereadores e da prefeitura, além de peças de porcelana e de desenhos folclóricos, incluindo uma coleção filatélica. Toda a documentação está em uma sala climatizada e boa parte dela já está digitalizada.

A Pinacoteca Municipal Miguel Ângelo Pucci é um museu de arte fundado em 15 de dezembro de 1970. Trata-se de uma instituição pública municipal, subordinada a FEAC. Ela possui um pequeno acervo de aproximadamente 280 obras, 80% das quais se referem a artistas da cidade e da região. Nela realiza-se anualmente, desde 1985, o Salão de Artes Plásticas de Franca. Também são organizadas no local exposições temporárias e outros eventos culturais.

O Teatro Municipal José Cyrino Goulart – com 425 lugares e reformado há pouco tempo – recebe periodicamente peças teatrais. Nele também são feitas apresentações de orquestras e *shows* musicais, mantendo-se assim uma agenda bem diversificada. Em uma área anexa ao teatro, tem-se o Teatro de Bolso Orlando Dompieri, com capacidade para 106 espectadores. Também fica na cidade o Teatro Judas Iscariotes, com 320 lugares, que foi reinaugurado em 2012, após reforma realizada pela Fundação Espírita Judas Iscariotes.

No âmbito do **esporte**, como já foi mencionado, foi no basquete que Franca obteve projeção nacional e internacional. Isso ocorreu a partir da fundação, em 10 de maio de 1959, do Franca Basquetebol Clube, que se tornaria o **clube brasileiro que mais ganhou títulos**!!! Nesse clube atuaram vários jogadores que se destacaram no basquete brasileiro, como Hélio Rubens e seus irmãos Fransérgio e Toto, Helinho (filho de Hélio Rubens, que hoje é um promissor treinador), Chuí, Rogério Klafke, Demétrius C. Ferraciú, entre outros jogadores brasileiros.

Em Franca existe o Instituto Aspa (Associação de Pais e Amigos do Franca Basquete), que nasceu da paixão da cidade pelo esporte. Além da sua intenção de desenvolver **talentos** para esse esporte, a associação realiza também um forte trabalho social na cidade. Atualmente, o Instituto Aspa possui 20 funcionários, entre pessoal administrativo e treinadores. Sua diretoria é composta por 15 voluntários, 90% dos quais são ex-jogadores e filhos de ex-jogadores de basquete, que buscam incentivar crianças e adolescentes a praticá-lo.

De uma forma mais evidente, pode-se dizer que a **missão** desse instituto é formar, orientar e treinar crianças e adolescentes, com base no basquete, usando o esporte como um veículo de desenvolvimento físico, emocional, educacional, pessoal e profissional. Isso acontece por meio de cinco projetos que o instituto mantém: **Basquete Competição**, **Basquete Educação**, **Aspa Cidadão**, **Basquete.com** e **Aspa Festival**.

O gestor executivo do Instituto Aspa, João Marcelo Leite, explicou: "Em cada um desses projetos há uma forma específica de atuação, mas em todos eles o que se busca é orientar e ensinar aos participantes os valores e princípios de vida. Aliás, lapidar um atleta, ver o seu crescimento profissional e ajudá-lo a se tornar um cidadão melhor é muito **gratificante**.

O projeto Basquete Competição foi o que se tornou mais conhecido dentre o que fazemos na nossa entidade. No caso dele, há cinco equipes de treinamento com jovens entre 12 e 16 anos, divididos nas categorias Sub12, Sub13, Sub14, Sub15 e Sub16. No total eles são cerca de 125 atletas das categorias de base que representam Franca em competições regionais e nos níveis estadual e nacional. Esse projeto é subsidiado através de um convênio que o Instituto Aspa fez com a prefeitura. Jogos, viagens, alimentação, material esportivo, salários dos treinadores, são alguns dos gastos que temos para colocar os meninos em condição de jogo.

No início de cada ano é feita uma seleção de atletas, quando os jovens passam por avalição física e técnica. Atualmente, dos 17 atletas da equipe principal do Franca Basquete, 12 já passaram pelo Instituto Aspa, inclusive entre eles estão jogadores como Léo Meindl e Lucas Mariano, que recentemente foram convocados para a seleção brasileira adulta de basquete."

Acho que agora ficou mais fácil para o(a) leitor(a) compreender o motivo de Franca ser chamada de "**capital do basquete**", não é?

Ao longo das décadas, o time de Franca contou também com alguns jogadores estrangeiros famosos, entre eles José Vargas e Tato Lopez, mas, em 2017, o clube obteve o patrocínio do Sesi e estabeleceu uma norma: **manter no elenco somente jogadores brasileiros**. E nesse ponto gostaria de acrescentar algo bem pessoal. Durante a minha juventude joguei basquete durante um bom tempo, chegando inclusive a ser campeão mundial (em 1963) e me tornando medalhista olímpico (bronze, nos Jogos Olímpicos de Tóquio de 1964), para citar apenas duas das minhas conquistas esportivas. Evidentemente, enfrentei a equipe de Franca algumas dezenas de vezes (tendo perdido muitos desses jogos...). Aprendi então a admirar a dispo-

FRANCA

sição com que os três irmãos Garcia – Hélio Rubens, Toto e Fransérgio – desempenhava suas funções, ajudados é claro pelos demais companheiros. Mesmo não sendo muito altos (a altura é muito importante no basquete...), mas com muita técnica, enorme disposição na defesa e um incrível jogo de conjunto, eles superavam equipes com jogadores mais famosos (e mais altos...), como foi o caso dos times do Palmeiras e do Sírio, nas quais joguei por cerca de 16 anos.

Estabeleci uma grande amizade com Hélio Rubens, quando ambos fizemos parte da seleção universitária de São Paulo. Ganhamos o título nos Jogos Universitários em 1961, na cidade gaúcha de Santa Maria. Mais tarde já no Palmeiras, quando a equipe de Franca passou por uma dificuldade financeira, consegui convencer Hélio Rubens e Edson Ferracciú a se transferir para São Paulo e jogar junto comigo. Aliás, também convidei para ser o nosso técnico o dedicado Pedro Morilla Fuentes ("Pedroca"), que dirigia o Franca Basquetebol Clube em 1966.

Assim, jogamos quase um ano juntos. Quando a equipe de Franca solucionou seus problemas financeiros e voltou a disputar o campeonato, eles retornaram para a cidade...

A equipe de Franca foi duas vezes vice-campeã mundial de basquete, em 1975, sob a denominação de Esporte Clube Amazonas Franca; e em 1980, como Associação Atlética Francana. Com isso, a cidade procurou ampliar cada vez mais seu ginásio, para que tanto os francanos quanto os visitantes de outras cidades pudessem assistir aos espetaculares e emocionantes jogos da sua equipe. Dessa maneira, surgiu o primeiro projeto do Ginásio Poliesportivo da cidade, na gestão do prefeito José Lancha Filho. Em 19 de janeiro de 1975, na abertura da 39ª edição dos Jogos Abertos do Interior (o mais importante evento poliesportivo da época...), realizado em Franca, o ginásio foi inaugurado oficialmente com capacidade para 3.5 mil pessoas. Na época a cidade foi representada pelo Amazonas Franca, e o ginásio foi inaugurado pelo prefeito Hélio Palermo.

A importância de Franca no basquete foi aumentando e em muitas ocasiões a capacidade do ginásio tornou-se insuficiente. Tanto que muita gente sequer conseguia entrar nele em alguns jogos... Assim, o local precisou ser ampliado e reinaugurado, dessa vez com a denominação Ginásio Poliesportivo Pedro Morilla Fuentes (o "Pedrocão"). Essa foi uma homenagem ao grande incentivador do basquete francano, que durante muito tempo procurou estimular os jovens que estavam no ensino fundamental e médio a praticarem basquete nas "escolinhas" desse esporte.

A reinauguração do ginásio – agora com capacidade para 7 mil pessoas e, mesmo assim, superlotado – ocorreu em 2 de setembro de 1996, com um jogo comemorativo em que se homenageou Hélio Rubens Garcia, que participou da partida por alguns minutos, antes de se despedir definitivamente das quadras como jogador.

Nesse dia também foi inaugurado o primeiro placar eletrônico central (de quatro lados) da América Latina, que permitia sua visualização de todos os cantos do ginásio. Mais tarde Hélio Rubens se tornou um vitorioso técnico, dirigindo várias equipes e inclusive a seleção brasileira. Atualmente é o filho dele, Helinho, que comanda a equipe do Franca patrocinada pelo Sesi. Aliás, em breve uma unidade do Sesi em Franca levará o nome de Hélio Rubens Garcia, numa justíssima homenagem a esse grande atleta.

Na temporada 2017/2018, o time de basquete Sesi Franca conseguiu vários reforços e o mais comemorado foi a volta de Leandrinho, após ter atuado algumas temporadas na NBA, nos EUA. Em 6 de janeiro de 2018 ele fez a sua primeira partida quando colaborou muito para que a sua equipe vencesse o Vitória da Bahia, o que deixou bem felizes os apaixonados torcedores que lotaram o Pedrocão...

Como em qualquer outra cidade brasileira, um esporte que continua popular é o **futebol**. Assim, a cidade conta com a Associação Atlética Francana, ou simplesmente Francana, como seu principal clube de futebol. Ela foi fundada em 12 de outubro de 1912 por David Carneiro Ewbank, Homero Pacheco Alves e Beneglides Saraiva. A equipe já foi campeã da Segunda Divisão do Campeonato Paulista de Futebol em 1977, mas atualmente disputa a Série B1 (Quarta Divisão) do Campeonato Paulista. E, para isso o time usa o estádio municipal Dr. Lancha Filho (o "Lanchão"), cuja capacidade é para 18 mil espectadores. Já o seu campo, conhecido como "Coronel Nhô Chico", é utilizado atualmente pelas categorias de base.

Em fevereiro de 2009 surgiu a ideia de se criar o primeiro autódromo da região, e em dezembro daquele ano, após 10 meses foi inaugurado o Franca *Speed Park*, com uma pista asfaltada de 1.400 m (passível de ampliação e melhoria de infraestrutura). Esse autódromo tem sido usado para campeonatos regionais, com pilotos vindos dos Estados de Minas Gerais, Goiás e São Paulo.

O *Speed Park* também funciona como kartódromo. Assim, os que adoram pilotar podem alugar um *kart* e se divertir bastante fazendo curvas incríveis na sua pista. No local também são organizados outros eventos, como maratonas para bicicletas de velocidade e entretenimento com motocicletas!!!

E não se pode esquecer que em 2009 foi fundado o Diablos Rugby Club, a primeira equipe de rúgbi da região, que já tem algumas dezenas de praticantes regulares. Atualmente a equipe participa da Liga Paulista de *Rugby* (LIPAR) e do Campeonato Paulista de *Rugby* do Interior (CPI).

Não se pode esquecer o fato de qualquer cidade que possuir equipes esportivas de destaque isso lhe proporcionará uma grande **visitabilidade**, atraindo pessoas das cidades vizinhas e, inclusive, de regiões bem mais distantes. E, para atender a essa demanda, a cidade de Franca dispõe atualmente de uma boa rede hoteleira. Além disso, os visitantes têm a sua disposição pelo menos duas dezenas de bons restaurantes, nos quais podem se alimentar muito bem!!!

Um hotel econômico e confortável é o Dan Inn, que pertence ao grupo Nacional Inn, presente em 23 cidades do Brasil. O Dan Inn fica bem em frente ao Pedrocão, sendo portanto um local estratégico para hospedar os visitantes que vem a Franca para assistir basquete.

O Dan Inn de Franca tem 125 apartamentos, salas de reunião em vários formatos, um centro de convenções (CENACON) que comporta até 1.100 pessoas, atendendo a congressos, formaturas, casamentos, reuniões empresariais, desfiles de moda etc. Em termos de lazer, o local oferece piscina, quadra de tênis, sauna, academia, quiosques para churrasco e um amplo estacionamento (cortesia para os hóspedes ou clientes que participam dos eventos). Como se nota, esse hotel também é ideal para todo aquele que procura um pouco de lazer e descontração.

Os apartamentos do hotel possuem diferentes configurações, mas todos são equipados com Internet *Wi-Fi* (uma cortesia), ar condicionado, TV a cabo, frigobar abastecido, secador de cabelo, mesa de trabalho e telefone com linha externa. O café da manhã (incluso no preço da diária), satisfaz o hóspede pela sua variedade em sucos, pães, bolos, frutas, frios etc.

E para finalizar esse relato sobre Franca, falemos de um bom gestor público que comandou a prefeitura da cidade a partir de 2012, ou seja, de Alexandre Augusto Ferreira. Antes disso, ele desenvolveu um excelente trabalho na gestão do prefeito Sidnei Franco da Rocha, em 2009, que na época o convidara para ocupar o cargo de secretário de Desenvolvimento

Econômico, quando já era o secretário municipal da Saúde (ele é médico veterinário)!!!

Ele aceitou com muito ânimo a nova função, comentando: "Para mim, o desenvolvimento da minha cidade tornou-se um grande motivador, inclusive porque nunca antes a prefeitura teve uma secretaria nesses moldes, para **conhecer**, **entender** e **atender** às necessidades da cidade. Uma coisa estava clara para mim: era preciso fazer um diagnóstico situacional e, a partir dele, essa nova secretaria teria de fomentar as políticas públicas em todas as áreas que permitissem o desenvolvimento da cidade.

Comecei o meu trabalho com apenas 15 servidores para me ajudar, e uma das minhas iniciativas foi procurar **atrair** mais empresas para Franca. Para isso, era necessário melhorar a infraestrutura da cidade (transporte, suprimento de energia elétrica e água etc.). Além disso, para atrair a instalação de novas companhias, era imprescindível que os empresários empreendedores acreditassem que na cidade havia boa qualidade de vida e mão de obra qualificada e em quantidade suficiente.

Na época tínhamos na cidade uma '**grande mortalidade**', ou seja, cerca de 300 empresas de porte pequeno e micro abriam todo mês, mas o índice de fechamento após 12 meses chegava à assustadora taxa de **27%**. E estávamos vivendo uma situação bastante especial, ou seja, cerca de 85% dos empregos da cidade eram provenientes de 95% das empresas de porte pequeno e micro!?!?

Nossa equipe, apesar de pequena, em menos de quatro meses conseguiu estruturar um banco de dados, com vários índices socioeconômicos. Mais que isso, para abrigar diversas pessoas com vários conhecimentos específicos, criou-se um fórum permanente do qual faziam parte entidades como Sebrae, Senai, Sesi, Senac, Sindicato Coureiro-Calçadista, Associação de Couro e Calçado, Sindicato Patronal de Calçados, Centro de Diretores Lojistas, Associação Comercial e Industrial de Franca, diversas IESs e inclusive pessoas que estivessem lidando com os problemas das indústrias francanas e que estavam desenvolvendo novas tecnologias, ou seja, buscando de **inovação**.

Conseguiu-se assim a participação e a união de atores bastante diversos em torno da discussão de seis itens principais: **agronegócio**, **comércio e serviços**, **indústria**, **infraestrutura**, **meio ambiente** e **turismo**. Porém, no lugar de se analisar o futuro de Franca, e como ele deveria ser daqui a 20 anos, decidiu-se focar na **solução dos diversos problemas atuais para, depois, planejar o futuro**.

Iniciamos o trabalho pela análise dos **pontos fortes e fracos** da cidade, algo que, apesar de parecer à primeira vista uma metodologia quase primária, garantiu um **excelente resultado**.

É evidente que se buscou uma **interligação positiva**, ou seja, pensou-se em desenvolver um setor ou uma área, mas sem que com isso se prejudicasse as demais. Digamos, desenvolver a indústria prejudicando o meio ambiente, ou incrementar o agronegócio e, com isso, prejudicar o turismo. O importante é que, ao reunir tanta gente nos nossos encontros, muitas pessoas passaram a conhecer com mais clareza os problemas de outros setores.

Com todo esse trabalho em 2010 a taxa de fechamento de empresas no primeiro ano caiu para 11% e o município foi contemplado com o selo Prefeito Empreendedor pelo Sebrae/SP.

Ao se falar em desenvolvimento econômico, não se pode obviamente deixar de falar na melhoria contínua dos serviços de saúde pública e educação municipal, que afetam todos os outros setores ou áreas. Além disso, se conseguirmos controlar o meio ambiente, seguramente os problemas com saúde serão bem menores."

E justamente por ter feito esse excelente trabalho como secretário municipal que, os francanos retribuíram e elegeram Alexandre Augusto Ferreira como prefeito nas eleições de 2012. Infelizmente, entretanto, ele não se candidatou para a reeleição de 2016...

Uma vista aérea de Guaratinguetá, a "cidade dos paulistas".

Guaratinguetá

PREÂMBULO

O esporte competitivo é um grande **entretenimento**, aliás, torna-se até uma paixão atraindo os moradores da cidade e aqueles que vivem próximos dela. É isso que deve acontecer agora em Guaratinguetá, onde após muitos anos de luta (e até de chacota...), o Manthiqueira, um time de Guaratinguetá se tornou campeão da quarta divisão paulista, em 2017.

Finalmente, o clube do *fair play* ("jogo limpo"), como é conhecida a equipe do Vale do Paraíba, ganhou um título. O presidente do clube, Dado Oliveira, filósofo e suboficial da aeronáutica, que investiu muitos milhares de reais seus na equipe, que se autodefine como um "**babaca privilegiado**", desabafou: "Realizei um sonho de ter um time de futebol profissional que só aceita atletas que queiram jogar futebol. O nosso time não simula faltas, não usa artimanhas para ludibriar o árbitro, pois o futebol tem que ser jogado com honestidade. Jamais permiti que a nossa equipe fosse um balcão de negócios."

A cartilha do *fair play* é levada tão a sério que está pendurada na parede da sede do clube, na zona rural da cidade. Há também no local um quadro com a explicação do brasão do time. Um cavalo de nome Rinus é a mascote da equipe, pois Guaratinguetá é famosa por suas cavalgadas.

E o nome do animal é esse por causa de Rinus Michels (1928-2005), técnico da Holanda, que em 1974 encantou o mundo com o seu esquema "**laranja mecânica**" que o Manthiqueira procura imitar. A serra da Mantiqueira está estilizada na crina do animal. Em 2018, com a equipe disputando a terceira divisão (Série A3), espera-se que o *fair-play* e o amor à camisa e o futebol até certo ponto romântico do Manthiqueira atraia muita gente para a cidade e a equipe obtenha grandes resultados para quem sabe chegar à Série A1!!!

Uma curiosidade, Nilmara Alves Pinto é a técnica do Manthiqueira, ou seja, com ela a CBF, registrou o primeiro contrato de uma treinadora!!!

A HISTÓRIA DE GUARATINGUETÁ

Guaratinguetá é um dos mais importantes municípios paulistas da RMVPLN. Isso se dá por força do seu peso **turístico**, **industrial** e **comercial**.

Atualmente, vivem em Guaratinguetá cerca de 135 mil habitantes, sendo ela a cidade mais populosa do chamado circuito religioso do Estado de São Paulo, que também inclui as cidades de Canas e Lorena.

Sob o ponto de vista histórico, desde o seu povoamento, em 1600, Guaratinguetá teve em seu território uma grande quantidade de garças, o que gerou o seu nome, pois é uma junção das palavras do tupi-guarani *gûyrátinga* ("garça", ou literalmente "pássaro branco") e *etá* ("muitos").

Daí vem um dos apelidos da cidade "garça do Vale", e até hoje está ligado ao time de futebol do município.

Os índios dominaram as terras do município até a chegada dos brancos, a partir de 1628, quando ocorreu a doação de Jacques Félix e seus filhos, de terras no Vale do Paraíba.

Chamada também carinhosamente de **Guará** (o que as vezes gera confusão com o município de Guará, no nordeste do Estado), a cidade começou a sua formação administrativa em 13 de junho de 1630, como freguesia de Santo Antônio de Guaratinguetá, vinculada a Taubaté, em torno da capela de santo Antônio. Em 1651, foi elevada à categoria de vila pelo capitão Domingos Luiz Leme.

Por sua localização, Guaratinguetá tornou-se ponto de passagem para Minas Gerais e para as vilas de Taubaté e São Paulo, além de ser ponto de partida para Paraty. Assim, durante as primeiras décadas do século XVIII o município teve importante participação no ciclo de ouro em Minas Gerais.

Com a emancipação do município de Cunha no fim do século XVIII, a cidade perdeu grande parte do seu território, porém, sua economia continuou se desenvolvendo com o plantio de cana-de-açúcar e a produção de açúcar. Entretanto, no século XIX, a plantação de café passou a ser a principal atividade econômica do município, do Vale do Paraíba e do Brasil, o que provocou um significativo declínio dos engenhos de cana-de-açúcar.

O progresso de Guaratinguetá, graças ao café, fez com que ela fosse elevada à categoria de **cidade** em 1844, e, posteriormente, à categoria de comarca em 1852.

248   Cidades Paulistas Inspiradoras

Alguns dos cafeicultores da cidade se destacaram muito, como Francisco de Assis e Oliveira Borges, que se tornou visconde de Guaratinguetá, e o capitão Manuel Marcondes dos Santos, que se casou com Maria do Carmo de Oliveira, filha do visconde.

A população da cidade foi aumentando com a vinda de escravos para trabalhar nas plantações, e a cidade começou a viver um período de embelezamento. Algumas ruas foram iluminadas com lampiões e, nas proximidades da igreja matriz foi instalado um gasômetro para a iluminação do templo. Foi nessa época que foram inauguradas na cidade as primeiras escolas para moças!!!

Nessa mesma época o comércio ganhou impulso com a chegada de mercadorias importadas da Europa, pelo porto de Paraty. O local se tornou tão próspero que, em 1868, contou com a primeira visita da família imperial brasileira (a segunda aconteceria em 1884).

Em 1869 foi inaugurada a Santa Casa de Misericórdia e em 1877 chegou à cidade a estrada de ferro, ligando Guaratinguetá à corte no Rio de Janeiro e a São Paulo. Foi também nessa época que surgiu na cidade o Clube Republicano, juntamente com uma intensa atividade abolicionista.

Já em 1882, foi fundado o Clube Literário e constituída a banda municipal da União Beneficiente. Já a partir de 1884, aconteceu na cidade a inauguração de vários edifícios importantes: o Teatro Carlos Gomes, o banco Popular, o Mercado Municipal (que imitava uma galeria clássica toscana), entre outros. Houve também a construção da ponte metálica, que ligou a cidade ao bairro de Pedregulho. Nessa época também foi instalada a rede de esgoto urbano e uma enorme caixa de água.

Com a abolição da escravatura, o município foi forçado a procurar mão de obra estrangeira para o cultivo do solo. Então em 1892 instalou-se na região a colônia de Piaguí, que contava com o trabalho de imigrantes portugueses, italianos, austríacos, alemães, suecos, belgas e poloneses. Não por acaso, no fim do século XIX, a cidade tinha duas agências consulares: uma de Portugal e outra da Itália.

Em 1928, Guaratinguetá perdeu os territórios de Aparecida e Roseira (e, em 1991, abriria mão do seu último distrito, o de Potim). A cidade foi pioneira na constituição das primeiras associações de classe (comércio, indústria, laticínios, agropecuária etc.).

Na Revolução Constitucionalista de 1932, Guaratinguetá foi palco das batalhas entre tropas paulistas e federais, lideradas por Getúlio Vargas, quando inclusive o poeta e imortal da Academia Brasileira de Letras, Guilherme de Almeida, combatente paulista nesse conflito, escreveu o seu poema *Oração ante a última trincheira*, quando da retirada geral das tropas paulistas de um bairro de Guaratinguetá. Não se pode esquecer que o lema de Guaratinguetá em latim é *Paulistarum arx* ("Cidadela dos paulistas").

No século XX ocorreu o declínio da produção de café no Vale do Paraíba, em especial depois da Grande Depressão, originada da crise nos EUA em 1929. A partir daí a cultura cafeeira cedeu lugar à prática de agropecuária extensiva e teve início o desenvolvimento da pecuária leiteira. Em poucas décadas o município se transformou num dos maiores produtores de leite do Brasil.

A inovação mais significativa desse período foi a fundação do grupo escolar no edifício *Doutor Flamínio Lessa*, o primeiro da cidade. No início do século XX, mais precisamente em 1902, foi instalada em Guaratinguetá a Escola Complementar e, em seguida, surgiu a Escola Normal, para a formação de professores. Um pouco depois foi construído o Ginásio Nogueira da Gama e o seu internato. A partir daí vieram as escolas de comércio, farmácia e odontologia.

Com a abertura de todas essas escolas, principalmente da escola normal, no início do século XX, Guaratinguetá se tornou um importante centro de cultura, atraindo para si estudantes e professores de várias regiões dos Estados de São Paulo e Minas Gerais, e transformando a cidade num **polo de visitabilidade**.

A partir da década de 1950, a **atividade industrial** cresceu em Guaratinguetá, especialmente com a abertura da rodovia Presidente Dutra, em 1951, ligando o Rio de Janeiro a São Paulo. Nessa época, com a chegada de muitas famílias mineiras, as antigas propriedades rurais começaram a se transformar em fazendas de pecuária.

Na **agricultura**, deve-se destacar a plantação do arroz, que se concentra nos entornos das zonas norte e leste, no chamado **cinturão verde** da cidade. Nessas regiões, e também na zona rural, ocorreu um aumento na quantidade de frutas, verduras e legumes produzidos, ou seja, a agricultura voltou-se claramente para um crescimento no setor de hortifrutigranjeiros.

O destaque, nesse caso, foi para a colônia Piaguí, que é um bairro de caráter agrícola com foco no cultivo do arroz. Aliás, essa colônia ficou famosa por causa da pequena igreja de São João Batista, onde é realizada a Festa do Arroz. Entre as indústrias instaladas na região está a J.F. Ruzene

250   Cidades Paulistas Inspiradoras

Cereais, que produz diversas variedades, como o arroz preto, o vermelho e o branco. O renomado *chef* Alex Atala, que com o seu restaurante D.O.M. já foi classificado em vários anos como **um dos dez melhores do mundo**, é um dos grandes entusiastas do arroz Ruzene.

Todavia, no que se refere a **economia**, a agropecuária contribui atualmente com apenas **4%**. O segundo setor econômico de destaque em Guaratinguetá é industrial, que colabora com **23%**. De fato, encontra-se na cidade o maior complexo químico da América Latina, o da Basf, além de outras indústrias dos setores têxtil, alimentício, laticínios e metalmecânico. O processo de industrialização teve início em 1914, com a fundação da Fábrica de Cobertores e Companhia de Fiação e Tecidos de Guaratinguetá. Já o setor econômico que mais emprega e, assim, contribui prioritariamente com a receita da cidade, é o de comércio e serviços, com 73%. Desde o início, Guaratinguetá apresentou vocação comercial e, nos dias de hoje, o comércio (que antes era feito na beira da estrada) se modernizou. Enquanto isso, o setor de serviços cresceu e se credenciou pela sua qualidade, tanto no campo da educação quanto da saúde.

E por falar em **educação**, Guaratinguetá possui cerca de setenta escolas públicas e particulares, que atendem não só os alunos do município, mas também de cidades vizinhas, como Aparecida, Potim e Piquete.

Na cidade encontra-se o concorrido Colégio Técnico Industrial de Guaratinguetá Professor Carlos Augusto Patrício Amorim, pertencente à Faculdade de Engenharia de Guaratinguetá (FEG). Também na cidade fica a Escola de Enfermagem, que desde 1975 ocupa a casa que serviu de residência para o ilustre médico Benedito Meirelles, que tem grande relevância na formação de profissionais da saúde.

O maior complexo de **ensino técnico de aeronáutica** da América Latina também está localizado na cidade desde a década de 1950. Trata-se da Escola de Especialistas de Aeronáutica EEAR, uma IE subordinada ao departamento de Ensino da Aeronáutica, que tem como objetivo principal a formação e o aperfeiçoamento de sargentos da FAB. Mais de 51 mil alunos já se formaram nessa IE, a maior parte deles vindos de cidades de outras partes do País.

Outro destaque é a Escola Estadual Embaixador Rodrigues Alves, que ocupa uma construção histórica – um prédio projetado em 1917 pelo arquiteto Sérgio Marchisio – sendo considerada patrimônio da cidade. Também não se pode esquecer da escola Nelson Antônio Mathídios dos Santos, do Senac.

No ensino superior, os jovens guaratinguetaenses também têm algumas boas opções, sendo que o destaque é obviamente o *campus*, da Unesp, que tem aí a FEG, com vários cursos de graduação e alguns de pós-graduação *stricto sensu* (mestrado e doutorado).

Também estão em Guaratinguetá uma Fatec, com vários cursos tecnológicos; a Universidade Metodista, que oferece cursos de Pedagogia, Administração, Comércio Exterior e Sistemas de Informação; a Faculdade Nogueira da Gama, com cursos em diversas áreas.

Sem dúvida, a existência de todas essas IESs impulsiona a **visitabilidade**, pois a maior parte dos seus alunos não vivia em Guaratinguetá. Esses indivíduos transferem suas moradias para lá durante os estudos. Todavia, muitos acabam se fixando na cidade, pois no decorrer da sua formação acabam criando uma rede de relacionamentos.

No quesito **saúde**, Guaratinguetá conta com uma ampla rede assistencial. São mais de quatro dezenas de estabelecimentos, o que permite atender não só os seus munícipes, mas também os habitantes das cidades vizinhas. Na cidade há dois hospitais de porte médio para grande, diversos postos se saúde e várias clínicas médicas.

No centro expandido, por exemplo, está a Santa Casa de Misericórdia e o Hospital e a Maternidade Frei Galvão. Na EEAR está o hospital da Aeronáutica de Guaratinguetá. Nos bairros o atendimento é feito nos postos e nas clínicas de saúde, assim na zona sul está o Centro Pediátrico e Ortopédico de Guaratinguetá (CEPOG), na zona oeste está o AME.

A rede elétrica foi inaugurada na cidade em 1905, e, com isso, foi instalada uma linha de bonde elétrico ligando Guaratinguetá ao seu antigo distrito, Aparecida. O objetivo era transportar não apenas moradores, mas também turistas. Esse bonde deixou de funcionar em 1952.

Quando o assunto é **cultura**, ao lado de Taubaté, Guaratinguetá deve ser considerada como pioneira na imprensa escrita no Vale do Paraíba. Seu primeiro jornal, *O Mosaico*, surgiu em 1858. Em seguida vieram muitos outros: *O Parayba* (1865); a *Gazeta Paulista* (1865); a *Gazeta do Norte* (1866). Todos eles – assim como *Gazetinha*, *Correio do Norte*, *O Século*, *Estrela do Norte*, *Pequeno Jornal*, *O Cometa*, *O Litoral* e o *Norte de São Paulo* – tiveram vida efêmera. Essas publicações eram noticiosas, comerciais, literárias e políticas, e, sem dúvida, comprovaram o fato de os guaratinguetaenses serem ávidos **leitores**!!! Aliás, não foi por acaso que entre os anos de 1920 e 1960 a cidade se tornou conhecida em todo o Brasil como "**Atenas do Vale do Paraíba**".

252   Cidades Paulistas Inspiradoras

Esse apelido estava obviamente relacionado com a instalação na cidade da Escola Normal, que, como já foi dito, fez com que a cidade se tornasse um polo de atração para professores e estudantes.

Guaratinguetá revitalizou-se com a chegada dos mestres e principalmente dos jovens. Muitas pensões foram inauguradas na região, assim como bares. A cidade ganhou uma intensa vida social, com teatros, cinemas, grêmios, centro social, Clube Literário, hipódromo etc. Assim, mais um apelido surgiu "**centro cultural do interior**".

No que se refere a **cultura** e **entretenimento**, por volta de 1915 foram inauguradas na cidade as casas de espetáculo Parque Cinema e Cine Homero Ottoni. Mais tarde surgiriam o Cine Teatro Central, a Associação Esportiva de Guaratinguetá e o Clube Regatas (local onde funciona hoje a Câmara Municipal), um hipódromo e o Jockey Clube.

No campo da **música**, a cidade é a terra natal de nomes importantes, como, por exemplo, do violinista e compositor Dilermando Reis, do maestro, compositor e regente Aleixo Mafra, do compositor Benedito Cipólli, do pistonista, contrabaixista e compositor Bonfiglio de Oliveira; do clarinetista, tenor e regente Clarimundo Cuba de Campos; do contrabaixista Benedito Carlos Oliveira; do cantor lírico José Mafra; do flautista José Bernardino Gonçalves; do pianista e regente Alfredo Teixeira de Castro; do compositor, tenor e regente Firmino França; do compositor Ferreira Pena e da pianista Gisèle Galhardo, entre outros.

Nas **artes plásticas**, alguns guaratinguetaenses também se destacaram, como: Virgilino Gomes, Marcelo Gomes, Manoel Beldroega, Ernesto Quissak, João Dorat e Quissak Júnior. Entre os **poetas** de destaque estão: José Nogueira, autor do livro de versos *Penumbras*; Luiz Freire, Benedito Diógenes da Costa (conhecido como Domingos Camará, um talentoso sonetista); Cândido Dinamarco e Nero de Almeida Sena (que ficou conhecido pelo uso que fez das redondilhas).

O Teatro Municipal de Guaratinguetá – onde atualmente funciona a prefeitura (!?!?) –, tinha os seus assentos (cerca de 500) feitos em palinha austríaca e dispostos na forma de uma ferradura. Na parte superior, o teatro tinha camarotes de primeira e segunda classes.

A frontaria do palco apresentava nas colunas laterais os emblemas da música e da comédia. Já no frontão, havia um escudo com a divisa de Jean-Baptiste Poquelin, mais conhecido como Molière, que dizia: *Ridendo Castigat Mores*, que significa "Corrige os costumes rindo".

O pano de boca apresentava a figura de um jardim palaciano, e a caixa do teatro era a maior do Brasil na época, sendo a única do País que permitia a representação completa da ópera *Zazà*, de Ruggero Leoncavallo. Quando o teatro foi transformado em prefeitura, os mais tradicionalistas da cidade foram contra esse ato, condenando-o e classificando-o como um "**crime contra a cultura**".

No centro expandido da cidade encontra-se a excelente biblioteca municipal Doutor Diomar Pereira da Rocha, e há outras de menor porte, distribuídas em diversas partes de Guaratinguetá e instaladas nas chamadas "**Pirâmides do conhecimento**".

A cidade também possui diversas praças, mas a principal é a que está no centro histórico, ou seja, a praça Conselheiro Rodrigues Alves, que atualmente é um dos principais pontos de comércio popular da cidade.

Guaratinguetá também possui alguns parques, como é o caso do Parque Ecológico Municipal Anthero dos Santos, na zona norte da cidade, com *playgrounds* e uma ampla área verde; do Parque Ambiental Santa Luzia, localizado na zona oeste, que foi construído no lugar do antigo depósito de lixo da cidade, que conta com uma grande área verde, quadras poliesportivas e dois *playgrounds* e além disso tem-se o bosque da Amizade, localizado entre as zonas norte e sul, às margens do rio Paraíba do Sul, com bancos, pequenos quiosques, um parquinho para as crianças, sendo muito adequado para caminhadas.

Para os que preferem diversão, a cidade é muito conhecida por sua comemoração do Carnaval, iniciada no município com a tradição portuguesa do Entrudo. Um dos destaques do sábado de Carnaval é a Banda Mole, que foi fundada em 1985. A concentração ocorre no centro da cidade e o desfile sai a partir das 19 h, quando o prefeito entrega a chave da cidade ao rei Momo e sua corte.

Diversas agremiações carnavalescas, ou seja, blocos, desfilam pela cidade usando uma camiseta relacionada ao tema escolhido para aquele ano. Várias escolas de samba – entre elas as mais antigas são Embaixada do Morro, criada em 1944, e Bonecos Cobiçados, que surgiram em 1957 – apresentam seus enredos, com carnavalescos, cantores, mestres-salas e porta-bandeiras.

No que se refere ao **esporte**, existem na cidade diversas quadras poliesportivas localizadas no estádio municipal Professor Dario Rodrigues Leite, no Itaguará Country Club e no ginásio da FEG. A cidade também já possuiu diversos clubes recreativos, como o antigo Clube de Regatas Guaratinguetá, localizado à beira do rio Paraíba do Sul, que nessa época era próprio para o banho. Esse clube ficava no local hoje ocupado pela Câmara Municipal; o Clube Literário e Recreativo, com sede no centro, e, posteriormente, uma unidade esportiva na Vila Paraíba, que ficou famoso na cidade pelos seus saraus e por suas comemorações carnavalescas.

Hoje Itaguará-Country Club, a Sociedade Amigos do Bairro Pedregulho (SABAP) e a Sociedade Hípica de Guaratinguetá são os clubes de maior porte e os mais famosos da cidade.

Em 2007, o Guaratinguetá Esporte Clube disputou a série A1 do campeonato paulista de futebol, conquistando o título de campeão do interior. Em 2011, o nome do clube foi alterado para Guaratinguetá Futebol Ltda., sendo que em 2016 o time disputou a série A3 do campeonato paulista. Atualmente, como já foi dito, a sensação é o Manthiqueira...

O kartódromo de Guaratinguetá tem nível internacional. Ele está localizado na zona leste da cidade, junto à rodovia Presidente Dutra, possui boxes cobertos e diversas possibilidades de trajeto, abrigando vários tipos de competições e campeonatos, além de ser usado pelos moradores da cidade e região como forma de diversão, para quem quer fazer alguns "malabarismos" enquanto está dirigindo...

Pode-se dizer que a cidade tem condições para que os seus moradores pratiquem esportes como tênis, natação, vôlei, basquete, handebol e futebol de salão, além de praticar ioga, que é uma boa opção para quem busca qualidade de vida.

Praticamente todo o contingente de visitantes – em especial os turistas religiosos, mas também os que vêm em busca de turismo ecológico – chega à cidade de carro ou de ônibus. Essas pessoas podem se utilizar de várias rodovias, como a SP-171, a SP-62 e a BR-459, além, é claro, da rodovia Presidente Dutra, onde fica o restaurante *Clube dos 500* – um marco da construção do Hotel Clube dos 500, cujo projeto arquitetônico é de Oscar Niemeyer e o plano urbanístico de Prestes Maia (que foi prefeito de São Paulo) –, decorado com um grande afresco de Di Cavalcanti.

No passado, a ferrovia serviu para o transporte de passageiros, mas hoje é utilizada somente pelas indústrias como rota de saída de produtos. Aliás, a ferrovia recorta a cidade nas áreas residencial, comercial e industrial. Algumas pessoas chegam a Guaratinguetá usando avião ou helicóptero, pousando no aeroporto Edu Chaves, que comporta voos de aeronaves relativamente pequenas, tendo uma pista asfaltada, localizada na zona oeste da cidade.

Guaratinguetá se tornou um dos principais destinos do **turismo religioso** em todo o País. Isso porque nessa cidade nasceu o santo Antônio de Sant'Ana Galvão, mais conhecido como frei Galvão. Ele foi canonizado em 2007, tornando-se o **primeiro santo brasileiro**!!! Atualmente, frei Galvão atrai para Guaratinguetá centenas de milhares de pessoas desejosas de demonstrar sua devoção.

Frei Galvão, nasceu em 1739, provavelmente em 10 de maio!?!? Ele era filho de Isabel Leite de Barros e do comerciante português Antônio Galvão de França, que pertencia à Ordem Terceira de São Francisco, vindo daí a sua origem franciscana, reafirmada após sua instalação em um convento franciscano na cidade de Taubaté, ainda na sua infância

Com 16 anos de idade, Galvão tornou-se noviço em um convento na vila de Macacu, em Itaboraí, no Rio de Janeiro, até finalmente chegar ao convento São Francisco, na capital paulista, onde se aprimorou nos estudos de filosofia e teologia, além de se exercitar no apostolado. Ele foi ganhando cada vez mais relevância na comunidade franciscana, transformando-se em referência no que diz respeito a **caridade** e **devoção**.

Frei Galvão foi o responsável direto pela construção de um novo recolhimento e durante vários anos foi arquiteto, mestre e até mesmo pedreiro nas obras do convento de Nossa Senhora da Luz, inaugurado em 1802. Atualmente ele é o mosteiro da Luz, e foi declarado **patrimônio cultural da humanidade** pela Unesco. Por isso, **frei Galv**ão é considerado **patrono da construção civil e padroeiro dos engenheiros e arquitetos.**

Depois da conclusão do convento, frei Galvão assumiu um papel fundamental na formação espiritual dos religiosos do convento da Luz. Porém, também viajou muito para pregar a palavra de Deus e para ajudar as pessoas, percorrendo longas distâncias, sempre à pé!!! Por onde passava, frei Galvão era procurado por multidões em busca de benção e de cura. Conta-se que frei Galvão tinha diversos dons sobrenaturais (!?!?), como telepatia, clarividência, premonição, bilocação (estar em dois lugares ao mesmo tempo...) e levitação.

Ele faleceu aos 83 anos de idade, em São Paulo, em 23 de dezembro de 1822, tendo sido sepultado na igreja do convento da Luz. A morte do religioso só aumentou sua fama, e ele foi beatificado pelo papa João Paulo II em 25 de outubro de 1998, recebendo os títulos de **homem da paz e da caridade**, além de **patrono da construção civil no Brasil**.

No seu processo de beatificação constam 27.800 graças documentadas, além do **milagre** da cura da menina Daniella Cristina da Silva, que, após ingerir as **pílulas do frei Galvão**, em 1990, se recuperou por completo de uma encefalopatia hepática grave. A canonização de frei Galvão aconteceu em 11 de maio de 2007, na visita do papa Bento XVI ao Brasil.

O segundo milagre documentado, e que permitiu sua canonização, foi o caso de Sandra Grossi de Almeida, que tinha uma malformação no útero. Ela já havia sofrido três abortos espontâneos e novamente grávida, pediu pela intercessão divina de frei Galvão, por meio de orações e da ingestão das pílulas do então beato. Apesar do alto risco de hemorragia, Sandra deu à luz o menino Enzo no dia 11 de dezembro de 1999. Esse foi o segundo milagre oficial de uma série de graças realizadas pelo santo Antônio de Sant'Ana Galvão.

Sem dúvida, as famosas pílulas de frei Galvão, que estão sendo distribuí-das há mais de dois séculos, tornaram-se o maior símbolo do santo brasileiro. Relata-se que frei Galvão foi procurado por um homem cuja esposa estava em trabalho de parto, correndo o risco de morrer. Aí o religioso escreveu em três pequenos papéis o versículo do ofício da Virgem Santíssima: "*Post partum Virgo Inviolata permansisti*: *Dei Genitrix intercede pro nobis*" ("De-pois do parto, ó Virgem, permaneceste intacta: Mãe de Deus, intercedei por nós"). A grávida ingeriu as pílulas e teve um **parto tranquilo**!!!

Outro jovem, que sofria com cálculos na vesícula, também foi socor-rido por frei Galvão, ingerindo as pílulas abençoadas e logo expelindo as pedrinhas e ficando curado.

Posteriormente, frei Galvão orientou as irmãs concepcionistas do mosteiro da Luz, em São Paulo, a produzirem as pílulas. Elas são feitas em ambiente de oração.

Em Guaratinguetá atualmente elas são distribuídas no santuário Frei Galvão, no seminário franciscano Frei Galvão, na catedral de Santo Antônio, no mosteiro da Imaculada Conceição e na fazenda da Esperança.

No santuário Frei Galvão, no seu pátio, tem-se uma grande estátua do frei, com 8 m de altura, que foi abençoada pelo papa Francisco em 2013.

Aí, tinha-se antes a igreja São José e o santuário recebe mais de 100 mil pessoas durante as festividades em homenagem ao santo brasileiro que ocorrem em outubro. Com o crescimento da devoção ao frei Galvão e com o aumento do número de devotos, um novo santuário já está sendo planejado pela comunidade.

O seminário franciscano Frei Galvão é uma das maiores atrações da cidade, atraindo para ele milhares de romeiros. Ele possui uma dupla missão: a formação dos futuros franciscanos e o acolhimento aos devotos. Nele se pode admirar a imagem de Nossa Senhora de Fátima, com 10 m de altura, na praça de entrada, receber uma acolhida fraterna de alguns fransciscanos, fazer oração, receber benção com a relíquia de frei Galvão e obter as pílulas devocionais, aí produzidas.

O visitante pode também ver duas exposições franciscanas: uma de presépios com peças de mais de 20 países e outra de são Francisco de Assis com mais de 100 representações em diferentes formas e materiais.

A catedral Santo Antônio, é belíssima e homenageia o padroeiro da cidade, santo Antônio. Esse templo foi construído em 1630, sendo uma das obras religiosas mais antigas do Estado. Foi nessa catedral, no centro de Guaratinguetá que foi batizado em 1739 e onde o futuro santo rezou a sua primeira missa em 1762. A catedral se destaca pelas esculturas dos apóstolos evangelistas em sua fachada e por um interior rico em detalhes e adornos de madeira.

A fazenda da Esperança é uma comunidade católica que já tem mais de três décadas de atuação. Ela se tornou referência na recuperação de dependentes químicos. Essa comunidade dispõe de uma ampla área verde na zona rural de Guaratinguetá, com uma estrutura completa e autossustentável para a reabilitação de dependentes, podendo acomodar até 200 pacientes. Ela já está espalhada em mais de 15 países e a sua sede – em Guaratinguetá – foi visitada em 2007 pelo papa Bento XVI. Na capela que tem a forma de uma tenda, estão guardadas algumas relíquias do santo frei Galvão.

Naturalmente, são muitos os visitantes que se dirigem até a casa onde nasceu e viveu frei Galvão até os 21 anos. É um sobrado de esquina que conserva pouco da construção original, pois foi completamente restaurado para atender as centenas de devotos que visitam diariamente o local, transformando-se em um museu. No piso inferior estão diversas fotos, documentos e imagens sacras que retratam frei Galvão e passagens históricas de sua vida.

Na casa também estão relíquias do santo: fragmentos do osso e do hábito do "arquiteto de Deus". Quase em frente a essa casa tem-se um grande casarão histórico, que foi transformado em memorial do frei Galvão, no qual estão muitos objetos deixados por devotos do santo em sinal de graças alcançadas: documentos pessoais, fotos, bilhetes, muletas e os mais variados objetos. No local tem-se ainda uma fonte de água benta, disputada pelos fiéis.

Através do projeto intitulado Caminha São Paulo, e por intermédio da sua secretaria de Turismo, o governo estadual vem promovendo o desenvolvimento do turismo nas cidades paulistas a partir da criação de **roteiros peregrinos**. São rotas baseadas no trajeto utilizado por personagens históricos e religiosos, redescobertas e melhorados para receber bem os turistas.

E o visitante ainda pode se deslumbrar com belas paisagens em que essas trilhas estão inseridas. Criado em 2011, o projeto já conta com duas rotas catalogadas, a Passos dos Jesuítas – Anchieta, e a Rota Franciscana – Frei Galvão. Essas duas rotas podem ser feitas sem a contratação de guias especializados, e os peregrinos contam com uma infraestrutura de ponta que inclui placas de sinalização, portais na Internet, boas opções de hospedagem e alimentação, monitoramento eletrônico dos participantes e certificado de conclusão dos roteiros.

Especificamente na 2ª rota, tem-se um percurso de 818 km que cruza o vale do rio Paraíba e a serra da Mantiqueira, passando por lugares que marcaram a vida de Frei Galvão. O percurso completo envolve 31 municípios (entre as principais passagens deve-se destacar o distrito de São Francisco Xavier em São José dos Campos, Monteiro Lobato, Santo Antônio do Pinhal, São Bento do Sapucaí, Campos do Jordão e finalmente Guaratinguetá) e proporciona uma experiência cheia de história, religiosidade e belezas naturais.

Os visitantes acabam conhecendo as igrejas e os lugares onde o frei Galvão realizou suas pregações, têm contato com a cultura local, admiram a paisagem e são acolhidos pelas cidades participantes do roteiro. A Rota Franciscana – Frei Galvão é composta na realidade por cinco caminhos que podem ser feitos separadamente. Um deles, intitulado **Rota Alegria** parte de São Francisco Xavier e chega a Guaratinguetá após se ter percorrido 193 km.

Outro chama-se **Rota Conhecimento** com 155 km, que vai de Bananal a Guaratinguetá, onde fica o seminário Frei Galvão. No meio da serra do Mar fica o terceiro caminho **Rota Esperança**, que parte de São Luiz do Paraitinga e passa pela catedral Santo Antônio, em Guaratinguetá, totalizando 38 h de caminhada.

A quarta e mais curta é a **Rota Equilíbrio**, com 82 km, que vai de Lavrinhas a Guaratinguetá. A quinta e a mais longa é a **Rota Sabedoria**, na qual se percorre 360 km. Esta rota é uma continuação das anteriores, partindo de Guaratinguetá até Mogi das Cruzes, onde a partir daí o trajeto é feito de trem até a estação da Luz, em São Paulo, que fica a poucos metros do mosteiro da Luz, onde são distribuídas as famosas pílulas do frei Galvão.

A gruta de Nossa Senhora de Lourdes é outro ponto turístico importante para os peregrinos que visitam Guaratinguetá, estando localizada no pátio da capela do Puríssimo Coração de Maria, uma bela construção religiosa feita pelo monsenhor João Filippo, em 1921.

No que se refere a religião, convém citar o santuário Santo Expedito, localizado na zona rural de Guaratinguetá, mais precisamente no bairro Rocinha, que chama a atenção pela simplicidade de seu interior. Este é um dos poucos santuários no Brasil, dedicados ao **santo das causas urgentes**.

Não se pode esquecer que existe em Guaratinguetá a comunidade Anuncia-me, consagrada a serviço da Igreja Católica Apostólica Romana, com destacada atuação no Vale do Paraíba há mais de 30 anos, pois foi ali fundada em 25 de março de 1985, dia da Anunciação, com a finalidade de difundir o Evangelho. Ela está dedicada a trabalhos vocacionais e a projetos sociais, contando com uma boa estrutura de comunicações como rádio e televisão.

Em Guaratinguetá o visitante também tem outras opções de turismo que não estão ligadas a atividades religiosas. Uma que se destaca é a ida ao bairro do Gomeral, uma comunidade fundada por imigrantes portugueses, localizada a 30 km do centro da cidade, em meio às montanhas da serra da Mantiqueira. A encantadora beleza da paisagem, com altas montanhas e vales profundos, fez de Gomeral um importante polo de **ecoturismo** (rural e de aventura).

Aí estão vários restaurantes e pousadas com vista para as montanhas; existem muitas cachoeiras e trilhas e para os mais aventureiros o destaque é a Pedra Grande, com mais de 1.800 m de altitude, oferecendo uma vista incrível da serra da Mantiqueira e do Vale do Paraíba.

Por isso Gomeral é procurado para a prática de rapel e por ciclistas que não temem a descida íngreme e as curvas da sua estrada de terra. Em especial, em Gomeral acontecem dois eventos que atraem milhares de visitantes que são a Festa de São Lázaro, realizada no pátio da pequena capela, e o Festival da Truta. Aliás, uma das opções gastronômicas do Gomeral é se alimentar com a truta e um local adequado para isso é o pesqueiro *Trutaria Bela Vista*, que é também uma pousada com um bom restaurante. Quem visita Guaratinguetá invariavelmente volta com alguma coisa da Produtos Pé da Serra, que teve sua origem na agroindústria familiar, produzindo uma das mais tradicionais cachaças artesanais da região.

Os seus principais produtos são as cachaças ouro e prata, mas também produz licores de vários sabores como café, creme, figo, framboesa, jabuticaba e limão siciliano, entre outros. Além disso, oferece produtos como doces caseiros em compotas (ambrosia, doce de leite, abóbora, figo, mamão etc.), que os clientes, podem experimentar no atendimento personalizado que lhes é oferecido. Em Guaratinguetá existem outros bairros como das Pedrinhas, do Taquaral, dos Pilões, adequados para a prática do turismo ecológico.

Em Guaratinguetá continua sendo tradicional ir ao Mercado Municipal, que foi inaugurado em 7 de setembro de 1889, construído bem no centro da cidade, entre a catedral Santo Antônio e a estação ferroviária. O Mercadão se tornou um símbolo do progresso econômico de Guaratinguetá e nele aconteceu um grande incêndio em julho de 1957, que o reduziu a cinzas. Porém, ele foi remodelado e reinaugurado em 1971. Assim, esse mercado com mais de 129 anos de existência continua atraindo tanto os guaratinguetaenses quanto os visitantes que aí adquirem frutas, legumes verduras, temperos, pimentas, doces, laticínios e outros alimentos e utilidades domésticas.

Por seu turno, a estação ferroviária de Guaratinguetá foi inaugurada em 1877 pela Companhia Estrada de Ferro do Norte, ligando a cidade com a capital paulista, tendo conexão até o Rio de Janeiro. Essa estação teve importante influência para o desenvolvimento da cidade e para o escoamento da produção agrícola.

Com o crescimento local, um novo prédio foi construído em 1914. Essa estação ferroviária foi desativada no fim da década de 1990, porém, em 2008, foi restaurada e ali instaladas as secretarias municipais da Educação e da Cultura e Turismo, havendo espaços para sediar eventos, oficinas e exposições.

O aeroporto internacional Governador André Franco Montoro, recebendo quase 40 milhões de passageiros por ano.

Guarulhos

PREÂMBULO

Sem dúvida Guarulhos começou a crescer bastante quando foi criada a Associação Comercial e Empresarial de Guarulhos, em 16 de julho de 1963, pelo empresário e empreendedor Nahim Hassan Rachid, na data em que se comemorava o Dia do Comerciante.

A cidade passou a representar, defender e atender comerciantes, prestadores de serviços, industriais e profissionais liberais, oferecendo-lhes serviços de apoio, agregando valor aos associados e promovendo de fato o desenvolvimento socioeconômico do município.

Mas na realidade, o grande **progresso** de Guarulhos ocorreu com a inauguração em 20 de janeiro de 1985 do seu **aeroporto internacional**, que se tornou o mais movimentado da América Latina e trouxe muitos investimentos para Guarulhos, com a abertura de vários hotéis – como o Sleep Inn e o Comfort – e empresas que passaram a atender os mais de 100 mil passageiros que passam por ele diariamente. Estima-se que o aeroporto tenha gerado mais de 160 mil empregos entre diretos e indiretos para o município.

Pode-se dizer que Guarulhos hoje é uma **aerotrópole**, ou seja, uma cidade que vive principalmente em função de seu aeroporto.

E o que chamou a atenção do Brasil todo para Guarulhos foi o surgimento da banda Mamonas Assassinas, que depois de alguns anos de "sofrimento" alcançou um sucesso retumbante, mas que durou poucos meses, pois infelizmente em 2 de março de 1996 todos os seus cinco integrantes faleceram num acidente aéreo ocorrido, segundo os especialistas, devido ao erro do piloto do jatinho *Learjet* que os transportava...

Atualmente Guarulhos é a cidade da RMSP que mais atrai compradores de imóveis, respecialmente os paulistanos, pelos preços atraentes e porque a cidade oferece aos seus moradores muitas facilidades, inclusive um grande número de barzinhos e restaurantes, para quem deseja curtir alguns bons momentos com os amigos.

A HISTÓRIA DE GUARULHOS

Guarulhos tem uma área de 318 km², faz parte da RMSP e está localizada a 14 km do centro da capital paulista. Com cerca de 1,35 milhão de habitantes, ela é a 2ª cidade mais populosa do Estado, a 13ª do Brasil e a 53ª do continente americano. De fato, Guarulhos é a **"não capital estadual" mais populosa**, e, de acordo com uma estimativa de 2015, conseguiu o 12º maior PIB do País com R$ 52,2 bilhões. Operam na cidade cerca de 4 mil indústrias e aproximadamente 43 mil estabelecimentos comerciais.

De acordo com os estudos do advogado e historiador José de Alcântara Machado de Oliveira, a palavra Guarulhos decorre da denominação dos indígenas que habitavam a região, os guaramomis (ou simplesmente guarus), ou maramomis, que eram da tribo dos guaianases.

A cidade foi fundada em 8 de dezembro de 1560, pelo padre jesuíta Manuel de Paiva, com a denominação de Nossa Senhora da Conceição. Sua origem está ligada à de cinco outros povoamentos, cujo principal objetivo era defender o povoado de São Paulo de Piratininga contra um possível ataque dos índios tamoios.

Na mesma época de sua fundação, nascia também e com o mesmo propósito a vila de São Miguel, hoje o bairro de São Miguel Paulista. Por volta de 1600, havia na região algumas atividades de mineração de ouro, porém, passaram-se mais de dois séculos sem que nada notável acontecesse nessa região. Em 1880, Guarulhos se emancipou de São Paulo, com o nome de Nossa Senhora de Conceição dos Guarulhos. O nome atual da cidade só foi adotado após a promulgação da lei Nº 1021, de 6 de novembro de 1906.

O início do século XX foi marcado pela chegada na cidade da ferrovia e da empresa de energia elétrica Light & Power, quando foram dadas diversas licenças para a implantação de indústrias na cidade. Assim, também surgiram ali novas atividades comerciais e os primeiros serviços de transporte de passageiros.

Muito tempo se passou até a década de 1930, que foi marcada por atos de intervenção federal e também pela constituição da junta governativa de Guarulhos. Atualmente a cidade encontra-se dividida em 47 distritos (incluindo o aeroporto), cada qual subdividido em vários bairros.

Voltando ao passado convém lembrar que a economia de Guarulhos começou a se desenvolver ainda no período colonial em 1597, com Afonso Sardinha e a mineração de ouro na região das Lavras Velhas do Geraldo

264   Cidades Paulistas Inspiradoras

(ou Catas Velhas), onde hoje está o bairro de Lavras. Esse período do **ciclo do ouro** durou mais de 200 anos. Todavia, com o fim da exploração aurífera, veio o **ciclo do tijolo**, ao longo das várzeas dos rios Tietê, Cabuçu e Baquirivu-Guaçu, quando surgiram centenas de olarias, em sua maioria de propriedade dos imigrantes italianos.

Com a introdução do tijolo como material de construção substituindo a taipa de pilão, as olarias de Guarulhos encontraram um grande mercado na economia paulista. O surgimento das indústrias na cidade teve início a partir de 1915, em especial com a implantação do ramal do *tramway* (trilhos para vagonetes) da Cantareira, que depois acabaria se transformando em uma ferrovia.

Ao longo do século XX, dezenas de importantes indústrias foram se instalando em Guarulhos, onde hoje estão a Bauducco, Bardella, Aché, Valleo, Pfizer, Yamaha, Randon, Gerdau, Borlem, Asea Brown Boveri (ABB), Pepsico, Cummins, Tecfil, Maggion, Rosset, Karina Plasticos, CRW Plasticos, Sew, Continental, Fragon, Puratos, Lincoln Electric, Infoton Tecnologia, Altec Tampas etc. Hoje Guarulhos é um dos maiores polos logísticos do País, e abriga vários centros de distribuição, como os da Riachuelo, do Ponto Frio, do supermercado Dia, da Doka, da C&C etc.

No mandato do prefeito Sebastião Almeida (2009 a 2012) ele procurou investir no fomento e na formalização da pequena e micro empresa através do programa Microempreendedor Individual (MEI) com o que houve a formalização de centenas de empresas no setor de serviços (cabelereiros, comerciantes etc.) mudando o perfil de bairros inteiros, como Pimentas e São João.

Aliás convém destacar que a Riachuelo – em 2017 foi considerada a primeira empresa do Brasil no segmento têxtil e vestuário – possui o maior parque fabril da América Latina, no qual cria, desenvolve e produz produtos de vestuário. Por ano a empresa lança cerca de 35 mil modelos, ou seja, quase 100 por dia, que são levados diariamente para lojas em todo o País. Para ter eficiência nessa distribuição, a Riachuelo fez um grande investimento em 2015 e 2016 para inaugurar um enorme centro logístico em Guarulhos.

A cidade possui um **setor comercial** bastante diversificado, tendo cinco grandes centros de compras:

> ➜ *Shopping* Internacional Guarulhos – Localizado ao lado da rodovia Presidente Dutra, esse centro comercial tem uma área de 10 mil m², abriga cerca de 300 lojas, 7 salas de cinema e um dos maiores parques

indoor do Brasil. Aliás, no final de 2017 a Gazit Brasil comprou uma parte dele,pagando R$ 937 milhões.

- ↬ *Shopping* Bonsucesso – Situado perto da rodovia Presidente Dutra e ao leste da cidade, ele atrai muitos visitantes de cidades limítrofes, como Mairiporã, Nazaré Paulista, Santa Isabel, Arujá, Itaquaquece-tuba e até mesmo São Paulo. É considerado hoje o 2º maior centro de compras da cidade, com 150 lojas bem variadas e 6 salas de cinema (e continua a ser ampliado).

- ↬ *Shopping* Pátio Guarulhos – Inaugurado em 2013, abriga cerca de 110 lojas, 4 salas de cinema, agências bancárias e boas opções em termos de alimentação. Está localizado no bairro Vila Rao, ao lado do supermercado Sonda.

- ↬ Poli *Shopping* – O mais antigo centro comercial da cidade, localizado na região central. Possui mais de 60 lojas, boa praça de alimentação e é bastante visitado.

- ↬ Parque *Shopping* Maia – Inaugurado em abril de 2015, é o centro comercial mais novo da cidade. Está localizado bem perto do bairro Maia, em frente ao supermercado Carrefour e próximo da praça Transguarulhense. O local abriga 12 salas de cinema, muitas com sistema 3D.

A cidade conta também com o *aeroshopping*, uma vez que o próprio aeroporto internacional se transformou num grande centro de compras. E vale ressaltar que ele não atende apenas aos que viajam, mas também aos acompanhantes que vão até o local para recepcionar ou se despedir de amigos, colegas e parentes. Mas, para não quer ir tão longe, a cidade tem muitas galerias e pequenos *shoppings* espalhados por toda a área urbana.

No município também existem diversos polos onde se pode encontrar certa riqueza em termos fauna, além de uma flora abundante. E parque é algo que não falta em Guarulhos!!! Esse é o caso do parque estadual Cantareira (Núcleo Cabuçu), também conhecido como Reserva Estadual da Cantarei-ra, que possui aproximadamente 2.550 ha. Outro bom exemplo é o bosque Maia, o maior parque urbano da cidade, localizado no distrito de mesmo nome, no bairro Jardim Maia. Além desses, existem ainda:

- ↬ Parque Júlio Fracalanza – Localizado no bairro da Vila Augusta, ele abriga a "Cidade Mirim", um local onde as crianças aprendem com monitores especializados sobre as regras e os sinais de trânsito e também como se comportar como cidadãos. Os visitantes podem também utilizar a biblioteca pública ali instalada.

- ➤ Parque Chico Mendes – Localizado no bairro Vila Isabel, no distrito de Pimentas, é a única área verde de importância naquela região. O espaço abriga um Centro de Educação Ambiental, sanitários, quadras esportivas, campo de futebol, pista de *skate*, parquinho, mesas e bancos, quiosques, trilhas na mata e um local para a fabricação de adubo orgânico.
- ➤ Parque Bom Clima/JB Macial – Localizado ao lado do Paço Municipal, esse parque é bastante utilizado pelos moradores da região, em especial para a prática de exercícios, uma vez que é a única área verde importante de sua região.
- ➤ Parque da Saúde – Esse parque conta com uma área de 15 mil m^2, doada pela Fundação para o Remédio Popular (FURP), e está localizado no bairro Gopoúva, uma área bem nova no município.

Mas existem na cidade muitas outras opções de lazer *outdoor*, como: os parques Jardim City/Jardim Las Vegas, na Vila Rio; o Transguarulhense, no Parque Continental/Jardim Betel; o Jardim Adriana; o Novo Ipanema; o ETA Cumbica; o Campo da Paz, no Jardim Paraíso e o parque do Atleta. E não se pode esquecer de mencionar o lago dos Patos, ou lago da Vila Galvão, uma área verde de 20 mil m^2, um dos espaços de lazer mais antigos de Guarulhos.

No município existem ainda outras áreas verdes que não são exatamente espaços públicos municipais, como é o caso da fazenda de Itaverava (ou Itaberaba); áreas localizadas nas regiões de Tapera Grande, Capelinha, Morro Grande; pequenos redutos de mata, como aqueles nas proximidades do aeroporto internacional de Cumbica; e outras áreas de proteção permanente, preservadas pela legislação.

No que se refere ao setor de **logística** e **transporte**, deve-se dizer que ele é bastante vasto e representativo, o que justifica os diversos cursos de especialização nessa área que são oferecidos na cidade. Dentre as IESs voltadas para esse tema, tem-se a Fatec.

Como já foi dito, está localizado nesse município o aeroporto internacional de Cumbica, cujo nome oficial é aeroporto Governador André Franco Montoro, sendo ele o principal e mais movimentado do País. Ocupa uma área de 14 km^2, e, em 2017, recebeu cerca de 38 milhões de passageiros.

Nesse mesmo ano, passaram pelo aeroporto aproximadamente 275 mil toneladas de carga, o que o tornou o segundo da América Latina em transporte de mercadorias (atrás apenas do aeroporto internacional El Dorado, em Bogotá, na Colômbia).

Vejamos a seguir um pouco da história desse importante aeroporto brasileiro. Em 1947, o aeroporto de Congonhas, na capital paulista, já registrava um movimento excessivo e que ultrapassava sua capacidade operacional, tanto de passageiros quando de carga. Por essa razão, depois de alguns anos de turbulências (!?!?), em 1951, o então secretário estadual de Viação, nomeou uma comissão para levantar possíveis áreas capazes de abrigar um aeroporto internacional. Na época foram identificadas 23 áreas e, posteriormente, depois de muita indecisão, escolheu-se Guarulhos.

Essa, aliás, era uma opção defendida pelo governo, uma vez que o ministério da Aeronáutica estava doando uma área de 10 km^2, que pertencia à Base Aérea de São Paulo para a construção do complexo aeroportuário. Isso evitaria que se gastasse muito com desapropriações, algo que inclusive poderia inviabilizar o projeto.

Em contrapartida, um grande contingente de "entendidos" afirmava que a construção do aeroporto em Cumbica (bairro de Guarulhos) não seria uma boa opção, por conta dos constantes nevoeiros que aconteciam na região e que já afetavam as operações da Base Aérea de São Paulo. Esse, aliás, era um fenômeno que ocorria com frequência, devido à proximidade da serra da Cantareira e de várias áreas alagadas pelo rio Baquirivu-Guaçu.

O então senador André Franco Montoro, juntamente com os demais integrantes do seu partido, se revelaram ferrenhos opositores à construção do aeroporto internacional em Guarulhos. Por causa disso, ele organizou uma intensa mobilização neste sentido, que, aliás, contou com o apoio de boa parte da mídia. Paradoxalmente, em 1985, quando já era governador do Estado, o próprio Montoro inaugurou o aeroporto (!?!?). Mais tarde, cerca de dois anos após seu falecimento, o então governador de São Paulo, Geraldo Alckmin, autorizou em 28 de novembro de 2001 que o complexo aeroportuário recebesse o nome de André Franco Montoro.

A decisão de construir um novo aeroporto foi tomada na gestão do presidente Ernesto Geisel, mas a elaboração do projeto ficou para o governo de João Figueiredo, que colocou o ministro da Aeronáutica, Délio Jardim de Mattos à frente da administração da obra. Na época da construção, o então governador Paulo Maluf iniciou uma série de discussões com o presidente

268   Cidades Paulistas Inspiradoras

e o ministro, explicando-lhes que o Estado não tinha condições financeiras de arcar com sua parte no projeto, e, dessa maneira, o ministério da Aeronáutica arcou com 92% dos custos de construção, ficando o restante (8%) a cargo do governo estadual.

Por incrível que pareça, na época o então prefeito de Guarulhos, Nefi Tales, reivindicou ao ministro da Aeronáutica a realização de um plebiscito entre os moradores da cidade, convencido de que os guarulhenses **não queriam o novo aeroporto na região!?!?** Felizmente, a decisão já não podia ser alterada...

Para receber a demanda prevista até o ano de 1998, o aeroporto deveria ter pelo menos duas pistas paralelas e independentes, com distância mínima de 1.310 m entre elas, o que permitiria que funcionassem ao mesmo tempo. Também seria necessário um terminal de passageiros entre as duas pistas. Porém, devido às peculiaridades do terreno, e também por conta das dificuldades que surgiriam diante de futuras desapropriações e ampliações, a alternativa foi a construção de duas pistas paralelas, mas dependentes, o que significava que ambas não poderiam operar de modo simultâneo.

Essas duas pistas ficariam a uma distância de 375 m, e teriam, respectivamente, 3.000m e 3.500m de comprimento. Haveria ainda uma outra pista de 2.025 m situada ao norte das duas primeiras, a 1375 m da pista mais próxima. Tal configuração permitiria o aproveitamento de toda a capacidade da área disponível, sem interferir com o funcionamento da Base Aérea de São Paulo.

As duas pistas mais longas seriam suficientes para atender à demanda até 1998, deixando a terceira pista como uma opção para quando o movimento começasse a se aproximar do limite da capacidade das duas primeiras. Todavia, em função da distância, essa pista seria totalmente independente das demais, o que possibilitaria um aumento da capacidade anual de operação do aeroporto para 450 mil pousos e decolagens por ano.

A proposta final consistia em quatro terminais de passageiros. Porém, segundo o plano diretor, na etapa inicial da construção seriam erguidos apenas dois deles, um para atender aos voos domésticos e outro, concomitantemente, aos voos domésticos e internacionais. Isso significava que, no final, quando os quatro terminais estivessem funcionando, os passageiros domésticos contariam com 2 terminais e meio, enquanto os internacionais com apenas 1 terminal e meio, o que representava um claro enfoque nos voos nacionais.

Contudo, diante do aumento (acima do previsto) no movimento de passageiros e aeronaves no País, desenvolveu-se um novo plano diretor no qual foram dimensionados novos terminais com capacidade individual para movimentar 12 milhões de passageiros/ano. As obras para a construção da primeira etapa do aeroporto, que consistiu basicamente da pista de 3.000 m e um terminal capaz de atender a 7,5 milhões de passageiros/ano, foram iniciadas em 11 de agosto de 1980. O consórcio ganhador era formado pela Camargo Corrêa e Constran, e teve um prazo de dois anos e meio para a conclusão das obras de terraplanagem, drenagem e pavimentação das pistas, dos pátios, das vias de acesso e de serviços.

Entretanto, uma série de atrasos na obra contribuiu para que a primeira fase demorasse **o dobro do previsto** para ser entregue. Então, finalmente em 20 de janeiro de 1985, um Boeing *747-200*, da Varig (uma empresa nacional que chegou a figurar entre as melhores do mundo, mas que hoje não existe mais), procedente de Nova York, pousou em Guarulhos, inaugurando assim oficialmente as operações do novo aeroporto internacional.

A bordo dessa aeronave estava o poderoso ministro do Planejamento, Delfim Netto, que na ocasião representava o então presidente da República, João Figueiredo. Compareceram à cerimônia o ministro da Aeronáutica, Délio Jardim de Mattos, o governador do Estado, André Franco Montoro e o prefeito de Guarulhos, Oswaldo de Carlos.

Em 7 de janeiro de 2011, o governo federal decidiu conceder o aeroporto de Guarulhos para a iniciativa privada. Essa medida foi adotada para que o aeroporto recebesse os investimentos necessários e, assim, se adequasse ao aumento da demanda que certamente ocorreria durante a realização da Copa do Mundo de Futebol de 2014. Vale ressaltar que a Infraero não dispunha dos recursos financeiros para construir um novo terminal. A assinatura da concessão aconteceu em 6 de fevereiro de 2012. O consórcio vencedor reunia a Invepar/Airports Company South Africa (ACSA), que ficou com 51% da administração, e a estatal Infraero, com os demais 49%. Essa concessão valeria por um período de 20 anos e renderia aos cofres federais a quantia de R$ 16,2 bilhões. Em 15 de novembro de 2012 o consórcio mudou a marca do aeroporto para Gru Airport. Como parte das obrigações contratuais, a concessionária deveria cumprir uma lista obrigatória de investimentos em infraestrutura até o fim da concessão, em 2032, quando a projeção indica que haverá um tráfego de 60 milhões de passageiros/ano.

A primeira fase do investimento previsto, visando a Copa do Mundo, envolveu a construção do novo terminal 3, executado em tempo recorde: **foram 18 meses de obra**. O prédio foi inaugurado em 11 de maio de 2014,

270   Cidades Paulistas Inspiradoras

com capacidade para atender 12 milhões de passageiros/ano. As pistas e *taxiways* passaram por reformas e adequações para receber enormes aeronaves, como o Boeing *747-8* e o Airbus *A-380*, sendo que essa última é a maior aeronave comercial em operação nos dias de hoje. Além do novo terminal, a concessionária também construiu um novo edifício-garagem com 85.000 m^2 e 2.600 vagas (inaugurado em maio de 2013), e isso, somado a outras intervenções, fez com que a capacidade total de estacionamento passasse para cerca de 9.500 veículos.

Deve-se lembrar que o *A-380* estivera em Guarulhos num voo de demonstração em 11 de dezembro de 2007. Então, em 22 de março de 2012, a aeronave retornou ao aeroporto para um evento promocional da Airbus, para destacar que até então a América Latina era o único continente no qual o avião ainda não operava voos regulares!!! Note-se que em setembro de 2011, a Infraero autorizou a empresa Emirates Airlines a operar a aeronave no aeroporto, após um pedido formal da empresa. Na época, os técnicos fizeram inspeções na pista para assegurar que ela suportaria com segurança a descida da aeronave. Para a realização do pouso, a única restrição imposta foi de que o motor externo fosse desligado na hora do pouso, para que se evitasse a sucção de algum material pelas turbinas.

Essa autorização, entretanto, foi revista em 2014, quando a Anac (Agência Nacional de Aviação Civil) verificou que o aeroporto não estava apto para receber essa aeronave e, assim, não concedeu a certificação necessária para operações regulares. O problema era a existência de pequenas pedras no acostamento da principal pista de pouso e decolagem, o que poderia comprometer os motores do avião.

Somente em outubro de 2015, após a realização das obras necessárias pela concessionária, os voos comerciais do *A-380* foram retomados. Na ocasião, a Emirates anunciou que realizaria um voo com o *A-380* para comemorar o aniversário de 8 anos da rota e ratificar a certificação do aeroporto para o avião. Assim, em 15 de novembro de 2015 o *A-380*, vindo de Dubai, pousou no aeroporto de Guarulhos. Por fim, em 27 de março de 2017, a Emirates começou a operar regularmente a rota Dubai-São Paulo-Dubai, a partir do seu *hub* (centro de conexões).

Entre outras obras previstas até o final do contrato de concessão, estão a reforma do terminal 2 (antigos terminais 1 e 2), a ampliação do terminal 3 (até 2022), a construção de mais dois edifícios-garagem, para que o aeroporto tenha um total de 20 mil vagas. Tudo isso deverá custar cerca de R$ 3 bilhões. Até março de 2017, estavam registradas e operavam no aeroporto de Guarulhos 39 empresas aéreas.

No entanto, o acesso ao aeroporto é feito somente pela rodovia Helio Smidt, que se estende por todo o perímetro e se conecta às rodovias Presidente Dutra e Ayrton Senna. Tudo indica, entretanto, que finalmente a partir de abril de 2018 haverá um **trem expresso** ligando o aeroporto internacional ao centro de São Paulo (terminal Luz), num percurso que levará cerca de 35 min. Porém, o embarque/desembarque será na estação Aeroporto, o que exigirá que o passageiro caminhe um pouco até uma passarela coberta para ter acesso ao ônibus da concessionária que administra o aeroporto internacional. Aí sim, após cerca de 10 min de viagem, ele chegará ao terminal de embarque. O serviço de ônibus para os passageiros que desembarcam do trem fica a 500 m do terminal 1 e a 2,5 km do terminal 2.

Pois é, finalmente a promessa inicial feita pelo governo estadual em 2002 está sendo cumprida!?!? E para se chegar ao aeroporto o passageiro utilizará a linha 13-Jade, conectada à malha da CPTM na estação Engenheiro Goulart (em Cangaíba, na zona leste da cidade), a linha 12-Safira, que liga o bairro do Brás ao município vizinho de Poá.

Atualmente, três empresas operam o sistema de ônibus urbano municipal, com linhas estruturais que fazem a ligação do centro com os terminais nos bairros. Assim, tem-se a Viação Urbana Guarulhos (no lote 1-Azul); a Empresa de Ônibus Vila Galvão (no lote 2-Vermelho) e a Viação Campo dos Ouros (no lote 3-Amarelo).

Também operam na cidade mais de 300 micro-ônibus de permissionárias habilitadas em processo licitatório, que atendem nas linhas alimentadoras, aquelas que fazem a ligação entre os bairros periféricos e os terminais nos respectivos bairros.

Existe na cidade um serviço de transporte na madrugada, com 10 permissionárias operando 5 linhas a partir da meia-noite até as 5 h, ligando os principais bairros da cidade com hospitais, velórios municipais, restaurantes etc.

E Guarulhos conta ainda com uma linha seletiva operada por 8 micro--ônibus, que liga o aeroporto internacional ao *Shopping* Internacional, no bairro do Itapegica. Essa linha tem uma tarifa superior à municipal, mas seus veículos com 16 assentos têm ar condicionado e uma acessibilidade facilitada, e neles os passageiros não podem ser transportados de pé.

272   Cidades Paulistas Inspiradoras

Tem-se na cidade o chamado **terminal turístico rodoviário**, que se localiza no bairro Parque Cecap e no qual operam as seguintes empresas para destinos específicos:

- Viação Cometa – Levando os passageiros para Santos, São Vicente e Praia Grande.
- Lira Bus – Com viagens para Campinas.
- Pássaro Marrom – Que conecta Guarulhos às cidades do Vale do Paraíba: Aparecida, Cachoeira Paulista, Cruzeiro, Guaratinguetá, São José dos Campos e Taubaté.
- Litorânea – Indo para Caraguatatuba, Paraibuna, São Sebastião e Ubatuba.
- Útil – Transportando passageiros até Rio de Janeiro, Belo Horizonte, Ouro Preto, São João Del Rei, Mariana, Conselheiro Lafaiete e Barbacena.
- Andorinha – Indo para Assis e Presidente Prudente.
- Novo Horizonte – Ligando Guarulhos com Ibipitanga, Brumado, Caetité, Bom Jesus da Lapa, Guanambi, Abuíra, Paramirim e Aragé.
- Gadotti – Possibilitando ir para o Balneário Camboriú, Joinville, Brusque e Itajaí.
- Viação Atibaia São Paulo – Levando os passageiros para Atibaia, Nazaré Paulista e Bom Jesus dos Perdões.
- Auto Viação Urubungá – Cujo destino é Osasco.

Para os viajantes que precisam pernoitar em Guarulhos por causa do atraso de algum voo ou devido a conexões mais demoradas, bem como para os visitantes, especialmente aqueles envolvidos no turismo de negócios, em Guarulhos tem-se hoje diversos hotéis, além dos já citados Sleep In e Comfort.

Sem dúvida o São Paulo Airport Marriott, é o melhor e mais luxuosa opção. Ele fica apenas a 5 min do aeroporto e suas instalações modernas incluem quartos espaçosos, *business center*, dois restaurantes de nível mundial, uma academia de ginástica de ponta, quadra de tênis descoberta, piscina etc.

Mas há vários hotéis nos quais o visitante pode fazer pernoites agradáveis com o Slaviero Essential, Pullman, Matiz, Domani, Tryp by Wyndham, Mercure, Ibis, Monreale, Panamby, Slaviero Fast Sleep, Sables, Monaco, Bristol etc.

Guarulhos tem o privilégio de ser cortada por rodovias de grande importância no cenário estadual e federal. Certamente a mais importante delas é a rodovia Presidente Dutra (BR-116), que atravessa o município de leste a oeste, da divisa com o município de Arujá até a divisa com a capital paulista.

Nas suas laterais, em ambos os sentidos da rodovia, estão instaladas muitas indústrias importantes de diversos setores. Além disso, passam pelo município a rodovia Fernão Dias (BR-381), que leva a Mairiporã, Atibaia, Bragança Paulista etc., e a rodovia Ayrton Senna (SP-070), que também corta o município de leste a oeste.

Além disso, ainda se tem as rodovias Juvenal Ponciano de Camargo (que liga o distrito de São João ao município de Nazaré Paulista) e a Helio Smidt, a única cuja extensão está totalmente no município e que serve de ligação entre o aeroporto internacional e a rodovia Ayrton Senna, passando sobre a rodovia Presidente Dutra.

Guarulhos possui um **anel viário** que liga a Vila Galvão até o Parque Cecap. Ele engloba as avenidas Presidente Tancredo Neves, Antônio de Souza, Humberto de Alencar, Castelo Branco, Torres Tibagy e Júlio Prestes. Esse anel viário foi construído onde antes passava a EFS (ramal Guarulhos) que foi conhecida como "Trenzinho da Cantareira" (o "trem das onze"). Aliás, Guarulhos tem mais umas duas dezenas de outras importantes avenidas que permitem a interligação entre os seus bairros, bem como cerca de 18 estradas que possibilitam inclusive chegar aos municípios limítrofes, como: Santa Isabel, Arujá, Itaquaquecetuba, Nazaré Paulista e Mairiporã.

Guarulhos vai progredir bastante a partir do final de 2018 quando já estará pronto o trecho norte do Rodoanel de São Paulo, que aliás em 10 de janeiro de 2018 foi arrematado pelo grupo Ecovias que ofereceu R$ 883 milhões para operar e manter os 47,6 km desse trecho rodoviário, fazendo nele um investimento em melhorias ao longo dos 30 anos de concessão, estimado em R$ 2,2 bilhões.

O governador paulista Geraldo Alckmin durante o leilão desse último trecho do Rodoanel disse: "Até o final de 2018 estará concluída a principal obra rodoviária do País, ou seja, o Rodoanel de São Paulo com uma extensão total de 177 km, o que permitirá interligar diretamente o maior aeroporto brasileiro – Guarulhos -, com o maior porto do País, em Santos. Isso certamente será muito benéfico para o transporte de cargas e dos negócios de muitas empresas!!!"

No que se refere a **educação**, existem na cidade várias IESs. Esse é o caso da Universidade de Guarulhos, que originou-se dos Centros Integrados de Ensino Superior Farias Brito, fundado em 1970; a Escola de Filosofia, Letras e Ciências Humanas da Universidade Federal de São Paulo no distrito de Pimentas; o Centro Universitário Metropolitano de São Paulo, originário das Faculdades Integradas de Guarulhos, que surgiram em 1969; o Fatec de Guarulhos; Faculdades Integradas Torricelli (administradas pelas Faculdades Anhanguera), Faculdade Emac, Faculdade IDEPE, Faculdade de Ciência de Guarulhos (Facig), Faculdades de Guarulhos e a Faculdade Progresso, originada do tradicional Colégio Progresso da Vila Galvão.

E não se pode deixar de citar que desde 2006, a cidade tem um *campus* do IFSP, no qual são oferecidos cursos técnicos em análise e desenvolvimento de sistemas e automação industrial no período noturno. No período diurno tem-se um curso superior, ou seja, uma licenciatura em matemática.

Em 1941, foi instalado o primeiro **centro de saúde** de Guarulhos, e só em 1951 é que foi inaugurada a Santa Casa de Misericórdia, quando também começaram a chegar ao município indústrias de vários setores (elétrico, metalúrgico, plástico, alimentício, calçados etc.).

Não se pode esquecer o impulso que a cidade recebeu, quando em 1945, a Base Aérea de São Paulo, foi transferida do Campo de Marte, em São Paulo, para o bairro de Cumbica. Foi aí que paralelamente o setor de serviços de saúde começou a se expandir para atender um número cada vez maior de guarulhenses.

Atualmente o município tem cerca de 14 hospitais (públicos e privados), sendo que merecem destaque os seguintes: Municipal Pimentas Bonsucesso; Municipal de Urgências; Geral de Guarulhos; Santa Casa de São Paulo; Municipal da Criança e do Adolescente; Hospital e Maternidade Jesus, José e Maria; Padre Bento; Bom Clima; Carlos Chagas; Stella Maris; Seisa; Medtour; Brasil e Unimed.

O município dispõe também de quase uma dezena de policlínicas, 65 UBSs, um Centro de Especialidades Médicas e diversos centros odontológicos e unidades psicossociais.

Guarulhos atrai um número significativo de visitantes para acompanhar as suas festividades e movimentos religiosos. Estimou-se no início de 2018, que os católicos representavam 47% da população guarulhense, seguidos pelos protestantes (cerca de 35%) e aproximadamente 3% de espíritas. O percentual restante é constituído por aqueles que não seguem nenhuma

GUARULHOS

crença ou então acreditam em outras religiões. A igreja mais antiga do município é a catedral Nossa Senhora da Conceição, edificada em 1560, ano da fundação de Guarulhos, sendo a sede da diocese que foi criada em 1981.

Entre as cerimônias católicas mais importantes destacam-se aquelas em homenagem a Nossa Senhora e a são Judas Tadeu. Já entre as grandes manifestações evangélicos, as principais são a Marcha para Jesus, *Night Gospel* e S.O.S. Vida.

A cidade conta com bons teatros, como o Padre Bento, o Teatro Nelson Rodrigues e os espaços para as artes cênicas como os que existem no Adamastor Centro e Adamastor Pimentas.

Guarulhos possui vários anfiteatros e alguns museus, além de um sistema de bibliotecas públicas (aliás, a primeira biblioteca pública foi inaugurada em 1940...). Apresentam-se na cidade a Orquestra Sinfônica Jovem Municipal e a Orquestra de Câmara de Guarulhos. A maior revelação da música de Guarulhos até os dias de hoje foi a banda de *rock* cômico Mamonas Assassinas, que se formou de uma maneira bastante inusitada.

Em março de 1989, Sérgio Reis de Oliveira (que mais tarde adotaria o nome artístico de Sérgio Redi), quando trabalhava na empresa Olivetti (onde hoje funciona o *Shopping* Internacional...), conheceu Maurício Hinoto, irmão de Alberto Hinoto (que mais tarde adotaria o nome artístico de Bento Hinoto). Ao saber que Sérgio era **baterista**, Maurício decidiu apresentar o irmão que tocava **guitarra** e eles decidiram criar uma banda. Na época, Samuel Reis de Oliveira (nome artístico Samuel Redi), irmão de Sérgio, não se interessava pela música, preferindo desenhar aviões!!! Contudo, de tanto ver e ouvir Sérgio e Bento ensaiando, ele acabou se voltando para a música e aprendendo a tocar **baixo elétrico**. E assim surgiu o grupo Utopia, especializado em *covers* de bandas famosas, como Ultraje a Rigor, Legião Urbana, Titãs etc.

O grupo Utopia passou a se apresentar na RMSP, e durante um *show* realizado em julho de 1990, no Parque Cecap, um conjunto habitacional de Guarulhos, o público solicitou que o trio executasse a canção *Sweet Child o'Mine*, da banda norte-americana Guns N'Roses. Como eles desconheciam a letra, pediram a um dos espectadores que subisse ao palco para ajudá-los. Alecsander Alves (que mais tarde se tornaria o Dinho), voluntariou-se para cantar, embora também não conhecesse a letra. Seu desempenho, ou melhor, sua "***embromation***", provocaram grandes risadas da plateia. E foi com essa performance escrachada que ele garantiu o posto de **vocalista** da banda.

Cidades Paulistas Inspiradoras

Em 1990, graças a uma apresentação do Sérgio, o **tecladista** Márcio Araújo (que mais tarde passaria a ser chamado de "sexto Mamona") foi inserido no grupo. O último integrante a entrar para o Utopia foi Júlio Cesar Barbosa (mais tarde chamado Júlio Rasec). Júlio era amigo de Dinho e foi incorporado para auxiliá-lo nas músicas *cover* em inglês, além de atuar como **percussionista** e realizar consertos (de fios e cabos dos equipamentos da banda) quando necessário.

Na realidade, como Márcio Araújo estava cursando engenharia civil na Universidade de Guarulhos ele acabou saindo da banda e Júlio Cesar passou a ser o tecladista e também *backing vocal* da banda. Com essa formação a banda passou a tocar em muitos locais da RMSP, quase todos de pouca expressão.

Eles passaram por muitas frustrações e, entre elas, a resposta que receberam do responsável pelos eventos no ginásio Paschoal Thomeu (o "Thomeuzão") quando lhe pediram uma oportunidade de abrir o *show* de Guilherme Arantes. Na época, ele teria dito: "Aqui é um ginásio para grandes bandas, não para qualquer bandinha!?!?" Ao ser barrado, o vocalista Dinho discutiu com o funcionário da prefeitura e disse: "O mundo dá voltas. Um dia seremos famosos e a prefeitura vai implorar para que nós toquemos aí!!!" E ele acertou em sua previsão...

Com o passar do tempo, os integrantes da banda chegaram à conclusão que deveriam mudar o perfil. Isso decorreu de sua percepção de que as palhaçadas e músicas de paródia que faziam nos ensaios eram bem recebidas pelo público. De fato, a plateia parecia inclusive gostar mais delas que dos *covers* e das músicas sérias. Foi isso o que abriu para eles a porta do sucesso. Assim, em outubro de 1994, no antigo estúdio do produtor Rick Bonadio, na zona norte de São Paulo, foi que a banda gravou as faixas *Mina* (*Minha Pitchulinha*), que mais tarde seria conhecida como *Pelados em Santos*, e *Robocop Gay*.

Rick Bonadio gostou das músicas, mas reuniu-se com o grupo e sugeriu-lhe que mudassem o perfil e também o nome da banda. Depois da análise de diversos nomes surgiu o escolhido: Mamonas Assassinas, quando os integrantes também trocaram seus nomes, seus figurinos e ela passou a ser menos *rock'n'roll* e mais caricata.

Eles começaram a se apresentar vestidos de presidiários, de "chapolim", com bonés extravagantes e cabelos pintados, e, naturalmente, com uma postura bem brincalhona no palco.

Finalmente enviaram uma fita com três músicas (*Pelados em Santos, Robocop Gay* e *Jumento Celestino*) para algumas gravadoras e Rafael Ramos, baterista da banda Baba Cósmica, insistiu com o seu pai, diretor artístico da gravadora EMI para contratar a banca. Isso aconteceu e esse único álbum lançado em junho de 1995 foi um sucesso estrondoso, vendendo mais de três milhões de cópias, sendo certificado com o disco de diamante e gerando um lucro de muitos milhões de reais para a EMI.

A partir daí, a banda passou a se apresentar entre oito e nove vezes por semana, chegando a fazer dois a três *shows* por dia. O grupo tocou em 25 dos 27 Estados brasileiros. O cachê dos Mamonas Assassinas chegou a ser um dos mais caros do Brasil, alcançando R$ 100 mil por apresentação. Em janeiro de 1996, os integrantes da banda Mamonas Assassinas conseguiram realizar o seu sonho de tocar no Thomeuzão, como uma banda de sucesso e muito bem remunerada!!!

E durante esse *show* Dinho fez um desabafo e mandou uma mensagem de desabafo, repleta de energia positiva e crítica àqueles que não acreditaram no seu trabalho, enfatizando que nunca se deve deixar de crer nos seus sonhos, pois os Mamonas Assassinas sempre tiveram o sonho de tocar ali (no Thomeuzão) e tiveram a porta fechada na cara. Esse evento contou com a presença de 18 mil pessoas (superlotação), inclusive um juiz quis impedir a entrada de crianças, mas tanta gente protestou que ele depois liberou a entrada delas.

Infelizmente o sucesso meteórico, ou melhor, a carreira da banda Mamonas Assassinas durou pouco mais de sete meses, de 23 de junho de 1995 a 2 de março de 1996, quando o quando o grupo foi vítima de um acidente aéreo fatal sobre a serra da Cantareira, o que ocasionou a morte de todos os integrantes e causou grande comoção nacional.

Porém, passadas mais de duas décadas do seu aparecimento ela continua influenciando a cena musical nacional. Isso porque em sua época ela impôs uma tendência diferenciada na música infantil, apresentada até então num visual *clean* (simples), com letras inofensivas com apresentadores de TV como Angélica, Xuxa, Eliana etc., que foi substituída pela incorreção política (e gramatical), pelas expressões de duplo sentido e pela aparência quase ofensiva de figuras como Tiririca!!!

No **esporte**, o primeiro clube de futebol de Guarulhos foi o Paulista, que jogou onde hoje está localizada a praça Getúlio Vargas. Atualmente, o município conta com o estádio municipal Antônio Soares de Oliveira, o estádio do A.A. Flamengo, uma equipe profissional de futebol que disputa a Série A3 da Primeira Divisão do Campeonato Paulista. Além disso, tem-se na cidade o time A.D. Guarulhos, que disputa a Segunda Divisão do Campeonato Paulista.

Outro destaque no esporte guarulhense é o time de *rugby*, o Lusa *Rhynos Rugby*, que é o único time da cidade que compete nesse esporte e está disputando o Campeonato Paulista de Acesso. O seu local de treino é o estádio municipal Arnaldo José Celeste, que está aberto para o público e os adeptos desse esporte.

Em 2017 a prefeitura da cidade fez uma parceria com o Corinthians e passou a disputar a Superliga, ou seja, o principal Campeonato de Voleibol do País, com uma equipe masculina.

Assim, um dos maiores clubes esportivos do mundo – Corinthians – com cerca de 30 milhões de torcedores no Brasil, uniu-se a uma ideia inovadora a de ter uma grande equipe de voleibol com apoio do atual prefeito Gustavo Henric Costa tendo entre os seus jogadores o multicampeão, o líbero Serginho, que começou a sua história no vôlei em Guarulhos.

Vamos torcer para que a equipe Corinthians – Guarulhos se transforme numa das principais forças do voleibol brasileiro, não é?

Em tempo, convém citar que na madrugada do dia 11 de fevereiro de 2018 no sambódromo do Anhembi, em São Paulo, a escola Gaviões da Fiel desfilou apresentando o tema *Guarus - Na Aurora da Criação*, destacando os guarus, os indígenas que deram o nome à Guarulhos!!!

O portentoso portal, pelo qual passam todos aqueles que chegam à cidade.

Holambra

PREÂMBULO

Entre 25 de agosto e 24 de setembro aconteceu a Expoflora 2017 na cidade de Holambra, no interior de São Paulo. O evento contou no seu todo com a presença de aproximadamente 330 mil visitantes.

Segundo estimativas do Instituto Brasileiro de Floricultura (Ibraflor), apesar da crise econômica no País, o mercado de flores em 2017 deve avançar 9%, com um faturamento de R$ 7,2 bilhões – um montante bem superior aos R$ 6,6 bilhões de 2016. Todavia, se consideradas somente as cooperativas da Holambra, que respondem por **45% da comercialização nacional**, o crescimento do setor deve alcançar 11%.

Kees Schoenmaker, presidente da Ibraflor e sócio do Terra Viva, um dos principais grupos produtores de Holambra, comentou: "Deve-se ressaltar que mesmo em outras épocas de crise nunca tivemos grandes quedas nas vendas, Além das datas festivas, quando ocorre uma venda maior, quem já costuma ter flores em casa não quer abrir mão disso. O consumo anual de flores no Brasil é ainda muito baixo, ou seja, está próximo de R$ 30 por pessoa, o que é bem distante do europeu, que gasta R$ 170 por ano.

O fato é que estamos sempre apresentando novidades. Assim, agora das nossas estufas estão saindo as versões em miniatura dos tradicionais antúrios vermelhos, com flores que chegam a apenas 2 cm. A oferta de plantas em tamanho reduzido, como já acontece com as orquídeas, vem ganhando força, com vistas ao consumidor que tem pouco ou até mesmo quase nenhum espaço para um jardim. Além disso, os preços menores dessas miniaturas também ajudam a incrementar as nossas vendas. O miniantúrio, por exemplo, pode ser comprado por cerca de R$ 10."

A HISTÓRIA DE HOLAMBRA

Por causa da grande destruição enfrentada pela Holanda no decorrer da 2ª Guerra Mundial (1939-1945), o governo daquele país estimulou a imigração de uma parte de sua população. Neste sentido, o fluxo migratório seguiu principalmente rumo a Austrália, ao Canadá e ao Brasil.

Entretanto, o único país a permitir a vinda de grandes grupos de católicos foi justamente o Brasil. Assim, com o consentimento do governo holandês, a Associação Holandesa de Lavradores e Horticultores Católicos (Katholieke Nederlandse Boeren en Tuindersbond – KNBTB), enviou uma comissão para o País, com o objetivo de não apenas organizar a imigração de holandeses, mas também celebrar um acordo com o governo brasileiro.

Acertados todos os detalhes, um contingente de aproximadamente 500 imigrantes provenientes da província de Brabante do Norte chegou ao Brasil, estabelecendo-se na antiga fazenda Ribeirão, no Estado de São Paulo. Ali, em 14 de julho de 1948, eles fundaram a colônia **Holambra I** (cujo nome é a junção das letras iniciais das palavras **Hol**anda, **Amé**rica e **Bra**sil) e a **Cooperativa Agropecuária Holambra**. A ideia inicial do grupo era produzir leite e laticínios com o gado que fora trazido de seu país. Todavia, esses animais foram lamentavelmente dizimados por doenças tropicais, o que fez com que os imigrantes optassem pela criação de porcos e galinhas.

Então, com a vinda de um novo grupo de imigrantes holandeses em 1951 teve início na região a produção de gladíolos e o cultivo de flores, uma prática que se expandiria entre 1958 e 1965. Em 1972, foi criado na cidade o departamento de floricultura para a comercialização de uma grande variedade de flores e plantas ornamentais. Em 1989 inaugurou-se ali o leilão (*veiling*) eletrônico de plantas e flores, que desde então é realizado diariamente na cooperativa Veiling Holambra, o principal centro de venda de flores e plantas do Brasil!!!

Assim, a agricultura e, mais precisamente, a **floricultura**, se tornaram as principais atividades econômicas de Holambra. O município é o maior exportador de flores da América Latina, sendo responsável por **80% da exportação** e por **45% da produção** do setor floricultor brasileiro. Esse é um resultado incrível para uma cidade pequena, cuja população em 2018 era estimada em 16 mil habitantes, mas que atualmente é conhecida em âmbito nacional como a "**cidade das flores**".

Porém a participação do Brasil na produção mundial de flores é pequena, ou seja, de 2%. A Europa está na liderança com 43%, seguida pela China com 15%.

E veja agora a grande novidade: em 21 de junho de 2017, foi inaugurada em Holambra a primeira Faculdade das Flores do Brasil – Faculdade de Agronegócios de Holambra (Faagroh).

O evento foi realizado nas dependências da Expoflora, que nessa mesma data estava inaugurando a 24ª Hortitec (Exposição Técnica de Horticultura, Cultivo Protegido e Culturas Intensivas), sendo essa a maior feira da América Latina.

Iniciativa única e inovadora no Brasil, a Faagroh é fruto da parceria firmada entre o Centro Universitário de Jaguariúna (UniFAJ) com a prefeitura de Holambra, tendo um *campus* totalmente diferenciado e original. Esta IES nasce do esforço e sonho de seus idealizadores de trazer para Holambra uma faculdade especial voltada para o agronegócio, que pretende se expandir e crescer muito mais particularmente no setor de flores da horticultura.

O prefeito de Holambra, Fernando Fiori de Godoy no evento de inauguração salientou: "Acredito que a gente só melhora a vida das pessoas através

A Faculdade de Agronegócios de Holambra (Faagroh), inaugurada em 2017, destaca-se por ser a primeira IES de ensino superior 100% destinada ao agronegócio no País e conta com estrutura única e diferenciada: todo o *campus* funciona dentro das estufas de produção. Essa proposta permite trazer a vivência prática para a sala de aula e garantir aulas 100% práticas.

do estudo, então para nós é um grande orgulho termos conseguido trazer para cá a Faagroh.

Holambra está repleta de pequenas propriedades, e certamente os seus donos, especialmente os seus filhos ao cursarem a Faagroh adquirirão conhecimentos tecnológicos com os quais poderão aumentar a produtividade dos seus negócios e daí melhorar as suas vidas, bem como das pessoas que trabalham para elas, que não são donas da terra.

Além disso, certamente virão estudar aqui jovens de outras partes do Estado e do País, com o que vai se difundir esses conhecimentos por toda a nossa região e pelo Brasil."

Um dos principais responsáveis e idealizadores da Faagroh, o reitor da UniFAJ, Ricardo Tannus salientou: "Inicialmente deve-se destacar a criação da faculdade em Holambra partiu do próprio prefeito Fernando Fiori de Godoy, que desejava fomentar a educação na sua cidade em todos os níveis.

Ele nos comunicou esse desejo e a UniFAJ realizou o processo de regularização da faculdade junto ao ministério da Educação. A Faculdade das Flores tem como seu diferencial uma metodologia 100% ativa. Elaboramos uma proposta que dá ao aluno a oportunidade de vivenciar a prática durante todo o curso.

A teoria é usada mais como um apoio!!!"

Presente à cerimônia de inauguração da Faagroh, o secretário estadual de Agricultura e Abastecimento Arnaldo Jardim enfatizou: "Essa abertura da Faagroh, incrementará mais ainda o crescimento do agronegócio das flores, um mercado em expansão no mundo todo.

Aqui no Brasil não se pode esquecer que em 2017 os negócios com flores e plantas ornamentais movimentaram R$ 10 bilhões, empregando muita gente, mais precisamente 9.200 produtores, que utilizam, em média, dois hectares de terra."

Bem, a Faagroh dispõe de 80 vagas para a formação de tecnólogos em agronegócios, com ênfase em horticultura, floricultura e produção de sementes, tendo duração de dois anos e meio, com aulas presenciais. Seu corpo docente tem experiência nas áreas de agricultura e negócio.

As instalações da faculdade estão no bairro do Fundão, tendo 3.000 m^2 de área construída, contando com uma estrutura moderna e única com salas de aula ao ar livre ("salas-estufas") e uma estrutura para o desenvolvimento de pesquisas científicas.

Além disso a UniFAJ já estabeleceu diversos convênios com IESs internacionais, o que permitirá aos alunos da Faagroh participar de estágios e intermcâmbios no exterior.

Com tudo isso, tem-se plena convicção que após a graduação, os alunos da Faagroh poderão abrir os seus próprios agronegócios.

E assim uma pequena cidade como Holambra mostra que com o envolvimento da gestão municipal, buscando parcerias com IESs, pode ter algo incrível como é este curso superior que irá aumentar mais ainda sua competitividade, no campo em que ela já é referência nacional e internacional: **a floricultura e horticultura.**

No que se refere a 24ª Hortitec, que ocorreu no período de 21 a 23 de junho de 2017, nela estiveram presentes 420 expositores do Brasil e de outros países. Ela recebeu um público total que ultrapassou 30 mil visitantes, sendo 95% deles ligadas ao setor e os restantes de convidados e curiosos para saber se devem tornar-se empreendedores nos setores da horticultura e floricultura.

Acredita-se também que os negócios realizados durante a 24ª Hortitec superaram R$ 120 milhões.

O diretor-geral da Hortitec, Renato Opitz comentou: "A Hortitec é a exposição – a maior da América Latina – que reúne produtores de flores, frutas, hortaliças e aqueles que atuam em reflorestamentos.

Para os especialistas, essa exposição é a melhor oportunidade para a divulgação das suas novidades em insumos, equipamentos e tecnologias para o setor.

O Brasil já e uma referência nessa área e muitos estrangeiros vêm para cá para encontrar fornecedores das novas tecnologias.

Esse é o caso por exemplo dos sensores que diminuem o desperdício de água na irrigação e têm um custo baixo e que podem ser usados em cultivos tradicionais ou jardins.

Outra novidade foi o sistema de saneamento rural, ou seja, o dispositivo que permite tratar a fossa (esgoto) doméstica para o seu reaproveitamento em forma de adubo. Porém foram também apresentadas algumas dezenas de outras novidades, por isso veio tanta gente..."

Já a Expoflora, é a maior exposição de flores da América Latina, começou a ser realizada em 1981, sempre no mês de setembro. Nessa ocasião, os turistas são recebidos com o tradicional *Welkom bij Holambra* ("Bem-vindo a Holambra"). O objetivo inicial do evento era não apenas resgatar os aspectos culturais e sociais da comunidade de Holambra, mas divulgar o trabalho desenvolvido pelos filhos dos primeiros imigrantes rurais no município.

Já em sua primeira edição a exposição atraiu 12 mil pessoas em um único fim de semana, o que representou quase o dobro da população estimada da cidade. Agora, durante o fim de agosto e praticamente todo o mês de setembro a cidade chega a receber aproximadamente 330 mil visitantes. Para essas pessoas, um passeio pelas estufas e pelas diversas lojas especializadas em flores (com preços promocionais) é obrigatório. Ali, o espetáculo proporcionado é inesquecível para todos.

A Expoflora se transformou na maior manifestação cultural da imigração holandesa no País, assim como na maior festa de flores e plantas ornamentais da América Latina. Seja de maneira direta ou indireta, toda a comunidade está agora envolvida nesse evento, que projetou nacionalmente a cidade e contribuiu de modo decisivo para a elevação do município à categoria de **estância turística** do Estado de São Paulo – um título outorgado pela Embratur (Instituto Brasileiro de Turismo) em 1998.

Nos dias de hoje o principal objetivo da Expoflora continua sendo a divulgação da **cultura holandesa**, nas mais variadas formas: apresentação de danças típicas, *shows*, culinária, artesanato holandês, entre outas coisas. Nesse evento o visitante também pode apreciar uma exposição de arranjos florais; participar de uma mostra de paisagismo e jardinagem, denominada "Minha Casa e Meu Jardim"; comprar *souvenirs* nas lojas; observar a tradicional "chuva de pétalas"; e acompanhar o desfile "Parada das Flores". Tudo isso além de várias outras atrações, sendo que a cada novo ano são acrescidas à Expoflora novidades para encantar a todos os visitantes...

Na Expoflora de 2017, por exemplo, havia 250 estandes. Eles ocuparam três pavilhões, numa uma área total de 250 mil m² do parque. Claro que um dos momentos mais aguardados pelos visitantes foi a tradicional **"chuva de pétalas"**, que contou com mais de 150 kg de pétalas. Ela aconteceu durante todos os dias do evento, sempre às 16 h 30 min. Esse espetáculo, as demais atrações e a incrível beleza das flores, fizeram com que todo visitante considerasse justo o preço do ingresso: R$ 46.

É claro que o visitante de Holambra precisa se alimentar bem, e é aí que entra outro ponto alto da cidade: a **gastronomia**!!! Neste sentido, desenvolveu-se ali um folheto com o roteiro gastronômico de Holambra, que possui diversos restaurantes. Entre eles estão o *Casa Bela*, o *Old Dutch* e a *Trattorie Holandesa*, entre outros, que permitem aos turistas se deliciarem com os pratos tipicamente holandeses: *eisbein* (joelho de porco), salsichão, *stamppot* (um incrível purê de batata), chucrute, *kassler* (bisteca suína) e *visser's schotel* (uma tábua de frutos do mar, bem servida). Mas, para quem aprecia outros tipos de comidas, a cidade também conta com restaurantes italianos, árabes, brasileiros e inclusive indonésios.

Também há em Holambra várias cafeterias e confeitarias, que permitem imersão total nos sabores da Holanda, como os populares *apfelstrudel* (torta de maçã) e *stroopwafel* (um tipo de *waffle* com caramelo), que podem ser encontrados na doceria *Zoet en Zout*, especializada nessas delícias...

No que se refere a bebidas, quem adora cerveja não pode deixar de ir à *Cervejaria Schornstein*, uma fábrica de cervejas típicas holandesas instalada em um prédio com o charme da arquitetura europeia. Ela produz seis tipos de chope e cinco tipos de cerveja. Em contrapartida, fugindo dos temas holandeses, o visitante de Holambra também poderá visitar o Rancho da Cachaça, um dos primeiros alambiques da região, que iniciou a produção da cachaça em 2001 (um produto, aliás, que os próprios moradores de Holambra apreciam muito...). O destaque no local é para a cachaça envelhecida em barril de carvalho e para as cachaças de jabuticaba e de frutas. E, sob agendamento, é possível contar com serviço de café da manhã e almoço, além de hospedar-se num dos chalés construídos num ambiente rural e bastante bucólico.

O folheto com todos os endereços está disponível no portal turístico ou então no moinho Povos Unidos, que, aliás, é o principal cartão-postal da cidade. Com seus 38,5 m de altura, trata-se do maior moinho da América Latina. Ele foi erguido pelo arquiteto holandês Jan Heijdra, em 2008, e funciona exatamente como as construções originais, moendo grãos com a força do vento, e transportando o visitante diretamente para o cenário holandês.

E as atrações de Holambra não param por aí. Para os que quiserem digerir o almoço, a cidade dispõe de locais de caminhada em torno de dois lagos, além de praças públicas cobertas de muito verde. Na cidade há também o Museu Histórico Cultural, onde por meio de fatos, documentos e fotos originais é possível descobrir tudo sobre as origens da colonização holandesa.

Uma outra atração diferenciada em Holambra, que foge das atividades ligadas à cultura holandesa, é o sítio Estrada Arurá. Nessa propriedade credenciada pelo Ibama (Instituto Brasileiro do Meio Ambiente e dos Recursos Naturais Renováveis), os visitantes poderão aprender sobre a vida dos jacarés-de-papo-amarelo, além de fazer um passeio monitorado aos tanques de criação, onde é possível tocar (em segurança) nos pequenos jacarés, e, inclusive, numa dócil jiboia, uma cobra não venenosa.

Holambra fica a apenas 134 km de São Paulo, mas, para aqueles que desejarem passar alguns dias na região a cidade dispõe de alguns hotéis e algumas pousadas bem confortáveis, cujos serviços de atendimento aos hospedes são muito bons. E, ao terminar a sua visita, o turista não deve deixar de registrá-la. Para isso, poderá tirar uma foto no memorial do Imigrante, onde há um casal de camponeses com o vestuário típico da Holanda. O monumento está localizado na entrada da cidade e homenageia os primeiros imigrantes que desembarcaram ali.

De qualquer modo, será impossível para o visitante esquecer a principal característica dessa cidade: **seu espírito associativista e cooperativista**, herdado dos imigrantes holandeses. De fato, existem no município diversas entidades associativistas e cooperativistas, todas voltadas para os interesses dos holambrenses e que transmitem diretamente para a prefeitura da cidade tudo o que necessitam e desejam.

Todas as cidades do País, em especial os municípios limítrofes de Holambra – Mogi Mirim, Santo Antônio da Posse, Jaguariúna, Paulínia, Cosmópolis e Artur Nogueira –, deveriam inspirar-se nessa forma de envolvimento dos holambrenses com a sua cidade, e estimular isso. Não há dúvida de que uma administração municipal que conte com esse tipo de colaboração, terá tudo para ser mais **eficiente**!!!

Nessa descrição sobre a cidade de Holambra tivemos a excepcional colaboração do vice-prefeito Fernandinho Capato, filho do primeiro prefeito de Holambra, Celso Capato, que na realidade comandou a cidade em três mandatos pois foi reeleito mais duas vezes.

O vice-prefeito Fernando Capato (FC) teve a gentileza de, no início de novembro de 2017, responder algumas perguntas sobre o passado, o presente e o futuro do município, pois é um grande conhecedor do que ocorreu na cidade, visto que acompanhou as gestões do seus pai e colabora agora intensamente para o progresso de Holambra.

1ª) Como é que Holambra se tornou tão produtiva e inovadora no campo das flores?

FC - O solo de Holambra no início não era tão produtivo assim, mas depois de muito trabalho e cultivo do solo através de *know-how* (conhecimento) trazido da Holanda, os imigrantes que de lá vieram conseguiram transformar uma terra ruim em fértil.

O intercâmbio que Holambra tem com a Holanda a tornou diferente no cultivo de flores e plantas. Por outro lado foram muitos anos de estudo e experiência que o produtor holambrense acumulou, tendo assim a oportunidade de aprender e adaptar-se às terras brasileiras, empregando aqui o que existe de mais avançado em tecnologia disponível nos países da Europa e outras nações do mundo.

2ª) Quantas são as pessoas que têm o seu emprego ligado direta ou indiretamente à produção e venda de flores e plantas ornamentais?

FC - Aproximadamente 35% dos trabalhadores holambrenses estão ligados ao setor de flores e plantas.

3ª) O que há de novo na abertura de restaurantes, hotéis e pousadas na cidade?

FC - Além dos tradicionais restaurantes que a cidade já possui, no início de 2018 certamente teremos mais três bons estabelecimentos funcionando.

Há uma promessa de duas importantes bandeiras da hotelaria, iniciarem as obras de dois hotéis de grande porte em 2018.

4ª) Holambra está apta a contratar mais gente para trabalhar nos seus negócios e com isso dobrar de tamanho nos próximos cinco anos?

FC - Holambra de fato tem um grande potencial de crescimento a ser explorado ainda. Por isso está se buscando na cidade qualificar melhor a sua mão de obra, com a prefeitura oferecendo cursos gratuitos e oficinas.

As pessoas também estão atentas para a **vocação turística** da cidade, buscando por isso ampliar suas competências para agarrar as oportunidades que vão surgir na expansão desse setor.

5ª) Como é possível dobrar o número de visitantes à Holambra?

FC - Melhorando sua infraestrutura turística, sua malha viária, oferecendo um calendário diversificado de atrações, atraindo investidores para explorarem mais o potencial da nossa jovem cidade.

E tudo isso já vem sendo feito ao longo dos anos, tudo para atender bem quem visita Holambra, e para criar mais oportunidades de emprego para a nossa população.

6ª) É possível programar um evento semelhante ao da Expoflora, que ocorre ao longo de setembro, no primeiro semestre, digamos no período que inclua o "Dia das Mães"?

FC – Acredito que sim, ou seja, pegar como referência o Dia das Mães e fazer digamos algo como "Semanas das Mães" vinculando-as ao nosso mercado de flores.

Acredito que daria para unir as duas coisas e fazer algo especial, diferente de tudo que se encontra por aí, com o que se venderiam mais flores nessas semanas e o nossos restaurantes ficariam repletos.

7ª) Qual é a importância da abertura de uma Faculdade das Flores, pela UniFAJ, na cidade?

FC - A abertura da primeira Faculdade das Flores do País trouxe a Holambra um grande diferencial, de preparar e qualificar pessoas para esse segmento que cresce ano a ano e exige cada vez mais capacidade de inovar.

Uma faculdade abre muitas oportunidades para o município, traz muitas parcerias e da uma grande visibilidade.

Foi um marco importantíssimo para o município, pois colocou a nossa cidade em um patamar acima de diversas outras cidades próximas que são maiores que Holambra.

O agronegócio vem se mostrando a grande locomotiva do País e a Faagroh sai na frente com o esse curso, o primeiro do Brasil!!!

8ª) O que da cultura holandesa os brasileiros deveriam incluir na sua?

FC - O povo Holandês é muito sincero e direto. Se os holandeses não concordam com algo que lhes dizem, não temem em dar a sua opinião falando de frente e diretamente.

Na cultura brasileira busca-se não ir logo para o **enfrentamento**, isso muitas vezes para não magoar a outra pessoa! Mas esse comportamento pode ser muito prejudicial no futuro. Por isso, o holandês acha que falar logo o que pensa, pode ajudar muito mais que atrapalhar!

Os holandeses são muito disciplinados, desde cedo aprendem a trabalhar duro, concentram-se no que fazem, levam muito a sério suas responsabilidades, seus deveres, o cumprimento dos horários, mas sabem também os seus direitos e dão muito valor as suas horas de lazer e para o tempo de descontração e descanso.

290   Cidades Paulistas Inspiradoras

9ª) Que tipo de intercâmbio Holambra mantêm com as cidades holandesas?

FC – Muitos holambrenses vão a Holanda para estudar ou trabalhar, bem como os empresários que vão para incrementar seus negócios e outras pessoas para visitar as empresas de seus familiares. Esse tipo de contato acaba também trazendo pessoas da Holanda para vivenciarem experiências aqui na cidade.

As empresas holandesas existentes em Holambra ajudam bastante para manter esse processo de intercâmbio.

10ª) No que se refere a saúde pública quais são as melhorias que os munícipes receberam nos últimos anos e o que podem esperar para os próximos anos?

FC – No início a saúde pública em Holambra carecia de qualidade, mas nesses últimos anos, melhorou muito, tornando-se eficiente e referência para as cidades vizinhas.

Temos uma equipe fixa de profissionais da medicina, e foram abertos alguns postos de saúde da família nos últimos anos.

Nos próximos anos os moradores deverão ter aqui mais especialidades médicas, poderão fazer diversos exames e tratamentos e principalmente se priorizará a prevenção e os cuidados essenciais com a saúde que serão ampliados em todas as partes da cidade.

11ª) No tocante a educação, existem alguns programas para se ter os alunos da rede pública em tempo integral nas escolas?

FC - Holambra já tem centenas de alunos do ensino fundamental no período integral na escola.Além de aprenderem as disciplinas essenciais do currículo, eles praticam esportes, tem aulas de música, de reforço etc.

12ª) Qual é o legado que pretende deixar para Holambra?

FC - Meu pai foi o primeiro prefeito de Holambra, e depois a governou em mais dois mandatos. Ele trabalhou muito na construção da cidade, que na época nem uma sede para prefeitura tinha. Foi nas gestões dele que foram abertas as primeiras escolas e postos de saúde e a cidade se transformou praticamente no que é hoje. E isso me deixa extremamente orgulhoso!

O importante dizer é que todos os outros gestores municipais que passaram pela prefeitura, também deixaram a sua marca, a sua contribuição para a melhoria da cidade para que ela seja um exemplo para outras cidades do Brasil

Acredito que a grande mensagem que meu pai deixou para todos os prefeitos, vice-prefeitos e secretários municipais que vieram depois dele foi: "Não esqueça de deixar uma boa contribuição para a cidade durante a sua permanência na administração municipal!"

E é isso que penso que também estamos procurando fazer agora na prefeitura!

Ibirá, uma cidade repleto de locais para descanso e lazer.

Ibirá

PREÂMBULO

Em 1937, alguns capitalistas de Ibirá se reuniram e construíram um balneário de madeira, com 15 cabines. Lamentavelmente, entretanto, desentendimentos levaram ao completo abandono esse empreendimento, que acabou sendo colocado em leilão público.

O balneário continuou em estado de precariedade até que a empresa J. Lemos & Carpegiani obteve em julho de 1946 a concessão para a exploração desse serviço, começou a construção de um amplo balneário, visto que Ibirá já era reconhecida pelo valor terapêutico de suas águas e chamada de "**solo sagrado**", pois tem fontes de água vanádica, sulfatada, alcalina e bicarbonatada.

Foi o interventor federal em São Paulo, Adhemar Pereira de Barros, que em 1947 terminou a construção de um moderno balneário, ao qual deu o nome de Joaquim Lemos. Porém, em 1973, as instalações dele estavam bem precárias e aí o então governador Laudo Natel determinou a construção do balneário Evaristo Mendes Seixas, inaugurado em 1975, que se tornou um dos mais modernos do Estado. O balneário foi administrado pelo Estado, quando em 26 de abril de 1997 ele foi vendido e transferido para a iniciativa privada.

Bem, quem for agora até Ibirá também poderá desfrutar de momentos de tranquilidade em vários lugares, como por exemplo na sua praça principal onde terá a impressão de estar em um mundo só seu, onde o canto das aves, cigarras etc. serão seus companheiros. O visitante notará que tudo em Ibirá é mágico e quem vai até ela para saciar sua sede com suas águas e desfrutar da paz, do sossego e da energia contagiante do lugar, **jamais esquecerá deste recanto!!!**

Principalmente perceberá que desapareceu o seu estresse, o que não poderia ser diferente pois estará na "**capital da saúde**!!! E não se pode esquecer que Ibirá tem um calendário de festas religiosas que inclusive são acompanhadas por muita gente de outras cidades!!!

A HISTÓRIA DE IBIRÁ

Ibirá é um município paulista que desfruta do *status* de **estância hidro-mineral**, e está localizado a 420 km da capital paulista. Estima-se que em 2018 vivessem em Ibirá cera de 12 mil pessoas, numa área de 271,9 km². A cidade faz parte da microrregião de São José do Rio Preto, e tem como municípios limítrofes Potirendaba, Cedral, Uchoa, Catanduva, Catiguá, Elisiário e Urupês.

A cidade tem suas origens nas terras doadas pelo imperador dom Pedro II para Antônio Bernardino de Seixas e seus filhos João e José, que no fim da década de 1870 acamparam a beira do córrego das Bicas, onde fica hoje o distrito de Termas de Ibirá. Vale ressaltar que o local foi chamado inicialmente de Cachoeira dos Bernardinos, em seguida de freguesia da Cachoeira e, depois, de freguesia de Ibirá.

Em 12 de dezembro de 1921, Ibirá foi elevada a categoria de município, pela lei Nº 1817, sendo solenemente instalado em 22 de março de 1922. A cidade passou a ser considerada estância hidromineral pelo decreto lei Nº 13.157, de 30 de dezembro de 1941.

O cineasta Pedro Lucínio elaborou o documentário *Ibirá - Nascentes da Vida* que retrata a história do município, incluindo a descoberta das águas termais e a construção do primeiro balneário. Ele foi exibido inicialmente no 90º aniversário de Ibirá em 2011.

A cura através das águas vanádicas que existiam nas terras do município de Ibirá começaram a ser percebidas pelos próprios índios por volta de 1770, que curavam suas doenças banhando-se nelas!!!

Aliás, a denominação Ibirá tem origem na língua tupi-guarani, onde *ibir*, significa "fibra" ou "embira" ou ainda "envira". Esse material era retirado da casca de certas árvores abundantes na região e utilizada pelos índios para tecer seus utensílios.

Bem, a fama do município de Ibirá ganhou o mundo graças ao fato de que no seu território há diversas fontes de água mineral que são muito raras no planeta, tendo na sua composição o **vanádio**!!!

No que se refere a água vanádica, que conquistou a fama de água milagrosa, deve-se recordar que a primeira fonte de água vanádica foi descoberta em 1801, em Vichy, na França, e isso ocorreu por acaso... Um fabricante de cosméticos usou a água local para fazer compressas em alguns ferimentos e notou que os machucados ou as feridas se curavam depressa!!! Aí ele teve um momento Aha! sobre o poder medicinal dessa água. Logo depois, ele passou a usar a água dessa cidade nos cremes e nos outros produtos que fabricava, destacando seus poderes terapêuticos. Aos poucos a água de Vichy ganhou fama mundial.

O nome vanádio é uma homenagem a Vanadis, a deusa da beleza da Escandinávia. A água vanádica é uma água mineral com pH próximo de 10 e só está presente em 0,02% de toda a água da superfície terrestre.

Devido ao poder terapêutico e medicinal das águas de suas fontes, Ibirá, atrai milhares de visitantes todos os anos, que viajam longas distâncias para aproveitarem os seus poderes curativos.

E tanto movimento faz muito sentido, pois está comprovado que a água vanádica tem forte ação antioxidante, regula o sistema circulatório, auxilia o sistema imunológico e combate o envelhecimento precoce.

Neste sentido, o parque das Águas onde está o balneário Evaristo Mendes Seixas é o grande atrativo turístico da cidade. Ele está localizado a apenas 6 km do centro e nesse parque existem lagos (inclusive uma pequena ilha à qual se tem acesso passando por uma pitoresca ponte de madeira), bosque com área para piqueniques, pista de caminhada, piscina e cinco fontes de águas minerais naturais construídas na década de 1940.

Para atender não só os ibiraenses, mas especialmente os turistas, esse local foi reformado e ampliado recentemente. Dentro dele, os clientes têm a sua disposição uma variedade de serviços que se baseiam sobre as propriedades medicinais da água de Ibirá. Uma das atividades é o banho de imersão nas águas vanádicas, muito recomendado pelo seu poder relaxante, antialérgico, antioxidante e cicatrizante.

No balneário são oferecidos também a hidromassagem, a ducha escocesa e saunas seca e molhada. Na realidade esse balneário é atualmente um verdadeiro centro de estética e de bem-estar pessoal, pois são oferecidos nele sessões de podologia, reflexologia e hidratação podal, limpeza de pele, máscaras faciais, drenagem linfática manual, *shiatsu*, bambuterapia, quiropraxia e terapia com pedras quentes. Estão também no balneário profissionais experientes para realizar tratamentos fisioterápicos, como RPG e pilates.

Já deu para perceber porque o parque das Águas atrai tantos visitantes, não é mesmo? Mas Ibirá também tem outras opções para o turismo e uma delas é passar alguns dias no hotel-fazenda Termas de Ibirá, localizado em um ambiente cercado de mata nativa e tombado pelo patrimônio florestal.

Trata-se de um hotel-fazenda de alto padrão, que dispõe de charmosos apartamentos, chalés e bangalôs, nos quais os hóspedes desfrutam momentos de descanso e lazer. Nele são desenvolvidas diversas atividades, tais como turismo de aventura, arborismo, arco e flecha, bosque, trilha ecológica, caminhada e passeio de trenzinho. Há no local uma infraestrutura completa para o lazer que inclui um conjunto aquático, com várias piscinas, toboáguas, saunas, ofurô, quadra de tênis, sala de jogos, academia, *playground*, brinquedoteca, sala de cinema, bom restaurante etc.

Esse hotel-fazenda é o principal empreendimento privado de Ibirá, sendo um atrativo para todos os tipos de hóspedes, de casais em lua de mel a famílias em busca de tranquilidade em meio à natureza. Nele também estão disponíveis salas amplas para a realização de palestras, convenções e outros tipos de eventos corporativos.

Em 2011, a prefeitura de Ibirá deu iníco a um evento para atrair mais visitantes e que tem tudo para se tornar tradicional no calendário de eventos da cidade. Trata-se do Festival de Teatro de Ibirá (FESTIB), realizado no final de junho.

São seis dias de festival, de caráter competitivo, com apresentação de espetáculos cênicos de companhias de todas as partes do País, atraindo milhares de moradores das cidades da região e também centenas de ibiraenses.

Na época do Carnaval, Ibirá também ferve e vira palco do Ibirá Folia, uma festa que tem credenciado a cidade como uma das principais quando se trata da "Festa do Rei Momo", repleta de alegria e diversão, atraindo cerca de 150 mil visitantes e gerando nesse período cerca de 600 empregos diretos e indiretos.

Outro destaque do município é a ação de um grupo de teatro local chamado Arte das Águas, especializado em produções de cunho social, com a finalidade de ajudar a vida do ser humano. Esse grupo iniciou suas atividades com o espetáculo *Anjos Invisíveis*, no qual se abordou a violência doméstica moral contra as crianças, que lhe rendeu notoriedade regional e a conquista de alguns prémios.

Em 2015 o grupo apresentou o espetáculo *Mazzaropi, um certo sonhador*; em homenagem ao artista Amácio Mazzaropi contando a vida e a obra do eterno **"jeca brasileiro"**. Não se pode deixar de citar a igreja matriz São Sebastião que homenageia o padroeiro da cidade.

Em frente a ela está a praça 9 de Julho, na qual são realizados os principais eventos da cidade, tais como as festividades religiosas e culturais. À noite, essa igreja recebe iluminação especial, destacando-se bastante nessa praça central.

Outros dois eventos que atraem muitos visitantes a Ibirá são a Jornada Esportiva e o *Rally* da Independência.

Além do turismo, é o **setor de confecções** o maior empregador de Ibirá e deve-se recordar que no decorrer dos seus dois mandatos que o prefeito Nivaldo Domingos Negrão (de 2009 a 2016) que conseguiu que muitas das pequenas empresas da cidade se formalizassem.

Ele, que é um empresário disse: "O que eu aprendi no setor privado na minha vida, procurei trazer para a administração pública. Por isso me empenhei em administrar a prefeitura como uma empresa, acreditando que todos os munícipes podem tornar-se empreendedores. Toda pessoa pode ter seu negócio desde que queira e se esforce para isso. Especialmente aqui em Ibirá, abrindo um negócio voltado para atender os visitantes."

Como se nota, a pequena Ibirá consegue viver fundamentalmente do **turismo**, atraindo para ela muitos visitantes. Será que nela poderia se desenvolver algum outro tipo de atração que não estivesse ligado diretamente à água vanádica?

Ibiúna, que utiliza bastante a água da represa Itupararanga para desenvolver sua agricultura e o turismo.

Ibiúna

PREÂMBULO

Grande parte do que os paulistas (e especialmente os paulistanos) comem nas suas saladas – as **hortaliças** – é produzida em Ibiúna e região. E isso inclui a produção orgânica de alface, tomate, alcachofra etc. O produto orgânico é cultivado sem qualquer uso de agrotóxicos, respeitando-se as características ambientais da região em que está inserida a propriedade onde são desenvolvidas técnicas específicas de cultivo.

Um exemplo disso é o cultivo de hortaliças pelo produtor Masami Yoshizumi em seu sítio Novo Mundo, localizado no km 11,5 da rodovia Julio Dal Fabre, que liga o centro da cidade ao bairro de Vargem do Salto. Numa área de 15 ha, ele produz hortaliças orgânicas – alface, rúcula, salsa, cebolinha, espinafre, repolho, couve-manteiga, brócolis etc.

Yoshizumi se revelou um incansável pesquisador e batalhador da estratégia para formar uma grande rede de parceiros tão apaixonados quanto ele pelos produtos orgânicos. Ele destacou: "A agricultura mudou bastante no modo de se trabalhar. O setor está cada vez mais profissionalizado, tanto que aquele velho ditado: **'Meu pai fazia assim, portanto é assim que eu farei'**, já não vale mais!!! Aliás, quem pensar desse modo não continua mais na agricultura. Ou seja, se você não buscar eficiência produtiva, não conseguirá mais sobreviver nessa atividade."

É esse o tipo de agricultor que temos agora no município de Ibiúna, de onde saem produtos orgânicos de alta qualidade para todo o Estado e o País!!!

A HISTÓRIA DE IBIÚNA

Ibiúna é uma cidade paulista localizada a 70 km da capital paulista, cuja população no início de 2018 era de aproximadamente 80 mil habitantes. A cidade ocupa atualmente uma área de 1.059,7 km², e tem como municípios limítrofes: Alumínio, Cotia, Juquitiba, Mairinque, Piedade, São Lourenço da Serra, São Roque, Tapiraí e Votorantim.

Seu nome vem da junção de dois vocábulos da língua tupi: *yby* ("terra") e *una* ("preta"), formando a expressão "**terra preta**". Com o tempo a cidade adquiriu o direito de agregar ao seu nome o título de "**estância turística**", um *status* que lhe garante uma verba estadual para a promoção do turismo regional.

A cidade surgiu a partir de uma fazenda, cujo ponto central era uma capela onde hoje se encontra a igreja matriz de Nossa Senhora das Dores. Ela foi colonizada por portugueses, italianos, japoneses e árabes. De fato, acredita-se que sua fundação tenha ocorrido em 24 de março de 1857.

Ibiúna foi notícia nacional quando, contrariando a deliberação governamental, a União Nacional dos Estudantes (UNE) resolveu em 1968 realizar no município o seu 30º Congresso para protestar contra a ditadura instalada no País. Na ocasião, esse encontro foi desmantelado e cerca de 720 estudantes foram presos.

Durante muito tempo a prefeitura funcionou num prédio cuja arquitetura era bastante interessante, no qual também estava instalada a Telesp (Telecomunicações de São Paulo). O edifício foi construído no local onde outrora havia um cemitério. Na época da construção, essa parte do cemitério foi aterrada, mas os moradores daquela época contam episódios bem bizarros, como de crânios e restos humanos que foram espalhados pelo centro da cidade nos anos 1970!?!?

Ibiúna tem dois distritos: Carmo Messias e Parurú, criados pela lei municipal Nº 401 de 1997. A topografia do município é bastante variável, uma vez que está localizado nas encostas da serra do Paranapiacaba, com o que seu solo é normalmente bastante ondulado, acidentado e montanhoso.

A maioria das suas terras possui uma declividade superior a 12%, mas em muitos locais ela é bem mais acentuada. Por esse motivo, a maior parte da agricultura local, se desenvolveu nas terras de encosta e meia encosta, pois a presença de planícies é reduzida.

Cidades Paulistas Inspiradoras

A importante represa de Itupuraranga tem 63% da sua extensão em terras do município de Ibiúna, isso fez com que em torno dela surgissem muitos condomínios – **alguns de luxo** – cujos moradores aproveitam sua beleza e suas águas para praticar nelas várias atividades esportivas e de lazer, como por exemplo a **pesca**!!! Aliás, uma significativa parte da receita da prefeitura de Ibiúna é proveniente dos impostos que são pagos pelos proprietários de residências nesses condomínios.

O clima de Ibiúna é o subtropical, com verões amenos e chuvosos – a precipitação média anual gira em torno de 1.400 m – e invernos relativamente frios.

A temperatura média anual fica em torno de 18ºC, sendo que o mês mais frio (julho) tem uma média de 12ºC. O mês mais quente é fevereiro, com uma média de 22,5ºC.

No município ocorrem geadas no inverno e as vezes até no outono, pois as massas de ar polares afetam bastante a região nessas estações do ano, com o que Ibiúna é considerada uma das cidades mais frias da região. Os pontos de maior altitude no município são o morro da Figueira, com cerca de 1.050 m acima do nível do mar e a Laje do Descalvado, com aproximadamente 1.200 m, no bairro de Salto.

Tenho um pequeno sítio em Ibiúna e de fato, em 1975, convivi com um frio tremendo nele, quando o pequeno lago que tenho chegou a formar uma crosta fina de gelo e a temperatura chegou a ficar próxima de -4ºC. Nesse ano houve inclusive relatos de neve em algumas cidades da região, como Tapiraí!!!

Naturalmente, Ibiúna não é Campos do Jordão, mas é sem dúvida um município com um clima muito agradável e possibilita àqueles que gostam de dias frios degustar, quem sabe à noite, um *fondue* (prato da cozinha suíça, composto de queijo derretido condimentado e servido com pedacinhos de pão para serem embebidos no creme. Vale lembrar que na variante nacional, inclui-se também a fritura de carne de frango, boi ou até mesmo o camarão, cada qual servida com molhos exóticos, petiscos e um bom vinho). Depois de um jantar como esse, é impossível não ficar satisfeito e feliz com a vida, não é?

Pode-se dizer que quem vive no município de Ibiúna é agraciado por uma natureza exuberante, muito verde e muita água, que por isso fazem dela uma **incrível estância turística**, na correta expressão: **linda por natureza**!!!

A represa de Itupararanga permite a todo aquele que vai a Ibiúna participar de momentos fantásticos em passeios de barco (catamarã), bem como caminhar no meio do Parque Estadual Jurupará (PEJU), um patrimônio natural do Estado. Trata-se de uma unidade de conservação criada em 1992, com uma área total de 26.250,47 ha.

Esse parque abrange os municípios de Ibiúna e Piedade, porém, a maior parte (cerca de 95%) dele está localizado em território ibiunense – sendo administrado pela Fundação Florestal, um órgão da secretaria estadual do Meio Ambiente. Ele está inserido na bacia hidrográfica do Ribeira de Iguape e o PEJU possui uma incrível biodiversidade e muita água, como suas grandes riquezas naturais tendo no seu território quatro reservatórios, ou seja, as represas de Jarupará, cachoeira da Fumaça, cachoeira do França e da Barra.

O PEJU é **totalmente constituído por terras públicas**, apesar de que já se constataram ocupações irregulares advindas de especulação imobiliária. Ele hoje tem uma função muito importante: manter a mata atlântica restante no Estado. Sua localização contribui muito para a proteção da bacia hidrográfica de Alto Juquiá, abrangendo uma densa rede hídrica, composta por formadores dos rios Juquiá, Juquiá-Guaçú e Peixe. É por isso que no perímetro do PEJU existem quatro hidrelétricas.

Os acessos oficiais ao PEJU são feitos na parte norte a partir do bairro Itaguapeva, em Ibiúna. Já na parte sul por Juquiá-Bonito, no município de Juquiá, onde se controlam a entrada de pessoas ou veículos. Entretanto, deve-se destacar que o controle efetivo da entrada e a permanência no PEJU é bastante falha e está fragilizada devido à existência de vários acessos por vias de circulação internas. Dessa maneira, há trilhas no PEJU usadas por motoqueiros e mesmo "jipeiros", o que acaba facilitando certos tipos de degradação que essas pessoas infligem nos lugares que passam e utilizam.

É muito interessante o trabalho desenvolvido pela ONG SOS Itupararanga, fundada em 2000, sediada em Ibiúna, que conta com várias dezenas de parceiros importantes, entre eles as próprias prefeituras de Ibiúna e Mairinque, para promover a preservação do meio ambiente em torno dessa magnífica represa, bem como auxiliar no processo de desenvolvimento sustentável da região.

Entre as suas ações destacam-se a criação da patrulha náutica, a implantação de biodigestores no bairro Carmo Messias, o encaminhamento de denúncias de crimes ambientais, o monitoramento participativo da qualidade da água, a capacitação de produtores rurais e o acompanhamento das obras de construção do sistema São Lourenço, junto com as comunidades do Verava e Carmo Messias.

Note-se que o sistema de São Lourenço já começou a funcionar, atendendo com água cerca de 2 milhões de pessoas. Poucas são as represas próximas de São Paulo que oferecem tanto entretenimento para as pessoas, o que fez surgir em torno dela espetaculares condomínios, como Mirim Açú, Portal de Ibiúna, Veleiros de Ibiúna, Sítios Lagos de Ibiúna etc., nos quais além dos visitantes de fim de semana, já vivem muitas pessoas **permanentemente**, pois desfrutam de uma excelente qualidade de vida.

A SOS Itupararanga começou em 2012 um programa para capacitar os produtores rurais de Ibiúna, passando-lhes informações e conhecimentos sobre questões ambientais que eles pudessem adequar às suas propriedades. Em aulas-oficinas teóricas e práticas, foram abordados temas como a importância da APA de Itupararanga, a forma de manejo de solo e da água na agricultura, além de métodos alternativos que podem ser aplicados para incrementar a produção e garantir a conservação dos recursos naturais.

Explicou-se nesses *workshops* como a observação detalhada das plantas e do ambiente permite que o agricultor possa elaborar um diagnóstico antecipado de eventuais problemas que possam surgir no manejo das culturas, como pragas e doenças, podendo assim tomar as medidas preventivas no tempo certo!!!

A economia da cidade tem uma grande parte de sua receita vinda do setor primário, ou seja, o **setor agrícola**. Destaca-se em Ibiúna o grupo Hentona, que é uma empresa preocupada com a qualidade dos produtos oferecidos aos seus clientes. Desde 1983 ele coloca na mesa dos consumidores o que há de melhor na agricultura. Esse grupo emprega cerca de 100 funcionários e tem um relacionamento comercial com aproximadamente 110 agricultores que produzem de forma **regular** e **exclusiva** para a empresa, por meio de contratos.

Nos seus cerca de sete alqueires de plantações, são colhidos diariamente produtos fresquinhos que são higienizados e em seguida encaminhados para hipermercados, atacadistas e mercados que vendem os produtos Hentona em muitas cidades do Estado, inclusive aquelas localizadas no litoral paulista. Quem adquire as hortaliças do grupo Hentona pode ter certeza de que irá consumir itens fresquinhos!!!

Vale ressaltar que, a longo do ano, a empresa busca sempre se adaptar à preferência dos consumidores, a cada estação do ano. Dessa maneira, no verão e na primavera as folhagens têm seu grande destaque, tendo como carro chefe a **alface crespa**; no inverno e outono, com temperaturas mais amenas, o grande consumo ocorre com produtos como: catalônia, couve--manteiga, brócolis, entre outros.

O grupo Hentona possui um maquinário bem moderno, como por exemplo uma máquina para lavar e higienizar a alface com capacidade para lavar 3 mil unidades por hora, além de ter o potencial para aumentar a produção em até 40%. A empresa tem investido em TI, em *softwares* de gestão tecnológica integrada, para viabilizar com rapidez informações entre o varejo e as filiais do grupo. A capacidade de produção diária é de 6 a 10 mil caixas (cada qual comporta 24 itens de verduras, hortaliças folhosas, temperos, palmitos etc.)

Um evento importante ocorreu em Ibiúna em agosto de 1995, quando nasceu a Cooperativa Agropecuária de Ibiúna/SP (Caisp), constituída por um pequeno grupo de produtores que entendeu que através da mesma poderiam superar muitas das suas dificuldades. Em 2018 ela se tornou uma das principais marcas do segmento de hortaliças do Estado, com os seus produtos encontrados em vários supermercados e instituições voltadas para a alimentação.

Assim, os produtos **convencionais Caisp** já são mais de 90 itens. Os **higienizados Caisp** são preparados com tecnologias de ponta e mão de obra especializada. As saladas higienizadas são a mais nova tendência de mercado, além de estarem sempre fresquinhas, prontas para ser consumidas. Elas passam por um rigoroso controle de qualidade desde a cadeia produtiva até a agroindústria, o que garante a segurança dos alimentos ao consumidor.

Os **hidropônicos Caisp** se tornaram uma ótima alternativa para quem gosta de sabores mais leves. Eles são produzidos em ambientes supridos apenas com água e nutrientes e estes produtos têm o **frescor** como sua característica principal. Os **orgânicos Caisp** são produzidos para aqueles que se preocupam muito com a sua **saúde** e com o próprio **ecossistema**. Eles são livres de insumos químicos, são alimentos mais saudáveis que propiciam um equilíbrio entre o ser humano e a natureza.

Os **cogumelos Caisp** são alimentos especiais que fazem toda a diferença e deixam os pratos com sabor especial (dentre as melhores sugestões estão os grelhados na manteiga e os recheados com um toque de azeite de oliva, no acompanhamento de massas).

Não se pode esquecer também da Comercial Agrícola Kazuo, uma empresa líder na **comercialização de tomates**, localizada no km 68,5 da rodovia Bunjiro Nakao. Essa empresa oferece produtos de qualidade, operando com responsabilidade social e buscando sempre a preservação ambiental, e acompanhando de forma cuidadosa todo o processo de plantio, colheita, manuseio e transporte do produto, desde a roça até o seu galpão, onde o produto é embalado por profissionais qualificados e treinados, atendendo a todas as normas de qualidade, segurança e higiene, e por fim levando até o Ceagesp (Companhia de Entrepostos e Armazéns Gerais do Estado de São Paulo), de onde eles seguem para outras cidades paulistas e, inclusive, para outros Estados do Brasil.

A empresa tem capacidade para beneficiar em média 60 toneladas de tomates por dia, que chegam do interior dos Estados de São Paulo, Paraná, Minas Gerais, Bahia e Goiás. A Kazuo, além de beneficiar os tomates longa vida dos tipos *carmem* e *pizzadoro*, é pioneira no beneficiamento do saboroso "**tomate rasteiro**", que é consumido tanto em saladas como na forma de molho.

Em Ibiúna há diversos agricultores que optaram pela **plantação de alcachofra.** Vale ressaltar que boa parte de sua produção é consumida em São Paulo, mas também abastece cidades vizinhas, como Sorocaba, Piedade, São Roque etc. O consumo em Ibiúna ainda é pequeno e por essa razão, outros municípios acabam levando a fama de produtores de alcachofra, como é o caso de São Roque, que até tem um Festival da Alcachofra, no qual o produto é apresentado em várias formas na culinária.

Porém, a plantação da alcachofra é típica de Ibiúna, tendo sido trazida por descendentes de europeus, principalmente italianos, que perceberam o quanto era interessante essa flor, tanto por sua beleza no florescimento quanto pelo sabor quando é consumida. Com o tempo, embora representantes de cidades vizinhas tenham vindo a Ibiúna para obter mudas de alcachofras, e assim iniciar suas próprias plantações, os agricultores ibiunenses conseguiram manter seu diferencial por conta de suas **mudas de grande qualidade!!!**

Assim, no sítio das Alcachofras, localizado no bairro de Campo Verde, o produtor Benedito A. Camargo Rolim e seus irmãos Ronaldo, Hélio e Leandro plantam aproximadamente 23 mil pés de alcachofra em uma área de dois alqueires

Os irmãos Camargo Rolim lembram que foi em 1972 que o seu avô Sebastião Camargo Rolim plantou 200 mudas de alcachofra e, em seguida, o pai deles, Roque, foi multiplicando essa plantação. Benedito A. Camargo explicou: "A alcachofra é uma cultura demorada. Leva o tempo de uma gestação – nove meses – gosta de temperatura amena, como temos aqui em Ibiúna, e exige muito cuidado. Além das vacinas, que facilitam a frutificação, quando as plantas atingem **oito meses** é necessário encapar uma por uma durante um mês, para começar a colheita. Dependendo do pé, ele produz uma média de cinco alcachofras grandes."

Entre os produtores de alcachofra de origem japonesa, um que se dedica a esse plantio há mais de 35 anos é o agricultor Jorge Shinoka, que cultiva anualmente no bairro da Ressaca, cerca de 65 mil pés. As alcachofras são colhidas geralmente entre os meses de setembro e outubro.

A alcachofra é um ótimo alimento para pessoas com problemas hepáticos, gástricos, diabéticos, reumáticos ou que sofrem com ácido úrico e arteriosclerose, pois além de diminuir o teor de gordura e glicose no sangue, ela possui vários nutrientes de extrema importância para nosso organismo.

No que se refere a **saúde**, a cidade dispõe de um Hospital Municipal, além de diversas clínicas e alguns laboratórios. Os ibiunenses também podem recorrer ao Centro Médico Ibiúna, que oferece um atendimento diferenciado para diversas especialidades (cardiologia, pediatria, gastroenterologia, ginecologia e obstetrícia). Todavia, para tratamentos mais complexos eles precisam recorrer a cidades vizinhas, como por exemplo ir a Sorocaba.

No município há vários centros de reabilitação para dependência química, alcoólica, psicológica (depressão, transtorno de personalidade etc.), que contam com equipes médicas qualificadas e psicólogos competentes. Um exemplo, é o centro localizado na estância Morro Grande (km 67,5 da rodovia Bunjiro Nakao), que tem mais de 15 anos de experiência no tratamento de saúde mental e psicológica e conta com uma metodologia própria.

No tocante a **educação pública**, a prefeitura faz a sua obrigação de forma competente, inclusive arcando com as dificuldades de transporte de centenas de alunos que vivem afastados das escolas municipais. As escolas e os colégios particulares são poucos, destacando-se especialmente na educação infantil o Colégio Batista.

Para a educação superior os jovens que desejarem tornar-se profissionais em várias especializações precisam recorrer a IESs localizadas em Campinas, Sorocaba e principalmente na RMSP.

Cidades Paulistas Inspiradoras

Na cidade de Ibiúna há poucos hotéis, destacando-se entre eles o Terra Preta. Porém, espalhadas pelo município existem diversas boas pousadas e estâncias. Aí vão dois bons exemplos:

- ➤ **Hotel Fazenda Paraty** – Localizado a 74 km de São Paulo (bem perto da capital, não é?), mais precisamente na estrada do Rio de Una (km 4). O local conta com exuberante natureza, vista para as montanhas, ar puro, sendo assim um ambiente bem adequado para o lazer e a recreação. Possui quadra poliesportiva, pesca esportiva, passeio a cavalo, pedalinho e futebol *society*. Os hóspedes têm acomodações com todo o conforto nos chalés, que podem acomodar até 4 pessoas. Além disso, há espaço adequado para se realizar aí treinamentos e encontros empresariais.

- ➤ **SPaventura Ecolodge** – O local oferece aos hóspedes todo o conforto possível, e uma estada inesquecível. Seus 38 chalés foram planejados para dar ao hóspede uma experiência única de contato com a natureza, e com o mínimo impacto ao meio ambiente.

  A tecnologia verde usada na construção recorreu à madeira de reflorestamento da própria região e de demolição. A água utilizada vem do reaproveitamento da coleta da chuva, que é tratada por meio de biossistemas integrados e no seu aquecimento são usados painéis solares.

  No cardápio oferecido aos hóspedes nota-se a utilização de produtos naturais e frescos, preparados conforme a safra da estação. Eles são servidos com requinte e sofisticação, porém, dentro da simplicidade da culinária regional. As receitas ganham um toque especial como o mel orgânico produzido na própria fazenda. Há no local uma grande horta orgânica, da qual são tirados os legumes, as hortaliças e as ervas medicinais usadas no preparo. Também são colhidas no pomar as frutas servidas. Todas as manhãs leite fresco ordenhado do gado da propriedade é servido à mesa.

  Naturalmente um objetivo do SPaventura Ecolodge é atrair empresas para fazerem aí os encontros de capacitação de seus funcionários. É para isso que ele dispõe de duas grandes salas para nelas serem ministradas palestras ou aulas. Evidentemente em treinamento ou simplesmente em momentos de lazer os hóspedes também merecem a oportunidade de participar de atividades de lazer e descontração, o que acontece nos passeios pelas matas, trilhas e cachoeiras!!!

Há aí três tirolesas, que totalizam 1.400 m de extensão, podendo o hóspede fazer o "voo do gavião" (tirolesa deitada) ou então a tirolesa noturna, sobre as árvores!!! No ginásio poliesportivo pode-se praticar muitas atividades *indoor* (vôlei, futebol de salão, basquete, handebol), nadar numa piscina coberta climatizada, relaxar numa *jacuzzi*, jogar *squash*, exercitar-se na academia ou ir a uma sauna seca. E não se pode esquecer do lindo lago artificial para pesca esportiva, dos desafios no *stand up paddle* ou do passeio de caiaque.

Quem gosta de andar de bicicleta pode fazer isso até mesmo à noite, havendo no ginásio poliesportivo um bicicletário. Já para os que gostam de testar a pontaria, há também o arco e flecha e o minigolfe. O turista que passar alguns dias no Spaventura Ecolodge não terá a menor vontade de ficar dormindo, e, depois de ir embora lembrará com satisfação os dias maravilhosos que passou no local e **desejará retornar!?!?**

O hotel SPaventura foi o primeiro a inaugurar sua própria usina fotovoltaica, uma tecnologia que permite gerar energia elétrica limpa, captando irradiação de luz solar. O hotel, com 60% do terreno dentro da mata atlântica, investiu inicialmente R$ 500 mil num projeto que lhe permitiu gerar 4 mil kwh/mês de energia, o suficiente para suprir o consumo de 12 lâmpadas fluorescentes por cinco anos.

A Solar Energy, empresa responsável pela implantação do sistema no hotel, instalou cerca de 168 placas de silício formadas por duas camadas de materiais semicondutores capazes de captar luz solar e convertê-la em energia elétrica. Ao passar pelas placas, a eletricidade gerada chega a um inversor que converte a corrente contínua em corrente alternada, com as características necessárias para atender as condições impostas pela rede pública de energia elétrica.

Aliás, o equipamento permite ainda que a energia que não for consumida seja lançada na rede, gerando um crédito que pode ser utilizado posteriormente. Além de reduzir os seus custos com energia, isso permitiu ao hotel eliminar a emissão de 4 toneladas de CO_2 por ano. Com a implantação desse sistema o SPaventura passou a proporcionar aos seus hóspedes a possibilidade de conhecer (e entender) como funciona esse meio de produção de energia sustentável.

Cidades Paulistas Inspiradoras

No município de Ibiúna há vários locais com infraestrutura completa para **eventos**, **festas**, **casamentos** e **encontros corporativos**., como é o caso do recanto Pica Pau, da chácara Flamboyant, do Ibiúna Clube de Campo, do hotel-fazenda Maranatha (um local espetacular), da estância Cuca Fresca, do Parque Nikkey, do Spasso Gaivotas, do Recanto do Bosque, do Espaço Três Rainhas, do Espaço Cambará, do Franmiro Espaço e Gastronomia, do XK Eventos, do Recanto Major (com ampla infraestrutura para a prática de várias atividades esportivas e um salão de festa para cerca de 1.000 pessoas), Casa Ventura etc.

Recentemente foi inaugurado no município o Santa Clara Ibiúna *Resort*, um local espetacular para se passar dias de descanso...

O visitante também tem em Ibiúna alguns bons restaurantes, como: *Marquinho's, Mainichi, Aomori, Ana Katia, Kumamoto, Pirandello* (*pizza bar*), *Dom Meireles, Galletão, Portal Marcelo, Parada do Moinho, Maná, Jiro, Mater Dei, Vitória etc.*

Existem também na cidade várias lanchonetes, como a *Seo Rock, Gulosão, Quintal etc*, e inclusive franqueados das grandes redes internacionais, como o *Subway*. Porém, é na rodovia Bunjiro Nakao (que vem da rodovia Raposo Tavares), já dentro do município, que estão os melhores restaurantes – mais de uma dezena deles – destacando-se o *Haras Setti* e o *Mistura de Aromas*.

Em termos de **entretenimento**, as opções mais comuns da cidade são os excelentes **pesqueiros**, com é o caso do *Osato*, onde além de se ter um ótimo restaurante, o amante da pesca pode voltar para casa com algum peixão como pacú, pintado, dourado, carpa, tambacu, tilápia, matrixã etc. Mas existem outros bons pesqueiros na região, como o do *Gino*, do *Dirceu*, do *Parque* etc.

Para quem gosta de cavalos, no município de Ibiúna está a Escola de Equitação da Coudelaria Função, que conta com profissionais capacitados como Ndzinji Pontes, que tem formação como cavaleiro europeu de adestramento, Izabela Sanches, cavaleira de adestramento e salto, Luiza Magalhães, cavaleira integrante do time brasileiro de adestramento, entre outros. Quem se inscreve nas aulas dessa escola, além do prazer em montar um cavalo, acaba desenvolvendo a sua autoconfiança, autoestima, consciência corporal, responsabilidade, concentração, criatividade, socialização, disciplina etc.

Há também outros bons locais para se cavalgar, uma prática que muitos dizem valer mais que **"100 h de terapia"**, como é o caso do que se pode fazer no Centro Equestre Bom Caminho, no qual se pode hospedar e ter também um serviço médico.

Outro local incrível é o Recanto Galícia, que comercializa e presta serviços na área equestre, como: prática esportiva, lazer e organização de eventos para os amantes de cavalos, que valorizam a ligação profunda com a natureza, qualidade de vida, aventura e bem-estar. Aí são oferecidos cursos para empresários e executivos, ou seja, uma terapia equestre (*coaching horse*), que permite a prática de liderança e comunicação a partir da ajuda do convívio com o cavalo!?!?

Nesses últimos anos, a secretaria de Cultura, Turismo, Esporte e Lazer de Ibiúna tem contado com o apoio da *Bikeness*, para desenvolver um calendário anual oficial de **cicloturismo**, o que tem atraído centenas de visitantes para a cidade, – apesar de a prefeitura ter interrompido há mais de três anos as obras da ciclovia que contorna a cidade!?!?

Ibiúna está se preocupando em ter "especialistas" em turismo rural. Assim, uma nova turma do curso de **Turismo Rural**, promovido anualmente pelo Sindicato Rural da cidade em parceria com o Serviço Nacional de Aprendizagem Rural (Senar), concluiu a sua capacitação. Em dezembro de 2017 um *workshop* foi realizado no Recanto e Haras Passárgada, para o encerramento do curso, que foi acompanhado por cerca de 100 pessoas, entre os participantes e convidados especiais.

Durante o curso, foram apresentados casos de sucesso, como o da chácara Flamboyant e do próprio Recanto e Haras Passárgada. O instrutor Gumercindo Basso, ressaltou: "Com a formação de mais um grupo de especialistas, o turismo rural ibiunense vai se consolidar cada vez mais, podendo assim se explicar de maneira cada vez mais destacada as belezas que existem na área rural de Ibiúna, assim como descrever adequadamente seus potenciais, estimulando o surgimento de novos empreendedores no turismo rural!"

Já no âmbito do **esporte**, um grande destaque em Ibiúna é o Centro de Treinamento Yakult (CTY) de beisebol, que ganhou um grande impulso para o desenvolvimento desse esporte com a criação oficial da Academia Major League Baseball (MBL Brasil), um projeto encabeçado pela liga profissional norte-americana com a Confederação Brasileira de Beisebol e *Softball* (CBBS).

Essa Academia veio para substituir o antigo Elite Camp, que tinha uma duração de apenas 10 dias, no intuito de passar mais conhecimento para os jovens atletas de beisebol, bem como encaminhar os mais talentosos para a MLB.

Cidades Paulistas Inspiradoras

Esse projeto tem a duração de um ano, no qual são cobertos todos os gastos dos 11 selecionados, incluindo alimentação e hospedagem no CTY, bem como o pagamento de uma escola particular na região. Além disso, esses jovens contam com todo o aparato médico e técnico da MLB durante esse período.

Atualmente os garotos das categorias de base da seleção brasileira de beisebol já vivem no CTY, juntamente com os treinadores que participam do projeto. Para dar início a esse projeto, estiveram em Ibiúna para o lançamento do projeto o arremessador André Rienzo, os treinadores da seleção brasileira adulta, Barry Larkin e Steve Fisley, o cônsul geral do Japão no Brasil, Takahiro Nakamae, o representante da MLB na Venezuela, Jimmy Meayke e o coordenador da academia, Caleb Silva.

Recorde-se que até 2006, André Rienzo (em 2018 ele completou 29 anos) era apenas mais um jovem de Ibiúna que começou a praticar beisebol por diversão. Em agosto de 2013, ele entrou na MLB, jogando na equipe do Chicago White Sox, tornando-se o segundo brasileiro a jogar na elite do beisebol mundial.

André Rienzo comentou: "Para mim é a falta de incentivo financeiro o grande entrave para o crescimento do beisebol no País. Tive muitos amigos que pararam no meio do caminho porque estavam longe da família e lhes faltou dinheiro. Faltam também no Brasil campeonatos profissionais, o que prejudica a garimpagem de talentos e desmotiva a vinda de olheiros. Eu mesmo estou fazendo nos EUA uma campanha para que se olhe melhor para os jovens jogadores brasileiros de beisebol."

André Rienzo é um **verdadeiro ídolo** para os meninos de Ibiúna, por ter saído do CTY, se bem que já existe uma certa divisão nesse aspecto. Enquanto ele é o "queridinho" dos arremessadores, outro brasileiro, o paulistano Yan Gomes é a referência entre os batedores (*catchers*), pois foi ele o primeiro brasileiro a disputar a MLB, em 2012, defendendo o Toronto Blue Jays e em 2013 se transferiu para o Cleveland Indians.

Na realidade, a CBBC organiza no País todo, ao longo do ano, quase três dezenas de campeonatos nas categorias adulta e infantil, porém, isso ainda é pouco para se ter muita gente praticando beisebol e *softbol*. Tudo indica que com esse novo projeto no CTY podem sair dele pelo menos uma meia dúzia de meninos que estejam aptos a jogar em equipes profissionais dos EUA, do Japão ou de outros países, e que sem dúvida traria mais projeção para o esporte no Brasil. E isso aconteceu em 2017, pois cinco garotos assinaram contratos com equipes da MLB, ou seja, Heitor Tokar e Victor Coutinho, com o Houston Astros; Vitor Watanabe foi para o Milwawkee Brewers; Christian Rummel Pedrol seguiu para o Seattle Mariners e Eric Pardinho foi para o Toronto Blue Jays, recebendo inicialmente cerca de R$ 4,5 milhões.

Um feito é indiscutível, ou seja, após a criação do CTY, inaugurado em 2000, fruto de uma parceria da CBBS e a multinacional japonesa Yakult, surgiu um dos mais completos e modernos complexos de beisebol da América Latina, com três campos oficiais, salas de musculação e treinamentos específicos (arremessos e rebatidas), refeitório e alojamentos, no qual são realizadas importantes competições do calendário nacional da CBBS. O CTY ocupa uma área total de 200.000 m^2, e em sua academia há sempre uns 60 atletas se aperfeiçoando no beisebol.

Pessoas de todo o País e até do exterior que procuram conhecer os conceitos e a linha filosófica da Seicho-No-Ie, **visitam** constantemente a Academia de Treinamento Espiritual (ATE) de Ibiúna. Essa academia tem como objetivo "despertar no coração (na mente) das pessoas a verdade de que todos são filhos de Deus e fazer com que, através de atos, palavras e pensamentos, faça-se um mundo melhor".

A Seicho-No-Ie nesse sentido não é só uma religião, mas uma filosofia de vida. No ATE de Ibiúna todos são recebidos desde que cheguem com boas intenções!!! Dessa forma, todos que ali chegam se sentem muito bem e felizes, e são recebidos com muito amor e carinho. Estima-se que a ATE tenha recebido em 2017 mais de 50 mil pessoas. Nela existem quatro salões, sendo que o maior deles tem capacidade para mais de mil participantes. A Seicho-No-Ie de Ibiúna tem alojamentos para homens e mulheres, refeitório e um estacionamento para cerca de 300 ônibus e uns 1.200 carros.

A festividade no santuário Hoozo, ocorre todos os anos no mês de abril, reunindo milhares de pessoas, as quais oram pelas almas de seus antepassados. Quem segue a Seicho-No-Ie, diz: "Nós aprendemos que o suporte da nossa vida familiar é dado pela proteção dos nossos antepassados e diariamente recebemos diversos relatos que comprovam essa proteção, que não é uma força terrena, pois, por trás dela, existe sem dúvida uma ajuda do mundo espiritual."

Além do santuário, destaca-se aí também a presença do monumento em Memória dos Anjinhos. É impressionante o número de seminários desenvolvidos ao longo do ano na ATE. Veja a seguir alguns relatos sobre ibiunenses ou de pessoas que viveram na cidade e se destacaram em suas carreiras:

Cidades Paulistas Inspiradoras

- **Inos Corradin** – Esse pintor, escultor e cenógrafo nasceu na Itália, porém viveu em Ibiúna nas décadas de 1950 e 1960. Tornou-se um dos mais importantes artistas plásticos da atualidade, tendo realizado mais de 400 exposições nacionais e internacionais (França, Itália, Alemanha, EUA, Canadá etc.). A maior parte dessas exposições contou com obras realizadas no período que viveu em Ibiúna, como é o caso do quadro *Por do Sol em Ibiúna*. Ele é casado com a ibiunenese Maria Helena, que também é uma renomada artista plástica. Inos Corradin recebeu em 2016 o título de "**cidadão ibiunense**" da Câmara dos Vereadores.

- **Donizete Machado** – Ele nasceu em Ibiúna, no bairro do Colégio. Sempre gostou de desenhar e ainda criança começou produzindo uma história em quadrinhos. Já na idade mais adulta recebeu um conselho precioso de um amigo: "Dedique-se a jogar tintas nos seus desenhos." Ele seguiu esse conselho e a partir de 2005 começou a pintar. Autodidata, passou a produzir lindos quadros no estilo *naif*, no seu ateliê em Ibiúna.

- **Christine Mendes** – Ela iniciou seus primeiros passos na música aos 6 anos de idade, quando subiu ao palco pela primeira vez. Por seis anos cantou no Carnaval de Ibiúna, agitando uma galera estimada em 15 mil pessoas. Atualmente quando canta exibe uma grande fluência nas batidas ritmadas do samba, bem como uma incrível criatividade vocal, quando envereda pela música popular brasileira. Sem dúvida essa talentosa cantora tem tudo para conquistar sucesso no cenário nacional!!!

- **Lucilene de Jesus Soares Pedroso** – Desde pequena seus pais a incentivaram a cantar em formaturas e nas igrejas. É a convidada oficial em todos os eventos promovidos pela prefeitura para cantar o hino da cidade.

- **Enrique Aravena** – É um artista plástico chileno, cujas obras estão espalhadas pelo mundo, que tem um ateliê na cidade, onde inclusive ministra aulas individuais ou para pequenos grupos de pessoas interessadas em desenvolver seu potencial artístico e criativo.

- **Vivianne Hitomi Wakuda** – É uma jovem ibiunense que se formou em gastronomia pelo Senac, na sua faculdade localizada em Campos do Jordão e se tornou uma admirada *chef pâtissiere* (confeiteira), criando doces incríveis e valendo-se de uma fusão da confeitaria francesa com a japonesa. Sua habilidade foi destacada na revista *Veja São Paulo* e nos jornais *O Estado de S.Paulo* e *Folha de S.Paulo*, salientando que ela "de forma eficaz está disseminando os seus doces japoneses únicos e inesquecíveis, bem além da comunidade onde nasceu".

- **Ricardo Pagani** – É um paulistano que trocou a capital por Ibiúna, ainda na sua infância. Tornou-se um profissional da educação física e em 2016 foi para a China para ser treinador de futebol juvenil numa das unidades do Ronaldo Academy RS (que é do famoso ex-jogador brasileiro de futebol, o Ronaldo "Fenômeno"). Ele levou para a China a experiência que desenvolveu trabalhando nos clubes brasileiros, especialmente no São Bento de Sorocaba, na seleção sorocabana Sub-20 (da qual foi treinador), iniciada como professor desse esporte em Ibiúna. Da China ele enviou a seguinte mensagem: "Não foi fácil me acostumar com o frio chinês nem com a alimentação (com cardápios exóticos como tartaruga ensopada), mas sonho em me tornar um treinador reconhecido e aí voltar como um vitorioso profissional e continuar a minha carreira no Brasil, não deixando nunca de visitar meus amigos de Ibiúna."

- **Tetsuhiro Hirose** – É um judoca que marcou esse esporte na cidade de Ibiúna. Japonês, aos 13 anos ele começou a praticar o judô em seu país e, aos 15 anos, já tinha faixa preta 1º grau (*shodan*) e 2º grau aos 17 anos. Chegou ao Brasil em 1966, indo direto para Ibiúna onde começou a ensinar esse esporte, voluntariamente para crianças e jovens na garagem de um sítio onde estava morando. Muitos dos seus alunos andavam cerca de 4 km para participar de suas aulas e eles foram algumas centenas... Diz hoje o professor Tetsuhiro Hirose: "O judô é um esporte extremamente benéfico para a saúde. E além de permitir aprimorar a parte física de uma pessoa, também age de forma benéfica no espírito dos seus praticantes, ou seja, tudo o que é necessário para a formação completa de um ser humano."

Bem, esses poucos exemplos mostram que em vários setores da EC, nessas últimas décadas, Ibiúna teve (e tem...) a presença de pessoas talentosas.

Nesses últimos quase 50 anos passei praticamente todos os fins de semana em Ibiúna, respirando ar puro vendo os mais diferentes passarinhos, distraindo-me com sabiás, colibris, pica-paus etc., rodeado por árvores frutíferas ou muitas outras bem floridas com paineiras, ipês, quaresmeiras, manacás etc, ouvindo o grasnado dos patos e gansos, os "cantos" dos galos e das galinhas de angola, cercado pelos meus cães e na companhia de meus filhos e netos (passeando nos seus cavalos).

Foi nesse ambiente que tive inspiração, calma e disposição para escrever os **meus mais de 100 livros didáticos e de não ficção**, bem como artigos e editoriais para muitas de revistas.

Pois aí vai a minha recomendação para o(a) leitor(a) desse livro: nossa vida está cada vez mais turbulenta e especialmente para os paulistanos, cada vez mais tensa e "congestionada" (e também para aqueles que vivem nas cidades da RMSP), por isso toda pessoa deve se esforçar para fazer uma poupança que lhe permita adquirir uma propriedade no município de Ibiúna, de preferência próxima da represa de Itupararanga, e aí poderá escapar periodicamente para um verdadeiro "paraíso" onde inclusive poderá continuar algumas das tarefas do seu trabalho, pois isso agora é possível e com muita eficiência, graças à evolução das TICs (tecnologias de informação e comunicação). Em Ibiúna terá uma qualidade de vida bem superior àquela de onde está a sua primeira residência.

E caso sinta falta de seus amigos e parentes, certamente poderá recebe--los de forma bem mais festiva na sua morada em Ibiúna. É essa a grande vantagem que oferece Ibiúna à qual pode-se chegar com facilidade utilizando a rodovia Bunjiro Nakao (SP-250).

O atual prefeito de Ibiúna, o médico João Mello, tem no seu DNA, a boa gestão municipal, pois o seu tio foi o Zezito Falci, considerado por muitos como o melhor prefeito da cidade de todos os tempos!!!

João Mello tem se dedicado para melhorar a vida dos ibiunenses e, com certeza, uma grande conquista de sua gestão foi a autorização para o início da duplicação da rodovia Bunjiro Nakao. Entre outras realizações desse prefeito, é preciso citar a inauguração da nova base do SAMU e do Centro de Informações Turísticas (CIT), na entrada da cidade; a assinatura do convênio com o Departamento de Apoio ao Desenvolvimento dos Municípios Turísticos (Dadetur) para a revitalização e reordenação do Centro Olímpico Municipal, numa cerimônia que contou com a presença do governador paulista Geraldo Alckmin.

A prefeitura promoveu muitos eventos, em especial os de caráter musical, dentro do programa Natal da Paz 2017, com apresentações artísticas em vários pontos da cidade, o que incrementou a **visitabilidade** à Ibiúna.

Elas começaram no final de novembro com o recital do grupo Sopro Novo, seguido da Cantata de Natal, pelo coral infantil da Escola Adventista, das apresentações do grupo de Tayko Ryubu Daiko, do coral do Colégio Objetivo, das bandas Matrimonium, RJN Zerograu e Lyra Unense, e terminaram no dia 23 de dezembro com o Natal da Associação Comercial e Empresarial da cidade, na praça da igreja matriz.

Em novembro de 2017, o prefeito João Mello assinou na sede da Fiesp (Federação das Indústrias do Estado de São Paulo), com a presença do presidente da entidade Paulo Skaf, um convênio com o programa Jovens Empreendedores Primeiros Passos (JEPP), cujo objetivo é introduzir a disciplina Empreendedorismo na educação básica do município e também na rede estadual.

Nos próximos meses do seu mandato, o prefeito pretende remodelar a praça da igreja matriz, para que ela volte a ser o cartão-postal da cidade; duplicar a ponte da estrada da Cachoeira, próxima ao supermercado Ibiúna, evitando assim a ocorrência de acidentes; construir o Centro de Multiatividades, ao lado do ginásio de esportes; estimular significativamente o turismo rural e fazer ainda muito mais pela cidade!!!

Ele está ávido para provar aos ibiunenses porque batalhou em três eleições para finalmente tornar-se prefeito e deixar agora um grande legado. Apesar de não votar em Ibiúna, pessoalmente torço para que isso aconteça, pois como já destaquei os dias mais tranquilos e talvez mais felizes de minha vida passei com meus familiares e amigos no sítio que tenho já mais de 50 anos no município!!!

Observação importante - Só foi possível elaborar esse texto sobre Ibiúna tendo como base o material elaborado sobre a cidade pela Editora Ibiúna, que publicou o *Fone-Fácil*, um excelente informativo conduzido brilhantemente pela Júlia Tanaka, especialmente para divulgar o que existe nessa estância turística e pelas notícias extraídas do jornal *Voz de Ibiúna*, que existe há quase três décadas.

O impressionante Parque Ecológico de Indaiatuba, cujos moradores têm um lugar incrível para as suas caminhadas e outras atividades de lazer.

Indaiatuba

PREÂMBULO

Crescer com qualidade, com respeito aos limites dos recursos naturais, tem sido o mote em Indaiatuba, para se alcançar a **sustentabilidade integral**.

Isso se traduz com perfeição ao se observar especialmente nessas ultimas três décadas o trabalho na cidade, feito pela administração municipal, pelo segmento privado e pela sociedade organizada, no sentido de implementar um modelo de planejamento urbano direcionado para o grande objetivo de Indaiatuba: **propiciar uma vida digna e de felicidade a seus moradores.**

Essa diretriz é claramente perceptível quando se percorre o Parque Ecológico, que se estende por uma grande parte urbana e reúne 15 km de pistas de caminhadas, além de ciclovias que levaram seus munícipes, quase todos terem as suas "magrelas".

Na opinião de arquitetos e urbanistas renomados, o Parque Ecológico é um dos maiores em extensão do País, no qual os moradores podem voltar-se para diversas atividades de lazer, esporte ou de uma tranquila e simples contemplação da natureza.

O **turismo** tem um forte apoio da cidade, havendo nela locais específicos para inclusive um empreendedor receber informações de como abrir um negócio voltado para o mesmo, ou um visitante obter todas as orientações sobre seus pontos turísticos, como incrementar a sua cultura rural ou voltar-se para a fé religiosa durante a sua permanência em Indaiatuba.

E não se pode esquecer que Indaiatuba está muito próxima do aeroporto internacional de Viracopos e que em vista disso irá crescer muito no futuro, pois ele vai recorrer bastante à mão de obra existente na cidade.

A HISTÓRIA DE INDAIATUBA

Indaiatuba é uma cidade paulista que dista 101,9 km da capital do Estado, e nesses últimos anos tem sido classificada no estudo do Sistema Firjan como estando entre os dez municípios com o melhor desenvolvimento do Brasil.

Isso se deve ao elevado IFDM (Índice Firjan de Desenvolvimento Municipal) que Indaiatuba tem obtido.

O IFDM varia de 0 a 1 e quanto mais próximo de 1, melhor é o seu desenvolvimento.

O valor final dele é obtido após a análise de três conjuntos de indicadores. Em **emprego** e **renda**, o índice leva em conta quanto a cidade gera de empregos formais, sua capacidade de absorver a mão de obra local, quanto de renda formal é gerada, os salários médios e a desigualdade social.

Já em **educação**, a Firjan analisa o número de matrículas na educação infantil, a proporção de estudantes que abandonam o ensino fundamental, além da distorção idade-série, o número de professores com ensino superior, a média de aulas diárias e o resultado do Ideb no ensino fundamental.

Finalmente o índice **saúde** é calculado, por sua vez, com base no número de consultas pré-natal, óbitos por causas mal definidas, óbitos infantis por causas evitáveis e número de internações sensíveis à atenção básica (ISAB).

Foi sem dúvida a eficiente gestão do prefeito Reinaldo Nogueira Lopes Cruz (nos mandatos de 2009 a 2013 e de 2013 a 2016) que levou a cidade de Indaiatuba a obter o terceiro lugar como tendo o melhor IFDM do Brasil com o valor **0,9009** que surgiu da avaliação da educação (0,9776), da saúde (0,9244) e do emprego e renda (0,8008).

Atualmente, na gestão do prefeito Nilson Alcides Gaspar o que se busca é manter esses elevados índices nos setores da educação e saúde e melhorar a **empregabilidade na cidade**.

O nome Indaiatuba vem da língua tupi: *ini'yá* (indaiá) e *tyba* (ajuntamento), portanto "Indaiatuba" significa "ajuntamento de indaiás", ou seja, a denominação se prendeu às características da paisagem e da vegetação da localidade, atualmente totalmente alteradas.

A existência, numa certa época de indaiás carregados de pequenos cocos fez com que Indaiatuba tivesse recebido, entre meados do século XVIII e início do século XIX, também a denominação de Cocaes.

Cidades Paulistas Inspiradoras

A partir da segunda metade do século XVIII a região de Indaiatuba começou a ser ocupada por fazendeiros de cana-de-açúcar, que foram estimulados pelo governo português, como uma política de incrementar a produção de açúcar na província.

Indaiatuba foi inicialmente um bairro rural da vila de Itu, rota de tropas para o sul da colônia portuguesa, passando pela vila de Sorocaba.

Os primeiros registros de um arraial chamado Indayatiba datam de 1768, cuja população cultivava milho e feijão.

Em algumas décadas o povoado se expandiu, sendo criados engenhos de açúcar e ao redor destes foi se desenvolvendo também o comércio que servia àquela população.

Em 1813 foi erigida uma capela por Pedro Gonçalves Meira, considerado o fundador da cidade, que mais tarde seria ampliada e reformada para transformar-se na igreja matriz de Nossa Senhora da Candelária, sendo que esta, com suas torres, foi construída por Cezare Zoppi, que além da sua reforma também foi o autor e executor do projeto que levou a construção da igreja de São Benedito, sendo o pioneiro em edificação com tijolos na cidade, tendo sido seguido depois pelos seus filhos Antonio Zoppi e Victório Zoppi.

Em 9 de dezembro de 1830, o então povoado de Cocaes, foi elevado à condição de sede da freguesia da vila de Itu, por decreto do imperador dom Pedro I com nome de Indaiatuba.

E aí, essa data passou a ser considerada como a data do aniversário da cidade.

Somente em 24 de março de 1859, Indaiatuba seria elevada à condição de vila ganhando autonomia política em relação a Itu, com sua própria Câmara de Vereadores.

Finalmente em 19 de dezembro de 1906, Indaiatuba foi elevada à condição de cidade pela lei estadual Nº 1038.

Foi a partir da década de 1850, que o cultivo do café substituiu a cultura da cana-de-açúcar.

Na antiga fazenda Pau Preto foi instalada a primeira máquina de beneficiar café, que era movida a vapor, importada da Inglaterra.

Em 1872 foi inaugurado o primeiro trecho da Estrada de Ferro Ytuana entre Indaiatuba e Jundiaí e no ano seguinte foi iniciada a construção do trecho Itaici-Piracicaba, que passava por Indaiatuba.

A partir dessa época, Indaiatuba também recebeu muitos imigrantes da Suíça, Alemanha, Itália, Espanha, Croácia e, já no início do século XX imigrantes do Japão.

Os imigrantes suíços formaram a colônia Helvetia, ainda existente e na qual atualmente é realizada a Festa da Tradição no Dia da Fundação da Suíça.

Com sua economia dividida entre a cultura de café e batata e algumas pequenas fábricas, a cidade cresceu pouco na primeira metade do século XX.

Assim em 1950 havia 11.253 habitantes no município, em 1964 esse número subiu para 22.928 habitantes, e daí foi crescendo de forma robusta, estimando-se que no início de 2018 a sua população atingia 245 mil pessoas sendo a **terceira maior cidade** da RMC.

Quem deseja conhecer melhor a história de Indaiatuba – que já foi pequenina, mas hoje é uma das mais importantes cidades do interior paulista – deve visitar a nova sede da Fundação Pró-Memória e, assim, compreender de que maneira isso aconteceu.

E o mais indicado para se obter tal compreensão é conversar com o seu presidente, Reginaldo Geiss, que, embora de descendência italiana, nasceu na cidade e testemunhou seu crescimento desde o tempo em que no município todo viviam no máximo umas 10 mil pessoas.

Aliás, é dele o comentário: "Indaiatuba atualmente está tendo um crescimento vertiginoso. A cidade tem muitos recursos, o que tem-lhe permitido se modernizar e ter um futuro cada vez mais próspero e grandioso, tornando-se referência para todas as outras cidades brasileiras."

Indaiatuba fica a 20 km de Campinas, a terceira cidade mais populosa do Estado e a 10 km apenas do aeroporto internacional de Viracopos – que está no município de Campinas – que ano a ano está crescendo, o que leva a imaginar que a cidade pode se tornar uma **aerotrópole**, ou seja, desenvolver-se extraordinariamente em torno da sua expansão, principalmente porque já tem boa infraestrutura e um elevado IFDM, como já foi citado.

Quem utiliza o aeroporto internacional de Viracopos chega facilmente a Indaiatuba através da rodovia Engenheiro Ermênio de Oliveira Penteado (SP-75) percorrendo não mais que 10 km e para isso pode-se inclusive usar as linhas de ônibus metropolitanos, saindo da estação rodoviária da cidade.

No que se refere a economia, nessas últimas décadas, Indaiatuba teve bastante desenvolvimento na **agricultura**, na **indústria**, no **comércio** e no **turismo**.

A década de 1950 assistiu a emergência da cultura do tomate, principalmente devido a fixação de famílias japonesas no município, que durante muito tempo foi predominantemente produtor de café, algodão e batata.

Nos últimos anos as culturas ditas permanentes, notadamente a fruticultura, foram aumentando progressivamente a sua produção em relação as culturas temporárias, com o que o município se tornou um produtor de uva, abacaxi, caqui, goiaba e maracujá, fazendo parte do **polo turístico** do Circuito das Frutas juntamente com outros sete municípios, a saber: Jundiaí, Itatiba, Atibaia, Vinhedo, Itupeva, Morungaba e Louveira.

Atualmente a uva é a principal fruta produzida no município, sendo um dos maiores produtores do Estado.

Porém ainda é significativa a produção de cana-de-açúcar que em 2017 chegou a 300 mil toneladas.

O município vem aumentando seu polo industrial nos últimos anos, principalmente devido a chegada de grandes empresas que aí se instalaram, especialmente as do setor automotivo como Toyota, a instalação do campo de provas da General Motors e da Honda, além de unidades fabris da John Deere, Yanmar etc.

Na cidade estão também instaladas empresas do porte da Unilever, Basf, TMD Friction/COBREQ, Plastek, Agritech, Lavrale etc.

Entre os anos de 1930 e 1945, instalaram-se na cidade várias indústrias de transformação de madeira, com destaque especial para a indústria de cabos de guarda-chuva, cuja produção está sendo vendida para todo o País.

Após 1945, ocorreu no município a expansão de indústrias têxteis. Já na década de 1960, o município recebeu grandes indústrias mecânicas e metalúrgicas. Assim em 1980, havia no município 422 indústrias.

De fato o grande salto no desenvolvimento de Indaiatuba aconteceu com a criação do seu **distrito industrial** em agosto de 1973, no governo do prefeito Romeu Zerbini, que criou em 1974 uma lei de incentivo para indústrias que se instalassem no município, cujo número foi aumentando bastante a partir desse ano.

As condições para o progresso da cidade foram favorecidas pela sua localização em relação aos grandes centros industriais e comerciais; as opções de vias de acesso a outras cidades, o que facilitava o escoamento de sua produção e suas relações comerciais.

Por sinal na década de 1970, a cidade começou a receber um grande número de migrantes e a própria demarcação da área do distrito industrial teve que sofrer algumas mudanças, para ceder espaço à ampliação residencial que se tornou necessária para atender a esse fluxo migratório.

Os conjuntos habitacionais do Cecap (Caixa Estadual de Casas para o Povo), por exemplo, surgiram dessas mudanças.

Deve-se recordar que em 24 de maio de 2005, um tornado que foi dos maiores e violentos já registrados no Brasil (com os ventos cuja velocidade variou de 252 km/h a 330km/h) destruiu boa parte do distrito industrial, se bem que não houve mortes provocadas pelo vendaval.

Em 1974 foi fundada a Associação das Indústrias do Município de Indaiatuba (AIMI) e em seguida os empresários começaram a reivindicar a instalação de uma unidade do Senai, pois a maior parte da formação profissional dos indaiatubanos para o trabalho na indústria era feita no Senai de Itu.

Essa deficiência finalmente foi sanada parcialmente com a criação da Fundação Indaiatubana de Educação e Cultura (Fiec) e a oferta do primeiro curso técnico de mecânica em 1986.

Sem dúvida, um grande orgulho para a prefeitura de Indaiatuba é a Fiec, uma instituição pública municipal com receitas oriundas do próprio município, de convênios com os governos estadual e federal, de parcerias com empresas e de cursos pagos, que, ao longo do tempo, se tornou uma das melhores escolas técnicas do País em termos de estrutura. Ela possui cerca de 20 laboratórios com uma ampla gama de equipamentos (impressora 3D, cromatógrafo, manequim de simulação realística, painéis pneumáticos etc.).

O processo de ensino e aprendizagem na Fiec está focado na contextualização, na realização de atividades interdisciplinares e na execução de projetos! Nela são oferecidos 19 cursos técnicos nas áreas de alimentação, comércio, construção civil, indústria, meio ambiente, química, saúde e TI. Além disso, o aluno da Fiec tem 300 h de aulas de inglês e 150 h de espanhol. Ele também recebe uniforme, material didático, passe escolar, insumos para as aulas laboratoriais etc., tudo de forma **gratuita**. E isso não é tudo. Quem estuda na Fiec passa por exames de bioimpedância, acuidade visual, glicemia e pressão arterial, o que garante que ele (ou ela) seja um(a) "**aluno(a) saudável**".

Por tudo isso, a Fiec foi classificada pelo Banco Interamericano de Desenvolvimento (BID) como **uma das dez melhores escolas técnicas do mundo**, sendo a **única pública**!!! Além disso, ela tem acordos com diversas instituições internacionais e já recebeu prêmios das mais renomadas entidades do mundo!!!

Atualmente há várias outras IEs (instituições de ensino) que oferecem ensino técnico como o Colégio Santos Dumont, o Senai, o Centro Metropolitano de Ensino Profissional (CEMEP), Colégio Barão de Mauá e Associação Cristã de Educação e Cultura - Meu Colégio.

Indaiatuba ganhou destaque na educação básica tendo 60 escolas de ensino infantil (sendo 27 municipais e 33 privadas), 72 escolas de ensino fundamental (sendo 24 estaduais, 28 municipais e 20 privadas) e além disso 27 escolas de ensino médio (sendo 15 estaduais e 12 privadas).

Estão na cidade diversas boas escolas particulares, como: Colégio Montreal, que no decorrer de todo o ano desenvolve diversas ações solidárias, destacando-se entre elas a Gincana Solidária; Colégio Green School; Colégio Meta; Colégio Objetivo; Colégio Conquista; Colégio Alves de Oliveira; Colégio Escala etc.

No que se refere ao ensino superior estão em Indaiatuba a Faculdade Anhanguera, a Faculdade Max Planck (FMP) e a Faculdade de Tecnologia (Fatec), nas quais são também oferecidos cursos de pós-graduação formando profissionais talentosos para atuarem nos diversos setores econômicos.

A FMP é uma importante IES particular que existe em Indaiatuba que surgiu quando o Instituto de Ensino Superior de Indaiatuba Ltda. teve o seu funcionamento autorizado em 31 de janeiro de 2002, pela portaria Nº 319, sob a denominação Faculdade Treze de Maio, a qual foi alterada para Faculdade Max Planck (FMP) em 24 de fevereiro de 2002 pela portaria Nº 3844.

Em 2008, seis anos após sua criação, a FMP já estava bem estruturada e tinha cerca de 1000 alunos, distribuídos em cinco cursos de graduação: Administração, Direito, *Marketing*, Redes de Computadores e Letras.

Em outubro de 2008 a FMP foi incorporada ao grupo Polis Educacional.

Nesse mesmo ano, em dezembro, a Faculdade de Educação e Ciências Gerenciais de Indaiatuba integrou-se a FMP, quando foram incorporados à sua grade mais sete novos cursos: Ciências Contábeis, Finanças, Pedagogia, Relações Internacionais, Sistemas de Informação, Comércio Exterior e Recursos Humanos.

Em 2010 ocorreu um novo movimento de expansão, ou seja, aconteceu um significativo salto de crescimento da FMP, que passou a oferecer mais oito novos cursos autorizados pelo ministério da Educação, ou seja: Gestão

Com 18 anos no mercado, a Faculdade Max Planck (FMP) é reconhecida pela qualidade de seus cursos e pelo maciço investimento realizado em infraestrutura e tecnologia. Oferece hoje mais de 20 cursos de graduação e metodologia de ensino diferenciada, com tecnologias como o Google for Education e o Blox.

Ambiental, Logística, Educação Física (bacharel e licenciatura), Engenharia de Controle e Automação, Engenharia de Produção, Nutrição, Medicina Veterinária e Farmácia.

A partir de 31 de dezembro de 2012, a FMP assumiu também a responsabilidade integral pelos cursos em funcionamento e regularmente autorizados da Faculdade de Educação e Ciências Gerenciais de Indaiatuba.

Por sua vez, em 2013 foram autorizados novos cursos superiores: Tecnologia em Gastronomia, Tecnologia em Gestão Hospitalar, Fisioterapia, Arquitetura e Urbanismo.

Para sustentar toda essa demanda de desenvolvimento, a FMP foi ampliada para acolher todos esses novos cursos.

Foram construídos mais dois andares sobre o prédio já existente, totalizando três andares, com o que se pode comportar cerca de 1.600 alunos.

Em 2014, novos prédios foram construídos para salas de aula que pudessem receber até 5 mil estudantes, além de laboratórios, bibliotecas, auditório e um Hospital Veterinário.

A FMP tem como missão desenvolver com eficiência a atividade educacional formativa, preparando profissionais qualificados, cidadãos livres e conscientes, prontos para implementar seus projetos de vida, sendo seres humanos participativos, críticos e criativos, aptos a construir e aplicar os

Também conhecido como *campus II*, o Hospital-Veterinário da FMP se firmou nos últimos anos como um centro de excelência no atendimento de animais de pequeno e grande porte, além do desenvolvimento de pesquisas nas áreas de suinocultura e aves.

conhecimentos adquiridos no sentido de promover o aprimoramento contínuo da sociedade em que vivem, bem como das futuras gerações.

Para cumprir essa missão os princípios que norteiam a FMP são:

- **Igualdade** – Todas as pessoas são iguais perante a sociedade, possuindo os mesmos direitos e deveres e serão possuidores, com igualdade, ao final de cada curso, do melhor conhecimento, na sua especialidade.
- **Qualidade** – O ensino e a vivência escolar serão conduzidos de modo a criar as melhores e mais apropriadas oportunidades para que as pessoas (os alunos) se desenvolvam na sua total potencialidade culturalmente, politicamente, socialmente, humanisticamente e profissionalmente.
- **Democracia** – A responsabilidade pelo cumprimento desta missão está dividida entre alunos, professores, funcionários, administradores e a comunidade, que participando crítica e enfaticamente do processo acadêmico, promoverão o exercício da plena cidadania.
- **Humanismo** – O rompimento do individualismo em todos os níveis de modo a estimular a ética e os ideais de solidariedade humana e a prática de ações respaldadas sempre na postura ética.

A atuação da FMP em projetos sociais de Indaiatuba tornou-se também uma das prioridades da IES, pois este é um fator fundamental na formação holística dos seus estudantes.

Dessa maneira, todos os anos, os alunos da FMP participam de diversos projetos sociais visando com isso ampliar não só os seus conhecimentos, como voluntariamente prestar serviços para a comunidade local.

Ensinar é uma arte que exige flexibilidade de postura diante do conhecimento que se está transmitindo.

Consequentemente na FMP o seu docente é um indivíduo versátil, conhecedor do seu papel e da sua importância no projeto maior da IES.

Não se ensina corretamente quando os professores de uma IES desconhecem as diretrizes fundamentais, ou seja, a sua **missão**.

O corpo docente todo da FMP está ciente da sua **missão**, bem como da sua **visão estratégica**, de ser um centro de referência de educação não só na cidade, mas no Estado e no País.

Nessa era digital, na época do intercâmbio entre as nações que vivem num ambiente globalizado mais que nunca a única constante é a mudança, o que exige um repensar contínuo da educação.

A formação de profissionais não pode mais ser um processo estático, perpétuo, imutável, ou seja, ele impõe a contínua **introspecção** que significa rever constantemente **o que** e **como** se está ensinando.

Claro que, em que pesem essas necessidades de constantes alterações, no trabalho educacional existem ensinamentos pouco variantes, na realidade, certos **paradigmas** que se **perpetuam**!

Na FMP busca-se continuamente destacar os seguintes valores:

- Liberdade para **empreender**.
- Humildade para **aprender**.
- **Educação** como um **processo permanente**.
- Intensificação do **trabalho em equipe**.
- Disseminação da cultura do **planejamento** em todas as atividades.
- **Atendimento dos padrões educacionais** oficiais.

Na FMP busca-se que os seus alunos possam conviver bastante com o que ocorre no mercado ou então, que eles estejam envolvidos em **aulas práticas**.

330 Cidades Paulistas Inspiradoras

Aliás, pode-se dizer que em alguns cursos, as aulas práticas são cerca de 50% de todas elas. Os seus alunos aprendem com os docentes qualificados, que utilizam uma infraestrutura moderna, tendo aulas, especialmente aquelas de laboratórios, equipadas com o que mais se aproxima do mercado.

Os estudantes da FMP, como por exemplo, aqueles de engenharia civil e de arquitetura e urbanismo frequentemente vão ver obras – como foi o caso da visita ao novo prédio do Hospital Augusto de Oliveira Camargo (Haoc), cujo projeto e instalações diferem muito dos edifícios comerciais e residenciais normalmente presentes no seu dia a dia – nas quais eles recebem as explicações daqueles que as estão executando!

Sem dúvida é nessas visitas técnicas que os futuros engenheiros e arquitetos começam a compreender melhor a **multiplicidade** e a **transversalidade** das áreas em que vão atuar e como elas se complementam.

Uma outra atividade é o convite feito por parte dos alunos para as autoridades opinarem sobre os seus projetos e trabalhos de conclusão de curso.

Esse foi o caso específico da vinda do prefeito de Indaiatuba, Nilson Alcides Gaspar e do vereador João de Souza Neto para acompanharem a apresentação do **projeto de revitalização** de praças e mobiliário urbano da cidade, elaborado pelos alunos da FMP.

O professor Hector Escobar, diretor da FMP, ressaltou como esse tipo de convívio é importante na formação dos alunos, destacando: "Inicialmente, a presença do prefeito Nilson Alcides Gaspar, que fez diversos comentários, possibilitou aos estudantes perceberem uma série de **restrições** no decorrer da execução de seus projetos aos se lidar com os espaços públicos, boa parte delas não sendo apenas de caráter técnico.

Na FMP acreditamos em métodos modernos de ensino e por isso investimos em metodologias ativas de aprendizagem fundamentadas no empirismo e no contato constante com o mercado.

Além disso, desenvolvemos uma adequada estrutura tecnológica para apoiar os nossos 19 cursos, nos quais lecionam mestres e doutores (cerca de 85% do corpo docente).

Porém não descuidamos também da formação humanista dos alunos, repassando-lhes a importância do papel que vão desempenhar na sociedade, assim que se formarem!"

Certamente aí estão algumas das razões porque as matrículas na FMP estão crescendo, com a IES criando uma reputação cada vez maior em toda a região, com o que a **visitabilidade** a Indaiatuba aumenta também com a vinda de alunos não só das cidades vizinhas, mas também de algumas que ficam bem longe de Indaiatuba.

Não foi por acaso que no dia 1º de novembro de 2017, o diretor-geral da FMP, Ricardo Tannus recebeu do jornal *Exemplo* de Indaiatuba, o 7º Prêmio Exemplo de Qualidade, num evento festivo que ocorreu no Indaiatuba Clube.

Além de Ricardo Tannus, outras personalidades foram homenageadas no evento como o prefeito da cidade Nilson Alcides Gaspar, o deputado estadual Rogério Nogueira, o presidente da Câmara dos Vereadores Hélio Ribeiro, o presidente do Esporte Clube Primavera, Eliseu Marques e o seu diretor das divisões de base professor Luiz Carlos.

Aluísio William, fundador e presidente do grupo AWR ao entregar o prêmio ao diretor geral da FMP enfatizou: "Meus sinceros parabéns a Ricardo Tannus pelo excelente trabalho realizado frente a sua IES, que é um exemplo de qualidade de ensino, que faz a cidade ser uma referência em educação superior o que estimula que muitos estudantes que vivem em cidades próximas a Indaiatuba venham estudar na Max Planck."

E a FMP não para de se expandir e evoluir, sendo uma grande empregadora – tendo mais de 700 funcionários entre o seu corpo docente e todo o contingente de pessoas que trabalham não só na sua administração como também na conservação, manutenção e no trabalho de apoio aos professores, especialmente nos vários laboratórios, sendo que no início de 2018 estavam matriculados nele 4.500 alunos.

Além disso, seguramente é responsável por alguns milhares de "visitantes", ou seja, dos cerca de 60% dos seus alunos veem de outras cidades.

No que se refere ao **comércio**, na década de 1930, a dependência comercial de Indaiatuba era muito grande, pois, para a compra de grande parte de mercadorias e ter acesso a vários serviços, os indaiatubanos tinham que recorrer às cidades vizinhas como Campinas e Itu.

Com o desenvolvimento industrial e o crescimento populacional, especialmente a partir da década de 1970, a sociedade indaiatubana alcançou níveis financeiros maiores, o que aumentou a demanda por serviços e mercadorias.

Inicialmente a concentração comercial foi praticamente só no centro da cidade.

Cidades Paulistas Inspiradoras

Entretanto, com o surgimento de novos núcleos habitacionais e a formação de outros bairros, o comércio foi se expandindo e descentralizando-se.

É o caso, por exemplo, do que ocorreu para o surgimento dos polos comerciais da Cidade Nova, Cecap (Núcleo Habitacional Brigadeiro Faria Lima) e Jardim Morada do Sul.

Por outro lado, a medida que a cidade deixou gradualmente sua tradição agrária e começou a se inserir num contexto urbano, condicionando sua população a uma mudança de valores e costumes surgiu um mercado significativo e atrativo e aí diversos segmentos comerciais, que atuavam em outras cidades com suas redes de lojas, vieram se instalar em Indaiatuba.

Atualmente a cidade já possui três *shopping centers*: o Jaraguá, situado no centro da cidade, o que possui um fluxo de pessoas de aproximadamente 150 mil pessoas por mês, com salas de cinema e algumas lojas-âncora; o Polo *Shopping* Indaiatuba com várias lojas-âncora e umas 170 lojas, uma boa praça de alimentação, cinco salas de cinema, ficando as margens da rodovia SP-75 e o *Parque Mall* (inaugurado em 2014) localizado na rua das Orquídeas, no Jardim Pompéia, que abriga diversas lojas e serviços, inclusive públicos, tais como o Poupatempo e cartórios.

Nos últimos anos as administrações do Polo *Shopping* Indaiatuba e do *Shopping* Jaraguá Indaiatuba têm se esmerado para oferecer a seus clientes tanto os locais quanto de cidades vizinhas, atrações interessantes, em especial nas semanas que incluem datas especiais e/ou festivas.

Esse foi o caso no Polo *Shopping*, no qual em dezembro de 2017 foram oferecidos vários eventos, dentre os quais a apresentação do coral Canto Livre. O local contou ainda com a presença da *Miss* Indaiatuba, Michelle Valle; da *Miss* Simpatia, Gabriela Zucco e do *Mister* Indaiatuba, Jonathan Dumont. Além disso, os visitantes puderam acompanhar as apresentações do quarteto de cordas da Camerata Filarmónica de Indaiatuba e do Sesi.

Por sua vez, o *Shopping* Jaraguá, além de estar magnificamente decorado, ofereceu ao público o espetáculo *A Arte de Encantar*, um *show* com os mágicos Gustavo e Fernando, ambos da cidade, que fazem sucesso há mais de dez anos divertindo e encantando as pessoas com seus truques!!!

Como se pode ver, os responsáveis pelo departamento de *marketing* de ambos os *shoppings* sabem perfeitamente como atrair visitantes para suas instalações!!!

Também é muito interessante o que diz sobre o cinema Paulo Antônio Lui, da Lui Cinematrográfica, administradora da Topázio Cinemas, que tem quase 40 anos dedicados à sétima arte. Sua empresa abriu as portas com uma sala no *Shopping* Jaraguá em setembro de 1993 e, daí para frente muitos avanços ocorreram nos cinemas. Ele explicou: "Atualmente a Topázio Cinemas recebe os filmes via satélite. Estes ficam armazenados em um servidor e as exibições são liberadas mediante senha. Trata-se de um processo muito rápido e seguro. Nada mais é físico. Aqui em Indaiatuba os *shoppings* Polo e Jaraguá contam com o sistema via satélite. Outra novidade é o aplicativo para *smartphone* que permite ao cliente conferir a programação e adquirir o seu ingresso pela Internet para um determinado horário.

Vivemos na época da expansão dos canais de *streaming*, que estão crescendo e apostando em produções originais de alta qualidade. Mesmo que o intervalo de tempo entre a chegada de um filme aos cinemas e o seu lançamento nos provedores via *streaming* tenha encurtado, acredito que ir ao cinema será sempre algo **diferenciado**, uma vez que o som dentro de uma sala de projeção é sempre mais imersivo, além de ser uma experiência que vem sendo cada vez mais aprimorada.

No entanto, é preciso ressaltar que os filmes exibidos nos cinemas precisam contar uma boa história, do contrário o público não irá até lá. Naturalmente uma grande novidade é o advento das salas *vip*, que agregam diversos serviços. Essa é uma mordomia que o espectador pode não ter em sua casa... No passado disseram que a televisão acabaria com o cinema. Depois foi a vez de o videocassete e do DVD se tornarem os vilões. Hoje a ameaça são os VOD (*vídeo on demand*), mas o cinema continua de pé, **atraindo** e **encantando** o público, inclusive mais do que nas exibições feitas décadas atrás. Afinal, muita coisa foi permitida aos espectadores, como, por exemplo, o consumo de alimentos durante a exibição dos filmes!"

E os empresários não param de investir em empreendimentos que possibilitem a expansão de novos negócios na cidade, bem como dar mais opções para boas compras e lazer em Indaiatuba.

Também existem na cidade grandes hipermercados, como o Sonda, o Sumerbol, GoodBom etc.

Tudo isso tem amenizado em muito a necessidade dos indaiatubanos de irem a outras cidades para adquirir produtos, se bem que em Campinas estão alguns dos maiores e melhores *shopping centers* do Brasil e que acabam atraindo não só pelos seus preços, mas também pela variedade, não só os moradores da RMC, mas até de habitantes de cidades que ficam mais longe.

O serviço de **transporte público** é feito pela Viação Indaiatubana Ltda. com uma boa frota de veículos, que atende o município por meio de dezenas de linhas, havendo na cidade sete terminais de ônibus urbanos.

Há em Indaiatuba linhas de ônibus que transportam os seus moradores para todos os municípios limítrofes: Monte Mor, Campinas, Itupeva, Elias Fausto, Itu, Salto e Cabreúva, para as cidades próximas como Jundiaí, Vinhedo, Itapetininga, Tatuí etc., bem como outras mais distantes: caso de Presidente Prudente, Ourinhos, Assis e até algumas que ficam no Estado do Paraná.

Como já se destacou a principal estrada de acesso a Indaiatuba é através da rodovia Eng. Ermênio de Oliveira Penteado (SP-75) que dá acesso às principais rodovias paulistas como Bandeirantes (SP-348), Castello Branco (SP-280), Anhanguera (SP-330) e do Açúcar (SP-308) que possibilitam chegar aos principais polos econômicos do Estado.

Apesar de Indaiatuba ter um acesso facilitado pelas rodovias, e de estar bem próxima do aeroporto internacional de Viracopos, o que permite chegar rapidamente a muitas cidades do Brasil e do exterior, seria muito bom se voltasse a ser usado com intensidade o transporte com trens especialmente para as cargas operacionais das empresas, aumentando a eficiência no escoamento de sua produção, bem como a sua competitividade.

Finalmente deve-se destacar que com o seu crescimento, Indaiatuba se tornou uma **cidade turística**, caminhando decididamente para ser cada vez mais uma **cidade criativa**.

Seu principal ponto turístico é o belíssimo Parque Ecológico, no qual está um monumento com a inscrição **"Indaiatuba: nosso sol tem calor da amizade"**, que é uma mensagem clara para a recepção e atração de visitantes para a cidade.

Destaca-se bastante o **turismo de negócios** – o que fez crescer na cidade a sua rede hoteleira e o número de bons restaurantes – pela existência de um número considerável de empresas na cidade, bem como o **turismo religioso**.

A cidade tem atualmente algumas boas opões gastronômicas, como é o caso dos restaurantes *Tinho's*, *Jatobá Grill* (churrascaria), *Casa da Esfiha*, *Kostela do Japonês*, *Caipirão*, *Grenelle Gastropub*, *Torrelaguna* (pizzaria), *As Meninas* (pizzaria), *Torteria do Roque*, *Casa da Moqueca*, *Cintra*, *Bar 644* etc.

E não se pode esquecer que há um excelente restaurante no confortável hotel Royal Palm Tower, e onde geralmente se hospedam executivos e gestores que vêm até a cidade tratar de negócios.

Aliás, além do Royal Palm Tower, Indaiatuba conta com outros hotéis e pousadas nas quais os visitantes podem se acomodar de maneira adequada e passar dias agradáveis. Entre eles deve-se mencionar: Vitória Hotel Convention, a 10 km do aeroporto de Viracopos, Ibis Indaiatuba Viracopos, Alji, Santa Rita, Passaledo, Braston, Travel Inn Wise, Ruby, Number 1 Residence, Polo Hotel Fazenda, La Palma Hotel Fazenda, Pousada Parque Ecológico e Pousada dos Comissários.

Como se percebe, Indaiatuba tem muitas ofertas para acomodar bem os turistas, dependendo de suas necessidades e de seus desejos!!!

Em Indaiatuba estão alguns prédios históricos como:

- → **O santuário ecológico Santa Rita de Cássia**, que possui uma árvore no seu interior.
- → **A igreja matriz Nossa Senhora da Candelária**, uma das poucas edificações religiosas de taipa de pilão que existem no Estado.
- → **A igreja Nossa Senhora de Lourdes**, na colônia Helvetia.
- → **Casa de Retiro Vila Kostka**, na qual ocorreram, até maio de 2009, as assembleias da Conferência Nacional dos Bispos do Brasil.

Também houve um significativo incremento do **turismo rural**, visto que no município estão várias propriedades agrícolas, produtores de uva de mesa, que atraem muito os visitantes.

Em 2017, Indaiatuba conseguiu se destacar bastante em vários **esportes**. A atleta da cidade, Tathiani Picciuto, da equipe Pazian Runners, sagrou-se campeã invicta do Campeonato Paulista e Brasileiro de Corrida em Montanhas, que teve oito etapas. A última delas aconteceu em Campos do Jordão, onde foi percorrida uma distância de 10 km, a uma altitude de 1.870 m.

Já no ciclismo, o atleta Gideoni Monteiro, do Indaiatuba/HTPro Nutrition/Shimano, teve uma participação destacada no Campeonato Brasileiro de Ciclismo de Pista 2017, conquistando títulos nas provas de perseguição por equipes e Madison. A competição foi realizada nos primeiros dias de dezembro no Velódromo Municipal de Indaiatuba.

Na modalidade supino, diversos atletas da equipe de Indaiatuba – como Cristina Toledo, Michele Munhol, Cristiane Batista, Jaciara Cruz e João

Pedro de Pádua – foram convocados para representar o Brasil no Campeonato Sul-Americano. Além disso, também vem se tornando uma tradição a Corrida Rústica, realizada na fazenda Espírito Santo, que conta com muitos participantes nas corridas de distâncias (de 6 km e 12 km) e caminhadas (de 3 km).

A unidade do Sesi em Indaiatuba tem desenvolvido um excelente trabalho e as equipes esportivas da cidade competem em torneios realizados dentro de toda a sua rede estadual. Neste sentido, vale ressaltar que em 2017 os times de basquete obtiveram boas classificações nos torneios que disputaram.

Outro jovem atleta indaiatubano que está começando a se destacar no cenário nacional é Guilherme Lobo. Ele compete na modalidade florete, o que provavelmente estimulou a secretaria municipal de Esportes a dar mais atenção à esgrima na cidade.

As equipes masculina e feminina de rúgbi de Indaiatuba – do Indaiatuba Rugby Clube, também chamado de Tornados – participaram dos torneios *Seven*, em que jogam sete contra sete jogadores, e estiveram presentes na 2ª Copa CCT de Rugby São Roque.

Outra notícia de destaque para a cidade é que o circuito Powerman, a maior série de *duathlon* (nas categorias *Classic* e *Sprint*) do mundo, confirmou Indaiatuba como sede da competição em 2018. Vale lembrar que na modalidade *Classic*, os atletas são desafiados a percorrer 20 km a pé (um trajeto intercalado em duas etapas de 10 km cada) e 60 km de bicicleta. Já na categoria *Sprint* são 10 km de corrida (em duas etapas de 5 km cada) e mais 30 km de bicicleta.

Não se pode esquecer de outros eventos esportivos que ocorrem em Indaiatuba como os campeonatos de *motocross*, *bicicross*, *skate*, luta de braço etc., em nível regional, estadual, nacional e até internacional.

Bem, com todos esses exemplos, pode-se concluir que quem vive em Indaiatuba não pode se queixar de falta de opções para a prática de esporte como forma de lazer e atividade saudável. De fato, os habitantes da cidade podem, inclusive, dedicar-se com afinco a alguma modalidade específica e se tornarem profissionais talentosos.

Uma associação que incentiva essa prática é a Acenbi (Associação Cultural, Esportiva Nipo Brasileira de Indaiatuba). Fundada em 7 de setembro de 1947, essa associação comemorou seus 70 anos de história, e, na ocasião, seu presidente, Anésio Tadatsugo Kimura, comentou: "Estamos todos muito felizes, pois durante essas sete décadas, nossa maior conquista foi a manutenção constante da cultura e das tradições japonesas entre os descendentes e não descendentes, que, aliás, procuram a cada dia descobrir mais sobre a **'terra do sol nascente'**.

Os que nos antecederam na direção da Acenbi deixaram muitas realizações relevantes e que, apesar das dificuldades ao longo de cada época, foram capazes de superá-las, graças ao seu espírito de colaboração, voluntariedade, respeito e continuidade, que são características do povo japonês."

Atualmente a Acenbi tem dez departamentos e cerca de 600 associados. Existem aproximadamente 100 atletas de beisebol, 60 de tênis, 20 no *gateboll*, 20 no *kendô* (arte marcial japonesa moderna), 50 participam do *taikô* e umas 20 constituem a parte artística da associação. O centro esportivo da Acenbi é constituído por três quadras de saibro (para a prática de tênis) e quatro quadras de *gateboll*, sendo duas cobertas. Além disso, há três campos de beisebol. A associação também mantém uma escola de língua japonesa, com cerca de 80 alunos.

A Acenbi também tem promovido muitas festividades na cidade, em que comparecem centenas de pessoas, muitas das quais não são descendentes de japoneses. Esse foi o caso do festival *Moti-Tsuki* (nome formado por *moti*, bolinho de arroz, e *tsuki*, socar), realizado no dia 16 de dezembro de 2017 para comemorar os 70 anos de existência da associação.

O evento foi seguido pelo plantio de **sete cerejeiras** (*sakura*), cuja flor é o símbolo do Japão. Vale ressaltar que essa espécie é considerada sagrada para os japoneses, além de ser uma mensageira da felicidade, do amor, da renovação e da esperança.

A cerejeira fica pouco tempo florida, por isso suas flores representam a **fragilidade** da vida, cuja maior lição é aproveitar intensamente cada momento, pois o tempo passa rápido e a vida é curta. Os samurais, guerreiros japoneses, eram grandes apreciadores da flor de cerejeira, que desde o passado remoto é associada à efemeridade da existência humana e ao lema: **"Viver o presente, sem medo e aproveitar cada momento ao máximo!!!"**

Já no que se refere à paixão nacional, o intuito do **futebol amador** em Indaiatuba é unir a comunidade e os amantes dessa modalidade esportiva, possibilitando a confraternização com os amigos, que naturalmente procuram criar uma disputa para saber quem está em melhor forma!!! Indaiatuba tem atualmente cerca de 150 times que disputam os torneios amadores varzeano e veterano.

Em 2006, houve um desentendimento entre os participantes, e alguns times se desvincularam da Liga Regional Desportiva Indaiatubense (Lidi), o que fez surgir a Associação Indaitubense de Futebol Amador (Aifa). Por fim, após 11 anos de separação, as duas entidades voltaram a se unir. A realização da Copa Integração – que reuniu 40 equipes – foi o marco dessa nova fase do futebol amador em Indaiatuba.

Marcos Antônio de Moraes, um empresário que patrocina o futebol amador e em 2017 era o secretário de Esportes de Indaiatuba, comentou: "Sempre achei que essa junção era necessária. Agora, qualquer patrocinador sabe que o campeonato será mais divulgado e prestigiado. Dessa forma, será mais fácil para as equipes conseguirem patrocínios, seguindo o exemplo da marca Ruduzino Climatizadores, que se expandiu bastante e ficou bem mais conhecida após a realização da Copa Integração, da qual foi um dos patrocinadores.

Como empresário e secretário municipal, entendo que essa união foi um salto de qualidade para o município no campo esportivo, o que certamente no futebol amador irá permitir a existência de uma 1ª e uma 2ª Divisão e, quem sabe em 2019, até de uma 3ª Divisão. Tudo isso deixará o campeonato mais competitivo!!!"

O diretor da Meta Esportes, professor Luiz Carlos da Silva, empresa que hoje gerencia o Esporte Clube Primavera (o único time profissional de futebol da cidade), comentou: "Em 2017, as equipes de base primaverinas disputaram o Campeonato Paulista com os times Sub-11, 13, 15, 17 e 20. Essa vitrine deu certo, tanto que o clube fez parceria com o Red Bull, que agora tem atletas nossos. Aliás, o mesmo ocorre com o Ituano, o São Paulo, o Flamengo etc. Vale lembrar que essas parcerias não envolvem dinheiro, e sim percentagens. Assim, caso os atletas sejam vendidos futuramente, o Primavera receberá 30% do valor da venda. Claro que esses resultados têm trazido novos investidores, que, por sua vez, estão permitindo a transformação do Primavera num grande clube.

Atualmente, o Primavera que manda os seus jogos no estádio Ítalo Mário Limongi, é um dos poucos times da 2ª Divisão que tem um campo com gramado de acordo com as exigências da Federação Paulista. Toda a estrutura do clube está passando por reformas. Estão sendo feitas melhorias nos quartos para acomodar os jovens futebolistas e sendo construídos mais vestiários e banheiros. Também está sendo criado um espaço para a academia, além de outras coisas.

Essas modificações estão sendo feitas para que, futuramente, esse clube – conhecido como o 'Fantasma da Ituana' – se torne ainda mais reverenciado. Neste sentido, a intenção é termos em breve um time profissional bem competitivo que, em alguns anos, possa retornar ao principal campeonato paulista. Isso começara pelo aproveitamento dos jogadores que se destacarem na Copa São Paulo 2018 e contará ainda com a contratação de outros atletas!!!"

A cidade conta também com **diversos campos de polo hípico**, ocupando por isso mesmo a posição de destaque nesse esporte no Brasil e no mundo.

Indaiatuba é considerada a "capital da prática do polo" no Brasil.

A modalidade envolve sempre a disputa entre duas equipes, cada uma com quatro atletas no meio de campo e um atacante.

O objetivo do esporte é marcar o maior número de gols, conduzindo uma bola com o uso de tacos até o gol do adversário.

Tudo isso, é claro, montado em cavalos que passam por treinamentos rigorosos e pode-se dizer que são os grandes protagonistas do jogo, pois o seu condicionamento é essencial para se ter sucesso na competição.

Aliás, os cavalos fazem treinos diários, ou seja, eles são como os corredores ou os tenistas, precisam estar sempre em forma.

Naturalmente os jogadores também fazem treinos específicos montados neles, aprendendo especialmente como golpear a bola com o taco.

O polo é um dos esportes que está muito associado a quem tem alto poder aquisitivo pois é preciso manter excelentes cavalos, treiná-los e ter um bom campo para poder jogar!

Na verdade, nem todo jogador de polo é rico, mas o esporte exige que alguém seja dono dos cavalos e de um campo, algo como um patrão. Existem assim atletas que jogam para esse patrão, com a peculiaridade de que esse patrão geralmente joga com eles também.

Assim para quem tiver vontade de jogar polo e mora no interior paulista a boa notícia é que em Indaiatuba no raio de 15 km do seu centro há quase 30 campos de polo, por isso é que aí mais se pratica esse esporte no Brasil!!!

Normalmente quase todos os torneios mais importantes do País acontecem em Indaiatuba, o que criou uma grande **visitabilidade** – a vinda de outras equipes e acompanhantes – e gerou muitos empregos para todos aqueles envolvidos diretamente e indiretamente com a organização e realização desses torneios.

De acordo com os dados da Confederação Brasileira de Polo, entre as competições mais importantes que a cidade recebe estão o Campeonato Brasileiro, a Copa Giorgio Moroni e o Aberto do Helvetia.

Esses torneios formam a chamada **tríplice coroa** brasileira!!!

Não é, pois, por acaso que quando acontecem essas competições os céus de Indaiatuba recebem dezenas de helicópteros trazendo espectadores e jogadores abonados, principalmente vindos de São Paulo.

Existem, portanto, os esportistas e modalidades para se pensar em ter mais equipes profissionais bem competitivas na cidade, o que faria com que os munícipes e os moradores de outras cidades tivessem mais uma opção de entretenimento, ou seja, torcer por elas quando enfrentassem times de outros lugares!!!

No dia 9 de dezembro de 2017, Indaiatuba comemorou 187 anos de existência, e o prefeito Nilson Alcides Gaspar (NAG) deu algumas entrevistas para os jornais *Tribuna de Indaiá*, *Exemplo*, *Destaque*, *Indaiatuba News* e *Mais Expressão*. Veja a seguir as perguntas feitas a ele e as suas respostas:

1ª) Quais são as melhorias que os indaiatubanos têm agora no que se refere aos cuidados com a saúde?

NAG – Foi inaugurada a UBS do Campo Bonito, ainda em janeiro de 2017 e em fevereiro as novas salas de parto do Haoc. No decorrer de 2017 foram reformadas diversas unidades de saúde, particularmente o ambulatório de especialidades. Em 2018 já vai funcionar o posto de saúde de Itamaracá e vamos iniciar o do Colibris, para desafogar a unidade do Parque Corolla.

Um dos diferenciais da nossa administração é o planejamento. Por exemplo, um posto de saúde custa cerca de R$ 250 mil para mantê-lo aberto, e é isso que muita gente esquece. Não basta apenas abri-lo, mas tem que ter em mente quanto irá custar para conservá-lo funcionando. Basta analisar o que está ocorrendo em outras cidades da região, onde os postos de saúde estão fechando, enquanto Indaiatuba amplia e constrói mais.

Acontece que a demanda aumentou muito, por conta dos pacientes que vêm de fora para ter um atendimento aqui. Em 2017, atendemos cerca de 30 mil pessoas de fora e, se conseguíssemos evitar isso, a saúde de Indaiatuba seria a melhor do País. Mas em 2018 estará implantado o **cartão do cidadão** e, com exceção de urgência e emergência, só poderá ser atendido na rede indaiatubana quem for morador da cidade!?!?

Em 2017 foram realizados no setor municipal cerca de 390 mil consultas médicas, 260 mil odontológicas, houve a aquisição de dez novos veículos, entre eles duas ambulâncias, e foram distribuídos cerca de 33 milhões de remédios para a população.

Acredito que tudo isso significa que se deu muita atenção para se ter aqui uma população mais **saudável** e que os indaiatubanos ficassem menos tempo nas filas nos postos de saúde.

2ª) Como está a evolução na rede pública municipal de ensino?

NAG – A **educação** é o **carro-chefe da administração municipal**, e é por isso que foi aberto o edital para a creche de Mato Dentro para terceirizar os serviços, que serão subsidiados pela prefeitura. Foram ampliadas as creches do Campo Bonito e do Jardim do Sol (na Emeb Janete Vaqueiro), aumentando dessa maneira 60 vagas em cada uma.

Foi implantado o período integral na Emeb Padre Joaquim, no Jardim Tancredo Neves. Inaugurou-se em 2017 o estúdio de gravação para vídeoaulas e o laboratório de informática para a capacitação dos funcionários do setor da educação.

No nosso Núcleo Integrado de Apoio Pedagógico (Niape) estão os fonoaudiólogos e psicólogos, essenciais para dar apoio aos professores no seu relacionamento com alunos com certas dificuldades. Foi também lançada uma plataforma de EAD. Mas, seguramente, o avanço mais importante foi o conseguido pela Fiec, pois ela foi a única a implantar o MedioTec, um programa que oferece formação técnica voltada para os alunos do ensino médio.

Já foram abertas mais de 1.120 vagas do MedioTec na Fiec, o que recebeu elogios inclusive do ministro da Educação. E em 2018 vão ser abertas mais 1.000 vagas.

No setor da **cultura**, fizemos também investimentos relevantes, pois foi reformado o Centro de Artes e Esportes Unificados. Com isso, foram abertas 3.500 vagas nas 11 modalidades de oficinas culturais. Já os programas Ação Jovem e Papo Jovem têm respectivamente 1.100 e 1.800 participantes.

3ª) Qual é o estímulo que a prefeitura está dando para atrair novas empresas para a cidade?

NAG – Em nosso Plano Diretor, as indústrias não estão em meio às residências. Em Indaiatuba fica bem claro onde estão as áreas industrial, comercial e residencial. Desse modo, Indaiatuba cresceu sempre de forma **ordenada** sem favelas, e os nossos programas habitacionais têm se mostrado cada vez mais eficazes.

Indaiatuba realmente chegou a um patamar bem diferenciado de outras cidades paulistas. As empresas querem se instalar na cidade, pois a prefeitura está investindo em **saúde**, **educação** e **segurança**, cuidando para que se tenha boa **mobilidade urbana**. A boa localização da cidade não seria suficiente para atrair tanta gente e fazer dela uma das que mais cresce no País.

Realmente a nossa infraestrutura é boa, e agora com a vinda do porto seco (que se expandirá entre um terminal intermodal ligado por via férrea até o porto de Santos), isso alavancará mais ainda a economia da cidade, pois junto virá também um grande conjunto de empresas satélites que vão utilizar a área da aduana desse porto seco.

Estamos bem perto de um **importante aeroporto internacional** e excelentes rodovias que possibilitam fácil escoamento do que se produz. Se tiver educação, segurança e água as empresas vêm. Aliás, a prefeitura também está desenvolvendo um projeto de água de reuso para que as empresas tenham acesso a uma fonte de água mais barata para os seus processos produtivos.

4ª) Existe a perspectiva de abertura de novos negócios e indústrias na cidade?

NAG – Bem, no nosso distrito industrial temos atualmente 854 empresas que movimentam não só a economia local, mas nacional, empregando milhares de indaiatubanos. Só em 2017 foram abertas 46 novas indústrias. Porém, o comércio também tem se destacado, a despeito de um período recente de estagnação vivenciado pelo varejo.

Agora há em Indaiatuba 4.788 estabelecimentos comerciais, sendo que em 2017 foram abertas 566 lojas. Estima-se que no setor do comércio estejam empregados cerca de 10.100 trabalhadores.

Na realidade, há na cidade dez distritos industriais, concentrados numa área, e já foram aprovados mais três distritos, para abrigar indústrias com impacto médio e leve. Além disso, foram iniciadas as inscrições para aquisição de lotes no distrito industrial, destinado para micro e pequenas empresas. Seguramente, de 2018 em diante o empresariado, valendo-se da criatividade e da inovação, irá optar cada vez mais pela abertura de negócios na cidade.

5ª) Quais são as ações feitas pela prefeitura que irão possibilitar ao indaiatubanos praticar mais esportes?

NAG – No decorrer de 2017 houve bastante investimentos no esporte como a ampliação da Associação XVI de Janeiro, a cobertura da piscina do Centro Esportivo, a reforma da pista de *bicicross*, a reforma e a ampliação dos vestiários do Rêmulo Zoppi, a construção da quadra, do vestiário e da arquibancada da Associação XII de Junho e a reforma da pista de *skate*.

Estão em andamento as obras de construção do ginásio no Centro de Iniciação ao Esporte, e está em implantação o projeto Juventude Esportiva. Em 2017, com o seu programa Lazer Esportivo, a prefeitura conseguiu envolver cerca de 8.500 pessoas.

Não se pode esquecer que no Festival Esporte Cidadão, que recebe recursos por meio do lei de incentivo do ministério do Esporte, apoios da John Deere do Brasil e do banco Sofisa, e com o ajuda da prefeitura, foram realizadas no decorrer dos dias 8 a 15 de dezembro de 2017 competições envolvendo 20 modalidades esportivas (handebol, capoeira, ginástica rítmica, caratê, *bicicross*, futebol, judô, *tae-kwon-do*, voleibol, futsal, natação, basquete, tênis, ginástica de trampolim etc.).

O festival é o momento em que as crianças (de 6 a 15 anos) demonstram aos pais o que elas aprenderam ao longo do ano, suas conquistas, a evolução na modalidade que escolheram praticar. Naturalmente os pais comparecem a essas competições para motivar seus filhos nas disputas. Com o Esporte Cidadão em 2017 a prefeitura atendeu 7.275 crianças.

6ª) Como estão sendo atacados os problemas de mobilidade urbana?

NAG – Estamos estudando novos meios para melhorar a mobilidade urbana, ou seja, para que o trânsito na cidade flua de maneira que as pessoas possam se locomover com rapidez e segurança. Entre os projetos prioritários está a construção de mais ciclovias e do uso mais amplo de bicicletas.

É necessário inovar, criando meios para uma menor utilização de carros na cidade e melhorar o transporte público, que é uma das principais preocupações da atual gestão. **Quero que Indaiatuba seja conhecida como a cidade de**

melhor transporte urbano do País. Vamos trabalhar muito para conscientizar os nossos munícipes para terem em mente que se a velocidade máxima para andar de carro for de 60 km/h, então **todos** devem obedecer a regra!!!

Se tem faixa de pedestre, o motorista e o motociclista têm que ter consciência de que ali é um espaço de pedestre e **precisam parar**. Tudo isso só vai funcionar se um respeitar o outro. As pessoas precisam olhar mais para o lado humano que se quer ter na cidade. No início de 2018 vamos inaugurar o novo terminal rodoviário Vereador Maurílio Gonçalves Pinto, na avenida Presidente Vargas, com 15 guichês, postos policiais, área de espera e área de embarque e desembarque para ônibus intermunicipais, além de 35 unidades comerciais. O antigo terminal passará a ser um terminal urbano e nele haverá um posto de atendimento do cidadão.

7ª) Qual é a importância da Faculdade Max Planck (FMP) no que se refere a atração de alunos vindos de outros municípios?

NAG – Sem dúvida, pela qualidade de ensino oferecida, a FMP se tornou um polo de atração para a vinda de centenas de alunos de cidades que ficam no entorno de Indaiatuba. Ela tem também um papel importante para receber os talentosos alunos que se formam na Fiec e que desejam ter um curso superior.

É importante também o papel que desempenha a FMP ao dar no seu processo de ensino um destaque para uma educação socialmente responsável, fazendo com que seus estudantes ao se formarem se tornem competentes agentes transformadores da sociedade indaiatubana.

8ª) Qual é o evento em que Indaiatuba recebe mais visitantes?

NAG – Atualmente na cidade existem muitos eventos culturais, religiosos e de entretenimento. Por exemplo, em 2017, o projeto Páscoa Encantada reuniu 80 mil pessoas e o São João na Praça teve 12 mil participantes.

Meu objetivo com esses projetos foi também movimentar o comércio da cidade. Se não oferecermos continuamente atrativos na nossa cidade, são os munícipes que vão viajar para outros lugares, gastando dinheiro fora. E aí além de não recebermos visitantes, são os nossos moradores que vão procurar diversão em outras cidades...

No decorrer do mês de dezembro de 2017, quando se comemorou o aniversário da cidade, foi elaborado um amplo programa com a Parada de

Natal (desfile com elementos alegóricos, inclusive com o Papai Noel dirigindo uma empilhadeira da Kion), a apresentação dos Encantos de Natal (decoração de vários locais em parceria com as empresas privadas), a mostra *VIII Brazilian Film Series* (com a apresentação gratuita de vários filmes), a missa solene na igreja matriz no dia 9 de dezembro, o Concerto de Natal, com a participação da Orquestra Sinfônica, do Coral Cidade de Indaiatuba e da Corporação Musical Villa-Lobos), e a 23ª Corrida Cidade de Indaiatuba.

Somando todas as pessoas que compareceram a esses eventos eles ultrapassaram só em dezembro mais de 90 mil pessoas.

9ª) O que pode ser feito para aumentar a visitabilidade à cidade?

NAG – Para atrair mais visitantes à cidade e principalmente oferecer diversão e lazer para os indaiatubanos, a cidade tem três novos cartões-postais. No Dia das Crianças – 12 de outubro – eles ganharam mais um espaço de lazer e entretenimento. Apesar de ter sido concebido pela administração passada, tive a satisfação de inaugurar o parque da Criança, local voltado inteiramente à diversão infantil, no qual as crianças devem estar acompanhadas por adultos durante a sua permanência nele.

Nele existe um tobogáguas, escorregadores em formato de animais, cachoeira com balde gigante, chuveirões em formato de cogumelos, bengalas e esguichos de água para todos os lados. Além disso, tem-se uma tirolesa na área dos quiosques, de 130 m de comprimento.

Nos dois primeiros meses de funcionamento o parque da Criança recebeu cerca de 15 mil visitantes. O município de Indaiatuba é pautado pelo desenvolvimento sustentável e pela adoção de políticas de educação ambiental integradas ao calendário escolar dos estudantes indaiatubanos.

Em vista disso, em 30 de abril de 2016, a cidade ganhou mais um espaço reservado ao conhecimento da natureza e a preservação, ou seja, o Museu da Água. Esse museu tem recebido uma média mensal de 4.500 visitantes, a maioria de alunos da nossa rede municipal de ensino e de outras cidades. O Serviço Autônomo de Água e Esgoto (Saac) está construindo no entorno da barragem no rio Capivari-Mirim, uma obra voltada para o entretenimento e uma vez concluída – com as suas áreas de convívio, academia para a terceira idade, fonte interativa, *playground*, deques de pesca, mirante, quadra de futebol *society* e de areia – será uma nova opção de lazer para muita gente, o que certamente aumentará a visitabilidade ao município.

10ª) É verdade que muita gente da RMSP está se mudando, para cá, para viver o resto da vida em Indaiatuba?

NAG – O hino de Indaiatuba tem música de Nabor Pires de Camargo e letra de Acrísio de Camargo, com a qual ele descreve os encantos da cidade marcada pelos seus belos bosques que formam o parque Ecológico, cravado no coração da cidade e na sua qualidade de vida.

Certamente muita gente da RMSP e de outras cidades está se mudando para Indaiatuba, pois as pessoas concordam com a opinião desse poeta ao descrever seus sentimentos sobre esse lugar sem par.

Claro que estamos trabalhando continuamente para que a cidade se desenvolva mais a cada dia que passa. Apesar de já ser uma das cidades mais evoluídas do Brasil, há muita coisa ainda a ser feita nela. É uma cidade que nos motiva todos os dias a fazer sempre mais.

E desde o início do meu mandato, mais precisamente ao longo do primeiro ano dele, foram realizadas cerca de 300 obras. Assim, apesar da crise que o País está passando, o município continuou avançando. Já consegui enxugar todos os gastos desnecessários, pagar todas as nossas contas e chegaremos a 2018 com superávit.

Minha mensagem de aniversário para os indaiatubanos e para aqueles que estão se mudando para cá, é que podem esperar mais progresso, desenvolvimento, trabalho, transparência em todos os gastos e sempre um olhar para o ser humano.

O município continua a se desenvolver, oferecendo saúde, segurança, educação, esporte, cultura e lazer de qualidade. Todo aquele que vive em Indaiatuba pode se orgulhar por morar aqui, vendo que na nossa cidade as melhorias acontecem e que se algo está bom, ainda pode ficar melhor, pois esse sempre foi o meu lema.

E a mensagem que quero deixar para todos é que tenham plena convicção que muita coisa boa está por vir na cidade, **que vai continuar se desenvolvendo cada vez mais!**

Observação importante: Aí vai a letra do hino de Indaiatuba:

"Salve, ó terra querida e venturosa.

Santo ninho do amor caro e gentil.

Com teu ar e teu clima és uma rosa

No mais lindo recanto do Brasil.

Salve, ó berço querido onde nasci.

Berço feito de sonhos e de amor...

Hoje em festa, a cantar, pensando em ti.

Os teus filhos te saúdam com ardor.

O teu campo florente é tão vasto e bonito!

E tua alma sombria tem encanto e poesia!

E parece sorrir o teu claro infinito.

A pensar Indaiatuba sem par!"

Uma vista do centro histórico de Itu.

Itu

PREÂMBULO

A prefeitura de Itu tem se envolvido bastante para que a cidade faça jus – e de maneira plena – à sua classificação como **estância turística**. Neste sentido, cultura, história, lazer, diversão e gastronomia estão entre os atrativos da cidade, o que prova que nela se tem muito mais do que sua notória fama de "**terra onde tudo é grande**".

Em termos de arquitetura, por exemplo, o visitante que quiser apreciar como era Itu no século XIX pode percorrer a praça da matriz, onde existe um incrível conjunto arquitetônico, composto por residências com fachadas imponentes, além de casas e sobrados de antigos fazendeiros de cana-de-açúcar.

No quesito eventos, a prefeitura apoia um calendário anual repleto de atrações. Algumas delas são bem pitorescas, como o Dia do Garçom, no qual é realizada uma gincana entre esses profissionais; a Cãominhada, quando cães acompanhados de seus donos caminham pelo centro da cidade e, no final, são premiados em diversas categoria; e o Festival de Artes, com espetáculos e oficinas gratuitas de mímica, dança, teatro, cinema, pintura, literatura e circo. Itu também recebe visitante especiais, como os que vão ao Centro de Meditação Kadampa Brasil (um moderno templo budista).

O prefeito Guilherme Gazzola afirmou: "Saibam todos os visitantes que eles terão em Itu experiências especiais e poderão registrar em suas memórias muitas das belezas que existem em nosso município. Sejam todos bem-vindos a desfrutar de nossas maravilhas e da nossa incrível e gigantesca hospitalidade!!!"

A HISTÓRIA DE ITU

Com uma área de 640,72 km² e uma população estimada em 174 mil habitantes no início de 2018, Itu faz parte da Região Metropolitana de Sorocaba (RMS). De fato, a cidade é um dos 30 municípios paulistas considerados **estâncias turísticas** e, como já foi mencionado, faz jus a essa classificação, tanto pela infraestrutura que possui para atender os visitantes quanto pelas atrações que oferece a eles. Os seus municípios limítrofes são: Salto, Elias Fausto, Indaiatuba, Itupeva, Cabreúva, Araçariguama, São Roque, Mairinque, Sorocaba e Porto Feliz.

Em termos históricos, em 1610 o bandeirante Domingos Fernandes fundou o povoado **Outu-Guaçu**, que em tupi-guarani quer dizer "**salto grande**" ou "**cachoeira grande**". Porém, o marco da fundação da cidade foi a construção em 2 de fevereiro de 1610 – pelo próprio Domingos Fernandes, e ajudado pelo seu genro – da capela devotada à Nossa Senhora das Candeias (depois Candelária), no lugar onde hoje está localizada a igreja do Bom Jesus. Foi em torno dessa capela que se desenvolveu o povoado, o último no caminho para Mato Grosso e Goiás, o que acabou lhe rendendo o título de "**boca do sertão**".

Aos poucos os portugueses foram se estabelecendo na região e, assim, em 1653, Itu se transformou na freguesia de Santa de Parnaíba. Em 1657 ela foi elevada à categoria de vila, com direito inclusive a uma Câmara Municipal. Iniciou-se a partir daí a construção de um novo templo. Então, em 1691, chegaram no local os frades da Ordem de São Francisco de Assis, que ergueram um convento em 1692. Já em 1716, instalaram-se também na região os frades da Ordem de Nossa Senhora do Carmo, que, aliás, três anos mais tarde (1719) ergueram no local um convento.

Muitos anos mais tarde, por volta de 1776, houve um significativo crescimento das lavouras de cana-de-açúcar e de algodão. Isso atraiu para a vila muitos artesãos (sapateiros, ferreiros, carpinteiros, tecelões, fiandeiras etc.), e a população começou a aumentar. Os comerciantes, interessados na venda de tecidos, colchas e cobertores para outras regiões do País, foram os que promoveram o cultivo de algodão e a produção caseira de tecidos.

Daí para frente, a vila de Itu começou a crescer ainda mais. Isso aconteceu por causa da exportação de açúcar para a Europa, o que, aliás, multiplicou na região o número de engenhos de cana e de escravos oriundos da África.

352 Cidades Paulistas Inspiradoras

Entre 1785 e 1792 foram abertas muitas ruas paralelas à principal, que desciam pelas encostas do seu espigão e por seus prolongamentos ao lado da igreja do Patrocínio (inaugurada em 1819). Então, em 1811, foi criada a comarca de Itu, e em 1822, a vila recebeu o título de "**fidelíssima**" do imperador dom Pedro I, por sua posição a favor da independência do Brasil.

Somente em **5 de fevereiro de 1842**, a vila de **Itu foi elevada à categoria de cidade** e, daí para frente, passou a ser considerada como a cidade mais rica da província de São Paulo, com importante participação na sua vida política e econômica. Um evento importante para Itu foi a inauguração do Colégio Nossa Senhora do Patrocínio, o primeiro colégio feminino do Estado, em 1859. Só em 1901 é que foi inaugurado em Itu o primeiro grupo escolar do Estado, denominado Dr. Cesário Motta.

Em 1860 aconteceu uma grande crise no mercado internacional do açúcar e com isso o plantio de cana-de-açúcar entrou em decadência. Com o tempo, surgiu um **conflito** entre políticos e fazendeiros ituanos e o governo imperial, e, com isso, cresceu em Itu o **movimento republicano**. Isso resultou na realização da Primeira Convenção Republicana do País, em 1873, que contou com a participação de 133 pessoas, dentre elas Rangel Pestana, Manuel Ferraz de Campos Sales, Bernardino de Campos, Antonio Francisco de Paula Souza, Américo Brasiliense, Elias Lobo, Cesário Motta Junior etc. eles se reuniram na casa do então deputado Prudente de Moraes. Teve início a propaganda republicana e, com isso, houve a criação do Partido Republicano Paulista. Foi graças ao movimento desse partido que se chegou em 15 de novembro de 1889 à Proclamação da República. A partir daí, Itu passou a ser chamada de "**berço da República**".

Aliás o presidente Michel Temer, transferiu simbolicamente o governo do País para Itu em 15 de novembro de 2017.

No seu discurso na cidade, no Museu Republicano enfatizou: "Justamente para celebrar os 128 anos de República que decidimos voltar a Itu, cidade que deixou sua marca na nossa história, quando 133 paulistas aqui se reuniram, movidos pelo propósito de fazer o Brasil entrar na modernidade.

Estamos agora no século XXI e precisamos urgentemente de uma reforma federativa. Não é apenas uma reforma social, não somente de maior responsabilidade fiscal, mas também de uma reforma federativa, de maneira que os Estados e municípios tenham cada vez mais autonomia, não apenas competências, mas recursos próprios para gerir essas competências."

Com o tempo, o açúcar foi gradativamente substituído pelo café. Por sua vez, com o aumento da produção cafeeira, os fazendeiros passaram a buscar na Europa por imigrantes para substituir a mão de obra escrava. Vale lembrar que o tráfico de escravos já havia sido proibido desde 1850 e a escravatura fora abolida em 1888. Assim, a partir de 1875 começaram a chegar na cidade os primeiros imigrantes italianos, já com a ajuda do governo republicano, que seria proclamado em 1889.

Anos mais tarde, no decorrer de 1932, muita gente de Itu participou ativamente da Revolução Constitucionalista de São Paulo. O café, que até 1935 fora a base da economia do município (ano que inclusive marcou sua maior produção), decaiu. Isso aconteceu não apenas por causa da concorrência com outros plantios, mas também pelo esgotamento de suas terras. Assim, entre 1935 e 1950, Itu quase não cresceu além da área já ocupada.

Porém, a partir de 1950 novas indústrias foram se instalando no município, especialmente as de **cerâmica**, o que gerou uma grande migração rural. As pessoas vinham em busca de trabalho nessas fábricas e a cidade claramente voltou a crescer. Nessa época houve a abertura de vários loteamentos na região periférica da cidade.

O velho centro de Itu, a maior e mais importante herança cultural dos tempos de colônia, se transformou em **centro histórico** e área comercial. Após 1970, com a construção da rodovia Castello Branco, novas indústrias instalaram-se em Itu, principalmente às margens de suas estradas de acesso. Foi em 1979 que a cidade recebeu a denominação de **estância turística**, um título totalmente merecido, uma vez que ela dispõe de muitos "**tesouros**" que atraem turistas. Entre os lugares históricos incríveis que existem em Itu destacam-se:

- → **Casa Imperial** – Foi construída em 1881 para atender ao desejo de Francisco de Paula Souza e Mello. O imóvel pertenceu posteriormente a Carlos Mendes, sendo que nele se hospedou em 1884 a princesa Isabel e seu marido o conde D'Eu. Por esse motivo, o local ficou conhecido como Casa Imperial. Ela foi restaurada e conservada pela família Caselli, revelando-se um dos marcos significativos das antigas residências ituanas. Infelizmente o local **não está aberto** à **visitação**!?!?

- → **Fábrica São Luiz** – Foi a primeira fábrica de tecidos movida a vapor no Estado, tendo sido inaugurada em 1869. Ela encerrou suas atividades na década de 1980, e o local foi transformado num Centro Cultural e Espaço de Eventos, destinado a exposições temporárias e à realização de eventos culturais.

- **Museu da Energia** – Com uma fachada de azulejos portugueses, o sobrado que abriga esse museu já foi sede da Companhia Ituana de Força e Luz. O museu, que foi totalmente remodelado em 2016, exibe no seu piso térreo o cotidiano da sociedade do século XVII. Já no piso superior, mostra-se a evolução da energia até os dias de hoje.

- **Museu Republicano** – Ele foi erguido em 1867 e nele viveu a família Almeida Prado. Em 18 de abril de 1873, aconteceu nesse prédio a reunião que levaria à criação do Partido Republicano Paulista – evento mais conhecido como Convenção de Itu. Em 1923, o sobrado foi transformado em museu. Seu valioso acervo remete aos republicanos históricos e à memória de Itu. Desde 2005 o local é o Centro de Estudos do Museu Republicano da USP. Em seu salão de entrada está exposta a história de Itu, **pintada em azulejos**!!!

- **Museu do Quartel** – Ele ocupa um prédio construído em 1867 pelos padres da Companhia de Jesus. No local funcionou o Colégio São Luiz até o ano de 1917, quando o governo federal instalou ali o regimento Deodoro. Junto ao prédio encontra-se a igreja São Luis Gonzaga. Atualmente, o Museu do Quartel abriga diversos tipos de materiais e artefatos, com destaque especial para troféus (alguns da década de 1930), uniformes do início do século passado, equipamentos e utensílios usados pelos soldados na 2ª Guerra Mundial.

- **Museu da Música** – A casa que abriga esse museu foi construída em 1890 pelo comerciante português Manual Joaquim da Silva. A partir de 1949 ela abrigou a família do músico italiano Luís de Francisco, e foi posteriormente tombada pelo Condephaat como patrimônio material do Estado. Nesse local é possível conhecer toda a história da música em Itu, através de fotos, partituras, gravações e instrumentos musicais.

- **Casa da Praça** – O imóvel começou a ser construído no início do século XX. Hoje ele representa um espaço único onde são ministradas aulas de violão, desenho, teatro, artesanato. A casa também abriga exposições, e nela estão guardados os acervos do Museu de Arte Sacra (MAS) Padre Jesuíno do Monte Carmelo, e do Museu e Arquivo Histórico Municipal de Itu (Mahmi) e da Pinacoteca Almeida Junior, com as réplicas das obras da fase caipira do pintor ituano.

- **Antiquários** – Existem diversos antiquários em Itu, localizados preferencialmente nas ruas centrais da cidade, como a Paula Souza e dos Andradas, mas também na praça Anchieta. Em todos é possível garimpar telefones antigos, objetos de decoração, lustres e cristaleiras, entre outras coisas.

➜ **Cruzeiro de São Francisco** – Construído em granito rosa pelo processo de cantaria (antiga técnica de entulhar pedras), o Cruzeiro é a única memória que restou do imponente conjunto antigamente formado pelas edificações da igreja São Luis de Tolosa, do convento e da igreja de São Francisco da Ordem Terceira. Ele foi executado pela ordem franciscana entre os séculos XVII e XVIII!?!?

➜ **Espaço Cultural Almeida Junior** – É a antiga residência do barão de Itu, no século XIX. Já foi também o grupo e solar de Cesário Motta e atualmente abriga a Biblioteca Municipal e um Centro Cultural.

Itu é um local bem adequado para quem está voltado para o **turismo religioso**, isso porque nela estão algumas das igrejas mais belas do Estado, com arquitetura do século XVIII. Aliás, foi por essa razão que Itu também se tornou conhecida como "**Roma brasileira**". Neste sentido destaca-se inicialmente a igreja matriz de Nossa Senhora da Candelária, que foi construída em 1780, sob a orientação do padre João Leite Ferraz, e que ao longo dos séculos foi recebendo várias intervenções, em especial na sua fachada feitas pelos renomados arquitetos Ramos de Azevedo e Paula Souza.

Com o interior adornado em estilo barroco e rococó, essa igreja abriga obras primas em talha, pinturas dos artistas José Patrício da Silva Manso, Almeida Junior e padre Jesuíno do Monte Carmelo, e no teto da sacristia estão as pinturas de Lavínia Cereda, de 1878. O seu órgão de tubos é de 1883, da renomada marca francesa Cavaillè-coll.

A igreja Nossa Senhora do Carmo está situada em frente à praça da Independência, ponto conhecido pelas palmeiras que simbolizam Itu. Ela foi construída sobre a primeira edificação do convento carmelita de 1719, tendo isso ocorrido em 1777. Nos seus altares laterais estão as imagens da procissão do Triunfo de Nosso Senhor, do escultor Pedro da Cunha, datadas do século XVIII, e que foram trazidas do Rio de Janeiro. Sob o altar-mor está a alegoria à Virgem do Carmo, elaborada pelo padre Jesuíno do Monte Carmelo. Atualmente todo o conjunto arquitetônico que compreende a igreja, o convento e outras instalações, ocupa quase todo o quarteirão.

Por sua vez, a igreja Nossa Senhora do Patrocínio foi projetada pelo padre Jesuíno do Monte Carmelo, que se destacou por suas habilidades como arquiteto, músico, escultor e pintor. A sua construção só foi concluída em 1820. No local encontra-se o túmulo de madre Maria Theodora Voiron, uma religiosa francesa que se dedicou a educar garotas de origem humilde através do seu trabalho no colégio das irmãs de São José. Diversas graças são atribuídas à madre, e seu processo de beatificação está em andamento.

Já a igreja do Bom Jesus foi erguida em 1765, no local onde existiu a primeira capela da fundação de Itu. Idealizada pelo padre Manoel da Costa Aranha, ela foi durante décadas a matriz da cidade. No seu topo há imagens dos quatro santos evangelistas (Mateus, Marcos, Lucas e João). Anexo a ela está o Santuário Nacional do Sagrado Coração de Jesus, construído em estilo neorrenascentista em 1904.

A construção urbana mais antiga da cidade é a da igreja de Santa Rita, que mantém a sua arquitetura interna original desde a sua inauguração em 1728. Ela também abriga a imagem da "**santa das coisas impossíveis**". Vale ressaltar que a religiosa teve sua canonização assinada em 1900 pelo papa Leão XIII. Anualmente, a procissão e a festa da santa reúnem dezenas de milhares de fiéis.

E não se pode esquecer da igreja de São Benedito, cuja irmandade de mesmo nome foi fundada em Itu no ano de 1710, na extinta igreja franciscana de São Luiz de Tolosa, que ficava diante da atual praça Dom Pedro, mas que foi destruída por um incêndio em 1907. No ano de 1910, uma nova igreja foi erguida em novo endereço, mais precisamente na rua Santa Cruz, onde é mantida a veneração ao santo negro. Em tempo, deve-se salientar que cerca de 69% dos moradores de Itu são católicos praticantes.

Mas além da religiosidade, Itu também atrai bastante todos aqueles que querem envolver-se com o **turismo ecológico**. Neste sentido, os que curtem a natureza podem visitar o bosque Alceu Geribello, um bom pedaço de mata atlântica preservado durante anos pelo cidadão Alceu Geribello, dentro de sua propriedade. Com o loteamento do local, a área do bosque se tornou propriedade pública, dando origem a esse espaço verde disponível para o público, no qual também está localizado o Centro de Educação Ambiental. O local também disponibiliza uma pista de caminhada com piso de saibro, além de locais para descanso dos visitantes.

Outra boa pedida é visitar o Parque de Itu, a primeira **estrada parque** do Brasil, desde 1996. Ela está inserida na rodovia dos Romeiros (SP-312), inaugurada em 1º de maio de 1922. É um trecho de 23 km entre os municípios de Itu e Cabreúva, margeado pelas belas paisagens e pela reserva da mata atlântica. O nome de "romeiros" se deve à forte tradição religiosa das comunidades do interior, que seguem a pé ou se utilizam de charretes e cavalos para alcançar seu destino: o santuário de Pirapora do Bom Jesus.

Na região há também o parque do Varvito, inaugurado em 1995, um patrimônio tombado pelo Condephaat por se tratar de um verdadeiro monumento geológico. Varvito é uma rocha sedimentar única, formada pela sucessão repetitiva de lâminas ou camadas, cada qual depositada durante o intervalo de um ano. No parque existem ainda diversos atrativos, como a gruta Lágrima do Tempo, lago, cascata, quiosques, anfiteatro ao ar livre, bosques, espaço para exposições e *playground*.

Também não se pode esquecer do Centro de Educação Ambiental Miguel Lorente Villa, um espaço voltado para atividades educativas, ou seja, para a difusão de conceitos e práticas sustentáveis. Nele o visitante vivencia ações alternativas de reuso de água, geração de energia, cuidados com o solo e alimentação saudável. Nesse espaço são oferecidas oficinas para crianças, jovens, adultos e idosos, para que aprendam sobre esses assuntos, participando e praticando ações sustentáveis.

Outra iniciativa que precisa ser mencionada é a manutenção pela prefeitura de dois viveiros produtores de plantas ornamentais e árvores nativas para a restauração florestal. O primeiro está na Etec Martinho Di Ciero, e produz compostos orgânicos derivados das podas verdes do município, transformando-os em adubo e substrato para produção de mudas e adubação dos plantios realizados em áreas públicas. O segundo viveiro fica no Jardim Santa Tereza, e ele funciona também como um viveiro educador. Nele ocorrem visitas monitoradas onde as pessoas podem vivenciar o dia a dia da produção de mudas e ampliar os seus conhecimentos sobre o bioma mata atlântica.

Em Itu o visitante pode também se envolver com o **turismo rural**, percorrendo suas fazendas e chácaras históricas. Esse é o caso, por exemplo, da **fazenda Capoava**, que tem quase três séculos de existência. Ela fez parte num primeiro momento do eixo produtor de açúcar. Vendida em 1881, ela se tornou uma das principais propriedades cafeeiras do Estado. Entre as atrações da fazenda tem-se o Espaço Memória, com um acervo que ilustra boa parte de sua história. O casarão da fazenda é construído em taipa de pilão e conta com uma capela anexa no alpendre. Na fazenda Capoava há 36 chalés com decoração personalizada.

358 Cidades Paulistas Inspiradoras

Há também a **fazenda Concórdia**, que segundo alguns documentos parece existir desde 1630, o que a torna uma das mais antigas fazendas de Itu. Ela passou pelos vários ciclos produtores, com a captura de indígenas para o trabalho escravo, ciclo da cana, café, policulturismo e pecuária, além de ter servido como ponto estratégico para os bandeirantes que saíam da vila de São Paulo de Piratininga com destino ao interior.

Já a **fazenda Vassoural** focou-se por muitos anos na produção de cana--de-açúcar. É a única do Estado que possuía um forno do tipo "trem da Jamaica", que com uma única chaminé conseguia aquecer quatro tachos de cobre. O engenho também foi preservado. Aliás, a fazenda tem ainda outras construções que revelam traços de momentos importantes da história nacional, como a Revolução Constitucionalista de 1932.

Por outro lado, no fim do século XIX a **fazenda Limoeiro** já era uma das maiores produtoras de café da região. No local existe a capela de São Francisco, na qual são realizados até hoje missas aos domingos pela manhã. No local está também o *Armazém do Limoeiro*, no qual acontecem rodas de música raiz e apresentações de cururu (repente paulista).

Outra fazenda famosa por sua importância do ciclo do café no Brasil é a **Cana Verde**, que continua em plena atividade agrícola. Aliás, este é o seu principal atrativo para o turismo rural. Ela ocupa cerca de 248 alqueires e nela criam-se cavalos para a prática de polo, uma das atrações do local. Ela está localizada bem próxima aos municípios de Salto e Indaiatuba. Quem visitar a fazenda Cana Verde poderá se hospedar em antigas casas de colonos, totalmente restauradas. A sua sede tem estilo colonial, e foi construída em 1881. Ela também possui uma capela, datada de 1894. O importante é que no seu restaurante é oferecida comida caseira, feita em fogão à lenha. Também pode-se beber ali uma caipirinha com frutas da época, além dos melhores vinhos da América do Sul.

Outra fazenda histórica é a **Santo Antônio da Bela Vista**, que foi adquirida pela família da agrônoma Maria Isabel Scarpa de Arruda, na qual se continua produzindo café até hoje. No local é possível conhecer todas as etapas da produção do café – **a bebida mais popular do País** –, desde o cultivo das mudas até a elaboração do produto final, que pode ser degustado na cafeteria *Gamela*.

Porém, talvez a fazenda que mais agrade a alguns turistas seja a do **Chocolate**. Suas construções remetem aos tempos do Brasil colônia, com registro de importantes ciclos da história do Brasil. A fazenda já foi utilizada como cenário de novelas e campanhas publicitárias, além de ser conhecida pela produção de chocolates artesanais e doces típicos da culinária caipira. Aliás, uma boa pedida é almoçar ali mesmo e apreciar a comida do interior. A natureza que cerca a fazenda do Chocolate é única, e permite que visitantes e familiares passem um dia delicioso e, inclusive, façam passeios de cavalo.

Também há na cidade a **chácara do Rosário**, uma propriedade de 1756 com uma casa sede no estilo bandeirista, além de um antigo engenho de açúcar que preserva sua arquitetura original. Algumas peças usadas na época para a produção do açúcar ainda podem ser encontradas no local. Antigamente a Rosário chamou-se Engenho Grande, e chegou a ser uma das maiores produtoras de açúcar da então província de São Paulo.

Outras fazendas bem diferentes são a das **Pedras** e a do **Parque Maeda**. Nesta última o visitante tem a possibilidade de mudar bastante de ares, curtir a natureza e relaxar de verdade. Nela as pessoas passam momentos muito agradáveis, numa área de mais de 1 milhão de m². Ali há pescaria, parque aquático, jardim japonês, teleférico, passeios de carruagem, trenzinho e dezenas de outras atrações, além de um restaurante especial e chalés para quem quiser ficar mais tempo. Aliás, numa arena da fazenda têm sido realizados grandes *shows*, como o *Festival de Música SWU* e o *Tomorrowland* (a partir de 2015). Aliás, nesse importante festival de música eletrônica, cerca de 70 mil pessoas em média compareceram a cada dia para se esbaldar e gastar muito, o que obviamente foi muito bom para a economia da cidade. O cantor sertanejo Luan Santana já gravou muitas de suas canções nesse local.

Já na fazenda das Pedras, há um magnífico complexo de lazer, diversão e descanso para toda a família. Existe no local um *camping*, um parque aquático, uma natureza incrível, tudo propício para o turismo rural. Nela são organizados diversos eventos – casamentos, batizados, festas de faculdade, encontros da terceira idade –, que contam com o apoio de um restaurante e uma pousada para aqueles que querem permanecer alguns dias nessa fazenda.

E falando em **campismo**, em Itu há vários espaços para lazer em acampamentos onde se pode estacionar seus *trailers* (reboques). Entre eles estão o Paineiras, Chapéu do Sol, Carrion, Casarão etc. Em Itu o ambiente é tão acolhedor que o *reality show A Fazenda*, exibido pela Rede Record, desenvolveu-se no município.

A cidade de Itu, como nenhuma outra do Brasil, soube se promover pela **"construção" de coisas gigantes**, ou seja, por exibir **exageros**, aliando-os à

360   Cidades Paulistas Inspiradoras

sua grandeza!?!? Esse foi o ocaso do Orelhão de Itu (que época interessante quando esse "objeto" era vital para dar uma certa cobertura a quem estava usando um telefone público...). Com 7 m de altura, ele se tornou um dos principais pontos turísticos da cidade, dando-lhe a fama de "**cidade onde tudo é grande**". Esse Orelhão, por sinal, foi cedido pelo ex-ministro de Comunicações, Higino Corsetti, e instalado pela empresa telefônica na praça Padre Miguel em 1973. Na época, ao encerrar seu discurso ele disse: "**O Brasil é grande, mas eu sei que Itu é maior!!!**"

Também nessa praça foi instalado o Semáforo Gigante, que ficava em frente à igreja matriz Nossa Senhora da Candelária. Criado originalmente na década de 1970, esse semáforo passou por uma reforma no final dos anos 1980 e mantém-se em pleno funcionamento até hoje. Apesar do seu tamanho exagerado, que, como já foi explicado, faz alusão à fama da cidade, o equipamento serve de fato como sinalização de trânsito, sendo respeitado por motoristas e pedestres.

Em função da fama de "tudo grande", Itu possui diversas lojas voltadas ao comércio de objetos gigantes. São centenas de itens que vão desde chaveiros, lápis, borrachas até utensílios de higiene em escala ampliada. As lojas de *souvenirs* exagerados, situam-se em sua maioria ao redor da praça Padre Miguel.

Por sinal, em homenagem ao humorista ituano Francisco Flaviano de Almeida – mais conhecido pelo personagem Simplício –, que ao transformar Itu na "**cidade dos exageros**" acabou evidenciando-a no cenário nacional, construiu-se a praça dos Exageros. Nesse local, com cerca de 7 mil m², estão diversos objetos gigantes, como: tabuleiro de xadrez, formigas gigantes, uma cabine bancária, escorregadores e uma imagem do próprio artista.

No que se refere a **gastronomia**, Itu tem vários destaques. Inicialmente a cidade tornou-se conhecida como a "**capital do filé à *parmigiana***". Nela existem diversos restaurantes especializados nesse prato, que consiste em um bife à milanesa coberto com queijo ralado do tipo parmesão, mussarela e bastante molho de tomate. Ele pode ser pedido em tamanho individual ou em porções que são suficientes para **alimentar até cinco pessoas**!!! O filé à *parmigiana* é acompanhado de arroz e batata frita.

Uma sugestão para se degustar um excelente filé à *parmigiana* é o restaurante *Casarão*, que está naquela casa em estilo neoclássico projetada e construída por volta de 1898, e que graças à iniciativa de um grupo de empresários foi reformada e hoje, além de restaurante, é também um importante patrimônio preservado na cidade.

Os amantes de outros pratos e estilos de carnes também não ficam desamparados em Itu. Assim, a cidade possui churrascarias de excelente qualidade nas quais o turista pode refestelar-se com o tradicional churrasco de carne bovina, além de experimentar outros tipos de assados, como porco, ovelha, aves, linguiça etc. Alguns restaurantes mais exóticos também incluem no seu cardápio carnes de avestruz, coelho e javali. Entre as sugestões para deliciar-se com carne na cidade está o *Rancho da Picanha* (que afirma servir a melhor picanha do Brasil...).

Como a culinária oriental tem agora muitos adeptos (e não só entre os seus moradores, mas também entre aqueles que visitam a cidade), há agora em Itu vários restaurantes especializados nas cozinhas japonesa e chinesa. Neles são servidas opções à *la carte* ou em forma de rodízio (com pequenas porções de todos os pratos disponíveis no cardápio do restaurante). Por seu turno, a culinária italiana que já faz parte do dia a dia do brasileiro não poderia faltar em Itu. Dessa maneira, os apreciadores das tradicionais massas italianas encontram na cidade uma grande gama de opções, que vão desde o simples *spaghetti* até o ravióli, canelone, nhoque, *lasagna*, entre muitos outros. Os restaurantes que oferecem pratos italianos atendem no sistema à *la carte* ou *self service*.

Difundida ao redor do mundo pela Itália, a *pizza* também caiu no gosto dos brasileiros e, em especial, dos paulistas. Em Itu existem *pizzas* de mais de 100 sabores diferentes, entre salgadas e doces. Na cidade esse prato é servido em algumas dezenas de estabelecimentos, muitos dos quais atendem à *la carte*, enquanto outros usam o sistema rodízio. Há ainda os que entregam as *pizzas* em casa, pelo sistema *delivery*!!!

Como já foi mencionado, além de poder encontrá-la nas fazendas, a **cozinha caipira** também pode ser apreciada com facilidade nos restaurantes da região central da cidade. Neles, além dos pratos principais, como leitão à pururuca, virado à paulista e arroz tropeiro, estão inclusas no cardápio várias opções de doces, compotas e bolos, sempre acompanhados de um delicioso café. Para os que desejam apreciar a cozinha caipira, entre as possíveis opções estão os restaurantes *O Caipira de Itu*, *Queima do Alho*, *Cafundó* e o *das Pedras*.

E a comida rápida (*fast-food*) também se faz presente em Itu, e dessa maneira hambúrgueres, salgados, lanches, pastéis, sucos, vitaminas, combinações com açaí, *milk shakes* etc. são boas opções para se alimentar quando há pouco tempo disponível para refeições completas. Nesses últimos anos surgiram ainda

362 Cidades Paulistas Inspiradoras

muitos *food-trucks* ou *trailers*, nos quais são servidos excelentes sanduiches por preços bem convidativos, amenizando a fome dos visitantes e dando-lhes tempo para conhecerem mais lugares da cidade e do próprio município.

Já no quesito hospedagem, apesar de estar bem próxima de São Paulo – o que incentiva o turismo *day use* (de um só dia) utilizado por muitos visitantes –, Itu também se preparou para ter alguns bons hotéis.

Esse é o caso, por exemplo, do Itu Plaza Hotel, que foi construído estrategicamente dentro do loteamento Jardim Paraíso II, a fim de oferecer total segurança e bem-estar às pessoas em meio a uma extensa área de preservação ambiental, com vista para a serra do Japi. Ele está localizado bem próximo de um *shopping* e a poucos minutos do centro da cidade, com fácil acesso às rodovias. O empreendimento possui campo de futebol de grama, quadra de areia, quadra de tênis de saibro (parceria com o Tênis Clube de Itu), piscinas, saunas seca e a vapor, salão de jogos, brinquedoteca e *fitness center*. Além disso, as acomodações oferecem bastante conforto e praticidade, com toques de luxo, requinte e aconchego. Ele tem sido muito usado tanto para **eventos corporativos** – possui 17 salas com capacidade para 1.000 pessoas – e/ou **sociais** – casamentos, bodas, aniversários, confraternizações etc., tendo um ambiente cenográfico e uma equipe altamente capacitada para que tudo aconteça com perfeição e as pessoas desfrutem de lembranças românticas e inolvidáveis.

Além desse estabelecimento, há diversos outros nos quais os visitantes podem passar momentos agradáveis como os hotéis Gandini, San Raphael Country, Garden Spa, Tucumãn *Resort* Internacinonal, Colonial, Santa Rita, São João, Vila do Conde ou o KK, ou ainda ficando nos chalés da chácara Felicidade, enquanto desenvolvem a sua programação turística pela cidade.

Em termos culturais, infelizmente Itu não conta com um programa significativo de **intercâmbio cultural** com outras cidades, mas tem um acordo de cooperação assinado com a vizinha Salto e com a cidade francesa de Chambéry. A cidade já teve muitas personalidades ilustres que contribuíram muito no seu progresso e para difundir sua relevância no cenário nacional. Entre eles estão:

➢ **Padre Jesuíno do Monte Carmelo (1764-1819)** – Ele foi pintor, escultor, músico e confessor de Diogo Antônio Feijó. Também projetou e construiu a igreja Nossa Senhora do Patrocínio, onde se encontra seu túmulo. Suas obras foram estudadas por Mário de Andrade e podem ser vistas nas igrejas Nossa Senhora do Patrocínio e Nossa Senhora do Carmo, especialmente no forro do altar-mor da segunda.

- **Padre Bento Dias Pacheco (1819-1911)** – Durante 42 anos ele trabalhou para minimizar o sofrimento físico e o preconceito contra a hanseníase, sem contrai-la. O processo de sua beatificação está em curso no Vaticano.

- **Elias Álvares Lobo (1834-1901)** – Ele compôs a primeira ópera brasileira em língua portuguesa com temática regional. Trata-se de *A Noite de São João*, com argumento de José de Alencar, que foi encenada em dezembro de 1860, no Rio de Janeiro. Na ocasião, a regência foi de Carlos Gomes e o espetáculo contou com a presença de dom Pedro II.

- **Madre Maria Theodora Voiron (1835-1925)** – Ela era natural da França. Chegou a Itu em 1859 para fundar o primeiro colégio feminino do Estado. Formaram-se nessa instituição as filhas de muitas famílias paulistas mais abastadas. Todavia, ela também abriu uma escola para meninas escravas!!! O corpo de madre Theodora foi sepultado na igreja do Patrocínio, que se tornou não apenas um ponto de visitação, mas de peregrinação.

- **Prudente José de Moraes Barros (1851-1902)** – Ele nasceu em 4 de abril de 1841, em Itu, e tornou-se o primeiro governador do Estado em 1889, logo depois da Proclamação da República. Depois ele foi presidente do Brasil, tendo sido o primeiro político civil a assumir este cargo por eleição direta.

- **José Ferraz de Almeida Júnior (1850-1899)** – Nascido em Itu, ele é considerado o mais representativo pintor brasileiro na temática regionalista, sendo um dos precursores do processo de retratação da cultura caipira.

- **Francisco Flaviano de Almeida (1916-2004)** – Como já mencionado, ele foi o comediante que encarnou o personagem Simplício, um típico ituano (tanto na vida real quanto na teatral). Ele fez parte do elenco do primeiro programa de humor da televisão brasileira, *A Praça da Alegria*, transmitido pela extinta TV Tupi (1967), tendo sido convidado pelo apresentador e criador do programa, Manuel da Nóbrega. Durante o seu quadro humorístico, o personagem começou a divulgar Itu como **"a cidade onde tudo era grande".**

364 **Cidades Paulistas Inspiradoras**

No que se refere a transportes, Itu está localizada entre as principais rodovias do Estado, destacando-se a rodovia Presidente Castello Branco (SP-280). As demais rodovias que permitem acesso à cidade são: a da Convenção (SP-71), do Açúcar (SP-308) e Archimedes Lammoglia (SP-75), ligando todos a Salto; Senador José Ermirio de Morais (SP-75) e Waldemiro Correa de Camargo (SP-79), indo para Sorocaba; Dom Gabriel Paulino Bueno Couto (SP-300), conectando a cidade com Jundiaí; Santos Dumont (SP-75), ligando-a a Campinas; Marechal Rondon (SP-300), indo para Porto Feliz, além da estrada dos Romeiros (SP-312), passando inicialmente por Cabreúva, e o contorno viário de Itu, ou seja, a rodovia Herculano de Godoy Passos (SP-102), uma ligação entre as rodovias SP-75 e SP-300.

No transporte público, a cidade de Itu é servida por linhas de ônibus urbanos, operados por duas empresas: Avante e a Viação Itu, ambas controladas pelo grupo Sambaíba, de São Paulo, além das linhas suburbanas. A rodoviária está no centro da cidade, tendo várias linhas diretas que ligam Itu a São Paulo, Piracicaba, Indaiatuba, Itapetininga e Campinas, entre outas cidades. Existem também ônibus que vão para as cidades do Estado do Paraná e para o nordeste do País. Dessa maneira, a partir desse terminal partem linhas suburbanas de várias empresas.

Estimava-se que no início de 2018 houvesse na cidade em circulação um total de 110 mil veículos, na sua maioria automóveis (perto de 72 mil) e motocicletas (25 mil). Já quando o assunto é transporte ferroviário, apesar de a ferrovia ter chegado a Itu em 1873, em 1987 esse serviço foi desativado e a estação é agora um imóvel da prefeitura. Existe um projeto, entretanto, para que no futuro passe a operar uma linha ferroviária chamada Trem Republicano, que levará turistas por um passeio entre Itu e Salto.

A cidade conta com o aeroclube Alberto Bazaia, que foi criado em 1939. Localizado no km 22,5 da rodovia do Açúcar, o aeroporto conta com pista para pouso e decolagem de pequenas aeronaves. Não se pode esquecer, entretanto, que a 39 km do centro da cidade, no município de Campinas, está localizado o aeroporto internacional de Viracopos.

No setor **industrial**, e no que se refere à geração de empregos, algumas indústrias são muito importantes para a região. Entre elas estão: Brasil Kirin (antiga Schincariol), a Sapa Aluminium, a Starrett, a Hewlett Packard, a Lenovo do Brasil, além das empresas japonesas que produzem peças para a Toyota: Sumitomo Corporation do Brasil, Aisin Seiki, Nissim Break, Vuteq e Kanaflex.

No mandato do prefeito Herculano Castilho Passos Junior (2009 a 2012) ele desenvolveu o projeto Pense Grande, Pense em Itu, quando procurou atrair para a cidade empresas e indústrias alinhadas com a **filosofia de sustentabilidade**. Ele dizia: "Queremos empresas inovadoras, limpas e sintonizadas com as nossas vocações."

Deve-se observar que em fevereiro de 2017, a cervejaria Heineken anunciou um acordo com a Kirin Company – considerada a sexta maior cervejaria do mundo, que foi fundada em julho de 1885, no Japão, com o nome de Japan Brewery – para a compra da sua subsidiária brasileira, a Brasil Kirin.

Em maio de 2017, o CADE (Conselho Administrativo de Defesa Econômica) aprovou a venda da Brasil Kirin para a Heineken, que com isso se tornou a segunda maior cervejaria brasileira.

Finalmente, em 1º de junho de 2017, a Heineken anunciou ao mercado a finalização da compra e o início da integração das duas empresas, o início da divulgação dos produtos com a nova marca e o encerramento das publicações da antiga denominação nas mídias sociais. Com isso, irão desaparecer aos poucos em Itu as referências a Kirin Brasil.

Aliás não está nada fácil para a Heineken "consertar" os problemas financeiros que encontrou na Kirin...

No que se refere ao **comércio**, o centro comercial de Itu está localizado principalmente nas ruas Floriano Peixoto e Santa Rita, duas das principais da cidade, e também por outras do entorno, onde estão estabelecidas lojas, bancos, lanchonetes e vários restaurantes. Com o crescimento do comércio, o centro histórico passou a não comportar tanto movimento, com o que ele se expandiu para o bairro Vila Nova, onde se instalaram diversas lojas e instituições financeiras.

Em 2000, foi inaugurado o *Plaza Shopping* Itu, com mais de 140 lojas e uma praça de alimentação com alguns franqueados de cadeias de *fast-food* bem conhecidas, além de bons restaurantes. Os visitantes também têm aí algumas boas opções em termos de entretenimento, como cinema, diversões eletrônicas e até boliche.

Não se pode esquecer de mencionar o *Road Shopping*, um centro de compras situado no km 72 da rodovia Castello Branco, que conta com mais de 60 lojas, um estacionamento para 600 vagas, arena para eventos, área de lazer e que acabou tendo uma grande visitação devido ao intenso movimento nessa rodovia. A cidade conta ainda com alguns supermercados

Cidades Paulistas Inspiradoras

e hipermercados famosos, como: Extra, Carrefour, Pão de Açúcar, Tenda Atacado, Dia%, Walmart, Paulistano, São Vicente etc.

Quando o assunto é **saúde pública**, a situação da cidade não é das melhores. Não existe ali, por exemplo, nenhum hospital público (!?!?). Entretanto, a prefeitura possui convênio com o hospital São Camilo, sendo este a Santa Casa de Itu. O município possui três PAMs (postos de Pronto Atendimento Municipal), e para os conveniados existem PAMs de algumas operadoras. Já para a realização de certos exames e/ou algumas consultas, o município possui cerca de 15 UBSs.

Um fato que tem preocupado Itu nos últimos anos é a **crise hídrica**, especialmente depois do que ocorreu com a forte estiagem de 2014. Aliás, em julho daquele ano o Ministério Público (MP) manifestou-se orientando a administração municipal a decretar **estado de calamidade pública**. Houve um racionamento de água de mais de seis meses e a prefeitura precisou valer-se de muitos artifícios emergenciais para minimizar os efeitos da falta do precioso líquido...

Vale lembrar que, em termos de hidrografia, o rio Tietê passa pelo município, porém, não é navegável nesse trecho devido às corredeiras. Além disso, é elevado o índice de poluição ali registrado. O incrível é que Itu possui muitas nascentes e fontes de água, entre elas a fonte Nossa Senhora Aparecida, que abastece a indústria Brasil Kirin, responsável pela produção da água mineral que é considerada uma das melhores do País. Cabe hoje à empresa Águas de Itu não permitir que se repita a falta de água que tanto prejudicou a cidade.

Em termos de **educação**, estão no município diversas IEs públicas e particulares. Estas recebem inclusive alunos de outros municípios da região. Entre essas IEs vale destacar o Colégio Almeida Junior, o Colégio Divino Salvador, o Colégio Objetivo, o Colégio Anglo, a Etec Marinho Di Ciero, o Instituto Borges de Artes e Ofícios, o Senai Ítalo Bologna, o Senac de Itu etc.

Ainda no que se refere a IESs, há na cidade uma Fatec (a primeira faculdade pública da cidade), a Faculdade de Direito de Itu (Faditu), a Faculdade de Tecnologia César Lates (Fatec/Uniesp, também conhecida como Faculdade Prudente de Morais – FPM) e o Centro Universitário Nossa Senhora do Patrocínio (CEUNSP), integrante do grupo Cruzeiro do Sul Educacional. Este conta com mais de 70 cursos de graduação, e reúne o maior número de universitários ituanos.

Nos **esportes**, o destaque vai para o Ituano Futebol Clube, que foi fundado em 24 de maio de 1947. Suas cores são o rubro-negro e seu apelido é "galo de Itu", por causa de sua mascote. Atualmente o time disputa a Série "A1" do Paulistão e a Copa Paulista. Seus principais títulos são o Campeonato Brasileiro da Série "C" em 2003 o Paulistão Série "A1", conquistado em 2002 e 2014. O clube manda seus jogos no estádio Novelli Junior (homenagem a um proeminente político ituano), que sofreu grandes reformas. Hoje ele tem capacidade para 16.789 espectadores sentados, sendo uma das arenas mais modernas do interior paulista.

Aliás, o Ituano desenvolveu um projeto bem interessante para incrementar a presença de idosos nos seus jogos denominado: **"Ituano. Mais que futebol!!!"**

O clube está também divulgando que quem em assistir as partidas de futebol pode se sentir seguro e realmente nos úlitmos dez anos os incidentes no estádio Novelli Júnior foram inexpressivos.

O Ituano tem inclusive contratado idosos com mais de 50 anos – os chamados **"anjos do futebol"** – que são escalados para ficarem nos principais pontos de acesso ao estádio recebendo e orientando os torcedores que chegam e agradecendo-lhes na saída, pela presença!!!

Que ideia criativa essa dos dirigentes do Ituano Esporte Clube que está se tornando cada vez mais um clube-empresa!!!

Em Itu está também o kartódromo Arena Brasil Kirin (agora com o nome ligado a Heineken), que foi inaugurado em 23 de abril de 1994 com a presença ilustre do ex-piloto brasileiro Nelson Piquet.

Grandes nomes do automobilismo nacional já competiram nesse kartódromo, entre eles Rubens Barrichello, Luciano Burti e Átila Abreu. Atualmente o kartódromo se localiza em uma área de 1 milhão de m^2, e conta com uma pista de 1.240 m de extensão e 7 m de largura, 10 *boxes* e arquibancadas para 20 mil pessoas, sendo 1.500 lugares cobertos, estacionamento para 1.350 veículos. O local pode receber, além das competições de *kart*, eventos como rodeios e *shows* musicais.

Eis aí o trem Maria-Fumaça de Jaguariúna.

Jaguariúna

PREÂMBULO

Nesse final da 2ª década do século XXI, uma era marcada pela velocidade crescente e comunicação digital, a prefeitura de Jaguariúna segue de forma consciente no que se poderia imaginar como sentido contrário, empenhando-se na ampliação do percurso da composição do trem Maria-Fumaça entre Campinas e a antiga estação Jaguariúna, onde funciona hoje o Centro Cultural. Esse gesto é uma clara demonstração do desejo do município: crescer, criar oportunidades de emprego e garantir renda, mas sem abrir mão do equilíbrio.

E assim tem sido, numa Jaguariúna que evolui simultaneamente em duas frentes: **indústria tecnológica** – desde a instalação na cidade da Motorola, já há algumas décadas – e ações associadas à preservação da cultura, da tradição e dos recursos naturais. Neste sentido, a cidade vale-se de projetos como Original da Terra, que envolve pequenos produtores que fabricam doces, presunto, aguardente artesanal etc., todos bastante procurados não apenas pelos visitantes, como também pelos próprios moradores do município, que, desse modo, dispõem de produtos de qualidade para consumo!!!

Passado e futuro mesclam-se no cotidiano de Jaguariúna, ao mesmo tempo em que sua administração busca transformá-la numa cidade cada vez mais **saudável** e **sustentável**.

A HISTÓRIA DE JAGUARIÚNA

A cidade de Jaguariúna, às margens do rio Jaguari, faz parte da RMC, e está localizada a aproximadamente 137 km da capital paulista. Estima-se que em 2018 vivessem nela cerca de 52 mil pessoas. O lema da cidade é *Fide et labore*, cujo significado em português é **"Fé e trabalho"**. Seu atual prefeito é Marcio Gustavo Bernardes Reis que já no seu primeiro mandato (de 2009 a 2012) fez a cidade tornar-se uma das cidades finalistas do prêmio Prefeito Empreendedor criado pelo Sebrae/SP.

Aliás uma das suas importantes ações foi a criação da secretaria de Relações de Trabalho que buscou incentivar bastante o **empreendedorismo**, dando aos moradores de Jaguariúna, acesso a diversos cursos gratuitos, de maneira que pudessem ter mais conhecimentos para abrir seus próprios negócios.

Em 3 de maio de 1875 foi inaugurada na região a estrada de ferro que ligava a região de Jaguari a Mogi-Mirim. Ali havia uma grande fazenda chamada Florianópolis, cujo proprietário era o coronel Amâncio Bueno. Na década de 1890, o coronel decidiu lotear essa fazenda e estimulou a vinda para o local de imigrantes portugueses e italianos. Em 19 de fevereiro de 1892 foi erguida a paróquia de Santa Maria, e em 5 de agosto de 1896 foi criado o distrito de paz de Jaguari, pertencente a Mogi Mirim.

O vocábulo "jaguariúna" é formado pela junção dos termos tupi *"îagûara"* ("onça") e *"y"* ("água" ou "rio"). Pelo decreto de lei Nº 14344, de 30 de novembro de 1944, foi acrescido ao nome do distrito o sufixo *"una"*, também de origem tupi, cujo significado é "preto". Em 30 de dezembro de 1953, a lei Nº 2.456 possibilitou a emancipação de Jaguariúna (em relação a Mogi Mirim), que passou a ser um município autônomo. É relevante destacar que o brasão da cidade mostra uma onça preta ao lado de um rio com água azul, com o que se incorre num erro em relação à etimologia tupi do nome da cidade, pois o correto seria uma onça comum ao lado de um rio negro!!!

Foram os trilhos de trem que permitiram destacar a importância de Jaguariúna, ainda no final do século XIX, e até hoje eles fazem parte da vida, da economia e da cultura da cidade. É verdade que a linha férrea que escoou a produção agrícola dos Estados de São Paulo e Minas Gerais durante quase 100 anos foi desativada na década de 1970, porém, o vínculo de Jaguariúna com os trens não desapareceu. De fato, praticamente tudo na cidade faz recordar a importância da ferrovia para o seu desenvolvimento: os bancos e quiosques nas praças e até mesmo os parques foram feitos usando os trilhos e outras peças do sistema ferroviário. Assim, todo aquele que visita Jaguariúna consegue resgatar imediatamente o seu passado, quando o **trem** foi o principal elo do município com o restante do País.

Quando o assunto é **turismo**, um passeio interessante em Jaguariúna é visitar a antiga estação ferroviária da cidade, que foi transformada no Centro Cultural Professor Ulysses da Rocha Cavalcanti. No local estão concentradas diversas atrações turísticas, como por exemplo o Museu Ferroviário, onde são exibidos muitos objetos antigos – placas ferroviárias tradicionais, telefones, máquinas de escrever e muitas outras peças e aparelhos relacionados com o funcionamento da Companhia Mogiana. Também está exposta nesse museu, de forma permanente, uma antiga Maria-Fumaça de 1920, completamente restaurada e com o seu carro restaurante.

Outra atração do centro é o *Botequim da Estação*, um reduto boêmio, no qual os apreciadores de carne podem apreciar a saborosa picanha na pedra, uma especialidade do restaurante. Já para quem gosta de artesanato tem-se na cidade a Feira de Arte e Artesanato (FEART), na qual são comercializadas peças bastante apreciadas pelos visitantes. Todas essas opções atraem milhares de visitantes ao longo do ano – estima-se que em 2017 tenham sido 80 mil, que vieram para a cidade em especial nos fins de semana prolongados.

Todavia, a grande atração turística da cidade ainda é o passeio de Maria--Fumaça até Campinas. Todos os finais de semana e também nos feriados é possível embarcar nos vagões puxados por uma imponente locomotiva a vapor e admirar as belas paisagens da cidade e do campo especialmente as fazendas que foram usadas em gravações de filmes e novelas. Há duas opções de passeio: o mais curto, de 1 h 30 min, vai até a estação Tanquinho, em Campinas; já o mais longo, de 3 h 30 min, segue até a estação Anhumas, também em Campinas.

Além da vista panorâmica das antigas fazendas de café, ao som contínuo das engrenagens da Maria-Fumaça, durante o passeio os monitores revelam pontos de destaque da história da ferrovia. Durante esse passeio os passageiros também curtem apresentações musicais ao vivo. Trata-se de uma aventura perfeita para famílias, que tem atraído turistas de todas as partes do País.

E muitos deles não deixam de visitar a centenária igreja de Santa Maria, em estilo gótico, construída bem no centro da cidade. Outro cartão-postal de Jaguariúna é o Teatro Municipal Dona Zenaide. Localizado num prédio histórico, ele já abrigou um cinema, mas, em 2008, foi transformado em teatro. Hoje esse espaço serve de palco para muitas peças e apresentações musicais e culturais. A Casa da Memória também merece uma visita. Ela foi criada em 2008, com o objetivo de resgatar e difundir a história da cidade, tendo no seu acervo muitas fotografias, documentos antigos e registros em áudio e vídeo.

A Biblioteca Municipal Prefeito Adone Bonetti encontra-se instalada num imponente casarão de 1897 – uma das primeiras construções da cidade, onde inclusive já funcionou o 1º cartório de Jaguariúna. Há também o parque Luiz Barbosa, que possui mais de 5 mil m² de área verde, e instalações para diversas atividades de lazer e esportes. Por último, vale a pena dar uma paradinha na ponte Pedro Abrucêz, inaugurada em 1875 para a passagem do trem da Mogiana. Esse foi um evento histórico para Jaguariúna, pois contou na época com a presença do imperador dom Pedro II e da princesa Isabel.

Muita gente também vai a Jaguariúna atraída pelo que se oferece no Real Eventos, um dos maiores complexos de entretenimento, negócios e eventos do interior de São Paulo. Anualmente, ocorre ali um badalado rodeio, além de diversas outras atrações culturais com *shows* e festas.

Em janeiro, no período dos dias 17 a 21, aconteceu em Jaguariúna a tradicional festa religiosa de São Sebastião, que em 2018, alcançou sua centésima edição!!!

Muitos visitantes vieram participar dessas festividades, acompanhando a procissão, assistindo a missa presidida pelo bispo dom Luiz Gonzaga Fechio, ouvindo a apresentação da Banda da Polícia Militar do Estado, recebendo a benção para seus animais, carros e motocicletas, dando lances no leilão de garrotes, apreciando o desempenho da Banda Balaio de Gato e nos intervalos almoçando muito bem no restaurante **São Sebastião**, pagando somente R$ 20,00 por pessoa.

É desse tipo de evento que toda a cidade precisa ter mais, para incrementar a visitabilidade a ela, não é?

E para quem gosta de **turismo rural**, basta visitar um dos vários sítios existentes no município de Jaguariúna. Aliás, Jaguariúna também se tornou conhecida como a "**capital dos cavalos**", por conta da grande quantidade de haras na cidade. Todavia, a razão principal do apelido é a realização nela de um dos rodeios mais importantes do País, ao lado daqueles de Barretos, Limeira e Americana. A festa do peão de Jaguariúna é realizada há mais de duas décadas e costuma atrair no decorrer da semana do evento mais de 120 mil visitantes. Outra data significativa para a cidade é o desfile da Cavalaria Antoniana, que reúne em julho mais de cinco mil cavaleiros em homenagem a santo Antônio.

Para os que são vidrados em esportes radicais, a cidade é o lugar certo, pois abriga o Naga Cable Park, o primeiro e maior parque de *wakeboard* da América Latina. *Wakeboard* é uma espécie de esqui aquático no qual o praticante sobe em uma prancha e tenta se equilibrar enquanto é puxado por cabos de aço. **É diversão garantida!**

No âmbito da **alimentação**, existem atualmente na cidade pelo menos três dezenas de excelentes restaurantes, e, para os turistas que planejam permanecer mais tempo, também há hotéis e pousadas bem confortáveis.

No quesito **educação**, a presença de uma importante IES na cidade é sem dúvida um de seus destaques. No dia 27 de janeiro de 2107, a Faculdade de Jaguariúna (FAJ) recebeu do ministério da Educação a autorização para se tornar Centro Universitário, e passou a ter autonomia para criar cursos de ensino superior (como ocorre com todas as universidades). Hoje ela é conhecida como UniFAJ, e conta com 21 cursos de graduação nas áreas de **saúde**, **humanas** e **exatas**, nos quais até 2017 estavam matriculados cerca de 8.500 alunos sendo que na IES trabalham cerca de 750 pessoas, das quais 400 exercem funções docentes.

O diretor da UniFAJ, Flávio Fernandes Pacetta, destacou: "Esse reconhecimento é fruto de um trabalho incansável e principalmente do nosso reitor, o professor Ricardo Tannus, um empreendedor visionário, que finalmente teve o seu sonho transformado em realidade. Na UniFAJ oferecemos vários diferenciais para os alunos. Esse é o caso, por exemplo, do curso de gestão (*marketing*), que tem duração de apenas dois anos e forma tecnólogos perfeitamente aptos para o trabalho. Da mesma forma, ao concluírem o curso, a grande maioria dos nossos alunos de engenharia de alimentos consegue imediatamente um bom emprego na área. Isso se deve à boa formação obtida por meio de aulas práticas ministradas nos bem equipados laboratórios da instituição. Uma excelente notícia para a UniFAJ em 2017 foi o seu credenciamento para exercer a modalidade EAD. Com isso, já foram abertos diversos cursos técnicos com duração de um ano a 18 meses.

A UniFAJ recebeu do ministério da Educação nota máxima (5) no quesito infraestrutura. Ela tem como compromisso fundamental transmitir não apenas fundamentos técnicos para seus estudantes, mas também valores éticos. Assim, não permitimos trotes dentro da UniFAJ, em seus arredores ou, principalmente, nos ônibus que transportam nossos alunos das cidades vizinhas até Jaguariúna. Temos, inclusive, um termo de ajuste de conduta (TAC), que veda expressamente esse tipo de conduta. Vale ressaltar que o aluno que for pego praticando trotes estará sujeito a expulsão, além de outras sanções penais e civis. Em contrapartida, incentivamos o trote solidário, ou seja, ações que beneficiem entidades de caridade ou com fins filantrópicos. E é justamente por isso que cada um dos nossos cursos tem ao menos um projeto social desenvolvido junto a entidades sociais da região.

A UniFAJ busca estabelecer parcerias com outras prefeituras – além do que já temos com a nossa – para, de alguma forma, favorecer os alunos e ajudá-los a arcar com os custos de sua educação, como já fizemos com Pedreira (que foi a primeira prefeitura a firmar convênio), Holambra etc. Esperamos que novos municípios participem dessas parcerias para que seja possível oferecer mais benefícios aos estudantes que vivem neles."

Aliás, a UniFAJ já oferece 20% de desconto para ex-alunos e funcionários de empresas que têm algum convênio com a IES. Na área de Ciências Humanas os cursos oferecidos são: Administração, Ciências Contábeis, Gestão Comercial (*Marketing*), Logística, Pedagogia e Psicologia. Na área de Ciências da Saúde, a instituição oferece: Educação Física, Enfermagem, Farmácia, Fisioterapia, Medicina Veterinária e Nutrição. Já no campo de Ciências Exatas e Tecnologia, os cursos são: Arquitetura e Urbanismo, Ciência da Computação, Engenharia Ambiental, Engenharia Civil, Engenharia de Alimentos, Engenharia de Controle e de Automação e Engenharia de Produção.

A UniFAJ dispõe de cinco *campi*. O primeiro fica em Jaguariúna, na rua Amazonas, Nº 504. O segundo está localizado no km 127 da rodovia Adhemar Pereira de Barros; o terceiro, chamado de Interclínicas, fica na avenida dos Ipês, Nº 678, também em Jaguariúna; o quarto é o Hospital Veterinário, que também está localizado na rodovia Adhemar Pereira de Barros, km 127; o quinto *campus* fica no Haras Jaguary, no bairro de Tanquinho Velho, em Jaguariúna.

Primeiro *campus* da UniFAJ, inaugurado em 2000 no qual estão hoje os cursos da área de humanas e a sede do EAD.

O *campus* 2 da UniFAJ, inaugurado em 2004, concentra hoje os cursos das áreas de saúde, exatas e tecnologia.

Os alunos e professores da UniFAJ – todos com reconhecimento profissional, e a maioria com mestrado e/ou doutorado – interagem muito com o mundo empresarial e com outras IESs. Essa relação acontece de várias maneiras:

1ª) pela participação em palestras ministradas por consultores e especialistas sobre temas relacionados aos cursos;

2ª) pelas visitas a laboratórios, empresas e IESs parceiras;

3ª) pela liberação de seus docentes para que estes apresentarem trabalhos acadêmicos em eventos de relevância nacional.

E na organização desses eventos é muito importante a participação dos diversos grupos formados em seus cursos, como: GERA (Grupo de Estudos da Reprodução Animal); GEDAI (Grupo de Estudos para Desenvolvimento de Avanço da Tecnologia); GEMM (Grupo de Estudo Mais Marias); GEAE (Grupo de Estudos Avanços do Envelhecimento); GDAREST (Grupo de Estudo em Diagnóstico Ambiental e Restauração Florestal); GESRCA (Grupo de Estudos da Saúde do Recém-Nascido, Criança e Adolescente); GEMOBIAS (Grupo de Estudos de Mobilidade e Acessibilidade para Cidades Saudáveis); GEAS (Grupo de Estudos em Alimentos e Subprodutos); GEPV (Grupo de Estudos de Promoção da Saúde e Qualidade de Vida); Momento (Grupo de Estudos par Apoio e Vínculo entre a Comunidade Acadêmica e Cultura); Labeng Práticas Didáticas etc.

A UniFAJ implementou uma importante ação no fomento da **reeducação** de professores de cerca de 11 municípios na RMC, do Circuito das Águas e do sul do Estado de Minas Gerais, ou seja, de Amparo, Santo Antônio da Posse, Pedreira, Artur Nogueira, Conchal, Estiva Gerbi, Holambra, Jaguariúna, Monte Alegre do Sul, Monte Sião e Lindoia.

A Interclínicas é um *campus* da UniFAJ dedicado exclusivamente para as aulas práticas dos cursos da área da saúde, prestando atendimentos gratuitos para a população e contando ainda com uma UBS no local.

O Hospital Veterinário é o *campus* 4 da UniFAJ. Realiza hoje mais de 40.000 atendimentos por ano, sendo referência nacional no atendimento 24h de animais de pequeno e grande porte, contando com tecnologia de ponta para diagnóstico e cirurgias.

O Centro de Pesquisas e Práticas Ambientais e Agropecuárias é o *campus* 5, destinado ao desenvolvimento de pesquisas e projetos nas áreas de agronegócio e meio ambiente, dando suporte ainda para os cursos da área de engenharias ambiental e de alimentos.

Por meio de parceria com as prefeituras, nesse programa a UniFAJ disponibilizou o curso de especialização Metodologias Ativas e Intermeios no Ensino Superior e vários cursos de extensão sobre inovação no ensino.

O curso de especialização tem uma carga horária de 380 h, e possui uma duração média de um ano. Já os de extensão têm uma carga horária de 40 h, com duração média de 1 mês.

Os cursos possuem um formato híbrido tendo conteúdos e atividades numa plataforma virtual de aprendizagem, bem como encontros presenciais mensalmente, com o propósito de desenvolver projetos que possam ser implementados na prática, de acordo com a teoria estudada.

Mediante o acordo, cada município recebeu 20 vagas para o curso de especialização e 40 vagas para os cursos de extensão, sendo que ficou a cargo de cada secretaria (ou departamento) de Educação de cada cidade a seleção dos professores que seriam contemplados com as respectivas vagas.

Pois bem, no término de 2017 havia 250 professores fazendo a pós-graduação e 85 participando dos cursos de extensão, isto é, 335 profissionais foram atendidos pelo programa.

Aliás, no *campus* 2 da UniFAJ, em 6 de dezembro de 2017, foi entregue o prêmio Prefeito Educador para os prefeitos das 11 cidades.

Na oportunidade o prof. Ricardo Tannus, reitor da UniFAJ, declarou: "A entrega desse prêmio visa ressaltar a preocupação das administrações municipais com a melhoria constante da qualidade de ensino e a modernização dos processos de aprendizagem, visando instruir bem o aluno para estar preparado às demandas do século XXI. A UniFAJ por seu turno, com esse projeto, colabora para que em cada um desses municípios possa promover continuamente uma melhoria de ensino, ocorra a erradicação do analfabetismo e os alunos tenham um ensino calcado no humanismo apoiado pela tecnologia e alicerçado em bases científicas."

Para divulgar o provável lançamento em 2018 de um curso de pós-graduação *latu sensu* em administração pública (MPA - *Master of Public Administration*), ministrei no dia 26 de maio de 2017 na UniFAJ uma palestra sobre o tema, dando ênfase à necessidade de os gestores municipais se voltarem para os setores da EC, que são muito promissores no sentido de atrair visitantes, aumentar a empregabilidade e, consequentemente, promover uma significativa injeção de recursos na economia da cidade.

Por sinal, na UniFAJ há vários cursos voltados para a EC (gastronomia, *marketing*, educação física, arquitetura e urbanismo, ciência da computação, engenharia de controle e automação etc.). Sem dúvida, a presença da UniFAJ e seu progresso contínuo fazem com que a cidade de Jaguariúna se desenvolva também bastante, uma vez que todos os anos formam-se ali talentosos profissionais que, posteriormente, irão adentrar nos quadros de trabalho jaguariunenses, melhorando assim os seus setores de administração, educação, saúde e tecnologia.

É muito importante destacar que no início de 2018 a UniFAJ já dispunha de centenas de polos de EAD, no Distrito Federal e nas cidades do Estados de Espírito Santo, Goiás, Minas Gerais, Mato Grosso, Paraná, Rio de Janeiro, Rio Grande do Norte e especialmente em São Paulo, sendo que entre elas, 39 são as ciades descritas nesse livro, começando com Águas de Lindoia e terminando em Taubaté. Dessa forma os excelentes cursos criados pela UniFAJ esão agora a disposição de milhões de brasileiros que vivem longe de Jaguariúna, particularmente das cidades menores que não dispõem de nenhuma IES.

Por seu turno, em Jaguariúna a sua prefeitura está trabalhando intensamente para oferecer melhores condições de vida às futuras gerações da cidade.

No início de 2018, ela estava desenvolvendo 37 projetos em diferentes áreas, em sintonia com os Objetivos de Desenvolvimento Sustentável (ODSs) da ONU.

Comentou o prefeito Marcio Gustavo Bernardes Reis: "Mirando-se no que acontece nas cidades dos países mais avançados do mundo, aqui em Jaguariúna, estamos cada dia que passa intensificando mais e mais o nosso compromisso de promover a inclusão social, o desenvolvimento sustentável e a governança democrática com a finalidade de poder oferecer mais bem-estar e qualidade de vida aos jaguariunenses.

Um exemplo disso é o ProAtiv+, realizado pela nossa secretaria de Juventude, Esporte e Lazer (Sejel), que em 2017 reuniu mais de 800 alunos oferecendo-lhes atividades e exercícios físicos em cerca de 10 modalidades (ginástica localizada, alonagamento, zumba, hidroginástica etc.) conduzidos por profissionais capacitados, o que melhorou significativamente sua qualidade de vida.

Na Escola de Artes são oferecidos para os jaguariunenses a partir de 4 anos de idade, cerca de 30 cursos (teatro, circo, música, balé, artes visuais, cinema, sapateado, contrabaixo, locução etc.), ou seja, é dado nela o impulso inicial para que a pessoa queira desenvolver-se mais tarde em alguns dos setores da EC.

E Jaguariúna, tornou-se agora a cidade pioneira na RMC e no Brasil, com a instalação da Escola Plus, pela empresa Sky Brasil, uma concessionária de serviços de telecomunicações, que tem seu Centro de Transmissão aqui.

A Escola Plus é um projeto socioeducativo no qual se utiliza um canal de TV Educativa, recursos audiovisuais e um material pedagógico adequado para o aprendizado das crianças no ensino fundamental do 1º ao 5º ano.

Nesse projeto educacional a Sky conta com parceiros de peso com os Estúdios Disney, National Geographic e o Discovery Channel.

Os professores que vão trabalhar na Escola Plus foram treinados no Senac e ela foi implementada em 12 escolas municipais.

Dessa forma estamos inovando no nosso ensino municipal e diminuindo cada vez mais o *gap* (lacuna) digital em que vivem os nossos alunos."

Jundiaí, uma cidade na qual as suas administrações municipais sempre se preocuparam em criar constantemente agradáveis espaços públicos para os seus munícipes e os visitantes.

Jundiaí

PREÂMBULO

Com mais de 20 adegas produtoras de diferentes tipos de vinho, Jundiaí pode ser considerada a **capital estadual dessa bebida**, e o destino perfeito para seus apreciadores.

Em 30 de julho de 2017, a cidade recebeu cerca de 20 mil visitantes que participaram da 106ª festa do vinho artesanal, no bairro de Caxambu. Aliás, essa celebração acontece na cidade desde a chegada dos imigrantes italianos ao País, ainda no século XIX.

Durante o evento, voluntários misturavam a polenta em tachos enormes enquanto outros preparavam macarrão, nhoque ou frango para a alegria do público local e dos visitantes.

Mas não são apenas os bons vinhos e a boa comida que atraem os visitantes. Quem vem a Jundiaí pode visitar lindos parques e belas praças. Na cidade também existem muitas edificações históricas para se admirar e quem tiver mais tempo poderá fazer trilhas incríveis nos passeios pela serra do Japi, e admirar muitas nascentes e cascatas.

De fato, em maio de 2017 a cidade recebeu a classificação de **município de interesse turístico (MIT)**, tão almejada pelo seu prefeito Luiz Fernando Machado, desde o seu mandato como deputado estadual, ainda em 2015.

A respeito desse título ele comentou: "Essa foi uma notícia que chegou em um momento muito oportuno para a nossa cidade, tendo em vista que o setor de turismo é um grande gerador de postos de trabalho e promove a injeção de muito dinheiro na economia de uma cidade.

Na cidade temos hotéis de todos os estilos, desde pousadas campestres até cinco estrelas, além de deliciosos hotéis-fazenda.

A nossa área rural é formada por pequenos sítios com agricultura familiar de frutas como uva niagara, pêssego, nectarina, morango, ameixa, caqui, entre outras.

Outra grande riqueza é a **gastronomia** e o turista pode desfrutar de boa comida nas cantinas italianas e nos restaurantes internacionais, deliciar-se com pratos das culinárias japonesa, chinesa, mexicana, alemã etc.

A HISTÓRIA DE JUNDIAÍ

Jundiaí é uma cidade paulista cuja população estimada no início de 2018, foi de 430 mil habitantes. Seu PIB em 2017 foi de quase R$ 40 bilhões, o que a colocou na 18ª posição do *ranking* em todo o País, à frente, inclusive, de dez capitais estaduais. Trata-se do 7º município mais rico do Estado.

Segundo a Firjan, Jundiaí é a 9ª cidade com a melhor qualidade de vida no Brasil, tendo alcançado em 2013 um IFDM de 0,8992. Em termos mais gerais, o IDH registrado foi de 0,822, o que a posicionou em 11º lugar no País e em 4º no Estado.

Jundiaí também é um dos municípios mais seguros do Brasil e do Estado, com uma taxa de homicídios de 6,88 por 100 mil habitantes (índice de 2012). No âmbito do saneamento básico, ocupou o **primeiro lugar** no *ranking* elaborado pelo Instituto Trata Brasil (que reúne cidades acima de 300 mil habitantes).

Jundiaí está certamente no melhor endereço do Brasil, pois num raio de 100 km, econtra-se 26% do PIB brasileiro e 80,6% do PIB paulista. O PIB *per capita* do jundiaiense é 220% maior que a do brasileiro e 116% maior que o paulista. A cidade dispõe de uma infraestrutura geral e logística incomparáveis.

Entretanto, apesar de todos esses índices incríveis que exaltam a qualidade da cidade e da sua gestão municipal, há um fato que vem preocupando sua administração nos últimos anos: o crescimento no nível de desigualdade social entre seus moradores no que se refere à renda obtida com seu trabalho.

Jundiaí vive em uma conurbação consolidada com os municípios vizinhos de Várzea Paulista e Campo Limpo Paulista (algo que, aliás, já começou a ocorrer em relação a Itupeva). Essas cidades, aliás, fazem parte da aglomeração urbana de Jundiaí (AUJ), juntamente com os municípios de Cabreúva, Louveira e Jarinu, e o número total de habitantes chega a aproximadamente 840 mil.

A cidade tem ainda como municípios limítrofes Itatiba, Cajamar, Franco da Rocha e Pirapora do Bom Jesus, e ocupa uma área de 432 km², localizada a uma altitude média de 762 m. O município faz parte de uma aglomeração urbana e está integrado, junto com a RMSP, à RMC, à RMS e à RMBS. Ou seja, ela faz parte do **complexo metropolitano expandido** (uma megalópole) que tem uma população de cerca de 33 milhões de habitantes (cerca de 73%

386   **Cidades Paulistas Inspiradoras**

da população paulista), o que representa a maior concentração urbana do hemisfério sul.

Foi no fim de agosto de 2011, que o governador paulista Geraldo Alckmin sancionou a **lei complementar** por meio da qual foi criada a aglomeração urbana (AU), um novo instrumento de gestão regional e articulação de políticas públicas. Reconheceu-se, desse modo, o importante papel que desempenham as **cidades médias como atores vitais no desenvolvimento** de melhores projetos do uso do solo, transportes, sistemas viários, habitação, saneamento básico e meio ambiente.

Vale ressaltar que Campo Limpo Paulista, Itupeva, Louveira e Várzea Paulista já foram distritos de Jundiaí e, embora emancipados há bastante tempo o processo de conurbação diluiu as fronteiras entre os municípios. Essa AUJ tem, portanto, uma economia bem estruturada, um setor de serviços bastante desenvolvido, além de um comércio atacadista que atinge todo o País.

Entretanto, suas características ambientais – o complexo de serras e de reservatórios que a formam – impõem a realização de um planejamento integrado e de ações conjuntas que levem a um desenvolvimento econômico e social equilibrado e eficaz.

Considerando os municípios paulistas com mais de 300 mil habitantes, a cidade possuía o 2º melhor IDH. É importante ressaltar que na década de 1980 a cidade ocupava a 51ª posição no que se refere ao IDH. Foi, sem dúvida, a maior evolução em comparação a qualquer outro município paulista.

A paisagem mais marcante do município de Jundiaí é a serra do Japi: uma das grandes áreas restantes da mata atlântica nativa do Estado. Por conta de sua riqueza hídrica, esse local é chamado por alguns naturalistas [como o geógrafo Aziz Ab'Saber (1924-2012)] de **"castelo de águas"**. Em 1983, o local foi tombado pelo Conselho de Defesa do Patrimônio Histórico e, posteriormente regulamentado como reserva biológica. Em 1992, foi declarado pela Unesco como **reserva da biosfera da mata atlântica**.

Sob o ponto de vista histórico, o **povoamento** do sertão de Mato Grosso de Jundiahy, com era denominado o território no extremo norte da vila de São Paulo – que hoje compreenderia a região de Jundiaí, Campinas e todo o nordeste do Estado até a divisa com Minas Gerais no rio Grande – teve início nas proximidades do rio Jundiaí com a chegada na região, em 1615, de Rafael de Oliveira, sua mulher Petronilha Rodrigues Antunes e seus filhos. Na época eles deram ao povoado o nome de Nossa Senhora do Desterro de Jundiaí.

O fato é que a antiga freguesia de Nossa Senhora do Desterro de Jundiaí, prosperou muito desde o início de sua formação. Isso aconteceu por se tratar de um local que servia de apoio para as expedições que se dirigiam aos sertões e, aos poucos, se abstinham dos gêneros alimentícios que traziam consigo. A inauguração de uma capela dedicada a Nossa Senhora do Desterro, em 1651, marcou o início do reconhecimento do povoado de Jundiaí, que, em 1655, **foi elevada à categoria de vila**. Nesse ano, Jundiaí marcou o limite norte do povoamento da capitania de São Vicente, que, por sinal, indicava dois ramos principais: um de Jundiaí em direção ao leste, que atingia a zona montanhosa banhada pelo rio Atibaia; o outro, de Jundiaí para o norte, que chegava ao vale do rio Mogi Guaçu. No primeiro caso, surgiu a fundação do povoado de Atibaia na fazenda de São João, por Jerônimo de Camargo. Ali, em 1655, fixaram-se os índios trazidos do sertão pelo padre Mateus Nunes de Siqueira. Esse povoado se transformou numa capela-curada em 1680. Por seu turno, em 1676, surgiu a povoação de Nazaré.

Depois da descoberta das minas de ouro e de outras preciosidades em Goiás, no século XVIII, chegou-se ao traçado definitivo do "caminho dos Guaiases", que partia de Jundiaí, atravessava as povoações de Mogi Mirim e Mogi Guaçu, e rumava para o noroeste por áreas que mais tarde formariam o sul de Minas Gerais.

A economia de Jundiaí enfrentou um período de estagnação após 1695, durante o apogeu do **ciclo de mineração**. Porém, quase um século depois, em 1785, iniciou-se um processo de reativação, à medida que a agricultura se fortaleceu com a cana-de-açúcar, o feijão, os cereais, o algodão e o café. Aliás, outro fator de progresso foi a **fruticultura**, praticada principalmente pelos imigrantes europeus a partir do fim do século XIX, e que no século XX acabaria dando à cidade o título de "**cidade da uva**". Ainda nessa época, surgiu na cidade a indústria de tecelagem, com a fundação em 1874 da Companhia Jundiana de Tecidos, por incentivo do barão de Jundiaí, Francisco de Queiroz Telles.

Deve-se destacar que em 28 de março de 1865, Jundiaí foi elevada à condição de município. Porém, a partir da década de 1940 o município de Jundiaí começou a perder territórios e, por conta disso, em 24 de dezembro de 1948 a lei estadual N$\underline{\circ}$ 233 desmembrou da cidade o distrito de Vinhedo (ex-Rocinha); em 28 de fevereiro de 1964, pela lei estadual N$\underline{\circ}$ 8092 foram desmembrados do município os distritos de Itupeva e Campo Limpo Paulista. E em 23 de dezembro de 1981, pela lei estadual N$\underline{\circ}$ 3198, ocorreu o desmembramento do distrito de Várzea Paulista (ex-Secundino Veiga).

Cidades Paulistas Inspiradoras

Ainda no fim do século XIX foram inauguradas em São Paulo as estradas de ferro Companhia Paulista, Santos a Jundiaí, a Ituana e a Bragantina – o que possibilitou a vinda de imigrantes ingleses, espanhóis e italianos, todos atraídos por incentivos governamentais. O objetivo era substituir a mão de obra escrava.

Na primeira metade do século XX, Jundiaí descobriu a sua **vocação industrial**, que, aliás, perdura até hoje. O município possui um dos maiores parques industriais da América Latina, entretanto, os níveis de poluição no município se mantêm em situação padrão.

Voltando à história de Jundiaí, deve-se recordar que em 1941, um grupo de empresários jundiaienses (dentre os quais Bonfiglioli e Messina) instalou na cidade a Companhia Industrial de Conservas Alimentícias (CICA), que durante décadas foi a mais importante empresa do gênero em nosso País. A empresa foi adquirida em 1996 pela multinacional Gessy-Lever e transferida para o Estado de Goiás, ficando assim mais próxima da produção de tomates...

Em 1953, outra importante empresa fabril foi instalada na cidade: a Indústria de Máquinas de Costura Vigorelli do Brasil. Contando com o trabalho de 2.500 empregados a companhia chegou a ter uma produção diária de 500 máquinas de costura. A Vigorelli conquistou grandes faixas de mercado nacional e de diversos países da América do Sul, chegando a abrir uma filial no Chile.

Na década de 1950, Jundiaí tornou-se sede de uma das mais importantes indústrias de calçados do País, a Vulcabrás, especializada em botas e sapatos masculinos. Esta foi adquirida em 1988 pela Grandene que posteriormente, visando a redução de custos com mão de obra, transferiu toda sua produção para o Estado do Ceará.

Entre 1920 e 1960, Jundiaí abrigou um vasto parque têxtil, talvez um dos maiores do Brasil na época. Entretanto, a criação de fibras sintéticas provocou quase o desaparecimento desse ramo de atividade na cidade, uma vez que pelo menos duas dezenas de importantes tecelagens foram desativadas!?!?

Todavia, além de contar com uma boa produção agrícola, o município tornou-se um polo para empresas de tecnologia, como a Foxconn, e de logística como armazéns da Mobly, Via Varejo (Casas Bahia e Pontofrio), Renault/Nissan, Magazine Luiza, DHL, Sadia, o que lhe valeu o significativo apelido de "**capital nacional da logística**". Jundiaí ainda possui um parque industrial com diversas empresas que se destacam nos setores de alimentos (Saralee,

Frigor Hans, Parmalat), bebidas (Cola-Cola/Femsa, Cereser, Ferráspari e Ambev), cerâmica (Deca, Roca e Ideal Standard), autopeças (Sifco, Bollhoff, Neumayer Tekfor, Mahle, EBF Vaz), metalurgia (Siemens, CBC Indústrias Pesadas, Sulzer), borracha, plásticos, embalagens e bens duráveis (Astra-SA, Plascar, Takata Petri, Foxconn, AOC Envision, Compal Electronics, Arima, Itautec, Albea), química, papeleira e de gases (Akzo Nobel, Linde, IBG, SI Group/Crios, Klabin, Böttcher), além de centrais de atendimento como Tivit e Fidelity Information Services.

Em 2017 Jundiaí tinha cerca de 1.300 indústrias cadastradas bem diversificadas, ou seja, com mais de 25 divisões de atividade econômica presentes. O **segundo maior empregador de mão de obra** na cidade é a **indústria**.

Em 2017, o Brasil enfrentou uma forte crise financeira e se viu obrigado a colocar um fim no déficit das contas públicas federais. Por causa disso, propôs-se a reforma previdenciária no País, algo que sofreria grande oposição... Neste sentido, Jundiaí nos brinda com uma interessante curiosidade. A chamada "terra da uva" também deveria ser conhecida como **"berço da Previdência Social brasileira"**. Afinal, o projeto de lei que a instituiu foi apresentado pelo então deputado federal Eloy Chaves (1875-1964), que, embora tenha nascido em Pindamonhangaba, viveu, trabalhou, se elegeu e faleceu em Jundiaí.

Eloy Chaves foi vereador e presidente da Câmara dos Vereadores, deputado federal e secretário de Justiça e Segurança Pública do Estado de São Paulo. A lei que criou a Previdência Social se tornou conhecida como "Lei Eloy Chaves" e foi promulgada em 24 de janeiro de 1923, pelo decreto legislativo 4.682. Essa lei deu origem à criação das caixas de aposentadoria e da pensão dos empregados da CPEF, que tinha sede em Jundiaí. Ela garantia aos trabalhadores aposentadoria por tempo de serviço e por invalidez, além de auxílio funeral e pensão para os herdeiros.

Em homenagem a Eloy Chaves, um busto dele foi instalado diante da sede do INSS localizado à rua Barão de Jundiaí. Além disso, há o bairro Eloy Chaves e uma rua com seu nome no bairro da Ponte São João. Também não se deve esquecer do bairro Almerinda Chaves, que é uma homenagem para sua esposa.

Jundiaí é uma cidade muito próspera, não apenas por causa de sua indústria, mas também porque o município produz alimentos. Na pecuária, por exemplo, há práticas no desenvolvimento de rebanhos bovino, ovino, caprino e suíno, além da produção de aves, mel e leite. Atualmente, dos

Cidades Paulistas Inspiradoras

432 km² de área do município, cerca de 320 km² são área rural, dos quais 229 km² são áreas de cultivo. São mais de 15.000 ha de plantações e cerca de 800 imóveis rurais. A região produz caqui, pêssego, legumes, verduras e eucaliptos, mas seu ponto forte são as uvas. Jundiaí é responsável por cerca de 30% da uva do Estado de São Paulo e conta com mais de 500 produtores dessa fruta – o que explica perfeitamente o apelido "terra da uva". A fruta é usada na cidade para venda direta ao consumidor e também na produção de vinhos.

Todavia, quando o vinho caseiro surgiu (por influência dos italianos), já se produzia em Jundiaí outra bebida de excelente qualidade: o **aguardente**. De fato, há registros de alambiques que já funcionavam desde a época colonial na região da serra do Japi. Essa produção de destilados certamente se deve ao período da cana-de-açúcar na região.

Então, na década de 1920, pequenas fábricas de vinho surgiram nos bairros da Malota, Caxambu e Colônia, regiões ligadas aos primórdios da vinicultura de Jundiaí. Algumas famílias se tornaram grandes produtoras de vinhos, como os Passarin, Cereser, Borin, Fontebasso, Traldi etc.

Alguns desses dedicados empreendedores e amantes da viticultura ampliaram seus negócios para o Estado do Rio Grande do Sul, em regiões mais propícias ao cultivo da uva destinada à produção do vinho.

Antes de se transformar em uma das principais indústrias locais, a antiga vitivinícola Cereser, firmou o seu nome com uma bebida popular à base de maçã: a **sidra** Cereser. No início da década de 1930, o secretário de Agricultura do Estado já acreditava que a viticultura seria capaz de trazer de volta para a cidade o esplendor econômico que a agricultura perdera com a crise do café!?!? Então, em 1933, aconteceu na agricultura de Jundiaí um fenômeno que viria a mudar a história da cidade: o surgimento da uva **niagara rosada**!!!

Ela foi um resultado de uma mutação somática ocorrida na variedade **niagara branca**, que foi introduzida no Brasil em 1894 por Benedito Marengo. Em 1910, a variedade niagara branca começou a ser reconhecida comercialmente. Em 1933, em meio à plantação da variedade niagara branca nos vinhedos de Antônio Carbonari, apareceu uma planta com um cacho com bagas inteiramente rosadas. Tratava-se de uma mutação genética espontânea. Foi Aurélio Franzini, um empregado do proprietário, quem descobriu a ocorrência e logo comunicou o fato ao filho do proprietário, Eugênio Carbonari. Este marcou o bacelo (ramo) do qual surgira o cacho com bagas rosadas e promoveu alguns enxertos, em meados de 1933. Todo esse material enxertado produziu plantas com cachos rosados.

Foi assim que surgiu a uva niagara rosada, um fenômeno ocorrido no bairro de Traviú. Isso motivou a realização da primeira Festa da Uva de Jundiaí, em 1934. O evento recebeu mais de 100 mil visitantes em sua primeira edição, que foi promovida pelo governo estadual e pelo então prefeito Antenor Soares Gandra. No início a festa, que ocorre a cada **dois anos**, foi realizada no centro da cidade, nas ruas centrais e no Mercado Municipal (que hoje abriga o Centro de Artes).

Então, em virtude do grande sucesso alcançado, foi construído em 1953 um espaço específico para receber essa festa: o parque Comendador Antônio Carbonari, mais conhecido como Parque da Uva. Então, em 2013, a festa foi remodelada para ser um evento mais familiar, com atrações culturais da própria cidade, não tendo como atração principal os *shows* dos grandes cantores. Em 2016, a festa completou 82 anos de história. Foram 33 edições do maior evento focado em uva do Estado, reconhecido em todo o Brasil.

Em 2017, só na Festa da Uva foram adquiridas pelos visitantes cerca de 104 toneladas de uva em três finais de semana.

Todos os anos a Festa apresenta uma grande quantidade de atrações. Uma delas é a **pisa da uva**, realizada sempre aos sábados e domingos, às 15 h, quando todos os participantes são convidados a entrar nas tinas e dançar sobre as uvas, representando as antigas tradições de **produção de vinho**. Claro que no evento são vendidos vinhos produzidos em Jundiaí, premiam-se uvas, há venda de artesanato e uma praça de alimentação das comunidades com gastronomia típica da Itália.

Para agradar a todas as gerações (de crianças até idosos) e inclusive "escapar" um pouco do foco só na uva, o evento conta atualmente com um espaço infantil. No local também são organizados cortejos e atrações circenses e instalados bonecos de espuma. Há exposição de orquídeas, mostra fotográfica, *workshops* culinários, aulas com *chefs* sobre pratos à base de uvas, acontece uma apresentação de bandas, desfile de motociclistas, parada de carros antigos e concomitantemente programam-se apresentações culturais, musicais, de dança e de companhias teatrais. E, a partir de 2013, paralelamente à Festa da Uva, aconteceu a primeira ExpoVinho, uma mostra da qual participaram diversos produtores conhecidos na cidade. Com tudo isso a Festa da Uva consegue trazer para Jundiaí todos os dias mais de uma dezena de milhares de visitantes!!!

Estima-se que já tenha havido em Jundiaí cerca de 10 milhões de pés da variedade niagara rosada, que produziram algo próximo de quatro milhões de caixas de uva de 6 kg. Com isso, o município de Jundiaí chegou a ocupar a posição de maior produtor de uvas de mesa de todo o Brasil. Por conta do seu sucesso, e com o aumento do plantio da videira niagara rosada, surgiu uma grande demanda para que ela fosse plantada em muitas outras cidades do Estado e no País.

Destacaram-se neste trabalho de expansão do comércio da uva niagara rosada, especialmente da década de 1940 em diante, os viticultores Hilário Caniato, Egídio Condini, Antônio Carbonari e Humberto Frediani. Hoje pode-se dizer que ela agora é produzida e comercializada em todas as regiões do País, em que a terra se mostra adequada para o plantio. Um bom exemplo de município que aproveitou muito o plantio da uva niagara rosada foi Indaiatuba. Lá o fruto inclusive amadurece precocemente, o que permite que a sua venda seja iniciada em novembro e que o seu preço de mercado seja maior.

Não demorou para que essa espécie também fosse plantada nos municípios de Porto Feliz, São Roque, Tietê, Itapetininga, São Miguel Arcanjo e Capão Bonito, e que depois chegasse ao chamado Circuito das Águas, em particular ao município de Socorro. De maneira mais específica, em São Miguel Arcanjo cerca de 50 famílias de viticultores, provenientes de Jundiaí, plantaram algo próximo de 1 milhão de pés de uva da variedade niagara rosada, abrindo uma nova e promissora região produtora.

Agora, nessa 2ª década do século XXI, muitos parreirais das regiões vinícolas de São Paulo e Minas Gerais foram arrancados. Isso, entretanto, não ocorreu para que as áreas servissem de pasto ou recebessem o plantio de cana-de-açúcar, mas para que ali fossem plantadas uvas mais nobres, como a *syrah*, *sauvignon blanc*, *cabernet sauvignon*, *cabernet franc*, *merlot*, *chardonay* e *viognier*. Neste sentido, foi dada a partida para uma corrida pela produção de **vinhos finos** – e pelo **turismo enogastronômico** –, que se acelerou quando diversas vinícolas brasileiras passaram a ser premiadas internacionalmente. É isso que tem acontecido em muitas cidades, especialmente nos municípios mineiros de Caldas, Andradas e Varginha.

O agrônomo Luiz Henrique Marcon já plantou a espécie *sauvignon blanc* em 43 hectares da vinícola Casa Geraldo de Andradas (fundada por seu avô). Ela foi desenvolvida há mais de cinco anos pela Empresa de Pesquisa Agropecuária de Minas Gerais (Epamig). Ele explicou: "Temos agora um espumante moscatel premiado, um restaurante que recebe cerca de 2 mil visitantes por mês (que pagam por visitas guiadas aos parreirais, à vinícola e à *cave*), equipamentos de vinificação funcionando o ano inteiro, um maior numero de funcionários, e desapareceu o risco de se deixar de produzir, que rondou a Casa Geraldo. Aliás, hoje inclusive não temos vinho para suprir a demanda e, tudo isso, graças a Epamig. Deixamos para sempre a fama de fabricantes de vinhos de garrafão!!!"

Muito do avanço na produção de vinhos finos se deve ao estudo e às pesquisas do agrônomo Murillo de Albuquerque Regina, que fez mestrado, doutorado e pós-doutorado na Europa, e desenvolveu a técnica da **dupla poda**. O próprio agrônomo detalhou: "Quando se coloca uma lupa nos lugares em que são produzidos os grandes vinhos, percebe-se que são regiões nas quais o amadurecimento e a colheita das uvas coincidem com **dias ensolarados**, **noites frias**, e o **solo está seco**!?!? O sol quente faz com que as uvas amadureçam doces; a noite fria diminui a metabolismo da planta; e o solo seco ajuda no crescimento e dá força ao fruto.

Em condições normais, as videiras no Brasil produzem frutos no verão e adormecem no inverno. Agora, entretanto, a dupla poda permite que elas deem uma pequena colheita de verão e uma grande safra no inverno, quando o clima é mais adequado ao amadurecimento das uvas para o vinho. Assim, as parreiras que davam de 15 a 20 cachos numa safra, chegaram a mais de 50.

Varginha possui o clima ideal. Era lá que a minha família e os meus amigos produziam o café, que dependia de dias quentes, noites frias e sem chuva. Foi em 1998 que percebi que possuíamos o clima certo, mas na hora errada para as parreiras. Isso porque elas dão frutos no verão, exatamente a época mais chuvosa no Brasil, o que impede o amadurecimento adequado das uvas viníferas. Por isso foi obrigatório reverter o ciclo dessa planta. Conseguiu-se isso justamente pela dupla poda, o que talvez venha a reduzir a vida da árvore.

Vale ressaltar que os parreirais que dão origem aos vinhos finos não existiam até 2004 no Brasil, mas hoje estima-se que já ocupem mais de 300 ha só na região sudeste, onde estão crescendo num ritmo de quase 25% ao ano!!!"

Graças, mais uma vez, ao talentoso agrônomo Murillo de Albuquerque Regina, em muitas regiões do sudeste brasileiro tem-se investido muito na uva *sirah*. Mas será que isso não deveria funcionar como um "alerta" para todos aqueles que viveram muito bem com o apogeu da niagara rosada (descoberta meio por acaso...), e fazê-los compreender que hoje são enormes os avanços da biotecnologia e que o mercado de vinhos finos é um dos que mais cresce?

Em Jundiaí existe um roteiro turístico rural, no qual se passa por adegas como Beraldo di Cale, Villa Brunholi, Mazziero e Castanho, que tem atraído semanalmente centenas de turistas. Quem vem de mais longe para participar desse roteiro tem em Jundiaí uma boa infraestrutura hoteleira para poder pernoitar e aproveitar com mais tempo esse passeio voltado para degustação de vinhos.

Muita coisa mudou em Jundiaí desde que o italiano Antônio Brunholi, precursor da Villa Brunholi, a maior adega da cidade, localizada a 50 km de São Paulo, desembarcou no porto de Santos e se estabeleceu no interior paulista. Era 1889, e a viticultura por lá estava apenas começando. Quase 130 anos depois, essa história voltou a ganhar importância econômica para a cidade, só que dessa vez pela perspectiva turística.

A expressão disso é a **Rota da Uva**, que foi criada em 2015 numa tentativa de resgatar os parreirais e driblar a pressão da especulação imobiliária sobre as propriedades familiares, cujas raízes e especialmente os sobrenomes estão diretamente ligados ao campo e à cultura italiana. São 27 estabelecimentos, entre sítios, adegas, restaurantes e lojas. Tudo pode ser visitado por conta própria ou com ajuda da equipe da Rota da Uva, que busca as pessoas na estação de trem – o Expresso Turístico da CPTM, que vai a Jundiaí todo 2º sábado do mês – e oferece um *tour* de um dia. O que se pede dos visitantes é apenas uma pequena contribuição de aproximadamente R$ 20. Veja a seguir alguns pontos interessantes desse passeio:

- ➤ **Villa Brunholi** – Quando foi criada no início do século XX, a Villa Brunholi dedicou-se só à viticultura. Hoje o espaço é um complexo turístico bem estruturado, como minifazenda, museu, restaurante e, obviamente, uma **adega**!!!

  Na entrada tem-se um tonel de 6 m de altura e capacidade para 110 mil litros. Ali existe um Museu do Vinho, onde é possível conhecer bem a história dos imigrantes italianos que se fixaram na região, como os próprios Brunholi. O seu restaurante, tem preços módicos e funciona tanto no esquema *self-service* quanto *à la carte*.

- ➤ **Fontebasso** – As quatro gerações da família Fontebasso que se fixaram em Jundiaí a partir do começo do século XX, têm, além dos seus parreirais, muita história para contar. A visita à adega da família, aliás, é bem mais interessante do que percorrer as plantações para conhecer os diferentes tipos de uva. As pessoas de fato ficam bem envolvidas com as explicações dadas por Rodinei – um dos mais jovens na árvore genealógica da família – sobre a fermentação para a produção do vinho.

Aliás, uma boa "recordação" é adquirir algumas garrafas do vinho produzido pela família, que, além de gostoso, faz bem a saúde.

➤ **Vendramin** – Neste caso as irmãs Sandra e Vera Vendramin – ao lado da mãe, dona Durvalina – são as responsáveis pelo sítio e pela adega do local. Na propriedade há um pequeno museu no qual são exibidas as ferramentas usadas na roça, além de fotografias da família.

Uma atividade incrível é fazer ali a sua primeira refeição: o café da manhã. Na ocasião a mesa fica repleta de guloseimas: doces, sucos e um delicioso pão de uva (feito com uva natural em vez de geleia). É óbvio que antes de ir embora deve-se passar pela adega e comprar uma garrafa de vinho, que não chega a R$ 20 cada.

➤ **Casa Grande** – Fugindo do esquema vinícola, uma grande "distração" é parar na Cachaçaria Casa Grande ou no Espaço Valsanglau, de propriedade do casal Valmir e Santina de Souza. Lá eles produzem dezenas de tipos de cachaça com a **cana-de-açúcar** trazida do maior alambique da empresa, situado em Bueno Brandão, em Minas Gerais.

Entre os sabores de cachaça mais inusitados estão café, rapadura e hibisco. Também dá para almoçar no local e posteriormente adquirir algumas garrafas dessa cachaça artesanal, além de outros produtos da loja.

➤ **Frutas fresquinhas** – Nessa rota é crucial visitar a charmosa barraca de frutas da dona Nilce, localizada na avenida Humberto Cesar. Num espaço decorado com cortininhas, vendem-se caixas de uva, de morangos, de laranjas, de maracujás e de outras frutas da época, além de geleias e mel. O problema é que o local só abre às sextas--feiras, nos fins de semana e feriados!?!?

➤ **Coxinhas e outras delícias** – Recém-inaugurado, o quiosque Roseira é um lugar imperdível para se aplacar a fome. Nele a dona Durvalina tem uma grande atração: a **coxinha de mandioca** (se bem que o seu cardápio é bem recheado, e ali são vendidas até mesmo frutas).

Ele está aberto de segunda-feira a sexta-feira.

Como é, ficou animado para dar uma volta pelas adegas e pelos parreirais, e ainda poder se deliciar com algum alimento de alta qualidade? Pois bem, programe um passeio pela Rota da Uva de Jundiaí!!!

Cidades Paulistas Inspiradoras

Falando ainda em festas, uma que atrai muita gente é a Festa Italiana, realizada todos os anos no bairro da Colônia, desde 1987. Como do centenário da imigração italiana em Jundiaí), que também se chama de *La piú bella festa* (traduzido do italiano, "**a mais bela festa**").

Normalmente é organizada nos meses de maio e junho com os visitantes podendo ouvir músicas típicas e deliciar-se com comidas de origem italiana.

Nos oito dias que dura essa festa a cidade recebe cerca de 100 mil pessoas vindas de outras cidades paulistas como São Paulo, Campinas, Indaiatuba, Sorocaba, Atibaia, Bragança, Santos, São José dos Campos etc., e inclusive de outros Estados. Comparecem a essa festa dezenas de autoridades da Itália, sempre presente o vice-consul da Itália em Jundiaí e grupos de italianos do Véneto, região do norte da Itália.

Na cidade, existem outros eventos festivos, como a Festa da Uva do bairro da Caxambu, a Festa do Senhor Bom Jesus no Caxambu (que chegou a 100 anos em 2011), a Festa Portuguesa no bairro da Vila Arens, a Festa do dia 1º de Maio no Sindicato dos Metalúrgicos e a Festa das Nações no bairro Cidade Nova.

O Carnaval em Jundiaí é realizado atualmente na avenida Prefeito Luis Latorre, com o desfile das escolas de samba, que se divide em grupo de acesso e especial. Entre as escolas mais tradicionais da cidade, estão a União da Vila Rio Branco e a Arco-Íris, e mais recentemente tem crescido o surgimento de blocos carnavalescos de rua.

A Conferência Missionária ganhou um espaço na agenda de eventos da cidade, sendo que este é realizado pela igreja evangélica Assembleia de Deus-Ministério de Belem, no parque da Uva, todos os anos nos dias em que ocorre o Carnaval.

Nesse evento são montadas barracas com comidas típicas de outros países e cultos, com o que se atrai milhares de pessoas vindas de diferentes localidades do Brasil.

A cidade possui diversos espaços de cultura, turismo e lazer, tais como o **Complexo Argos**. Ele está instalado no conjunto arquitetônico da antiga indústria têxtil Argos, na rua Doutor Cavalcanti, ocupando uma área de 365 mil m², formando um conjunto histórico com as vilas operárias do entorno.

A revitalização deste espaço foi feita garantindo-se a preservação de suas características arquitetônicas históricas. Ele abriga o Centro Municipal de Educação de Jovens e Adultos, o Centro Municipal de Formação e

Capacitação Permanentes do Magistério, o Centro Municipal de Informática, o Centro Municipal de Línguas e a emissora de televisão educativa do município. Está aí também a Biblioteca Municipal Professor Nelson Foot.

Em Jundiaí os seus moradores têm à disposição o Gabinete de Leitura Ruy Barbosa que nas suas dependências possui uma pinacoteca com extenso acervo, na sua biblioteca há cerca de 5 mil obras e documentos históricos e uma cinemateca.

Possui também um auditório multimídia, um *cybercafé* e aí são oferecidos diversos cursos ao público.

Mas Jundiaí tem muitas outras instalações, especialmente aquelas ligadas a setores da EC, como:

- ➤ Casa de Cultura, localizada no centro onde são promovidas atividades de música, dança, pintura e literatura.
- ➤ Centro de Artes, que fica no antigo Mercado Municipal, que foi reformado e reinaugurado em 1981, abrigando a Sala Glória Rocha no seu piso superior, com 334 lugares e palco para *shows* musicais e peças de teatro.
- ➤ *Atelier* Casarão, situado em anexo ao ateliê Lelê da Cuca, sendo um espaço de teatro, música, cultura, poesia e todo tipo de manifestação artística.
- ➤ Teatro Polytheama, um dos principais patrimônios histórico, cultural e arquitetônico de Jundiaí, fundado em 1911 e fechado no fim da década de 1960. Ele finalmente foi reinaugurado com projeto do renomado arquiteto Luna Bo Bardi.
- ➤ E tem-se ainda o Cineclube Consciência, a Casa Colaborativa, as unidades na cidade do Sesc e do Sesi, a Casa de Letras e Artes, os clubes Jundiaiense, 28 de Setembro, Juventos, os vários grêmios nos quais os moradores de Jundiaí podem envolver-se com atividades esportivos e culturais.

E o visitante que chega a Jundiaí tem como se informar bem passando pelo Portal de Turismo, e inclusive obter a lista completa dos museus que há na cidade. São eles: Museu Histórico e Cultural de Jundiaí, o "Solar do Barão de Jundiaí"; Museu Eloy Chaves, na fazenda Erminda; Museu Ferroviário Companhia Paulista; Museu Barão de Serra Negra, na fazenda Nossa Senhora da Conceição; Museu Sacro Diocesano Cardeal Agnelo Rossi;

398   Cidades Paulistas Inspiradoras

Museu do Exército; Espaço Cultural Museu do Vinho Família Brunholi; Centro Cultural Erminda; Museu do Paulista Futebol Clube, ou seja, a sua sala de troféus e o Centro de Memória do Esporte Jundiaiense, conhecido como "Bolão".

Jundiaí tem uma boa tradição no meio teatral, e já revelou nomes importantes do teatro nacional. A cidade conta com alguns grupos importantes que movimentam o cenário cultural, como o grupo performático Éos, o Núcleo de Artes Cênicas (NAC), a Companhia na Ponta da Língua, a Companhia Paulista de Artes etc.

A indústria do lazer nos municípios próximos também se incrementou, o que gerou empregos e teve reflexos positivos na economia jundiaiense. Afinal, atrações como parques temáticos, por exemplo, atraem turistas para a região. E falando em parques, em Jundiaí há uma profusão deles, além de jardins botânicos e bosques. Convém citar:

- ⇢ Parque Comendador Antônio Carbonari, ou seja, o parque da Uva.
- ⇢ Parque da Cidade.
- ⇢ Parque do Engordadouro Ângelo Costa.
- ⇢ Parque do Trabalhador no Corrupira.
- ⇢ Parque Ecológico Morada das Vinhas José Roberto Mota "Barroca".
- ⇢ Parque Jardim do Lago.
- ⇢ Jardim Botânico de Jundiaí.
- ⇢ Jardim Botânico Eloy Chaves.
- ⇢ Bosque José Antônio Ferraz, no Jardim Copacabana.
- ⇢ Unidade de Desenvolvimento Municipal.

As sociedades que entraram na rota da industrialização e do crescimento urbano acelerado, como foi o caso de Jundiaí, tiveram que enfrentar uma dura luta para defender o seu patrimônio histórico arquitetônico. Muito antes de a Constituição Federal de 1988 exigir dos municípios a promulgação de um Plano Diretor, Jundiaí aprovou em 1969 uma proposta bastante avançada para a época.

Assim, a comunidade jundiaiense ganhou muito com esse instrumento legal, pois isso ajudou a impedir a especulação imobiliária desenfreada e garantiu a manutenção da planta colonial no centro histórico.

De fato, o debate sobre a preservação do **patrimônio histórico** ocupa a agenda dos moradores de Jundiaí há muitas décadas. A Lei Orgânica do Município, promulgada em 1990, revelou a exemplar preocupação das lideranças políticas com esse tema. Assim, os legisladores se esmeram para definir áreas de atuação oficial no setor cultural. Uma dessas áreas está voltada especificamente para a preservação do patrimônio, mas a administração também tem apoiado a criação, manutenção e conservação dos acervos museológicos, das bibliotecas e dos centros de documentação. Também foram estabelecidos programas de recuperação (*retrofit*), restauração e valorização de bens de caráter histórico, uma atitude típica de **cidade criativa**!!!

Numa outra área de atuação, Jundiaí buscou intensificar a dimensão cultural do cotidiano. O objetivo foi o de apoiar e estimular o desenvolvimento de estudos e pesquisas que gerem e ampliem o conhecimento de diversas culturas. O apoio das gestões municipais jundiaienses se evidenciou por meio dos incentivos que foram dados não apenas para a formação de artistas e técnicos, mas também para a compra de equipamentos e materiais ligados à infraestrutura de produção e difusão da arte. Neste sentido, vejamos a seguir quatro exemplos claros:

➡ Um dos edifícios mais antigos da cidade é o *Solar do Barão*, construído provavelmente no século XVIII, que **quase foi demolido** no fim da década de 1960!!! Naquela época, ideias sobre progresso e modernização sugeriam a abertura de amplas avenidas na área central da cidade, e dominavam as propostas de urbanização.

Felizmente, grupos sociais atentos ao valor histórico e cultural do casarão impediram sua demolição. A arquiteta Sueli de Bem explicou: "O *Solar do Barão*, da família Queiroz Telles, simboliza a rápida passagem imperial pela cidade, sendo um elo entre o tempo antigo e a modernidade trazida pela ferrovia. O *Solar* é o lugar da transição desses tempos. É o lugar do passado. É o museu da cidade. Ele precisa ser contemplado, visitado, consultado, tratado como um documento, testemunho do passado, como **monumento histórico**."

A ótima conservação do *Solar do Barão* – um verdadeiro **tesouro** de Jundiaí – se deu pelo fato de o imóvel ter se mantido ocupado até o fim da década de 1960. Inclusive, uma das alas do velho casarão foi habitada por uma família, cuja incumbência era cuidar da manutenção do imóvel para os descendentes dos Queiroz Telles. Posteriormente, o casarão foi tombado pelo Conselho de Defesa do Patrimônio Histórico, Arqueológico, Artístico e Turístico (Condephaat) do Estado, passou por uma completa restauração na década de 1980 e abriga atualmente o Museu Histórico e Cultural da cidade.

Cronistas locais renovam continuamente a importância dessa edificação para a memória da cidade. Além de ter sido a residência da nobreza local, o *Solar* foi ponto de encontro das principais figuras políticas do passado. Jundiaí foi monarquista e a crônica registra com bastante reverência as visitas que dom Pedro II fez à cidade no ano de 1876, juntamente com a imperatriz, onde fez despachos e deu audiências.

Conta-se que no casarão foi instituída a Companhia de Eletricidade do município, cujas instalações foram inauguradas em 1905. Também do *Solar* partiu a riquíssima bandeira nacional feita de seda, um símbolo que acompanhou os voluntários jundiaienses que lutaram na Revolução Constitucionalista em 1932.

➡ Na vida cultural e comunitária de Jundiaí, algumas de suas mais importantes instituições estão ligadas ao passado ferroviário da cidade!!! Esse é o caso do Museu Ferroviário Barão de Mauá, criado no fim da década de 1970. Sendo um belíssimo conjunto arquitetônico, ele inclui as oficinas da antiga CPEF e os escritórios da administração. O prédio representa a imponência material de uma etapa histórica indelével na memória social da cidade. Além de fazer lembrar esse passado não tão antigo, o atual museu (construído no fim do século XIX) é sem dúvida um valioso exemplar da arquitetura ferroviária paulista.

De acordo com a arquiteta Sueli de Bem: "A tipologia arquitetônica dessas oficinas remete às indústrias construídas no século XIX e ressaltadas pela cobertura em dente de serra, apropriada à absorção de luz natural e iluminação direta ao ambiente de trabalho."

O rico acervo do Museu Ferroviário Barão de Mauá nos remete ao século XIX. Na área descoberta do pátio estão algumas das mais antigas locomotivas. Dentre elas encontra-se a primeira máquina de tração que iniciou o tráfego entre Jundiaí e Campinas. Já entre os carros de passageiros está o que foi utilizado para o transporte de dom Pedro II e sua comitiva pelo interior do Brasil. Aliás, nas várias salas de exposição encontram-se marcos das estradas de ferro brasileiras, não só da CPEF, mas também da velha Sorocabana e outras, além de quadros, painéis, ferramentas, sinos, lanternas, balanças, sinalizadores de linha, carros auxiliares, peças de composições, sistemas de engates, móveis de vagões e de salas de espera, equipamentos de trens, telégrafos, enfim, uma boa parte da vida material ferroviária, capaz de nos levar de volta nos tempos de glória das ferrovias paulistas.

➡ Marco histórico da cidade, a catedral Nossa Senhora do Desterro evoca a chegada dos fundadores de Jundiaí. Em meados do século XVII, os primeiros povoadores da região ergueram uma capela logo na chegada. Certamente eram devotos católicos, mas também estavam cientes da legislação: a existência de uma capela religiosa transformava um simples povoado em uma "**freguesia**", condição preliminar para se alcançar o *status* de "**vila**", quando então a comunidade conquistaria autonomia política e administrativa.

Como padroeira dessa nova comunidade foi escolhida Nossa Senhora do Desterro. Para os religiosos católicos, este título está fundamentado numa passagem bíblica. Segundo o evangelista Mateus, após a partida dos reis magos um anjo teria aparecido em sonho para José e o mandado fugir para o Egito, com Maria e o recém-nascido Jesus, para escapar da perseguição romana. Isso explicaria a devoção pela padroeira dos desterrados.

O fato é que a imagem de Nossa Senhora do Desterro é muito venerada pela comunidade religiosa católica italiana, como *Madona degli Emigrati* (padroeira dos que se veem obrigados a deixar sua pátria e se refugiarem ou buscar trabalho no exterior). Ela é considerada a "**Mãe Amorosa**" para todos os que, saudosos de sua terra natal se apoiam em sua fé religiosa e pedem amparo à "Virgem do Desterro" para encontrar compreensão e simpatia na terra adotiva.

A construção original da capela ocorreu em 1651, em taipa de pilão. Porém, grandes reformas foram realizadas ali entre 1886 e 1891, pelo escritório de arquitetura e engenharia de Ramos de Azevedo, um arquiteto famoso na época. Aliás, ele foi responsável pelo projeto e pela execução dos principais edifícios públicos na capital paulista na virada do século XIX para o século XX.

Naquela ocasião, o antigo estilo barroco português da igreja foi substituído pelo estilo neogótico que ainda hoje a caracteriza. Outras reformas foram executadas entre 1921 e 1926, com a construção de novas capelas internas, além de abóbadas, vitrais e a pintura interna das paredes. E a conservação continua até hoje...

402 Cidades Paulistas Inspiradoras

➡ Outro espaço de secular importância para a vida social de Jundiaí é o Teatro Polytheama, que foi concebido em 1897 e concluído em 1911, com a finalidade de abrigar atividades circenses. Nas primeiras décadas do século XX, a presença do teatro simbolizou muito a valorização da atividade urbana. Aliás, a construção de casas de espetáculo foi uma das características do processo de modernização das cidades brasileiras, entre o fim do século XIX e o início do XX, processo este impulsionado pela aceleração dos movimentos de industrialização e urbanização.

Os cine-teatros e os cafés tornaram-se os novos lugares de **sociabilidade urbana**. Nos anos 1920, o Polytheama passou por uma série de reformas internas. Em 1928, foi reinaugurado com a apresentação de espetáculos da Companhia Artística de Clara Weiss, que executou uma série de operetas.

Naquela época, alguns artigos de jornais criticaram o comportamento "inadequado" de uma boa parte dos frequentadores do teatro, que entrou em um período de degradação no decorrer dos anos 1960, 1970 e parte de 1980. Aí foram iniciados os esforços para uma nova recuperação, que só foram concretizados na década seguinte!?!? Dentre os projetos apresentados para sua restauração, destacou-se o da arquiteta Lina Bo Bardi, que foi utilizada como parâmetro principal para as reformas efetivamente implantadas.

Em 1996, o teatro foi finalmente entregue à população, com 1.216 lugares. As obras de restauro representaram tanto um esforço para a revitalização da vida cultural da cidade quanto para a preservação da memória daquilo que ele foi no passado.

O aniversário do município é comemorado em 14 de dezembro, data em que Jundiaí foi elevada à categoria de vila. Em 2005, essa data foi aprovada pela Câmara dos Vereadores como feriado na cidade, porém, os comerciantes não aceitaram por se tratar de uma data próxima do Natal. A partir de 2008, o **feriado tornou-se facultativo**!?

A bandeira da cidade foi idealizada pelo pintor jundiaiense Diógenes Duarte Paes e oficializada por lei pelo prefeito Omair Zomignani, em 1961, segundo o projeto do então vereador Tarcísio Germano de Lemos. Ela tem as cores banca, vermelha e verde, além de uma faixa em azul claro que representa o rio Jundiaí. O verde representa as matas, especialmente a serra do Japi. O vermelho e o branco em cima do verde são uma homenagem à colônia italiana, que tanto contribuiu para o progresso de Jundiaí.

A roda dentada representa as indústrias da cidade e tem no centro uma flor de lis, em homenagem à Nossa Senhora do Desterro. Há ainda uma Cruz de Malta e duas datas: 1615, supostamente do primeiro povoamento e 1655, data da elevação à categoria de vila.

O brasão de Jundiaí foi elaborado pelo historiador Afonso d'Escrangnolle Taunay, paulista descendente do visconde de Taunay. Ele foi oficializado por ato do então prefeito Waldemiro Lobo da Costa, em 2 de agosto de 1927. Em uma faixa inferior lê-se em latim: *"Etiam per me Brasilia magna"* (Também graças a mim, o Brasil tornou-se grande.").

O escudo é encimado por uma coroa mural e decorada com uma flor de lis, tendo no centro uma fortaleza. Acima dela destaca-se (entre dois arvoredos) a figura de um índio gigantesco. Esta faz lembrar a lenda de que as terras jundiaienses já teriam sido habitadas pelos índios coruqueans, cuja estatura chegaria a 5 m !?!? Logo abaixo, há uma faixa prateada com três bagres jundiá, simbolizando o rio Jundiaí. À direita de quem olha para o escudo há um oficial das antigas milícias e, à esquerda, um bandeirante. Ambos trazem aos pés ramos de café com frutos.

Já o seu hino, de autoria da professora jundiaiense Haydée Dumangin Mojola, foi oficializado em 1960 pelo então prefeito Omair Zogminani, conforme projeto do então vereador Tarcísio Germano de Lemos.

Em ritmo de marcha, o hino da cidade foi composto em homenagem aos jundiaienses que partiram para a Revolução Constitucionalista de 1932. Em sua terceira estrofe, exalta os que **"marcham para luta como heróis, cheios de fé e sua oração"**, mas fala também, das tardes sob o por do sol, das flores e dos floridos jardins jundiaienses. Também a denominação de uma das principais avenidas da cidade, 9 de Julho é uma homenagem a essa epopeia paulista, em defesa da legalidade constitucional.

No campo da **saúde**, Jundiaí conta com três hospitais públicos, o São Vicente de Paula, o Universitário e o Regional. Sua rede privada também oferece três hospitais, o Pitangueiras, o Santa Elisa e Paulo Sacramento. Em 2009, foi inaugurado o hospital geral da Unimed, ou seja, a unidade Anchieta.

Na cidade existem ainda 37 UBSs, voltadas para a saúde da família. Em proporção demográfica, esse número está acima do recomendado pela Organização Mundial da Saúde (OMS). Existem ainda na cidade 8 UPAs.

No campo da **educação**, há quase duas dezenas de escolas técnicas, dentre as quais destacam-se o IFSP, a Etec Benedito Storani (um colégio técnico agrícola), a Etec Vasco Antônio Venchiarutti, as unidades do Senai e do Sesc.

Estão instaladas em Jundiaí o IFSP e a Fatec Ary Fossen, duas IESs públicas. Entre as IESs particulares em Jundiaí, tem-se unidades da Unip,

404 **Cidades Paulistas Inspiradoras**

do Centro Universitário Anhanguera, do Centro Universitário Senac. Estão aí também a Faculdade Pitágoras, o Centro Universitário Padre Anchieta (UniAnchieta), bem como a Escola Superior de Educação Física (ESEF) e a Faculdade de Medicina de Jundiaí (FMJ), essas duas últimas administradas pela prefeitura da cidade.

Na cidade existem também os polos de EAD de IESs como: Unopar, Unicid, Uninter, Anhembi Morumbi etc. Tudo isso permite fornecer boas opções de ensino aos jovens jundiaienses, bem como àqueles que vêm de fora para estudar em Jundiaí.

No que se refere a **transporte**, Jundiaí fica a apenas 56 km da capital paulista, e se conecta a ela pela Linha 7 Rubi da CPTM. Ela transporta diariamente cerca de 380 mil passageiros até o metrô de São Paulo.

Em estilo inglês, essa estação ferroviária (obviamente remodelada) existe desde meados de 1860. e continua sendo um dos lugares mais representativos da cidade. Já o aeroporto estadual Comandante Adolfo Amaro é um dos mais movimentados do Estado em número de pousos e decolagens. Ele está situado próximo das rodovias Anhanguera (SP-330) e Bandeirantes (SP-348).

Aliás, além dessas duas importantes rodovias, chega-se até Jundiaí por outras sete estradas pavimentadas, o que facilita a vinda de visitantes de todas as partes, especialmente das cidades vizinhas. A rodoviária da cidade, ou seja, o terminal José Alves está em um prédio moderno e imponente com 4,5 mil m² de área construída, e tem capacidade para recepcionar mais de **cinco mil pessoas** por dia. Ela também fica próxima da rodovia Anhanguera e disponibiliza 225 linhas rodoviárias que cobrem mais de 300 municípios.

Internamente, a cidade tem sete terminais de ônibus: Vila Arens, Central, Colônia, Rami, Hortolândia, Eloy Chaves e Cecap. No final de 2017, Jundiaí alcançou um estágio único no transporte público. Tornou-se a primeira cidade da América Latina a implantar nos ônibus um sistema digitalizado, com pagamento automático em cartão de crédito, débito ou via *smartphone*.

Espera-se que em breve a cidade tenha o sistema BRT (*bus rapid transit*), que está planejado para ligar o terminal Colônia ao centro, mas as obras ainda não iniciaram...

No que se refere a **esportes**, os jundiaienses gostam de vários. Aliás, no dia 17 de maio de 2009, o Paulista Futebol Clube completou cem anos de história e entre os seus grandes títulos estão o Campeonato Brasileiro de Futebol de 2001 – Série C e a Copa do Brasil de Futebol de 2005, o que lhe permitiu a participação no ano seguinte na Copa Libertadores da América, quando numa das partidas, venceu a famosa equipe argentina do River Plate.

A cidade possui uma forte tradição no ciclismo de estrada. Por causa da disponibilidade de trilhas na serra do Japi e nos arredores, existem muitos praticantes de *mountain bike* na cidade. De fato, estima-se que haja cerca de 700 ciclistas ativos que fazem seus treinos e passeios diariamente no município. Mas a cidade também tem uma significativa tradição no *skate* e, inclusive dispõe desde 1980 de pistas para essa prática, como a do Mirante (oval) e a Sororoca (inicialmente *half pipe* e depois *street*). Lamentavelmente esse esporte vive de altos e baixos, porém, o número de praticantes é bem grande na cidade.

No quesito **religião**, na cidade cerca de **88%** das pessoas se dizem religiosas – 66% são católicas e 22% protestantes – e aproximadamente 5,8% dos moradores afirmam não ter religião. O restante, 6,2%, é formado por espíritas, budistas, umbandistas, judeus e seguidores do islamismo (aliás, na cidade há uma portentosa mesquita).

Quando o assunto é fazer **compras**, vale ressaltar que Jundiaí atrai muitos habitantes das cidades vizinhas que vem gastar seu dinheiro nas lojas tradicionais do centro histórico, da Ponte São João, da Vila Arens, da Vila Hortolândia, do Eloy Chaves, da Vila Rami, do Vianelo e da Vila Rio Branco, além do eixo 9 de Julho. A cidade também possui o Maxi *Shopping* Jundiaí, com mais de 240 lojas e sete salas de cinema; o *shopping* Paineiras, com mais de 60 lojas; o Jundiaí *Shopping* com mais de 212 lojas e também sete salas de cinema e o Multi Moda Center, com cerca de 43 lojas. Há ainda o Mercadão dos Ferroviários e o Mercadão da Vila Arens.

No âmbito **político**, a comunidade jundiaiense tem sido historicamente pródiga na formação de lideranças sociais e políticas. E é graças a elas que Jundiaí possui hoje uma legislação arrojada e voltada para o bem-estar da maioria. Destacaram-se nesse sentido os ex-prefeitos Miguel Moubadda Haddad (que ocupou o cargo nos períodos 1996 a 2000, de 2001 a 2004 e de 2009 a 2012) e Ary Fossen (de 2005 a 2008).

Assim, por meio das leis aprovadas, o município se **obrigou** a garantir e proteger o trabalhador contra toda a qualquer condição nociva à sua saúde física e mental, em especial no que se refere à utilização se substâncias poluentes.

Cidades Paulistas Inspiradoras

Para disciplinar o crescimento da cidade, os legisladores firmaram compromissos que representaram duros desafios para a administração municipal, como:

1º) Preservar e restaurar os processos ecológicos essenciais das espécies e dos ecossistemas.

2º) Manter e restaurar a diversidade e a integridade do patrimônio genético, biológico, paisagístico e edificado no âmbito municipal.

3º) Definir e implantar áreas e seus componentes representativos de todos os ecossistemas originais do espaço territorial do município, a serem especialmente protegidos.

4º) Garantir a educação ambiental em todos os níveis de ensino e promover a conscientização pública para a preservação do meio ambiente.

5º) Proteger a fauna e a flora, vedando-se as práticas que coloquem em risco essa função ecológica, provoquem extinção de espécies ou submetam os animais à crueldade, fiscalizando-se a extração, captura, produção, transporte, comercialização e consumo de seus espécimes e subprodutos.

6º) Proteger o meio ambiente e combater a poluição em qualquer de suas formas.

7º) Estabelecer, controlar e fiscalizar padrões de qualidade ambiental, garantindo o amplo acesso dos interessados a informações sobre fontes e causas da poluição e da degeneração ambiental, e informando de maneira ampla e sistemática à população sobre os níveis de poluição e a qualidade do meio ambiente.

Esses compromissos adotados pela prefeitura de Jundiaí, **deveriam inspirar** outras cidades a fazer algo semelhante em seus municípios, com um cuidado especial com suas nascentes de água potável.

O fato é que uma gestão fiscal responsável, o baixo nível de endividamento, os recorrentes superávits orçamentários, os investimentos públicos em infraestrutura e os inegáveis índices sociais e econômicos, enfim, **todos esses fatores** aliados a uma perfeita sintonia com a administração pública municipal contemporânea conferiram a Jundiaí a prerrogativa de ser uma das melhores cidades do Estado. Isso foi ressaltado pelo **conceito A** obtido pela cidade na avaliação de risco feita pela Austin (uma conceituada empresa de consultoria das áreas financeira e mercadológica), que confirmou a boa capacidade de Jundiaí para honrar seus compromissos financeiros, com baixíssimo risco de *default*.

O *rating* (avaliação da situação financeira de um **ente público**) é, na realidade, a atribuição de uma nota dentro de uma escala de classificação de risco devidamente definida, com a qual procura-se caracterizar a capacidade e a disposição que um governo (municipal ou estadual) tem de honrar seus compromissos futuros perante seus credores.

A escala de classificação para municípios e Estados adotada pela Austin vai de forma decrescente de "AAA" – a **melhor classificação**, significando um risco quase nulo de inadimplência futura ou *default* – até "C" – a pior situação, indicando que suas obrigações financeiras estão em *default*. Em 2008, o então prefeito Ary Fossen, quando foi atribuído a Jundiaí o *rating* "A", declarou: "Isso é uma prova incontestável de que os recursos públicos estão sendo investidos de forma responsável na cidade. E é isso que propicia nosso crescimento, mas ninguém faz nada sozinho e essa avaliação não é fruto de uma única gestão, mas de um trabalho continuado. Jundiaí teve bons prefeitos. Tenho orgulho de minha cidade e todo jundiaiense deveria ter também!!!"

Em 2010, o então prefeito Miguel M. Haddad comentou: "Jundiaí é um dos municípios que mais se desenvolveu no País nas últimos duas décadas. Por isso foi importante resolvermos o problema de abastecimento de água tratada para a população para os próximos anos, visto que o número de habitantes tem aumentado significativamente ano a ano. A qualidade de vida dos jundiaienses tem melhorado continuamente, em especial devido a melhoria da infraestrutura, considerada um modelo para as outras cidades paulistas e brasileiras.

Isso atraiu para cá muitas empresas, o que nos permitiu ter uma economia **diversificada**. Por exemplo, o nosso programa de saneamento básico foi seguido à risca, sem paralisações, por mais de 20 anos. Por isso, na área urbana da cidade, 100% dos lares têm agua tratada, além de esgoto coletado e tratado. O índice total de coleta de esgoto já atingiu 98%. Esse material coletado é transformado em fertilizante orgânico e destinado ao reflorestamento do eucalipto e à produção de cana-de-açúcar, que depois leva à obtenção do etanol.

Além disso, investir em saneamento básico repercute diretamente na área de saúde. Aliás, saneamento é requisito essencial para a saúde e educação de

Cidades Paulistas Inspiradoras

toda a população, especialmente das crianças. Afinal, com a universalidade desse serviço elas adoecem menos e têm melhor aproveitamento daquilo que aprendam na escola. Também com isso diminui-se significativamente a ocupação de leitos hospitalares e de consultas nas UBSs.

Os grandes desafios da cidade para o **futuro** no meu modo de entender, serão a **mobilidade** e o **transporte público**. Tornar o transporte público uma opção atraente para a cidadão vai ser um enorme desafio em todas as cidades de médio e grande porte no Brasil, pois o automóvel continua sendo privilegiado. Um fato muito estranho é que o próprio governo federal tem incentivado a aquisição de carros, facilitando o acesso ao crédito (!?!?). Porém, na outra ponta, ele tem cobrado das administrações municipais a implementação de soluções para o transporte de massa."

Por seu turno, o então secretário de Finanças de Jundiaí, José Antonio Parimoschi, detalhou em 2010: "Recebemos agora a nota 'A+', e entre as cidades avaliadas só São Caetano do Sul obteve essa classificação!!! Mas a perspectiva futura de Jundiaí é positiva e, portanto, melhor que a de São Caetano do Sul, que se revela estável.

Poucos são os municípios que têm a coragem de abrir suas contas públicas para uma agência que avalia não somente o risco de crédito, mas também a eficácia das políticas públicas implantadas e desenvolvidas nas mesmas, bem como os investimentos das suas prefeituras na melhoria da qualidade de vida dos munícipes.

Há mais de três anos que a secretaria de Finanças tomou a iniciativa de contratar a Austin e submeter as contas públicas municipais à avaliação. Jundiaí é uma das **poucas cidades** brasileiras que tomou essa medida. Nós utilizamos o *rating* para demonstrar aos investidores, fornecedores e credores municipais, além das instituições e bancos de fomento, que nos preocupamos com a eficiência e transparência da gestão pública, assim como com os resultados alcançados por ela. Este *rating* é um atestado de transparência e de respeito para com os contribuintes, que pagam impostos e querem ver os resultados materializados na cidade!?!?"

O rio Jundiaí divide o antigo centro comercial do município de alguns bairros, como Ponte São João e Jardim Rio Branco. Ele entra no município em sua divisa com o município de Várzea Paulista e sai na divisa com Itupeva. A **excelente notícia** é que a partir de março de 2017, depois de muito trabalho a Sabesp conseguiu despoluir o rio e nele já se pode pescar inclusive o bagre nativo, que se chama jundiá!!! Aliás, ele também está em condições de abastecer com água os munícipes, após passar por um tratamento, é claro.

Infelizmente, viveu-se no Brasil de 2014 a 2016 uma grande crise no setor político e foram inclusive revelados muitos desmandos em cidades e Estados que chegaram a uma situação falimentar, principalmente pela irresponsabilidade de seus governantes, pela forma como administraram os recursos públicos. E isso inclusive aconteceu, de uma certa forma em Jundiaí, na gestão do prefeito Pedro Bigardi, de 2013 a 2016, que foi bem ineficaz. Porém, a esperança voltou para o povo jundiaiense quando ele elegeu o prefeito Luiz Fernando Machado, que terá algumas dificuldades para superar a situação caótica em que encontrou a prefeitura, especialmente no que se refere ao endividamento, mas com certeza conseguirá colocar a cidade novamente no caminho do desenvolvimento, criando um ambiente de atratividade para que muitos empreendedores queiram abrir os seus negócios em Jundiaí.

A cidade de Jundiaí tem se preocupado em fazer acordos, especialmente de cooperação cultural com outras cidades, sendo assim cidade-irmã das cidades brasileiras de Santo André e Poços de Caldas, e no exterior com Pádua (Itália), Iwakuni (Japão) e Trenton (EUA).

O fato é que esse intercâmbio cultural é inexpressivo no que se refere especialmente à cidades de outros países essas relações deveriam ser bem mais amplas, particularmente com o intuito de desenvolver com elas eventos de entretenimento e culturais que incrementassem a **visitabilidade** a Jundiaí!!!

Como um fecho deve-se porém destacar que o setor público é bem inovador.

Dessa maneira transformou uma TV tradicional em um canal aderente às demandas das mídias digitais (TVTEC).

Em Jundiaí, em 2018, 86% das pessoas estavam conectadas às redes sociais. Pensando nisso, a TVTEC remodelou a forma e o conteúdo e assumiu o foco na capacitação de jovens em produção audiovisual e mídias digitais.

A prefeitura também colocou mais de 100 serviços na palma da mão da pessoa, no aplicativo que permite desde renovar o empréstimo de um livro numa biblioteca municipal a buscar vagas de emprego até agendas consultas nas UBSs.

Os projetos de invoação de Jundiaí para os próximos anos vislumbram a criação de *start-ups* inovadoras por intermédio de competições de empreendedorismo tecnológico por toda a cidade, da ocupação de espaços públicos de *coworking* (compartilhamento), fomento à incubadora tecnológica, da criação de aceleradoras de pequenas empresas e da difusão da capacitação em inovação para todos.

Assim o *Startech* Jundiaí tornou-se *benchmarking* (referência) em política municipal de inovação, pois é a primeira competição pública do Estado na qual se cria, desenvolve e acelera *start-ups* de base tecnológica.

O governo municipal também está implementando o *campus* Jundiaí, que tem como objetivo principal criar uma nova onda de atração de investimentos produtivos para sustentar o seu crescimento econômico.

Entre as primeiras atividades, o destaque vai para esse programa *Startech*, desenvolvido por incentivar os jovens a terem ideias inovadoras e empreender.

O palacete *Levy* que foi construído em 1881 e hoje abriga exposições.

Limeira

PREÂMBULO

No livro *Um Pouco da História de Limeira*, escrito por José Eduardo Heflinger Júnior, uma obra incrível que permite entender claramente como a cidade surgiu e se desenvolveu, foi salientado no prefácio por Paulo Masuti Levy, presidente da Associação Pró-Memória de Limeira: "O autor fez uma minuciosa análise especialmente do século XIX, para explicar como foi importante a imigração europeia para que surgisse uma Limeira pujante."

Conta-se nesse livro que foi Nicolau Pereira de Campos Vergueiro, senador de 1828 a 1859, o pioneiro em promover a imigração europeia pelo **sistema de parceria**.

Foi em 1841 que o senador Vergueiro trouxe 90 portugueses do Minho para a sua fazenda Ibicaba, onde constituiu a **primeira colônia de parceria do império**.

O **sistema de parceria** consistia na divisão igualitária do lucro obtido na colheita entre o proprietário da terra e o indivíduo que nela trabalhava. O primeiro entra com o capital, representado pela terra, plantação ou coisa parecida, e o segundo com o seu trabalho, limpando o terreno, semeando, cuidando da lavoura e se encarregando da colheita. Por essa razão, os colonos eram também chamados de **parceiros** ou **meeiros**.

Iniciou-se assim uma grande expansão da cultura do café que seria muito brevemente, o principal produto brasileiro **sem para isso usar mão de obra de escravos**!!!

Animados pelos bons resultados alcançados na colônia da fazenda Ibicaba, muitos outros fazendeiros da província de São Paulo pediram ao senador Vergueiro que a sua empresa os ajudasse a trazer colonos da Europa...

A HISTÓRIA DE LIMEIRA

Limeira é uma cidade que já foi conhecida como "**capital da laranja**" e "**berço da citricultura nacional**", isso devido ao seu pioneirismo e a grande produção de cítricos que o município desenvolveu.

Mais recentemente, a agricultura da cidade vem se destacando pelo cultivo de cana-de-açúcar e pela produção de mudas cítricas.

O município de Limeira ocupa uma área de 581 km², e fica a 143 km da capital paulista. No início de 2018, a estimativa era de que vivessem na cidade cerca de 330 mil habitantes.

Em 2017 foi divulgada a pesquisa nacional da consultoria Marcoplan, que analisou as 100 maiores cidades brasileiras (que tenham mais de 266 mil habitantes), que ofereçam a **maior qualidade vida** e que entreguem bons serviços para os munícipes.

Limeira ficou na 8ª posição no *ranking*, nesse estudo que avaliou a evolução de cada cidade no que se refere à educação, saúde, segurança, saneamento, população e economia, gestão e transparência e situação fiscal, no período de 2005 a 2015.

As cidades incluídas nesse estudo representavam menos que 1,8% das cidades brasileiras (são 5.570 no total), mas são responsáveis pela metade da produção do Brasil.

A origem do nome do município envolve uma lenda popular na cidade, que fala de um frei franciscano chamado João das Mercês, que acompanhava uma caravana de bandeirantes se dirigindo par o interior do Estado.

O frei teria morrido subitamente ao passar uma noite no rancho do Morro Azul, sendo sepultado ali mesmo, junto com a sacola de limas que carregava, as quais ele dizia curavam febres e que estariam **supostamente envenenadas**... Ali teria brotado uma limeira que deu o futuro nome do rancho e da cidade!?!?

Historicamente, Limeira surgiu em 1826 a partir da construção de uma estrada feita para escoar a produção dos engenhos da região.

Às margens da estrada que levava ao engenho do capitão Luiz Manuel da Cunha Bastos, surgiu a **freguesia** Nossa Senhora das Dores do Tatuibi, oficializada em 9 de dezembro de 1830 por uma lei provincial.

A cidade ficou por seu tempo conhecida como o "**berço da imigração europeia de cunho particular**", por ter recebido nos anos 1841 a 1846,

414   Cidades Paulistas Inspiradoras

trabalhadores portugueses, suíços e alemães, desenvolvendo o **sistema de parceria** numa época ainda marcada pelo trabalho escravo.

Em 1842 esse povoado foi elevado à condição de **vila** e, finalmente, em 18 de abril de 1863, chegou a categoria de **cidade**.

Limeira foi um importante centro cafeicultor no século XIX, tendo na vanguarda a fazenda Ibicaba, que foi a sua maior produtora por muitos anos e inclusive chegou a ocupar o primeiro lugar em todo o País.

Devido à influência do seu proprietário, o senador Nicolau Vergueiro, e posteriormente de seu filho, Nicolau José, foi uma estação militar durante a guerra do Paraguai, recebendo também dom Pedro II, a princesa Isabel e o conde D'Eu, durante as suas viagens a São Paulo.

Nela ocorreu também a revolta de Ibicaba, uma das primeiras de caráter proletário no País, provocada pelos imigrantes, o que possibilitou a revisão do sistema de parcerias por parte da coroa.

Os habitantes de Limeira sempre se envolveram com a cultura, a arte e a arquitetura. Apesar de a cidade ser considerada antiga pelos padrões paulistas, pelo fato de ter surgido em 1826, infelizmente pouco restou de suas construções históricas. E isso foi uma consequência especialmente da renovação urbana que ocorreu nas décadas de 1960 e 1970, quando se perdeu boa parte dessas construções do século XIX.

Ainda assim, graças ao elevado número de construções da época, muitas delas existem ainda na cidade e estão razoavelmente bem conservadas. Entre elas está a igreja da Boa Morte, em estilo barroco, cuja construção começou em 1858 e foi concluída em 1867, e o edifício *Prada*, construído em 1937, para abrigar a antiga companhia Chapéus Prada S.A., que atualmente é a sede da prefeitura.

A estação ferroviária, de 1876, o palacete *Levy*, de 1881, a mansão *Prada*, da década de 1890 e o palacete *Tatuibi,* de 1901, são outros exemplos de prédios históricos que fazem parte da arquitetura preservada da cidade.

Limeira uma das primeiras cidades paulistas a possuir um **teatro**!!! Ele se chamava Teatro da Paz e estava localizado na praça Toledo Barros, tendo sido inaugurado ainda inacabado em 1882. Ele recebeu esse nome para celebrar a paz após a guerra do Paraguai, sendo um teatro neoclássico cujas obras foram concluídas somente em 1885.

Ele funcionou até o ano de 1940 quando foi demolido para dar lugar ao cine Vitória, na época um moderno edifício *art-déco*.

Em 1996, o cine Vitória foi reformado para se transformar no Teatro Vitória, com capacidade para 670 pessoas. Nele, além de peças, concertos, palestras e apresentações de danças, também são feitas exposições no seu *hall* de entrada.

É muito usado em Limeira o anfiteatro de Educação Ambiental Roberto Burle Marx, que tem cerca de 100 lugares e fica dentro do Zoológico Municipal, bem como o auditório da **delegacia de ensino**, o antigo cine Boa Vista, no bairro homônimo que comporta 400 pessoas.

Além disso, há ainda o Teatro Nair Bello, com capacidade para 420 pessoas, próximo do Centro de Capacitação do Professor.

Em 1º de setembro de 2014, nesse teatro, o ilustre estudioso sobre a história de Limeira, José Eduardo Heflinger Júnior, apresentou uma palestra intitulada: *Limeira, o berço da imigração europeia pelo sistema de parceria*, destinada especialmente aos professores do ensino municipal, mas aberta ao público em geral.

Nessa palestra ele buscou difundir o conhecimento que adquiriu em mais de 50 anos de pesquisa, que resultaram na publicação de diversos livros sobre Limeira e inclusive de uma exposição no Museu Ballin Stadt, em Hamburgo (Alemanha).

No Centro Cultural Municipal, bem no centro da cidade, está a Biblioteca Municipal João de Sousa Ferraz – homenagem a um importante professor, jornalista e psicólogo limeirense – que possui um acervo de mais de 45 mil livros.

No mesmo pátio está também a Biblioteca Infantil Cecília Quadros, que possui um acervo de cerca de 5 mil livros.

A cidade possui ainda várias bibliotecas de algumas organizações em bairros e um serviço de biblioteca móvel.

No que se refere a museus dentro do Centro Cultural Municipal, está o Museu Histórico Pedagógico Major José Levy Sobrinho – criado em 1963 – e que ocupa o prédio do antigo grupo escolar Coronel Flamínio Ferreira.

Ele possui um acervo de mais de 3.000 peças, entre fotos e gravuras que remontam à cidade quando esta era apenas uma vila.

Há também retratos a óleo de habitantes do passado e uma série de objetos que pertenceram ao antigo grupo escolar – lousas, ábacos, tinteiros e as primeiras carteiras utilizadas pela escola, que provocam espanto entre os visitantes, de como se estudava no passado!!!

416 Cidades Paulistas Inspiradoras

Nesse prédio funciona também o Museu da Imagem e do Som, no qual estão preservadas as gravações com depoimentos de limeirenses e uma hemeroteca com mais de 2.000 revistas e jornais antigos, álbuns de fotos e discos.

A cidade conta ainda com o Museu da Joia Folheada, que fica na parte interna do Parque da Cidade, no qual se destaca a importância de Limeira, na produção de joias.

Na cidade podem ser admirados vários bustos e alguns monumentos. Estre eles destacam-se a Gruta Municipal, na praça Toledo Barros, um monumento que celebra a paz e foi construído por volta de 1920 para comemorar o final da 1ª Guerra Mundial (que acabou em 1918). Originalmente era um coreto, porém agora abriga eventualmente até algumas exposições.

Tem-se o monumento à memória do sargento Alberto Pierrotti e dos combatentes da Revolução Constitucionalista de 1932, na praça do Soldado Constitucionalista, em frente ao cemitério da Saudade; o monumento à maçonaria, na rotatória da avenida Com. Manoel Alves com a rodovia Limeira a Piracicaba; o monumento à Bandeira Nacional, na rotatória das vias Antônio Cruanes Filho, com a rodovia Limeira a Piracicaba; o obelisco na praça Toledo Barros, que celebra o Centenário da Independência do Brasil em 1922, inaugurado em 1924 nas comemorações do centenário de Limeira e o pórtico na entrada da cidade, na avenida Major José Levy Sobrinho.

Entre os bustos de pessoas ilustres que viveram em Limeira, há aqueles do cônego Silvestre Rossi, ao lado da catedral de Nossa Senhora das Dores; de Trajano de Barros Camargo, em frente à escola que levou no nome (ele nasceu em Limeira e foi um dos maiores industriais da sua época, a sua empresa, a Machina São Paulo (1914-1962), chegou a ser a maior indústria do País e foi o embrião de boa parte das grandes indústrias do município; Octávio Lopes Castelo Branco, em frente à escola que leva seu nome e de Luciano Esteves dos Santos, na praça homônima, em frente ao Colégio São José.

O Zoológico Municipal, foi inaugurado em 1968, se encontra em uma área verde próxima ao centro da cidade no bairro Jardim Mercedes. Ele ocupa a área da antiga chácara de Trajano de Barros Camargo.

A cidade dispõe de uma grande área verde que é o Horto Florestal Prof. André Franco Montoro é um grande bosque de eucaliptos com aproximadamente 300 alqueires.

Ele foi inaugurado em 1984, quando a prefeitura tomou posse da área então abandonada que pertencia a Fepasa e foi destinada ao plantio de eucaliptos cuja madeira seria utilizada para a reposição dos dormentes dos trilhos.

Essa área verde está localizada a 9 km do centro da cidade na via Jurandir Paixão, (antiga via Tatuibi).

O local está aberto para o lazer e a prática de esportes, tendo um lago artificial, quiosques e áreas para as brincadeiras das crianças.

Um parque muito frequentado em Limeira é o da Cidade, que ocupa uma área de 98.647 m², pertencente à prefeitura na Vila São João e no qual estão estruturas de lazer e serviços municipais, como o Ginásio Municipal Vô Lucato, o Centro de Promoção Social do município e a Hípica Municipal, Esse parque foi inaugurado em 2007, possui uma ciclovia de 1.000 m, duas lanchonetes, um parque infantil e uma brinquedoteca.

Por ter sido um grande centro cafeicultor, Limeira possui fazendas importantes e representativas do período áureo do café, atualmente dedicadas quase todas ao cultivo de cana-de-açúcar, com exceção da fazenda Citra, que está no ramo viveirista, ou seja, transformou-se em um grande viveiro de plantas cítricas.

Elas, porém, recebem também visitantes que desejam praticar o turismo ecológico, destacando-se as fazendas Morro Azul, Ibicaba, Quilombo, Itapema, Santa Gertrudes e Citra.

A prefeitura de Limeira desenvolveu um programa de relacionamento com outras cidades do mundo, ou seja, assinando convênios para se tornar cidade-irmã, tendo atualmente acordos assinados com as cidades de Saga no Japão e Ganzhou na China.

E não se pode esquecer o apreço que os limeirenses têm pela **música** e nesse sentido existem na cidade quatro corporações musicais.

- ⤳ **Corporação Musical Henrique Marques**, que foi fundada em 1860, sendo a quarta banda civil mais antiga do Brasil. Ela possui sede própria e é composta por mais de 60 integrantes. Afora as apresentações internas, também realiza externas, executa retretas regularmente a cada quinzena na praça Toledo Barros, sendo regido pelo maestro Fernando Costa Barreto, o quinto maestro da corporação desde a sua fundação!!!

- ⤳ **Corporação Musical Arthur Giambelli**, fundada em 1932 e conhecida como a **Embaixatriz Sonora de Limeira**, por ter sido campeã de vários festivais nas décadas de 1950 a 1970. Tem também sede própria e é composta por mais de 60 membros. Apresenta-se em outras cidades e realiza retretas a cada quinzena na praça Toledo

Barros, em semanas alternadas com a Corporação Henrique Marques, estando sob a batuta do maestro Leandro Pereira.

- → **Banda Marcial do Senai Luis Varga**, formada em 1988 a partir de uma fanfarra da escola. E uma banda bastante jovem e inovadora, tendo se apresentado com bastante sucesso em várias cidades do Estado.

- → **Orquestra Sinfônica de Limeira**, que começou as suas atividades em 17 de novembro de 1995 sob a direção do maestro Rodrigo Müller.

  Com o objetivo da formação de um público de concerto, a orquestra executa um repertório eclético que vai do barroco até a música popular brasileira, passando pelos principais compositores da música erudita, buscando sempre uma interpretação próxima do período em que as obras foram compostas.

  Para formar novos músicos, a orquestra oferece através de sua Escola Livre de Música (ELM), cursos gratuitos nas áreas erudita e popular. Essa orquestra realiza no decorrer do ano sua temporada oficial no Teatro Vitória, além de concertos didáticos em bairros e apresentações no Parque da Cidade.

  Atualmente ela conta com cerca de 70 professores envolvidos diretamente, tornando assim a **música** não só um elemento vital de entretenimento, socialização e inclusão, mas também um potencial gerador de empregos para os músicos formados na ELM. A Orquestra Sinfônica tem recebido solistas de renome nacional e internacional.

No que se refere à **economia**, Limeira figura sempre entre as 100 cidades mais ricas do Brasil, e as 30 mais ricas do Estado e também entre as 100 mais populosas do País.

O setor primário, ou seja, a **agricultura**, começou nas terras do município com o plantio de cana-de-açúcar, em 1799. Já em 1828, passou-se a produzir café na fazenda Ibicaba, que por sinal tornou-se o maior núcleo cafeeiro do País.

Todavia, anos mais tarde, com a expansão da área produtiva, outras cidades do Estado acabaram tendo produções de café mais expressivas que as de Limeira.

Com a crise mundial de 1929, a cafeicultura foi sendo abandonada e novas culturas apareceram, entre elas a da **laranja**. A citricultura então passou a se desenvolver, fazendo a cidade ser conhecida como a "**capital da laranja**", ainda na década de 1930.

Foi em 1927 que João Dierberger Júnior (1898-1979) conseguiu exportar pela primeira vez para a Europa um total de 7.994 caixas de **laranjas-baia**, cuja maioria foi vendida nos mercados de Hamburgo e Londres. Essas laranjas foram colhidas no pomar da chácara Baiana, situada em Limeira e pertencente ao major José Levy Sobrinho.

Depois que João Dierberger Júnior abriu o caminho para a laranja brasileira na Europa, o então governador do Estado de São Paulo, Júlio Prestes, convidou o agrônomo Fernando Costa para assumir a secretaria de Agricultura. Ele reorganizou o Instituto Agronômico, criou o Instituto Biológico e, para facilitar a vida dos exportadores, mandou construir uma *packing house* (unidade responsável pela recepção, armazenamento, classificação, encaixotamento e expedição de frutas) na fazenda Citra de Limeira, além de implementar as estações experimentais em Sorocaba e Limeira.

Rapidamente, ou seja, já no início da década de 1930, o Brasil já era o **quinto maior exportador mundial de cítricos**. Em 1939, a exportação de laranjas *in natura* no Brasil bateu um recorde, chegando a 197 mil toneladas. O maior movimento exportador ocorria em São Paulo, sendo seguido pelo do Rio de Janeiro. As companhias ferroviárias fomentaram o desenvolvimento desse comércio e, nessa época, a CPEF contava com 360 vagões fruteiros.

O sucesso atingido pela citricultura exigiu a realização de eventos de grande porte, com repercussão nacional. Esse foi o principal motivo da realização da **1ª Festa da Laranja**, promovida entre os dias 7 e 14 de maio de 1939 pelo Rotary Club local. O evento ocorreu no recinto do então 2º Grupo Escolar de Limeira, que, posteriormente, passou a denominar-se Grupo Escolar Brasil.

Com grande afluência do público local e de visitantes oriundos de todas as regiões do País, os festejos contaram com a presença de autoridades do Estado, destacando-se a presença do interventor Adhemar de Barros, acompanhado do seu secretário da Agricultura, o major José Levy Sobrinho.

No decorrer dessa **"semana da laranja"** estiveram presentes na cidade os mais importantes produtores de laranja da época, sendo premiados aqueles cujas frutas apresentavam melhor qualidade. Também nessa ocasião foi eleita a Rainha da Festa da Laranja. Outro evento que se destacou em 7 de maio de 1939 foi a chegada da radiofonia em Limeira. Esta, aliás, se deu com a inauguração da Radio Educadora de Limeira, cuja grande atração da programação foi justamente 1ª Festa da Laranja.

Cidades Paulistas Inspiradoras

Todavia, nessa época também já se vislumbravam no horizonte as negras nuvens que se formavam nos céus da Europa, e que se revelaram um prenúncio para o início da 2ª Guerra Mundial, em 1º de setembro de 1939.

É evidente que Limeira se destacava muito por sua cultura citrícola, tanto que o restante de sua produção agrícola – café, cana-de-açúcar, algodão, arroz, milho, abacates, mangas etc. – se tornara pouco significativa em comparação ao que a cidade recebia da venda de laranjas!!! Com a 2ª Guerra Mundial, entretanto, as exportações de Limeira, preponderantemente de citros, foram suspensas... e assim outra crise se abateu sobre a cidade, com as vendas dos citricultores definhando e os trabalhadores das muitas *packing houses* e os colhedores de laranja sendo despedidos.

Demorou bastante, mas finalmente em 1945 a 2ª Guerra Mundial chegou ao fim. Os citricultores que sobreviveram ao longo desse período aperfeiçoaram seus métodos de plantio, aprenderam a combater as moléstias que causavam o definhamento e a morte dos laranjais. Os compradores retornaram, assim como as exportações da fruta.

Na década de 1950, a fazenda Botafogo (em Limeira) foi considerada a **maior do Brasil**, com cerca de 200 mil árvores de laranja. Aliás, vale ressaltar que os pomares de laranja da cidade de Limeira eram avaliados como os melhores do País!?!? Não foi por acaso que a cidade conquistou o título de "**capital da laranja**".

A Festa da Laranja de 1955 foi um grande marco para a cidade. Ela contou com o desfile de fanfarras e com a apresentação de bandas. De fato, até mesmo uma orquestra foi contratada para fazer uma apresentação no cine Vitória. Na ocasião a cidade de Limeira recebeu a visita de ninguém menos que a famosa Marta Rocha, a célebre *Miss* Brasil, que com sua beleza e popularidade suplantou a presença de todo e qualquer político brasileiro. Marta Rocha ficou hospedada na fazenda Citra da família Dierberger, e sua presença em Limeira foi de fato um espetáculo inesquecível...

E por falar nos Dierberger, outro livro incrível sobre a história de um famoso limeirense foi escrito justamente pelos integrantes dessa família, ou seja, João Dierberger Júnior, auxiliado por Christian Dierberger e Ingrid Dierberger. O seu título é *Dierberger – O Livro de Ouro*, e revela de que maneira João Dierberger desenvolveu sua firma na cidade. Ele também retrata a ênfase que ele deu à educação e ao aprimoramento profissional de seus filhos, João Dierberger Júnior e Reynaldo Dierberger, que estudaram em escolas especializadas na Alemanha.

Ao regressarem ao Brasil, em março de 1919, ambos se lançaram em novos empreendimentos como a fruticultura. Neste sentido, eles adquiriram terras em Limeira e implantaram o cultivo de laranja na fazenda Citra, que se tornou pioneira na produção e exportação de laranjas, atividades que acabaram atraindo vários empreendedores na região.

Com o consentimento de seu pai, João e Reynaldo fundaram em 1924 a firma Irmãos Dierberger Ltda., na qual desenvolveram a fruticultura. Numa área de 64 alqueires, eles iniciaram seu trabalho com o preparo das terras, enquanto formavam os viveiros de plantas cítricas com as quais mais tarde iriam instalar o seu próprio pomar. Eles também se aventuraram algum tempo na cultura do algodão, uma planta bastante comum naquela época.

Eles logo se defrontaram com uma dificuldade: a **falta de matrizes** fornecedoras de material de reprodução, ou seja, o baixo padrão qualitativo das mudas frutíferas que em geral eram produzidas naquela época. Isso acontecia principalmente pela falta de seleção, mas também pelo insuficiente padrão da mão de obra disponível no interior do Estado.

Assim, foi necessário formar pomares matrizes de plantio com boa estirpe e alto valor genético. Embora dispendioso e demorado, esse trabalho foi realizado com afinco, o que permitiu que os irmãos colocassem em prática todos os seus conhecimentos profissionais. E o esforço valeu a pena: dentro de poucos anos eles conseguiram oferecer um **novo padrão de mudas**, o que, por sua vez, estabeleceu desde cedo a boa reputação da firma na produção **de mudas de cítricos**.

Aliás, a empresa Irmãos Dierberger Ltda. também soube manter essa boa reputação com mudas de abacateiros, mangas, nogueiras, pessegueiros, ameixeiras, caquizeiros etc., bem como com diversas variedades de plantas ornamentais, dentre as quais as roseiras sem espinhos. Muitas das árvores frutíferas que planto no meu sítio em Ibiúna foram adquiridas na Dierberger, na década de 1970, quando ela continuava sendo uma empresa renomada...

Um fato histórico e relevante ocorreu quando Limeira tornou-se **fornecedora de suco de laranja concentrado** para os astronautas da NASA, desde a primeira expedição!!!

O legado deixado por João Dierberger, que faleceu em 1931, se expandiu por diversos setores, nos quais seus descendentes sempre tiveram uma atuação empreendedora dinâmica. De fato, uma especial atenção foi dada à **formação de mão de obra especializada**, o que elevou o nível profissional de seus colaboradores.

422 Cidades Paulistas Inspiradoras

Entretanto, a expansão da citricultura em outras cidades fez com que essa cultura entrasse em declínio no município de Limeira a partir da década de 1970. Depois de algum tempo, Limeira deixou de ser a capital da laranja, mas passou a ser chamada de "**maior viveiro cítrico do mundo**".

Observação importante – Quem realmente quiser conhecer em detalhes a história de Limeira, deve adquirir o livro *Um Pouco da História de Limeira* (em dois volumes) escrito com muitos detalhes e registros históricos por José Eduardo Heflinger Júnior.

No setor **secundário**, ou seja, na **indústria**, deve-se recordar que por volta de 1850, já havia produção de carroças e instrumentos agrícolas na fazenda Ibicaba, que durante a guerra do Paraguai chegou a produzir apetrechos para os soldados brasileiros, sendo por esse motivo considerada a **primeira indústria da cidade**.

Entre os anos de 1907 e 1929, surgiram importantes indústrias em Limeira, como a Chapéus Prada (1907), Café Kühl (1920), Indústria de Papel Santa Cruz (1922), que depois se tornou Ripasa Papel e Celulose. Já entre as décadas de 1940 e 1970, a indústria foi principalmente impulsionada pelo florescimento da citricultura, com a Citrobrasil (1940) e a Citrosuco (1966).

Logo depois do término da 2ª Guerra Mundial, com o estimulo que foi dado para a indústria automotiva surgiu a Feios Varga (1945), que acabou se tornando a maior empresa da cidade, a Fumagali (1946), atual Arvin Meritor e muitas outras.

A partir da década de 1970, o parque industrial limeirense foi se expandindo e começou a atrair grandes empresas multinacionais. Dessa maneira, a empresa japonesa Ajinomoto instalou-se em Limeira, a Fumagali se fundiu ao grupo norte-americano Rockwell em 1974 e a Freios Varga passou a integrar o grupo inglês Lucas a partir de 1970, o que levou a empresa a ter acesso a tecnologias exigidas pela indústria automotiva mundial.

Um livro notável – *Memória da Varga* – foi o que elaborou José Eduardo Heflinger Júnior ao transformar em texto o resumo de uma história que estava registrada na memória de Estevam Júlio Varga, um dos mais expressivos nomes do empresariado brasileiro.

Seu irmão Milton, seu filho Celso e alguns outros seletos colaboradores também contribuíram com esse resgate da evolução dessa importante indústria de autopeças que chegou a empregar cerca de 4.500 pessoas, numa época em que Limeira tinha menos de 200 mil habitantes, ou seja, foi responsável pela sobrevivência de quase 10% dos seus moradores.

Mais do que isso, a Freios Varga capacitou os seus empregados, para através do seu trabalho conseguir ser considerada uma empresa cujos produtos eram de **alta qualidade**. Dessa maneira a Freios Varga se tornou a fornecedora preferencial de empresas gigantes na área automotiva, como Ford, General Motors, Chrysler, Volkswagen, Mercedes-Benz, Toyota etc. O departamento de *marketing* da empresa foi obviamente bem competente, pois fomentou diversas estratégias que foram bem-sucedidas, entre elas aquela de afixar a marca Varga no carro de corrida do famoso piloto brasileiro Emerson Fittipaldi.

Isso ajudou a chamar a atenção dos consumidores, que se empolgaram com as vitórias do piloto brasileiro. Foi com o seu fluído de freio, associado com as vitórias de Fittipaldi, que o nome da Varga foi se solidificando, a ponto de o grande público começar a falar: "**Freio é Varga**." Esse *slogan* pegou mesmo!!!

Um dos motivos desse sucesso, segundo alguns, se deve realmente à marca, um nome simpático e fácil de lembrar. Além disso, o Brasil teve um presidente que tinha um nome parecido, ou seja, ninguém ignora que Getúlio Vargas ficou durante 24 anos no poder (com algumas interrupções...) e no conjunto, a sua gestão foi benéfica para o País.

O pessoal inconscientemente associava o nome Varga a ele e isso sem dúvida ajudou a empresa a ficar cada vez mais popular.

No livro *Memória da Varga*, Celso Varga – que foi um excelente aluno meu, na disciplina Estatística que lecionei na Escola de Engenharia Mackenzie – que ocupou o cargo de presidente da Freios Varga explicou: "A partir da década de 1980, foi que a Freios Varga começou a pensar em novos modelos de gestão. Até então, era uma empresa convencional, de filosofia familiar, tendo um sócio estrangeiro, clientes e concorrentes multinacionais.

Ela atuava nesse ambiente, ostentando uma organização burocrática tradicional, estruturada em todos os aspectos, numa base organizada por função.

Tinha também uma consciência enorme da importância da qualidade, mas a forma que ela usava para obtê-la era **dispendiosa**. O alto padrão de nossas peças não era tanto da qualidade produzida num processo eficaz, mas tudo o que se fazia para atingi-la era através da **inspeção (seleção)**, um processo caríssimo.

Portanto, havia a cultura da qualidade, mas não estavam inicialmente sendo empregados os métodos mais eficientes para produzi-la de forma competitiva e barata. Pouco a pouco fomos tomando conhecimento do que estava acontecendo no resto do mundo, em especial em empresas japonesas como a Toyota, Honda e Mitsubishi.

Essas empresas valiam-se de uma gestão bem diferente daquela que se fazia no Brasil, nos países da Europa e nos EUA. Eram muito eficientes, tinham uma qualidade excepcional, como têm até hoje.

E os japoneses também adotaram ensinamentos dos chamados *gurus da qualidade*', como William E. Deming, Joseph Juran, Armand Feigenbaum.

Dessa maneira os japoneses introduziram de fato o conceito de **qualidade total** nas suas industrias antes dos outros países e na década de 1980 a sua indústria eletrônica tinha aniquilado praticamente a concorrência internacional, e começou-se a notar também a supremacia da sua indústria automobilística, inclusive em relação a norte-americana!!!

Para implementar o **conceito de qualidade total** – e acabou-se dessa maneira com o departamento que escolhia e separava as peças boas das ruins, as quais viravam refugo, tornando os custos de fabricação muito altos – começamos a dar diversos cursos básicos para os nossos funcionários dentro da própria fábrica, sendo o mais difundido aquele chamado de Sete Ferramentas da Qualidade que lhes permitiria aplicar o *kaizen*.

O *kaizen* tem como filosofia produzir uma pequena melhoria continuamente e como resultado quando muitas delas forem introduzidas conseguia-se uma expressiva melhoria em todo o processo. E para que o *kaizen* acontecesse, deveria se usar o cérebro de cada funcionário, dando-lhe condição de expressar a sua sugestão de melhoria nas tarefas pelas quais era responsável ou até de dar palpites sobre o que os outros estavam fazendo!!!

Foi assim que surgiu na empresa o projeto Criação e todas as segundas-feiras, às 15 h, passamos a ter o encontro da Semana da Qualidade, quando as sugestões de melhoria eram apresentadas, como o evento todo tendo a duração de **uma hora**!!!

No princípio quase todos encararam essa proposta com muito ceticismo, comentando: 'Como é que se vai parar uma hora, com essa regularidade, para falar sobre melhorias?' **Mas nós fizemos isso**!!!

Tínhamos um bom auditório na empresa – mais tarde foi construído um amplo centro de treinamento – e é aí que eram feitas essas reuniões rápidas, inclusive envolvendo nelas a presença dos gerentes (supervisores), muitos dos quais estavam acostumados a não exigir que seus subordinados pensassem acreditando no chavão: **'Como é que operário vai pensar? Ele precisa executar o que eu mando!?!?'**

Pois é, depois de alguns anos chegamos a ter cerca de 30 mil sugestões por ano, com muitas centenas delas sendo implementadas, com o que fomos caminhando para chegar ao **conceito de qualidade total**.

Na década de 1990, promovemos uma intensa redução de pessoal, pois passamos a terceirizar muitas das nossas operações. Muitos dos empregados que saíram da Freios Varga abriram seus próprios negócios e passaram a ser nossos fornecedores.

Pois é, o número de nossos funcionários foi reduzido de 4.500 para cerca de 2.000, mas o nosso **faturamento quadruplicou** e a **produtividade** se **multiplicou por oito**.

Sem dúvida o que acontecia na nossa fábrica de forma direta ou indireta acabou tendo influência no desenvolvimento da cidade de Limeira e da região, com muitas outras empresas buscando melhorar a qualidade do que produziam ou ofereciam como serviço.

A empresa desenvolveu também muitas ações sociais e um reconhecimento a isso ocorreu em 21 de março de 1983, com a aprovação pelo Conselho Regional do Senai, do nome meu avô Luiz Varga para ser o nome da escola do Senai na cidade.

Essa homenagem foi mais uma demonstração de que o que fizemos dentro da empresa, educando e treinando continuamente nossos empregados, acabou sendo visto com admiração pois essa escola do Senai já existia na cidade desde 1º de fevereiro de 1962, porém, parece que depois que passou a chamar-se Luiz Varga, transformou-se em referência dentro do contexto educacional do País..."

No livro *Memória da Varga*, destaca-se que graças aos esforços de Estevam Júlio Varga, em 19 de maio de 1981 instalou-se na cidade o Ciesp com ele assumindo a função de diretor titular e tendo Élcio Brigatto como diretor adjunto. Eles ocuparam esses cargos por oito anos. Ao se consolidar como uma entidade representativa da indústria da região, o Ciesp Limeira agregou à sua jurisdição as cidades de Engenheiro Coelho e Cordeirópolis. A partir de 2007 o diretor titular do Ciesp Limeira é Wagner Zutin Furlan, tendo como companheiros de diretoria Jairo Ribeiro Filho e Flamínio de Lima Neto.

Observação importante – Apoiado especialmente por Celso Varga, escrevi o livro *A Implantação da Qualidade e da Produtividade pelo Método* *do Dr. Deming* (1990), que a Freios Varga adquiriu – cerca de 5 mil exemplares – e os enviou a praticamente todas as empresas com as quais tinha relacionamento e ofertou um exemplar para cada um dos seus funcionários que fizeram os cursos sobre qualidade total que ministrei no centro de treinamento da empresa em Limeira.

Além disso, destacando a importância que o **supervisor** tinha numa indústria como a Freios Varga para orientar, ensinar, gerenciar os seus grupos, nas "células de manufatura", escrevi com Celso Varga o livro *O Supervisor é a Chave* (1992), o qual foi um grande sucesso editorial na época, tendo sido vendidas algumas dezenas de milhares de exemplares. Inclusive cheguei a ministrar as minhas primeiras palestras transmitidas por satélite para os funcionários da Petrobras, a partir de uma central no Rio de Janeiro, com eles assistindo as exposições nos seus locais de trabalho ou nas plataformas – foi um tipo de EAD –, tendo cada um deles recebido antecipadamente esse livro para acompanhar os ensinamentos!!!

Na Freios Varga deu-se muita importância ao **supervisor** – o gerente de nível médio. Durante vários anos, a partir de 1988 Celso Varga escreveu **mensagens motivadoras** que chegavam a todos os empregados da empresa, especialmente aos supervisores para conseguir um melhor desempenho da organização. Aí vão duas delas que estão no livro *O Supervisor é a Chave*:

⇸ A empresa somos nós

"O desenvolvimento de um País depende das empresas; são elas que movimentam a vida da Nação e nós que estamos na empresa, ajudamos este desenvolvimento. A empresa permite a sobrevivência de muitas pessoas e é por isso que ela deve ser perpetuada.

Ela só poderá cumprir esse papel se estiver continuamente oferecendo produtos competitivos aos seus clientes. Tudo o que fazemos dentro da empresa acaba refletindo no cliente e afetando a nós mesmos. Nosso papel é o de melhorar sempre. Só assim teremos certeza de um futuro melhor."

⇸ A empresa gera empregos

"O papel social de uma empresa é muito grande. Dela dependem muitas famílias. E esta é uma das razões pela qual ela deve continuar ativa e competitiva. Isso depende naturalmente do desempenho que ela consegue ter, o que obviamente é uma função direta da qualidade com a qual executamos nossas tarefas.

Todos, portanto, devem se preocupar com o desempenho da empresa e agir continuamente de forma a melhorá-lo, apesar de alguns não terem percebido isso. Tudo o que acontece na organização, reflete no todo da empresa, pois tudo nela está interligado. Fica claro assim que a perpetuação da empresa é importante para todos, pois é ela que garante a nossa sobrevivência."

Foi com essas mensagens e muitas outras atitudes, especialmente aquelas voltadas a **contínua capacitação dos empregados**, que Celso Varga conseguiu um intenso **engajamento** de praticamente todos os funcionários da organização.

Em 1997 a Freios Varga foi adquirida pelo grupo Lucas Varity e posteriormente em 2000 pela TRW Automotive, pioneira em trazer ao mercado a integração entre sistemas de segurança, se mantendo entre as líderes no mundo em sistemas **ativos**, os que ajudam os motoristas a evitar colisões, e **passivos**, os que protegem os ocupantes dos veículos quando acontece um acidente – contando com um portfólio completo em sistemas de freios, direção, suspensão, válvulas de motor, eletrônicos, *airbags*, volantes de direção e cintos de segurança.

Em 2015, a TRW Automotive por sua vez foi comprada pelo grupo alemão ZF Friedrichshafen e, juntas, se tornaram uma das maiores fornecedoras de peças automotivas do mundo, com cerca de 230 unidades instaladas em 40 países com algo próximo de 134 mil empregados.

Os portfólios das duas empresas se complementaram com perfeição: a ZF oferecia um portfólio líder de mercado em transmissões e chassis, enquanto a TRW tinha uma excelente gama de produtos para segurança automotiva.

Atualmente, é o **setor de joias folheadas** a ouro que tem destaque por sua grande importância para os empregos – absorve algo próximo de um terço da população economicamente ativa de Limeira – e as receitas em impostos para a cidade.

Estima-se que em 2017 as empresas de Limeira tenham produzido cerca de 50 toneladas de joias, semijoias e folheados por mês. A produção dessas empresas corresponde a quase metade do que se fabrica nesse setor no Brasil, sendo exportada para muitos países do mundo e atraindo compradores de cidades de todas as regiões do País.

A cidade está tendo um crescimento ano a ano dessas indústrias voltadas para a produção de joias, que inclusive têm se aproveitado dos diversos incentivos concedidos a elas pela prefeitura. Aliás, essa política adotada pelas últimas administrações municipais foi desenvolvida no sentido de reverter o aumento do desemprego e minimizar o trabalho informal na cidade.

Foi graças a isso que a cidade se tornou nessas últimas duas décadas conhecida como o **maior polo** de semijoias da América do Sul, tendo como destaque a avenida Costa e Silva, onde estão localizadas cerca de 350 lojas de fábrica. Toda essa expansão do setor de joias criou uma grande demanda por mão de obra, que infelizmente muitas vezes foi atendida de maneira informal, empregando pessoas sem treinamento para cuidar de etapas do processo de folheação em envolvem materiais tóxicos e perigosos.

Lamentavelmente os setores de joias folheadas (e também a indústria do papel) colaboraram de maneira significativa para a **poluição**, visto que nem todas as empresas tratam adequadamente os rejeitos químicos antes de descartá-los. Esses efluentes, além de serem nocivos ao ambiente, danificam o sistema de tratamento de esgoto. Hoje, vários dos córregos que atravessam a área urbana da cidade, que já se encontram totalmente canalizados, estão bem poluídos.

Mas o fato positivo é que em 11 de janeiro de 2018 saiu no *Diário Oficial* da União a publicação da lei que concedeu a Limeira o título de "**capital nacional da joia folheada**". O prefeito de Limeira, Mario Botion comemorou destacando: "Nada mais justo, pois realmente a nossa cidade é o maior polo produtor brasileiro de joias folheadas, e um dos maiores do mundo. O título dado a Limeira é um importante reconhecimento, o que nos dá uma **visibilidade nacional**."

De acordo com a concessionária de água da cidade, a Foz do Brasil, o esgoto de Limeira é totalmente tratado, porém é um tratamento primário, que consiste **apenas** na remoção de matéria orgânica, não eliminando metais pesados ou outros poluentes lançados no ribeirão Tatu, particularmente pelas empresas fabricantes de joias, que utilizam o processo de galvanoplastia.

Um outro fato inaceitável, é que existem indícios de emprego de mão de obra infantil no setor de produção de joias, com essas crianças trabalhando em condições insalubres e perigosas para a saúde.

Mas é no setor **terciário**, mais especificamente no **comércio** que atualmente está empregada a grande maioria dos que vivem em Limeira – que possui cerca de 4.200 estabelecimentos comerciais –, bem como nas empresas prestadores de serviços, cujo número ultrapassa 3.000.

Na cidade, estão instalados três *shopping centers*. O primeiro deles é o Pátio Limeira. Ele está localizado na região central e possui como lojas âncoras: Marisa, C&A, Renner, Centauro e Lojas Americanas, além de contar com quatro salas de cinema. Aliás, esse mesmo *shopping* tem um prédio comercial anexo, chamado *Pátio Office*.

O segundo é o Limeira *Shopping* Center, que, por sinal, foi o primeiro da cidade. Ele faliu em meados dos anos 2000, mas foi reinaugurado após um processo de compra pela prefeitura e posterior leilão, quando foi adquirido por R$ 11,2 milhões pela empresa MVI Empreendimentos e Participações Ltda. O empreendimento foi reaberto no 2° semestre de 2012, e conta com cerca de 70 lojas, dentre elas algumas âncoras. Ele também possui algumas opções de lazer, como, por exemplo salas de cinema: Por motivos jurídicos a sua denominação foi agora invertida para *Shopping* Center Limeira.

O terceiro centro comercial é o *Shopping* Nações Limeira, localizado na rodovia Limeira-Piracicaba, próxima à rodovia dos Bandeirantes. Ele foi inaugurado em setembro de 2013, ocupando 28.000 m^2, com 100 lojas. Alguns milhares de pessoas trabalham nesses três *shoppings*, que diariamente são visitados por umas duas dezenas de milhares de compradores.

O maior hipermercado da cidade é da rede Walmart, mas existe um grupo de outros supermercados como o Enxuto, Covabra, Sempre Vale, Dia % Brasil, Rede Econômica, Assaí, Paulistão, Supermercados Servbem e outros de menor porte.

O comércio de Limeira está mostrando muita evolução, entretanto, a sua proximidade com Campinas e Piracicaba faz com que certas compras os limeirenses prefiram ainda fazer nessas cidades!?!?

A rede de **saúde pública** conta com cinco hospitais. Dois deles são filantrópicos e recebem auxílio do poder público: a Santa Casa de Misericórdia e a Sociedade Operária Humanitária.

Há alguns hospitais particulares na cidade. Um deles é da Unimed e foi inaugurado em 1996, sendo um hospital geral, com 73 leitos, tendo um pronto-atendimento e especialidades: clínica médica, ginecologia, obstetrícia e pediatria. Há ainda o Hospital Medical, no qual os pacientes reclamam da demora para serem atendidos e o Hospital Meira e Moura que não tem recebido boas avaliações dos pacientes.

O quarto hospital particular é o Frei Galvão Saúde, que integra a Santa Casa Saúde. É nela que se localizam os principais centros de especialidades. O SUS também funciona dentro da Santa Casa, que é um dos maiores

430 **Cidades Paulistas Inspiradoras**

hospitais do interior paulista, atendendo atualmente, pacientes de cerca de 100 outras cidades paulistas e algumas do sul do Estado de Minas Gerais.

Destacam-se dentro do sistema público, unidades de referência regional como o Centro para Queimados, o Centro de Câncer e o Centro de Hemodiálise. Aliás, alguns transplantes mais simples, como de rins já estão sendo realizadas ali. Para atendimento nos bairros, estão instaladas neles várias UBSs, inclusive espalhadas pelo município.

Já no tocante a **educação**, a cidade possui 30 escolas estaduais e uma rede de escolas municipais que atende mais de 19 mil alunos. Há também 46 IEs particulares e a taxa de analfabetismo na cidade era no início de 2018, inferior a **3%**. Recorde-se que nos primeiros anos da década de 1990, graças principalmente ao trabalho de Maurício Biazotto Corte, na Fundação Limeira e na delegacia de ensino de Limeira, um órgão da secretaria estadual de Educação, desenvolveu-se um **programa de qualidade total na educação** do município.

Na realidade, esse programa teve início em 1992, quando algumas empresas limeirenses inclusive se destacaram no cenário nacional pela qualidade de seus produtos, como, por exemplo, a Freios Varga.

Durante alguns anos foram ministrados cursos para os professores, nos quais se evidenciavam os aspectos gerenciais, sempre ressaltando o papel do ser humano frente à qualidade, em especial no decorrer dos processos de ensino e aprendizagem, aprofundando-se no uso das ferramentas estatísticas da qualidade. Conseguiu-se capacitar cerca de 400 professores que se tornaram multiplicadores do programa nas suas escolas – participaram algo próximo de 85 escolas (estaduais, municipais e particulares) –, com o que foram beneficiados milhares de professores e dezenas de milhares de alunos.

Infelizmente, nessa 2ª década do século XXI, os cuidados com a educação pública de excelência no município acabaram declinando.

Apesar disso deve-se destacar o trabalho meritório desenvolvido pela professora Eloisa Rossi, presidente da Academia Limeirense de Letras (ALLe) que em 2018 lançou a Academia Limeirense de Letras Infato-Juvenil, provendo iniciativas literárias na formação básica dos estudantes, estimulando e promovendo o amor pela literatura dos jovens limeirenses.

A cidade abriga dois *campi* da Unicamp. No primeiro está a Faculdade de Tecnologia (FT), antigo Centro Superior de Educação Tecnológica (CESET), na qual são oferecidos cursos superiores tecnológicos.

Recorde-se que o CESET foi criado em 19 de novembro de 1988, com a finalidade de incorporar os cursos de tecnologia até então vinculados à Faculdade de Engenharia Civil de Limeira.

Em 1992, criou-se o curso superior de tecnólogos em Processamento de Dados, que em 2002 passou a se chamar de Tecnologia em Informática.

Em 26 de maio de 2009 a Unicamp transformou o CESET em FT, que passou a ser uma unidade sua de ensino e pesquisa.

A FT dispõe atualmente de vários laboratórios de informática distribuídos em cinco prédios equipados com *hardware e software*, a saber:

- **Laboratório de simulação de computação de alto desempenho (LASCADO).**

  Foi criado em 2011 para fornecer infraestrutura computacional de grande porte, contando com um *cluster* IBM e um *cluster* Beowulf.

- **Laboratório de sistemas de informação e engenharia de *software* (SEIS).**

  O SEIS é um laboratório que visa realizar pesquisa em desenvolvimento de sistemas, engenharia de *software* e engenharia de dados.

- **Laboratório de simulações computacionais**

  Nesse laboratório estão sendo desenvolvidos projetos em sistemas de comunicação e modelos de tráfego, modelagem de dispersão de poluentes atmosféricos etc.

- **Laboratório de computação visual (IMAGELab)**

  Esse laboratório está voltado para apoiar a pesquisa e desenvolvimento em processamento gráfico, uma área que congrega técnicas de processamento digital de imagens, visão computacional e computação gráfica.

- **Laboratório de informática, aprendizagem e gestão (LIAG)**

  O objetivo do LIAG é integrar os estudos nas áreas de informática, aprendizagem e gestão de modo a obter resultados superiores e diferenciados nessas três áreas.

  No momento desenvolve projetos de jogos educativos para as áreas de **hemofilia** (em conjunto com o hemocentro da Unicamp), **ecotoxicologia** e **genética**.

  Esses projetos buscam práticas de gestão que sejam mais organizadas e eficazes em cada uma dessas áreas.

432   Cidades Paulistas Inspiradoras

- **Laboratório de telecomunicações.**

  Numa área de 400 m², estão em andamento nesse laboratório diversos projetos nas áreas de dispositivos ópticos, antenas de microfitas, materiais piezoelétricos, amplificadores eletrônicos etc.

- **Grupo de engenharia da informação e conhecimento (GEICon).**

  Tem como objetivo entender a engenharia de processos de aquisição e representação do conhecimento e o desenvolvimento de sistemas para automatização desses processos.

  Além disso, o GEICon se ocupa da estruturação e gestão de bases de conhecimento, a partir de estudos realizados nas áreas de economia, gestão empresarial, educação corporativa e educação formal.

A FT possui uma biblioteca unificada registrada no Conselho Regional de Biblioteconomia (8ª Região) desde abril de 1998 e integra o Sistema de Bibliotecas da Unicamp (SBU).

Assim, além de dispor de um acervo próprio que tem cerca de 16 mil livros impressos, os seus usuários podem recorrer a quase 1.100.000 textos entre eles centenas de milhares de livros impressos e dezenas de milhares de teses impressas, outras digitalizadas e milhares de periódicos.

A comunidade acadêmica, através da rede da Unicamp, também tem acesso a centenas de milhares de *e-books* e dezenas de milhares de periódicos com texto completo.

A Unicamp possui de fato uma grande Biblioteca Digital de teses e dissertações, na qual estão disponíveis todas as conclusões de mestrado e doutorado (www.bibliotecadigital.unicamp.br), incluindo as dissertações de mestrado da FT.

Não se pode esquecer que as universidades estaduais paulistas mantêm um acordo de intercâmbio entre as suas bibliotecas e assim os alunos da FT, seus docentes e pesquisadores tem acesso aos acervos das bibliotecas da USP e da Unesp.

O bacharelado em Sistemas de Informação da FT forma profissionais altamente capacitados para corresponder às demandas do mercado de trabalho na área de informática, sem desconsiderar aspectos sociais e culturais do ambiente em que está inserido.

Aliás agora também foi implantado na FT o programa de **doutorado em tecnologia,** depois que se comprovaram os resultados positivos do seu programa de formação de **mestres** e o desejo deles quererem dar sequência na sua pós-graduação.

A FT sem dúvida, tem sido vital no que se refere a educação voltada para o estímulo de uma atitude empreendedora focada na TI entre os que se formam nela.

Num novo *campus*, que começou a ser implantado em 2009, está a Faculdade de Ciências Aplicadas (FCA), com dez cursos que fica situada a 1 km da FT. O seu projeto pedagógico é bem diferenciado, apoiando-se na existência de um núcleo básico geral e comum de matérias para todos os cursos, cuja duração é de três anos, sendo apenas o último ano – o quarto – é específico de cada curso.

A FCA estabeleceu parcerias internacionais e está se destacando na pesquisa de *smart cities* (cidades inteligentes), indústria 4.0 etc., proporcionando um grande ganho intelectual para Limeira.

Estão instalados na cidade outras IESs, entre elas uma unidade da Unip, a Faculdade de Administração e Artes de Limeira (FAAL); a Faculdade Comunitária Anhanguera Educacional (FAL), as Faculdades Integradas Einstein de Limeira(FIEL) e o Instituto Superior de Ciências Aplicadas (ISCA).

O *campus* da Unicamp em Limeira abriga também o Colégio Técnico de Limeira (Cotil), dirigido pela própria Unicamp, no qual os estudantes têm cursos técnicos e profissionalizantes.

Uma conceituada opção no ensino técnico e no ensino profissionalizante em Limeira, se encontra no Senac, que oferece a comunidade diversos cursos técnicos nas áreas de administração e negócios, segurança ocupacional, bem-estar, informática, comunicação, *design* e muitas outros, tendo sido eleito em 2011 como um **centro de excelência em empreendedorismo**.

Há ainda outras escolas técnicas na cidade, com destaque para a Etec Trajano Camargo e as IEs particulares como os colégios Santo Antônio, RGF, Einstein, Objetivo, São José, Procotil, Portinari, Jandyra Antunes Rosa etc.

No que se refere ao **transporte** coletivo limeirense, ele é executado por duas empresas que operam as 25 linhas existentes. A cidade possui um terminal rodoviário que foi inaugurado em 1982 para linhas de ônibus intermunicipais e interestaduais. Nele estão em operação mais de duas dezenas de empresas que atendem cerca de 65 mil passageiros por mês.

O aeroporto de Limeira tem uma pista de 875 m, hangares particulares de uso executivo e uma sede de administração do aeródromo no hangar do antigo Aeroclube. Ele é destinado aos aviões de pequeno e médio porte, assim como ao ensino de pilotagem aerodesportiva, estando localizado a 4 km do centro da cidade.

Um novo aeroporto, bem maior, com pista de 1.800 m foi planejado às margens da rodovia Limeira-Mogi Mirim, bem próximo da divisa com a cidade de Engenheiro Coelho, um dos municípios limítrofes de Limeira (os outros são Cordeirópolis, Araras, Artur Nogueira, Cosmópolis, Americana, Santa Bárbara D'Oeste, Iracemópolis e Piracicaba).

O município de Limeira está localizado no entroncamento de três vias muito importantes do Estado, a saber: Anhanguera (SP-330), Washington Luís (SP-310) e Bandeirantes (SP-348). Outras rodovias que servem ao município são a que leva a Mogi Mirim (SP-147), a Piracicaba (SP-147), a Iracemápolis (SP-151), a Cosmópolis (SP-133), a Santa Bárbara d'Oeste (SP-306), até Artur Nogueira e a que liga com Americana e Cordeirópolis (SP-17).

Dessa maneira Limeira dispõe de uma valiosa malha viária, uma condição logística importante para as empresas que visam redução de custo na operação distributiva.

Quando o assunto é **serviços essenciais**, o sistema de água e esgoto é administrado por uma empresa privada, através de concessão desde 1994. A empresa que assumiu o controle desses serviços na época era denominada Águas de Limeira, formada pela empresa brasileira Odebrecht e pela famosa companhia francesa Lyonnaise des Eaux. Desde setembro de 2009, a empresa passou a ter o nome de Foz do Brasil para unificar todas as operações no Brasil sob a mesma marca. Ela conta com uma ETA e três ETEs. A cidade conta atualmente com 100% de tratamento de esgoto (!?!?), destacando-se nesse aspecto em relação às cidades vizinhas. Num *ranking* do saneamento recentemente elaborado pelo Instituto Trata Brasil, Limeira ficou em 4º lugar entre as 100 maiores cidades brasileiras com os melhores índices de abastecimento de água e esgotamento sanitário.

Os limeirenses têm agora a sua disposição um Poupatempo localizado na torre comercial *Pátio Office*, anexo ao *shopping center* Pátio Limeira que é mantido pela prefeitura e no qual os munícipes podem não só obter emissões de documentos bem como ter acesso ao posto de atendimento de trabalhador (PAT), ao núcleo especial comercial, à junta militar etc.

Infelizmente no campo da **segurança**, Limeira não está bem classifica-da, tendo crescentes problemas nesse setor, isso talvez seja devido ao seu contínuo crescimento populacional e por ser centro de algumas organiza-ções criminosas que entre outras coisas estão envolvidas com **adulteração de combustível**. Os estudantes universitários também têm reclamando de sofrerem continuamente com os assaltos nas proximidades das IESs em que estudam.

No que se refere a **mídia impressa**, a cidade conta com o jornal de cir-culação diária – a *Gazeta de Limeira* –, alguns outros de circulação semanal e até mensal. Há também a publicação de duas revistas, a *Expressão Regional* (mensal) e a *Revista Estereosom* (bimestral).

Na área de **mídia televisiva** possui dois canais abertos com programa-ção local e tem algumas emissoras de rádio de alcance regional operando em AM e FM, entre elas as rádios Educadora (AM), Estereosom (FM), Mix (AM), Magnificat (FM) e Jornal (FM).

No tocante a **esportes**, naturalmente o preferido dos limeirenses é o **futebol**. Assim, a cidade possui dois estádios de futebol municipais, um deles é o Major José Levi Sobrinho, conhecido como **Limeirão**, com um recorde de público de 44 mil pessoas, logo na sua inauguração. Na época ele era o segundo estádio do Estado, atrás apenas no Morumbi (estádio do São Paulo Futebol Clube), na capital paulista. Atualmente, sua capacidade é de 18 mil espectadores.

Não se pode esquecer que o major José Levy Sobrinho foi um dos pio-neiros da citricultura no município e no País, tendo sido também prefeito da cidade e secretário estadual de Agricultura.

A prefeitura tem ainda o estádio Comendador Agostinho Prada – uma homenagem a um empresário nascido na Itália, que se instalou na cidade e que foi proprietário de companhias elétricas e fábricas de embalagens, vestuário etc., sendo também o nome de uma avenida e do Paço Municipal – para 13.500 espectadores.

Os dois estádios são cedidos para dois times de futebol profissional da cidade: o **Limeirão**, para a Associação Atlética Internacional, popularmente conhecida como Inter de Limeira, ou Leão, e o **Pradão** para o Independente Futebol Clube, que é popularmente conhecido como Galo.

Os principais ginásios poliesportivos do município são o Fortunato Lucato, conhecido popularmente como Vô Lucato e o Domingos de Felice, no bairro Santo André.

Limeira em diversos períodos do tempo possuiu boas equipes de basquete masculino.

Além desses ginásios, há alguns outros menores nos bairros para o uso da população. Um novo ginásio com capacidade para 6 mil pessoas está sendo construído ao lado do *campus* 2 da Unicamp.

Na cidade foi fundado em 1951, o Clube Columbófilo Limeirense, que se tornou o maior do Estado para os adeptos desse esporte – os **columbófilos** –, estando também entre os cinco maiores clubes desse tipo no Brasil. A columbofilia é a arte de criar e adestrar pombos.

Grandes nomes de Limeira dentro do grupo de entusiastas e pesquisadores da prática da corrida de pombos-correio, fizeram história em campeonatos estaduais, nacionais e internacionais.

Não se pode deixar de destacar o kartódromo de Limeira que tem uma pista de 1.200 m, curvas rápidas, mergulho, curvas de baixa velocidade com vários tipos de tangências, obrigando os pilotos a fazerem muitas freadas...

Nesta pista já competiram pilotos (alguns ainda em atividade...) com Rubens Barrichello, Christian Fittipaldi, Tony Kanaan, Hélio Castroneves etc.

Muitas foram os limeirenses ilustres ou notáveis, mas o que se irá destacar agora são **algumas mulheres notáveis** pelas suas ações na cidade, no Estado e no País. Esse foi o caso de Maria Teresa Silveira de Barros Camargo, natural de Piracicaba, neta do ex-presidente do Brasil Prudente de Morais e esposa de Trajano de Barros Camargo.

Ela foi uma das primeiras prefeitas do Brasil e uma das primeiras deputadas, ocupando ambos os cargos em 1934, na primeira eleição que permitiu o voto e a eleição de milhares no País. Em seu governo, calçou as ruas do centro da cidade, que então eram de terra, usando para isso o próprio dinheiro, uma vez que a prefeitura não tinha verba suficiente.

Ela também foi uma eficiente empresária, assumindo a Machina São Paulo, após a morte de seu marido em 1930.

Ela instalou no seu governo a escola técnica de Limeira, fechada posteriormente e reaberta por sua influência em 1953. Para homenageá-la, as autoridades limeirenses deram o seu nome a uma avenida e a uma escola.

Foi destacada a luta de Elza Tank em favor de saúde pública de qualidade e pelos direitos da mulher, ela que foi vereadora da cidade por mais de duas décadas e tornou-se deputada estadual no período de 1995 a 1999.

Ela também ficou bastante conhecida pelo seu trabalho pioneiro no combate ao câncer na cidade e como presidente da escola de samba Bandeira Branca.

Niza de Castro Tank, foi uma incrível soprano lírica limeirense, tendo atuado em *Rigoletto, La Bohéme, O Guarani, Lo Schiavo, La Traviatta, Don Pasquale, La Sonnambula, L'Elisir d'Amore, A Flauta Mágica*, só para citar algumas de suas apresentações em Montevidéu, Moscou, Berlim, Nápoles, Palermo, Tel Aviv, Madri, Caracas etc.

Nos anos 1990, despontou no programa do apresentadora Xuxa Meneghel, na TV Globo, a "paquita" Juliana Baroni, obtendo destaque nacional e internacional para tornar-se depois uma atriz. A apresentadora de emissoras de televisão Regiane Tápias, também demonstra o sucesso da mulher limeirenses no campo da mídia televisiva.

Como se vê por essa amostra, Limeira pode orgulhar-se das mulheres que nasceram na cidade, pois elas foram capazes de destacar-se em vários setores de atividade!!!

A convite do presidente da Associação Comercial e Industrial de Limeira (ACIL), José Mário Bozza Gazzetta, ministrei em 26 de setembro de 2017, uma palestra no seu auditório sobre o tema **Cidades Criativas**, que foi aberta pelo meu amigo e notável empresário Celso Varga.

Na obra *ACIL 80 Anos – Uma História do Trabalho e Sucesso*, elaborada por Paulo Cesar Cavazin, com a qual fui presenteado pelo presidente José Mário Bozza Gazzetta, nota-se claramente que a ACIL foi muito mais que apenas uma testemunha ocular, mas uma parte integrante e ativa nas últimas oito décadas do município de Limeira, principalmente apoiando os empresários e os consumidores.

Nesse livro, além de se apresentar de forma bem completa a **história de Limeira**, destacam-se algumas das grandes realizações que aconteceram nos mandatos dos presidentes, que antecederam o presidente Gazzetta, que foram vitais para o progresso de todo o município, isso a partir de 1933, quando ocorreu a fundação da ACIL.

O primeiro presidente do ACIL nos períodos de 1933 a 1936 e 1938 a 1942 foi Fernando Lencioni (que foi reeleito em 1962 para mais uma gestão). Ele foi também secretário-tesoureiro e presidente do Limeira Clube e do Ítalo-Brasileiro e presidente do Rotary Clube.

438   Cidades Paulistas Inspiradoras

Em todas essas ocupações nos importantes cargos diretivos, conseguiu impor um ritmo de realizações infraestruturais que passaram a ser bases sólidas e contribuíram muito para o crescimento da cidade.

Em 1937, foi presidente da ACIL Ary Levy Pereira, que ficou apenas um ano no cargo, pois pleiteava o posto de prefeito da cidade, cargo que de fato ocupou de 1939 a 1944, designado pelo então governador de São Paulo, Adhemar Pereira de Barros.

De 1943 a 1951 a ACIL foi presidida por Américo Francisco, quando de fato a associação recebeu a sua denominação atual, e também se concretizou o sonho de ter uma sede própria. Depois de ter prestado relevantes serviços para a ACIL, foi eleito vereador, tendo exercido esse cargo em vários mandatos.

De 1952 a 1955 o presidente da ACIL foi João Machado Gomes Júnior, em cujo mandato de fato ocorreu a instalação da associação em sede própria.

Ele revelou-se um dos grandes administradores que estiveram à frente da ACIL, um homem inteligentíssimo e de larga visão, mas infelizmente faleceu precocemente em 20 de setembro de 1955. O restante do seu mandato até 11 de janeiro de 1956 foi cumprido por Eduardo Peixoto, que nasceu na ilha de Faial, pertencente ao arquipélago de Açores, em 5 de setembro de 1902.

Quando ocupou o cargo de presidente do Rotary Clube, ele mobilizou os limeirenses para a compra da atual sede de campo do Limeira Clube, que tornou-se uma referência de centro poliesportivo.

Nos períodos de 1956 a 1957 e 1960 a 1961, a ACIL foi comandada por Gino Archimedes Battiston, e graças aos seus esforços, conseguiu-se solucionar definitivamente a longa e terrível crise de energia elétrica que abalara a cidade.

No biênio de 1958 a 1959, a ACIL foi presidida por Antônio Feres, quando ele conseguiu a ampliação do quadro associativo da entidade e lutou bastante para implantar o Corpo de Bombeiros para o município.

De 1964 a 1965 o presidente da ACIL foi Hélio Martins Figueiredo, que se empenhou muito para a realização em 1965 da 1ª FACIL (Feira Agrocientífica e Industrial de Limeira), um evento que deu muito certo, poís nessa 1ª edição passaram nele cerca de 150 mil visitantes. A feira teve dois restaurantes, várias lanchonetes, sala de cinema (!?!?), serviço de som, posto policial, corpo de bombeiros e toda uma estrutura para receber seus visitantes, sendo que os jovens estudantes não pagavam ingresso quando acompanhados de responsáveis.

Raphael Correa da Silva presidiu a ACIL de 1966 a 1967, mantendo-se sempre empenhado em favorecer os comerciantes limeirenses ante a rigidez e os abusos praticados contra associados pelos chamados "**comandos de fiscalização**" que valeram-se de arbitrária violência e do terror no estilo policial contra os responsáveis pelos estabelecimentos fiscalizados.

No decorrer de 1968 a ACIL teve a sua frente Durante Gallo Netto, quando ele realizou a companha de instalação de hidrantes na cidade. O sucessor dele foi José Luiz Soares que atuou como presidente da entidade em 1969 e 1970, marcando o seu desempenho, acima de tudo, pelo **valioso incentivo** à indústria e ao comércio.

De 1971 a 1974 ficou na presidência da ACIL, Célio Castelli que incentivou muito o comércio a investir na **ornamentação natalina**, promoveu concursos de vitrines, premiou o vendedor do ano e agradou muito os associados com o churrasco campestre do Dia do Comerciante, além de implantar a comemoração do Dia da Indústria, com um fino jantar de confraternização.

Em 1975, Oswaldo Conti assumiu a presidência da ACIL, e foi na sua gestão que a entidade adquiriu sua nova sede própria na rua Santa Cruz, Nº 647, onde funciona até hoje.

De 1980 a 1987 a ACIL foi comandada por Élvio Brigatto, que liderou a entidade com sua bandeira baseada na frase: "**Queremos produzir**."

Um líder nato, Élcio Brigatto constituiu uma "equipe" de líderes na administração da entidade. Buscou assim fazer com que cada posto da entidade estivesse ocupado por uma pessoa atuante e responsável, para que todo o quadro associativo se familiarizasse interativamente com aquele ponto de encontro que era a "**sua casa**". Nesse espírito, promoveu também a consagração do *slogan*: "**A ACIL somos todos nós!!!**"

Ele levou avante a construção e modernização da nova sede da ACIL inaugurada em 27 de novembro de 1984. A partir da década de 1990, novas configurações comerciais exigiram da economia da cidade a sua modernização e iniciativas empreendedoras. Isso aconteceu no mandato de Pedro Teodoro Kühl, de 1988 a 1991, quando a entidade conquistou imagem cada vez mais positiva na mídia.

Na dinâmica direção de Kühl, a associação criou o Instituto de Economia, espaço destinado a pensar o futuro econômico da cidade e dos seus cidadãos. Foi na sua gestão que se promoveu a modernização do atendimento, a humanização dos serviços e o desenvolvimento empresarial por meio de cursos e da formação de jovens empresários.

Na gestão de Odair José Giusti (de 1992 a 1994), uma palavra deu o tom às suas ações: "**Limeirizar**". Isso passou a significar que empresas de Limeira deveriam comprar em Limeira!!! O principal intuito era que as indústrias limeirenses passassem a comprar na própria cidade. Neste sentido, Odair José Giusti destacou: "A parceria existe entre nós! E sempre que alguma necessidade, campanha, evento ou qualquer movimento se tornar vital, estamos todos unidos e envolvidos em um só lema: **somente Limeira nos interessa!!!**"

Diante do "**modernizar-se ou morrer**", que prevalecia para todos os produtores de bens de consumo, ao assumir a ACIL Badih Bechara, eleito presidente de 1995 a 1999, buscou reestruturar, modernizar e expandir a sede da associação. Ele melhorou muito a sede da ACIL, construindo o 3º piso e o auditório, e a partir de 1996 desenvolveu o programa **Conhecendo a Modernidade**, levando os empresários limeirenses a visitarem e aprenderem nas organizações bem-sucedidas como a Siemens, IBM, Alcoa, Ford, Antarctica etc., a forma como elas haviam se modernizado.

Na virada do século, José Geraldo Vieira Cardoso assumiu a presidência e ficou no comando da entidade de 2000 a 2003, quando se focou na intensificação do comércio na cidade, estimulando os limeirenses para que comprassem tudo o que fosse possível nela.

De 2004 a 2007, Renato Hachich Maluf presidiu a ACIL. Dentre os destaques de sua gestão, deve-se citar a inauguração do Telecentro – Escola de Informática e Cidadania; a criação do posto de atendimento do empreendedor em parceria com o Sebrae e a Ciesp; a publicação do *Jornal Visão Empresarial Limeirense*; o estabelecimento do Núcleo de Jovens Empreendedores. Ele também iniciou a campanha para a ornamentação natalina das ruas centrais da cidade em parceria com a prefeitura municipal.

O seu sucessor, o empresário Reinaldo Bastelli, no decorrer de 2008 a 2011, cuidou de **inserir** na administração da entidade, pela **primeira vez**, as mulheres empresárias e as jovens, consolidando a presença feminina no espaço empresarial como uma feliz realidade. Em seguida, assumiu como presidente da ACIL, Valter Zutin Furlan, que ficou no comando de 2012 a 2015.

Logo no início de sua gestão, os limeirenses receberam a visita do **Sebrae Móvel**, uma unidade itinerante do Sebrae/SP, que realizou atendimentos gratuitos a empresários e empreendedores e ficou instalada para prestação de serviços e orientações em frente à entidade.

Durante o seu mandato, a ACIL comemorou seus 80 anos de existência. Foi dele a ideia de utilizar os serviços de Paulo Cesar Cavazin, José Eduardo Heflinger e Antônio Francisco dos Santos para escrever o livro *ACIL 80 Anos – Uma História de Trabalho e Sucesso*. Aliás, toda cidade média paulista, na qual existir uma entidade semelhante a ACIL, deveria ter uma obra como essa, pois nela se contou de forma real seu processo de desenvolvimento, por meio de um trabalho sempre norteado pela busca do progresso do município.

Bem, de 2016 em diante assumiu o cargo de presidente da ACIL, José Mário Bozza Gazzetta, que voltou-se para o trabalho de agilizar o processo de implantação da gestão de qualidade, promovendo diversas ações para que os cidadãos limeirenses pudessem estar ao par das novas tendências no mundo, como por exemplo tornar Limeira uma **cidade criativa**, o que implica ela ser mais **saudável**, **sustentável**, **inteligente** e **atraente** para ser mais visitada ou inclusive para se tornar um local de moradia de pessoas vindas de outras partes do País, aptas para serem empreendedoras, abrindo nela novos negócios!!!

Foi muito bom que empresas limeirenses como Máquinas Furlan, grupo ENGEP, Papirus, Tatu Premoldados Ltda, ZF TRW, Odebrecht Ambiental, Ajinomoto, Casa das Mangueiras, Boa Vista, grupo Averso e Mathiazo Investimentos Imobiliários tenham patrocinado o livro sobre a história da ACIL, que ajudou a construir uma Limeira cada vez mais **pujante**.

O desenvolvimento econômico, social, urbano e tecnológico de Limeira, como já foi dito se baseou no início, principalmente no agronegócio, especialmente aquele que o ecossistema da citricultura proveu para a cidade.

Sem dúvida o agronegócio trouxe muitos empreendedores para residir em Limeira e eles, a medida que foram obtendo sucesso, começaram a adquirir propriedades na cidade, e abrir novos negócios, ofertando nela novos produtos e serviços, que passaram a ser usados por todo o seu entorno.

Em seguida o *boom* na cidade foi puxado pela indústria mecânica e metalúrgica, um ecossistema de negócios que demandou **um perfil de profissional mais qualificado**.

Para atender essa necessidade a partir de 1988 – o início da área de TI no Brasil – Limeira foi pioneira e bem atuante na formação de competentes profissionais em processamento de dados e TI.

Foram surgindo cursos na FIEL – uma IES pioneira no ensino de TI –, no CESET (que se transformaria em FT) e posteriormente em outras IESs

442 Cidades Paulistas Inspiradoras

da cidade, intensificando a formação desses profissionais que puderam trabalhar em empresas como Freios Varga, Fumagalli etc., nas quais inclusive aumentaram a sua capacitação!!!

Talvez a IES mais marcante para o desenvolvimento da TI em Limeira tenha sido a FIEL, com o que surgiram pessoas talentosas nessa área como Cristiano Roque Roland Portella, Sandra Crippa, Mario Persona e Luis R. Mulla entre outros.

No segmento de serviços surgiu em Limeira em *boletim board system (BBS)* isso na era pré-internet, chamado *Hell is Here*, que foi idealizado e mantido pelos FIEL, que tinha como objetivo reunir informações, promover certas "invasões" etc.!?!?

Pode-se afirmar que em torno dessa iniciativa surgiu a primeira comunidade *hacker* ("pessoa que consegue invadir o computador alheio") do Estado.

Entre os membros de destaque e líderes dessa iniciativa deve-se citar: João Fernando Pantani, Felipe Halusco Manso e Fábio J. Jürgensen Bonetti.

Um dos "feitos" desse grupo foi o cancelamento de uma prova na faculdade com a instalação de um vírus, dentro da rede Novell que havia na FIEL.

Foi um momento inolvidável, com os estudantes organizando festas para comemorarem o feito, podendo-se dizer que ali iniciou-se a história dos *hackers* na cidade.

Esse grupo cresceu com a adesão de mais pessoas e isso acabou propiciando o surgimento na cidade de várias empresas com foco na gestão de segurança da informação, trazendo para o interior do Estado, a capacidade de se implantar a ISO 27001/27002, logo após a sua publicação, por meio de empresas como Vital Labs e IT Tools, o que proporcionou um ganho substancial de competitividade para as empresas da cidade e da região.

A década de 1990 viu em Limeira a atuação de muitos programadores usando a linguagem Clipper (que foi bem popular de 1985 a 1997) que permitia entre outras coisas:

- Criar, organizar, classificar, copiar, selecionar e relacionar conjuntos de arquivos que formavam bancos de dados.
- Adicionar, alterar, eliminar, exibir e listar global ou seletivamente as informações contidas nos arquivos de dados.
- Gerar relatórios padronizados, efetuar automaticamente somas, agregações, contagens e operações aritméticas sobre os valores dos dados armazenados nos arquivos.

Em resumo, na época, o Clipper permitia a dinamização de aplicações com arquivos de dados, tornando-as mais fáceis e rápidas em relação com aquelas desenvolvidas em outras linguagens de programação tradicionais como Cobol, Pascal, Fortran ou Basic.

Depois dos "clippeiros", já nos anos 2000, Limeira foi povoada por desenvolvedores de Delphi, tornando-se uma referência no Estado.

Esta comunidade de desenvolvedores limeirenses foi ganhando fama nacional, fundando, dirigindo e moderando diversos fóruns e sociedades voltadas para o desenvolvimento da informática.

Entre esses desenvolvedores deve-se citar: Marcos Gomes, Renato Aires, Sidnei Akira Egashira, Jose Carlos Macurso Jr.

Recorde-se que na década de 1980, Jefferson Penteado com Dorival Cardozo e Silvia Helena, participaram do lançamento do primeiro antivírus criado no Brasil.

Aliás Jefferson Penteado foi contratado mais tarde pela empresa SAI Informática.

Em 1996 surgiu na cidade a Net Limeira (um provedor de Internet) e em seguida com o apoio do posto fiscal de Limeira foi desenvolvido o primeiro projeto de acesso dos cidadãos a dados fiscais, o que culminou com o atual posto fiscal eletrônico nacional.

Em 1997 foi fundada em Limeira a empresa Grupo Net, cujo foco era o lançamento de produtos de *cyber security* ("segurança cibernética") e que mudou o nome depois para Blue Pex.

A Blue Pex em 2011 em cooperação com o Exército Brasileiro, desenvolveu um **novo antivírus** e se transformou em uma empresa estratégica de defesa.

Recentemente a Blue Pex, como relatou o proprietário fundador Jefferson Penteado, recebeu um significativo aporte de um fundo de investimento e transformou-se em uma sociedade anônima.

Não se pode esquecer que em 2002 a cidade ganhou o prêmio de **8º provedor mais rápido do Brasil** com a empresa Network, que após receber novos investimentos significativos dos seus sócios inaugurou novas instalações permitindo o recebimento de sinais de TV e dados via satélite, poder trata-los e distribuí-los com cabo de fibra ótica por toda a cidade.

Dentre os seus clientes estão agora outros provedores de Internet que confiaram toda a sua área de infraestrutura para a equipe da Network.

Ciente da demanda de conexão à Internet com qualidade e que se pudesse atender determinadas localidades, aliando o seu conhecimento e experiência, a Network direcionou seus esforços para oferecer acesso à Internet através de rádio de alta disponibilidade, especializando-se nessa tecnologia.

Em maio de 2007, a Network assumiu as atividades da empresa Widesoft Sistemas, pioneira em acesso à Internet na região, com o que agregou novos produtos e serviços (como soluções de integração) entre empresas e seus parceiros através da *Web*, por todo o Brasil).

Sempre buscando o que há de melhor e mais moderno, em 2012 a Network foi pioneira em trazer para a região, a tecnologia *fiber-to-the-home* (FTTH), ou seja, a fibra ótica que chega dentro de casa ou da empresa.

Isso permitiu oferecer aos usuários planos com alta velocidade a preços acessíveis, além de outros serviços agregados à fibra ótica como telefonia e TV digital.

E o destaque mais recente de Limeira no campo da informática foi a realização em 2016 do primeiro *Hackathon* Ciesp Limeira, promovido pelo Núcleo de Jovens Empreendedores (NJE) do Ciesp sob a coordenação de Fabio Jürgensen Bonetti e o Laboratório de Negócios Sustentáveis (SBLAB Unicamp-FCA) tendo a frente a profa. Ieda K. Makiya, no qual foram apresentados projetos inovadores e disruptivos para as empresas.

Isso aliás criou o ambiente favorável para o lançamento do primeiro *hackathon* do setor público a pedido do prefeito de Limeira Mario Botion.

Por outro lado, em 2014 o programa **Cidades Sustentáveis** do Instituto Ethos, recebeu Limeira como cidade signatária através de uma carta encaminhada pelo então prefeito Paulo Hadich.

A partir dessa vinculação sob a liderança de José Oliveira e Wagner Fróes de Moraes foram organizados seminários, simpósios, grupos de trabalho, tendo como foco os 17 Objetivos de Desenvolvimento Sustentável (ODSs) da ONU que devem ser implementados por todos os países de mundo até 2030.

Nesse sentido estão sendo desenvolvidas várias ações em parceria com o governo estadual, bem como o monitoramento do setor público municipal.

Visando prover um ambiente de inovação e tecnologia para Limeira, em março de 2015, criou-se com esse objetivo a Associação de Ambientes de Inovação de Limeira (AAIL) tendo como presidente do seu Conselho, Celso Varga e como integrantes da sua diretoria executiva os professores Carlos Francischetti, Wagner Fróes de Moraes e Fábio Zoppi.

Acreditando que a inovação de alto impacto pode alavancar significativamente o crescimento e desenvolvimento da cidade, a AAIL tem se relacionado com os *stakeholders* ("interessados") dos setores de tecnologia e inovação, para a implementação de ações inovadoras em todos os setores da cidade.

Uma outra entidade criada recentemente visando melhorias na cidade foi o Observatório Social, fundada em 2016.

Em 2017, o seu presidente Raul Soares Groppo, numa sessão plenária na Câmara dos Vereadores declarou: "O Observatório não tem a intenção de criticar só pela vontade de criticar. Nós temos um cunho técnico, apartidário e impessoal, e as nossa observações serão sempre no sentido de se ter uma Limeira melhor."

Em 1996 Celso Varga, juntamente com outros cidadãos limeirenses, fundou o Instituto de Desenvolvimento de Limeira (IDELI), com objetivo de estimular o desenvolvimento da cidade. Uma das principais ações desta pequena organização, foi a criação de um programa para motivar os jovens a atuarem como empreendedores.

A prosperidade de uma sociedade depende do crescimento da sua economia. Ao analisar países com renda *per capita* acima da média mundial, nota-se que eles possuem grande quantidade de pequenos negócios, que surgem de forma acelerada. Para que isto seja possível, é necessário que a cidade tenha muitos empreendedores.

As grandes empresas, por sua vez, surgem deste universo de pequenas empresas quando, algumas delas, conseguem encontrar mercados em crescimento e criam **modelos de negócios** adequados à exploração destas oportunidades. Estas empresas nascentes são extremamente inovadoras, muitas vezes ligadas à novas tecnologias, que favorecem o crescimento da economia e, portanto, a prosperidade da população.

A entidade teve o apoio e foi instalada numa sala na ACIL, que possuía cerca de 2.000 associados. Neste ambiente naturalmente empreendedor, acreditava-se que as ideias dos jovens talentosos teriam mais chances de sucesso, como realmente aconteceu.

Foi feito pelo IDELI uma parceria com a Junior Achievement (JA), entidade norte-americana fundada em 1919 por Theodore Newton Vail e Horace A. Moses, cujo objetivo era difundir o espirito empreendedor nos EUA e outros países. Até 2017 mais de 4 milhões de jovens haviam participado dos seus programas no Brasil.

A JA passou a fornecer o material didático e treinamento de consultores para aplicação do programa em escolas de 1º e 2º graus em Limeira e na vizinha Iracemápolis.

Entre 500 e 700 jovens por ano passaram a participar das atividades nas escolas de Limeira. Estima-se que até o final de 2017 mais de 15.000 alunos haviam sido treinados em empreendedorismo. Com o passar dos anos, muitos destes jovens criaram seus próprios negócios, gerando emprego e renda na cidade. Limeira sempre foi empreendedora, assim como, sempre contou com muitos voluntários. Dessa maneira o IDELI encontrou assim um ambiente fértil para auxiliar o desenvolvimento da cidade.

Observação Importante – Tive uma colaboração incrível para apresentar uma atualização **histórica, social e tecnológica** de Limeira (especialmente no que se refere ao tópico **polo tecnológico**) que foi elaborada por um grupo de pessoas que fazem parte de importantes entidades que atuam na cidade, buscando seu desenvolvimento. São elas: Celso Varga (AAIL), Wagner Fróes de Moraes (AAIL), os três professores da Unicamp Wladimir Barbosa, José Geraldo Pena de Andrade e Marcelo Antonio G. Carvalho, Luis Roberto Mulla (Totvs), Fábio Jürgensen Bonetti (NJE-Ciesp) e Heloisa de Carli, na revisão do texto.

25
Ideias
Interessantes

PARA AUMENTAR A VISITABILIDADE DE UMA CIDADE, E QUE JÁ DERAM CERTO EM OUTROS LUGARES...

Veja a seguir 25 ideias de eventos para serem promovidos nas áreas de cultura, esporte, entretenimento, lazer etc., capazes de ajudar uma cidade a se tornar mais **atrativa**, tanto para os próprios moradores quanto para os turistas, aumentando assim sua **visitabilidade** e, consequentemente, reforçando a sua **economia**.

1ª) Leitura nas escolas → A ideia é reunir muitas crianças nas escolas municipais em alguns fins de semana para a realização de atividades como "**leitura de histórias infantis**". Isso irá estimular não apenas a imaginação dessas crianças, mas também enriquecer o vocabulário e a linguagem dos pequenos ouvintes, abrindo-lhes novas portas e permitindo-lhes uma melhor compreensão do mundo em que vivem. É isso que ocorre quando alguém conta uma história ou lê para uma criança. Neste sentido, uma ótima opção seria contar com a participação de centenas de escritores, poetas, intelectuais e, inclusive, pais de alunos que se dispusessem a fazê-lo, isto é, contar ou ler histórias, fazendo isso voluntariamente. Também poderiam ser convidados para esses eventos os alunos de escolas municipais de cidades vizinhas, o que naturalmente geraria grande visitabilidade para a cidade anfitriã.

2ª) Competições em ruas e avenidas ➤ A ideia aqui é aproveitar os feriados e agendar competições que envolvam a presença de crianças e jovens. Se houver um kartódromo na cidade seria uma ótima opção para esse evento, mas uma alternativa seria o fechamento temporário de ruas e avenidas próximas de escolas. Neste sentido, uma boa sugestão é a "**corrida de rolimã**", que, aliás, já adquiriu certo *status* de modalidade esportiva. Caberá à prefeitura oferecer o apoio necessário e impor aos participantes o uso de equipamentos obrigatórios, como capacete e protetores especiais que evitem ferimentos graves durante a "brincadeira". Para os que precisam de "inspiração" para organizar esse tipo de evento, basta verificar como isso está sendo feito em Guarulhos!!!

3ª) Atividades físicas em espaços públicos ➤ É vital o oferecimento pela prefeitura de bom divertimento e atividades físicas **gratuitas** aos muní-cipes. Muita gente não tem dinheiro disponível para frequentar academias ou participar de atividades pagas. Neste sentido, a secretaria municipal de Cultura, Esporte e Lazer de cada cidade poderia utilizar espaços públicos (que se mostrarem adequados) para a realização de atividades quinzenais que atendam a um grande número de participantes. Uma boa ideia seria a prática coletiva da **zumba**, uma modalidade que mistura malhação e danças latinas. Outras opções em termos de ritmo seriam o *k-pop* (*korean pop*), uma febre entre os adolescentes, a música cigana, a *black music* etc. Quem precisar de inspiração basta visitar a avenida Paulista, em São Paulo, aos domingos, onde já acontece esse tipo de atividade.

4ª) Reunião de pensadores ➤ A sugestão aqui é reunir diversos pensa-dores que apresentem ideias e propostas capazes de inspirar ações por parte da sociedade civil e, assim, influenciar o surgimento de novas políticas públicas. Nesses encontros seria vital a apresentação de iniciativas pioneiras e inovadoras que apontem soluções para as nossas cidades, voltadas espe-cialmente para o aumento da **visitabilidade** e consequente **ampliação do número de empregos**. Uma boa fonte de inspiração é o **Fórum do Amanhã**, na cidade de Tiradentes, que em 2018 teve sua 3ª edição!?!?

5ª) Festivais itinerantes ➤ Que tal uma parceria com algum **festival itinerante** que já tenha alcançado sucesso em outras cidades e atraído muita gente? Uma inspiração, nesse caso, pode ser o festival Mimo, cuja

25 IDEIAS INTERESSANTES

programação conta **somente com mulheres talentosas** (violinistas, flautistas, bailarinas, cantoras e praticantes de outras atividades artísticas). Esse festival teve início na cidade portuguesa de Amarante, mas já acontece em cidades brasileiras, como Paraty, Olinda, Ouro Preto, Tiradentes etc.

6ª) Rota da Arte → Uma ótima sugestão para incrementar bastante a visitabilidade é criar um roteiro artístico que possa ser percorrido em poucos dias. Um modelo que pode servir de inspiração é o existente nas chamadas cidades da Alta Mogiana, nas quais estão expostas obras de artistas plásticos ou inventores que já alcançaram reconhecimento nacional e internacional. Atualmente, as cidades que compõem essa Rota da Arte são: Batatais e Brodowski, onde se pode visitar obras de Cândido Portinari; Altinópolis e Ribeirão Preto, com trabalhos de Bassano Vaccarini; São Simão, onde se pode ver os trabalhos de Marcelo Grassman; Jabuticabal, que expõe relatos de Cora Coralina; Dumont, para visitar a fazenda onde viveu o inventor Alberto Santos Dumont.

7ª) Boas compras → A **visitabilidade** a uma cidade é com frequência provocada e reforçada pelo desejo por parte das pessoas de **comprar!** Assim, a oferta de produtos de qualidade a preços justos – o que não significa que sejam baratos – pode atrair muita gente. Uma ideia, neste sentido, é que a cidade escolha um setor em que seja capaz de produzir uma boa variedade de artigos para comercialização. Um exemplo **inspirador** é o da cidade de Socorro, que possui mais de 200 indústrias no segmento têxtil, especializadas na confecção de malhas.

8ª) Promoções → Uma boa ideia é reunir pelo menos uma centena de pequenos supermercados, lojas ou até pequenas lojas que, durante pelo menos quatro dias consecutivos realizem promoções envolvendo uma lista de 300 produtos básicos – alimentos, higiene pessoal, decoração etc. Os descontos devem ser "**agressivos**" e as lojas devem garantir uma oferta "**farta**" de itens. Uma boa inspiração pode ser o supermercado Guanabara, de Niterói, no Estado do Rio de Janeiro, que durante quatro dias (sempre no mês de novembro) atrai para as suas 25 lojas cerca de 600 mil compradores com suas ótimas promoções. Esse tipo de ação estimula fortemente a visitabilidade na cidade.

9ª) Eventos gastronômicos ➙ As pessoas viajam por alguma razão e, nesse sentido, um ótimo motivo é **comer bem**. Assim, uma boa ideia é identificar no seu município o que há de mais exótico ou especial – alcachofra, palmito, amora, pinhão, maçã etc. –, e então realizar algum evento em torno desse item. Neste sentido, uma ótima **inspiração** é a *Expo São Roque* (que em 2017 celebrou sua 25ª edição), na qual os itens escolhidos são a uva e a alcachofra. Durante o evento acontecem *workshops* gastronômicos que contam a história do vinho e, ao mesmo tempo, revelam o preparo de pratos à base dessa deliciosa flor comestível. O mais importante nesse caso é sempre **aperfeiçoar o evento a cada nova edição**.

10ª) Ações conjuntas ➙ No caso de cidades próximas, ações conjuntas que ofereçam aos visitantes a oportunidade de **comer**, **beber** e **se divertir** são uma excelente opção. De fato, essa prática já acontece em algumas regiões do Estado, mas deveria ser ampliada. Um exemplo inspirador é o do **Circuito das Frutas**, que envolve dez municípios, cada qual com sua especialidade: Atibaia, com o morango; Indaiatuba, com a acerola; Itatiba, caqui; Itupeva, uva; Jarinu, pêssego; Jundiaí, uva; Louveira, ameixa; Morungaba, figo; Valinhos, goiaba e Vinhedo, também com a uva. Esses municípios se destacam tanto pela qualidade das frutas oferecidas quanto pelo impressionante calendário de festividades que acontecem neles ao longo do ano.

11ª) Festival do sorvete ➙ Toda cidade paulista cujo clima envolve temperaturas elevadas deveria se aproveitar disso e criar algum evento especial, como a "**Semana do sorvete**", oferecendo aos moradores e turistas a oportunidade de experimentar sorvetes criativos e com sabores diferenciados – como, por exemplo, um de chocolate belga, manga e morango. **Que tal?** Para quem precisa de inspiração, uma ótima ideia é aprender com os italianos, especialmente com Florença, que tem o seu Gelato Festival.

12ª) Comidas e bebidas artesanais ➙ Uma sugestão é criar um roteiro com cervejarias e cachaçarias artesanais e/ou a fazendas que produzem queijos, doces, geleias etc. Em ambos os casos, um bom diferencial seria utilizar bicicletas (do tipo *mountain-bike*) para que o morador ou turista chegue a esses lugares. Claro que esse tipo de caravana (com grupos de no máximo 30 pessoas) precisaria de um guia e não se permitiriam excessos no consumo de bebidas alcoólicas, apenas degustação – além, é claro, da compra dos produtos comercializados. Isso se tornou uma febre em muitos lugares da Alemanha, em especial no vale do rio Reno, onde existe um circuito ciclístico de cinco dias às margens do rio. Esse percurso de 220 km começa em Mainz e termina em Colônia. Ao longo do trajeto o participante tem a oportunidade de almoçar – num excelente *gastro pub* (ou *gasthaus brauerei*), por exemplo, que serve a cerveja produzida no local, acompanhada de um bom prato de *bratwurst* (a salsicha branca alemã) – e, em seguida, se hospedar num pequeno hotel da região para descansar e se preparar para a próxima etapa no dia seguinte.

13ª) *Oktoberfest* **paulistana** ➤ Que tal criar um evento desse tipo num lugar bem mais próximo para todos os paulistas, ou seja, na sua capital. Realmente desde 2017 a cidade de São Paulo passou a realizar a partir do final de setembro sua própria *Oktoberfest*, na arena Anhembi. Nessa era de vivências e experiências, as pessoas adoram provar diferentes cervejas artesanais. Claro que caso se precise de inspiração para montar um evento desse tipo, basta conhecer a história da *Oktoberfest* de Blumenau!!! Muitas cidades paulistas deveriam ter as suas "festas da cerveja", segundo o exemplo da capital, não é?

14ª) Parques temáticos para os corajosos ➤ Os parques dedicados a testar a coragem dos visitantes, provocando neles situações de "medo", já funcionam muito bem no exterior. Um bom exemplo dessa prática é o que acontece em Orlando, nos EUA, no Parque Universal Studios, onde foi inaugurado em 15 de setembro de 2017 o *Halloween Horror Nights*, voltado especialmente para a comemoração do Dia das Bruxas. Neste sentido, também se poderia criar nas cidades paulistas alternativas similares, com percursos assustadores (com ruídos, máscaras, aparições, monstros, artefatos etc.) que arrancassem gritos e suspiros de seus moradores e dos turistas. Do lado externo da atração, poderia se investir em outros elementos interessantes, como uma roda gigante de pelos menos uns 60 m (bem mais baixa que as que já existem no mundo), montanha-russa com *loops* incríveis, entre outras possibilidades, que serviriam de aperitivo para a atração principal.

15ª) Contato com a natureza ➤ Numa época em que as pessoas desejam estar em contato com a natureza, todo município deveria investir no **ecoturismo** e na oferta de **esportes de aventura**. Uma boa inspiração vem de Peruíbe, no distrito de ecoturismo e esportes de aventura do Guaraú, onde se pode praticar várias atividades radicais, como: arborismo, tirolesa, canoagem (em canoas canadenses, havaianas e caiaques), *water trekking*, *surf*, cicloturismo, trilhas, visitação a cachoeiras, pesca, *kite surf*, *skate*, voo de ultraleve, *jeep tour*, passeios de barco etc.

16ª) *Mix* **adrenalina e descanso** → Todo município deveria procurar estabelecer em seu território opções que mesclem adrenalina e oportunidades de repouso. Assim, para os mais radicais, seriam oferecidas alternativas como *rafting*, rapel, tirolesa, tobogãs em cachoeiras etc., enquanto para os mais tranquilos (ou até para os mais "agitados" que desejam "descansar" depois de atividades dinâmicas) seriam disponibilizados locais charmosos onde se pudesse apreciar deliciosas ofertas gastronômicas (truta, camarão, leitão à pururuca, entre outras especialidades regionais) para satisfazer o paladar dos "viajantes". Cidades como Visconde de Mauá, Socorro, Mairiporã ou Piracaia, podem servir de inspiração, pois já conseguiram desenvolver esse tipo de turismo em suas respectivas regiões.

17ª) **Ampliação do número de trilhas** → A ideia aqui é incrementar o número de **trilhas** no município, o que permitiria que moradores e visitantes praticassem caminhadas e escaladas, contemplassem a natureza, se banhassem nas cachoeiras e piscinas naturais, apreciassem a flora e a fauna da região e assistissem a um verdadeiro espetáculo de cores e cantos, com o *birdwatching* (observação de aves). Neste caso, a inspiração pode vir de Ilhabela, que oferece aos interessados cerca de uma dezena de trilhas incríveis.

18ª) **Parque aquático** → Parece óbvio, mas toda cidade deveria contar com um excelente parque aquático. Assim, durante pelo menos a metade do ano ela atrairia muitos visitantes. Um bom exemplo disso é o que acontece no parque aquático Magic City, em Suzano, uma cidade localizada a 60 km da capital paulista. Nele existem cinco tobogáguas, uma piscina de ondas e uma praia artificial. Além disso, bem ao lado da atração, há uma pousada com 64 apartamentos, o que possibilita aos visitantes permanecer na cidade por mais tempo!!! Outra boa inspiração vem da pequena cidade de Águas de São Pedro, que gaba-se de ter a maior piscina de ondas do Estado (!?!?) no seu *Thermas Water Park*!!!

25 IDEIAS INTERESSANTES

19ª) Parceria com montadoras ⇥ Esse tipo de cooperação garantiria à cidade a montagem de algum **museu do automóvel**, que se transformaria num centro de experimentação e atrairia não apenas turistas individuais, mas grupos de estudantes – desde aqueles do ensino fundamental até os pré-universitários. Nesse tipo de atração, numa determinada sala, as crianças poderiam ter acesso a dispositivos como *air bags*, por exemplo, e, ao inflá-los e esvaziá-los, aprenderiam a respeito do seu funcionamento em caso de acidente. Noutro espaço, os visitantes poderiam assistir a vídeos de *crash tests* (testes de colisão) e, na sequência, ter acesso aos famosos "bonecos" utilizados para testar a segurança dos automóveis e prever danos físicos. Se alguém quiser se inspirar, existem diversos desses museus espalhados pelo mundo. Uma boa referência é a Hyundai, que concebeu o espaço Motor Studio, localizado em Goyong, uma cidade a 45 km de Seul, a capital sul-coreana. Mas a inspiração também pode vir de várias cidades alemãs, onde os turistas têm acesso a museus mantidos por grandes marcas, como a BMW (em Munique), a Mercedes-Benz e a Porche (em Stuttgart), a Audi (em Ingolstadt), a Volkswagem (em Wolfsburg), entre outros.

20ª) Provas de arrancada ⇥ Muita gente gosta de andar rápido demais pelas ruas da cidade, enquanto outros apreciam assistir a esses "rachas". Um bom atrativo para esse público seria a utilização de vias pavimentadas que pudessem ser bloqueadas em dias e horários pré-definidos (ou os autódromos da cidade se existissem), para a prática de **provas de arrancada**. Neste caso, os veículos usados teriam de estar devidamente preparados para isso, e o ambiente teria de contar com a segurança necessária para que todos pudessem se divertir e "zoar". Uma ideia, neste sentido, seria a criação de competições mensais entre automóveis mais antigos, como Fiats 147, Opalas, Fuscas etc.!!!

21ª) Numismática ⇥ Uma ótima opção para atrair visitantes e, em especial, colecionadores de moedas e medalhas (os "vidrados" em numismática), é a criação de um museu dedicado ao tema. Claro que seria necessário criar algum diferencial, como a possibilidade de o visitante "**cunhar sua própria moeda**" e levá-la para casa, por exemplo. Naturalmente isso não exclui uma vasta exposição com moedas raras, tampouco as medalhas pertencentes a grandes heróis mundiais. Caso precise de inspiração, veja como acontece a "experiência interativa" no museu Conti II, inaugurado em 20 de setembro de 2017 em Paris.

454   Cidades Paulistas Inspiradoras

22ª) Tesouros naturais ⇥ Que tal destacar algum "tesouro" da natureza escondido em seu município? Isso sem dúvida seria um grande atrativo para a cidade, aumentando assim sua **visitabilidade**. Isso já acontece no município de Bofete, onde está localizado um complexo geológico chamado de Gigante Adormecido – uma grande montanha no formato de um homem repousando. Na parte denominada Três Pedras – que seriam os pés desse gigante –, além de ser permitido acampar, também deveriam aí poder ser praticados alguns esportes radicais, como rapel, escalada, caminhada ecológica etc.

23ª) Decoração de Natal ⇥ Aumente a visitabilidade de seu município decorando-o de forma deslumbrante para comemorar o Natal. Inclua apresentações musicais, presépio, desfiles com o Papai Noel, cerimônias para o acendimento das luzes, árvores de Natal, vitrines de lojas enfeitadas, monumentos interessantes etc. Faça isso algumas semanas antes do dia 25 de dezembro e se prepare para receber os visitantes. Uma ótima inspiração vem de Gramado, no sul do País, que já faz isso há algumas décadas. A cidade começa a se preparar já no fim de outubro e o desmonte da decoração só termina na metade de janeiro!!!

24ª) Investindo na nostalgia ⇥ Modernidade em excesso é prejudicial. Portanto, é muito importante fugir um pouco do presente, do estresse do dia a dia, e buscar nossas raízes. Toda cidade possui estabelecimentos comerciais e espaços culturais (seus **"tesouros"**) que permitem voltar no tempo e observar a arquitetura e a decoração do passado. Cada secretaria municipal de Turismo e Cultura deveria criar seu próprio programa Cidade *Vintage* (antiga), escolhendo para isso algumas dezenas de locais no município e oferecendo regularmente aos visitantes um percurso guiado, e cobrando algo por esse passeio. Isso também aumentaria a visitabilidade da cidade, com turistas vindo de outros locais.

25ª) Produtos artesanais ⇥ Com o auxílio de estilistas e empreendedores que atuam no setor da moda, seria vital criar um evento coletivo no qual se reunissem algumas dezenas de pequenos produtores de bijuterias, decoração, moda, beleza etc., ocasião em que se daria espaço principalmente para os **produtos artesanais**. Para inspirar-se, basta acompanhar o sucesso do *Coletivo It Brands*, um evento criado por Luciana Giannella e Eva Bichurcher, que tem acontecido na cidade de São Paulo e já chegou a receber mais de 3.000 visitantes por dia!!!

ALGUMAS DAS SIGLAS USADAS NESSE LIVRO

A

ABAG – Associação Brasileira de Aviação Geral
Abav – Associação Brasileira de Agências de Viagens
ABL – Associação Brasileira de Letras
ABRUC – Associação Brasileira das Universidades Comunitárias
ACIF – Associação do Comércio e Indústria de Franca
ACL – Academia Campinense de Letras
ACLA – Academia Campinense de Letras e Artes
AFE – Associação Ferroviária de Esportes
ALL – América Latina Logística
AM – Transmissão de sinais eletromagnéticos em amplitude
        modulada com frequência que variam entre 550 a 1600 kHz
AME – Ambulatório Médico Especializado
ANA – Agência Nacional de Água
Anac – Agência Nacional de Aviação
Anvisa – Agência Nacional de Vigilância Sanitária
APA – Área de preservação ambiental
APL - Academia Paulista de Letras
APM – Associação Paulista de Municípios
APP – Área de preservação permanente
AU – Aglomeração urbana
AUJ – Aglomeração urbana de Jundiaí

B

BID – Banco Interamericano de Desenvolvimento
BRT – *Bus rapid transit*, ou seja, ônibus de trânsito rápido.

C

CADE – Conselho Administrativo de Defesa Econômica
Capes – Coordenação de Aperfeiçoamento de Pessoal de Nível Superior
CBF – Confederação Brasileira de Futebol
CDHU – Companhia de Desenvolvimento Habitacional
        e Urbano do Estado de São Paulo
Ceagesp – Companhia de Entrepostos e Armazéns Gerais do Estado de São Paulo

CEETPS – Centro Estadual de Educação Tecnológica Paula Souza
CEFNB – Companhia de Estradas de Ferro Noroeste do Brasil
CICA – Companhia Industrial de Conservas Alimentícias
Ciesp – Centro das Indústrias do Estado de São Paulo
CMEF – Companhia Mogiana de Estradas de Ferro
CNPq – Conselho Nacional de Desenvolvimento Científico e Tecnológico
Condepacc – Conselho de Defesa do Patrimônio Cultural de Campinas
Condephaat – Conselho de Defesa de Patrimônio Histórico, Artístico, Arqueológico e Turístico
CPEF – Companhia Paulista de Estrada de Ferro
CPFL – Companhia de Força e Luz
CPOR – Centro de Preparação de Oficiais da Reserva
CPTM – Companhia Paulista de Trens Metropolitanos
CRECISP – Conselho Regional de Fiscalização do Corretor de Imóveis
CTA – Centro Técnico Aeroespacial
CYEF – Companhia Ytuana de Estradas de Ferro

D

DADE – Departamento de Apoio ao Desenvolvimento de Estâncias Turísticas
DAE – Departamento de Água e Esgoto
Daesp – Departamento Aeroviário do Estado de São Paulo
DCTA – Departamento de Ciência e Tecnologia Aeroespacial
DER – Departamento de Estrada de Rodagem
DNIT – Departamento Nacional de Infraestrutura de Transportes

E

EAD – Educação à distância
EC – Economia criativa
EFA – Estrada de Ferro Araraquara
EFCB – Estrada de Ferro Central do Brasil
EFCJ – Estrada de Ferro Campos do Jordão
EFM – Estrada de Ferro Mogiana
EFNB – Estrada de Ferro Noroeste do Brasil
EFS – Estrada de Ferro Sorocabana
EFSJ – Estrada de Ferro Santos-Jundiaí
EJA – Educação de Jovens e Adultos
ELM – Escola Livre de Música
Embraer – Empresa Brasileira de Aeronáutica
Embrapa – Empresa Brasileira de Pesquisa Agropecuária
Embratur – Empresa Brasileira de Turismo
Emeb – Escola municipal de ensino básico
EMEF – Escola Municipal de Ensino Fundamental

ALGUMAS DAS SIGLAS USADAS NESSE LIVRO 457

EMTU – Empresa Metropolitana de Transportes Urbanos
Enem – Exame Nacional do Ensino Médio
EPTV – Emissoras Pioneiras de Televisão
ESALQ – Escola Superior de Agricultura Luiz de Queiroz
ESEF – Escola Superior de Educação Física
ESF – Estratégia de saúde da família
ETA – Estação de tratamento de água
ETE – Estação de tratamento de esgoto
Etec – Escola Técnica Estadual
EUA – Estados Unidos da América

F

FAAP – Fundação Armando Alvares Penteado
FAB – Força Aérea Brasileira
FACAMP – Faculdade de Campinas
Fapesp - Fundação de Amparo à Pesquisa do Estado de São Paulo
Fatec – Faculdade de Tecnologia
FCCR – Fundação Cultural Cassiano Ricardo
FEB – Força Espedicionária Brasileira
FEI – Faculdade de Engenharia Industrial ou Fundação Educacional Inaciana
Fepasa – Ferrovia Paulista S.A.
FESTA – Festival Santista de Teatro Amador
Fiabci – Federação Imobiliária Internacional
Fiesp – Federação das Indústrias do Estado de São Paulo
Firjan – Federação das Indústrias do Estado do Rio de Janeiro
FM – Frequência modulada
FMJ – Faculdade de Medicina de Jundiaí
FPF – Federação Paulista de Futebol

H

Ha – Hectare, ou seja 10.000 m^2

I

Ibama – Instituto Brasileiro do Meio Ambiente e dos Recursos Naturais Renováveis
IBGE – Instituto Brasileiro de Geografia e Estatística
Ideb – Índice de Desenvolvimento da Educação Básica
IDH – Índice de Desenvolvimento Humano
IDUL – Índice de Desenvolvimento Urbano e Longevidade
IE – Instituição de ensino
IES – Instituição de ensino superior
IFDH – Índice Firjan de Desenvolvimento Humano

Cidades Paulistas Inspiradoras

IFDM – Índice Firjan de Desenvolvimento Municipal
IFSP – Instituto Federal de Educação, Ciência e Tecnologia de São Paulo
IMS – Instituto Metodista de Ensino
IMT – Instituto Mauá de Tecnologia
INPE – Instituto Nacional de Pesquisas Espaciais
INSS – Instituto Nacional de Seguro Social
Ipea – Instituto de Pesquisa Econômica Aplicada
IPHAN – Instituto do Patrimônio Histórico e Artístico Nacional
IPTU – Imposto sobre Propriedade Predial e Territorial Urbana
ISESC – Instituto de Educação Santa Cecília
ISSQN – Imposto sobre Serviços de Qualquer Natureza
ITA – Instituto Tecnológico de Aeronáutica
ITBI – Imposto sobre Transmissão de Bem Imóvel
ITE – Instituição Toledo de Ensino

L

LBF – Liga de Basquete Feminina

M

MBA – *Master of bussiness administration*, ou seja, mestre em gestão de negócios
MEI – Microempreendedor individual
MIT – Massachusetts Institute of Technology, ou então, Município de Interesse Turístico (analisar o sentido da frase)
MPA – *Master of public administration,* ou seja, mestre em gestão pública

N

NASA - *National Aeronautics and Space Administration*
NBB – Novo Basquete Brasil

O

ODS – Objetivo de Desenvolvimento Sustentável
OMS – Organização Mundial da Saúde
OMT – Organização Mundial de Turismo
ONG – Organização não governamental
ONU – Organização das Nações Unidas

ALGUMAS DAS SIGLAS USADAS NESSE LIVRO

P

PAM – Pronto atendimento municipal
PEC – Programa esportivo comunitário
PIB – Produto Interno Bruto
P&D – Pesquisa e desenvolvimento
P&P – Publicidade e propaganda
PPP – Parceria público-privada
PTS – Parque Tecnológico de Sorocaba
PUC – Pontifícia Universidade Católica

R

RCC – Rede de Cidades Criativas da Unesco
REVAP – Refinaria do Vale do Paraíba, ou seja, refinaria Henrique Laje
RMBS – Região Metropolitana da Baixada Santista
RMC – Região Metropolitana de Campinas
RMRP – Região Metropolitana de Ribeirão Preto
RMS – Região Metropolitana de Sorocaba
RMSP – Região Metropolitana de São Paulo
RMVPPLN – Região Metropolitana do Vale do Paraíba e do Litoral Norte

S

Sabesp – Companhia de Saneamento Básico do Estado de São Paulo
SAMU – Serviço de Atendimento Móvel
Sanasa – Sociedade de Abastecimento de Água e Saneamento
Seade – Sistema Estadual de Análises de Dados
Sebrae – Serviço Brasileiro de Apoio às Micro e Pequenas Empresas
Senac – Serviço Nacional do Comércio
Senai – Serviço Nacional de Aprendizagem Industrial
Senar – Serviço Nacional de Aprendizagem Rural
Senat – Serviço Nacional de Aprendizagem do Transporte
Sesc – Serviço Social do Comércio
Sesi – Serviço Social da Indústria
SPR – São Paulo Railway
SUS – Sistema Único de Saúde

T

TAV – Trem de alta velocidade
TI – Tecnologia da informação
TIC – Tecnologia da informação e comunicação
TUSCA – Taça Universitária de São Carlos

U

UBDS – Unidade Básica e Distrital de Saúde
UBS – Unidade Básica de Saúde
UFABC – Universidade Federal do ABC
UFSCar – Universidade Federal de São Carlos
Umesp – Universidade Metodista de São Paulo
Unaerp – Universidade de Ribeirão Preto
UNE – União Nacional dos Estudantes
Unesco – Organização das Nações Unidas para a Educação e a Cultura
Unesp – Universidade Estadual Paulista Julio de Mesquita Filho
Unicamp – Universidade Estadual de Campinas
Uniesp – União das Instituições Educacionais de São Paulo
Unip – Universidade Paulista
Unisanta – Universidade Santa Cecília
Univap – Universidade do Vale do Paraíba
UPA – Unidade de Pronto Atendimento
USF – Unidade de Saúde da Família
USP – Universidade de São Paulo
UTI – Unidade de tratamento intensivo

V

VLT – Veículo leve sobre trilhos

SUGESTÕES DE LEITURA:

ECONOMIA CRIATIVA:
FONTE DE NOVOS EMPREGOS
Volume I

ECONOMIA CRIATIVA:
FONTE DE NOVOS EMPREGOS
Volume II

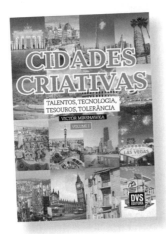

CIDADES CRIATIVAS:
TALENTOS, TECNOLOGIA,
TESOURO, TOLERÂNCIA
Volume I

CIDADES CRIATIVAS:
TALENTOS, TECNOLOGIA,
TESOURO, TOLERÂNCIA
Volume II

OUTROS LIVROS DO AUTOR:

HA! HA! HA!
O BOM, O RUIM E O
INTERESSSANTE DO HUMOR

A RODA DA MELHORIA
Como utilizar os 8Is e iniciar
o processo de melhoria contínua

A LUTA PELA QUALIDADE
NA ADMINISTRAÇÃO PÚBLICA
COM ÊNFASE NA GESTÃO MUNICIPAL

www.dvseditora.com.br